普通高等教育"十一五"国家级规划教材
交通工程教学指导分委员会"十三五"规划教材
高等学校交通运输与工程类专业教材建设委员会规划教材

Generality of Intelligent Transportation Systems
智能运输系统概论

(第4版)

于德新　主编
史其信　高世廉　主审

人民交通出版社股份有限公司
北京

内 容 提 要

本书由作者结合近年来智能运输系统的最新发展成果及工程实践,在前3版的基础上修订而成。

本书共分15章,内容包括:绪论、智能运输系统的体系框架、智能运输系统的理论基础、智能运输系统关键技术、智能运输系统规划及设计、城市交通信号控制系统、先进的交通管理系统、交通信息服务系统、先进的公共交通系统、电子收费系统、应急指挥调度系统、智能车辆与自动驾驶系统、智能运输系统标准化、智能运输系统在我国的应用实践、智能运输系统评价。

本书可作为高等院校交通运输类专业及相关专业的本科生教材,以及交通信息工程及控制、交通运输规划与管理、载运工具运用工程等专业的研究生教学参考用书,也可为从事智能运输系统相关工作的科研、技术人员提供理论、方法和应用案例等方面的参考。

图书在版编目(CIP)数据

智能运输系统概论 / 于德新主编. — 4版. — 北京:人民交通出版社股份有限公司,2020.7(2024.1重印)

ISBN 978-7-114-16685-3

Ⅰ. ①智… Ⅱ. ①于… Ⅲ. ①智能运输系统—高等学校—教材 Ⅳ. ①F502

中国版本图书馆 CIP 数据核字(2020)第113798号

普通高等教育"十一五"国家级规划教材
交通工程教学指导分委员会"十三五"规划教材
高等学校交通运输与工程类专业教材建设委员会规划教材
Zhineng Yunshu Xitong Gailun

书　　名:	智能运输系统概论(第4版)
著 作 者:	于德新
责任编辑:	李　晴　钱　堃
责任校对:	孙国靖　宋佳时
责任印制:	刘高彤
出版发行:	人民交通出版社股份有限公司
地　　址:	(100011)北京市朝阳区安定门外外馆斜街3号
网　　址:	http://www.ccpcl.com.cn
销售电话:	(010)59757973
总 经 销:	人民交通出版社股份有限公司发行部
经　　销:	各地新华书店
印　　刷:	北京市密东印刷有限公司
开　　本:	787×1092　1/16
印　　张:	23
字　　数:	574千
版　　次:	2003年1月　第1版　2009年2月　第2版 2015年8月　第3版　2020年7月　第4版
印　　次:	2024年1月　第4版　第4次印刷　总第24次印刷
书　　号:	ISBN 978-7-114-16685-3
定　　价:	55.00元

(有印刷、装订质量问题的图书由本公司负责调换)

高等学校交通运输与工程类专业(道路、桥梁、隧道与交通工程)教材建设委员会

主 任 委 员: 沙爱民　(长安大学)

副主任委员: 梁乃兴　(重庆交通大学)
　　　　　　　陈艾荣　(同济大学)
　　　　　　　徐　岳　(长安大学)
　　　　　　　黄晓明　(东南大学)
　　　　　　　韩　敏　(人民交通出版社股份有限公司)

委　　　员: (按姓氏笔画排序)

马松林　(哈尔滨工业大学)	王云鹏　(北京航空航天大学)
石　京　(清华大学)	申爱琴　(长安大学)
朱合华　(同济大学)	任伟新　(合肥工业大学)
向中富　(重庆交通大学)	刘　扬　(长沙理工大学)
刘朝晖　(长沙理工大学)	刘寒冰　(吉林大学)
关宏志　(北京工业大学)	李亚东　(西南交通大学)
杨晓光　(同济大学)	吴瑞麟　(华中科技大学)
何　民　(昆明理工大学)	何东坡　(东北林业大学)
张顶立　(北京交通大学)	张金喜　(北京工业大学)
陈　红　(长安大学)	陈　峻　(东南大学)
陈宝春　(福州大学)	陈静云　(大连理工大学)
邵旭东　(湖南大学)	项贻强　(浙江大学)
胡志坚　(武汉理工大学)	郭忠印　(同济大学)
黄　侨　(东南大学)	黄立葵　(湖南大学)
黄亚新　(解放军理工大学)	符锌砂　(华南理工大学)
葛耀君　(同济大学)	裴玉龙　(东北林业大学)
戴公连　(中南大学)	

秘 书 长: 孙　玺　(人民交通出版社股份有限公司)

前言

智能运输系统(Intelligent Transportation Systems,简称ITS)又称智能交通系统,是目前国际上公认的全面有效解决道路交通运输领域问题的根本途径,它是在现代科学技术充分发展进步的背景下产生的。自20世纪80年代以来,发达国家投入了大量人力、物力和财力对智能运输系统的诸多领域进行了广泛的研究与开发,取得了显著的阶段性成果。我国智能运输系统的研究与开发较晚,但各级政府对发展智能运输系统的重要意义和作用认识清楚。我国国民经济和社会发展第十个五年计划纲要中指出"建立健全综合的现代运输体系,以信息化、网络化为基础,加快智能型交通的发展"。2019年9月,中共中央、国务院印发《交通强国建设纲要》,提出从2021年到21世纪中叶,分两个阶段推进交通强国建设。到2035年,基本建成交通强国。到21世纪中叶,全面建成人民满意、保障有力、世界前列的交通强国。其中,着重提到了加强智能网联汽车研发和大力发展智慧交通等。根据以上纲要精神,国家先后设立了"十五"国家科技攻关计划、"十一五"高技术研究计划(863计划)、"十二五"国家科技支撑计划以及"十三五""综合交通运输与智能交通"重点专项等国家级科研课题,并在北京、上海、深圳等城市进行了智能运输系统应用示范工程建设,以推动我国智能运输系统的发展。

智能运输系统利用现代科学技术在道路、车辆和驾驶员(乘客)之间建立起智能的联系,优化和调整道路交通流量的时空分布,充分利用现有道路资源,实现人、车、路的和谐统一,在大幅提高运输效率的同时,充分保障交通安全、改善环境质量和提高能源利用率。

本书自第1版于2003年出版以来,已修订3版并20次印刷,入选了普通高等教育"十一五"国家级规划教材。第 4 版在第 3 版的基础上针对智能运输系统近年来的飞速发展,对部分章节进行了调整,补充完善了智能运输系统相关技术、方法和实际应用情况,并引用了国内外智能运输系统近年来最新发展成果。第 4 版可作为高等院校交通运输类专业及相关专业的本科生教材,以及交通信息工程及控制、交通运输规划与管理、载运工具运用工程等专业的研究生教学参考用书,也可为从事智能运输系统相关工作的科研、技术人员提供理论、方法和应用案例等方面的参考。

智能运输系统包括诸多方面,全书以道路运输为主体,按其内容的构成整理、提炼、集成。全书共分 15 章。第 1 章从总体上对智能运输系统的含义及国内外研究现状、研究内容、发展趋势作了一般性介绍;第 2 章主要讲述了智能运输系统的体系框架与开发方法;第 3 章重点介绍了智能运输系统准用户动态交通分配理论、智能协同理论、交通信息预测理论等理论内容;第 4 章重点介绍了智能运输系统中涉及的交通信息采集技术、信息处理技术、交通通信网络技术、交通地理信息系统技术、车辆定位技术及大数据等关键技术;第 5 章主要阐述了智能运输系统规划的流程、方法以及系统功能分析与设计的框架;第 6 章重点介绍了国内外典型的交通信号控制系统;第 7 章介绍了国内外先进的交通管理系统;第 8 章在交通信息服务系统分类研究的基础上,着重论述了交通流诱导系统的分类与关键技术;第 9 章阐述了先进的公共交通系统的主要组成,并重点介绍了其核心部分——智能化调度系统的组成及实现的原理等内容;第 10 章介绍了电子收费系统的分类与特点、原理与构成、发展概况等内容;第 11 章重点介绍了应急指挥调度系统的构成与应急指挥区域确定技术;第 12 章介绍了智能车辆与自动驾驶系统;第 13 章阐述了智能运输系统标准化的内容和相关的标准化组织;第 14 章介绍了智能运输系统在我国的应用现状及发展前景;第 15 章介绍了智能运输系统的评价内容、评价方法及其指标体系。

本书第 1、2、5、14 章由吉林大学交通学院于德新教授编写,第 3 章由吉林大学交通学院杨兆升教授编写,第 4、12、13 章由吉林大学交通学院周户星讲师编写,第 6 章由吉林大学交通学院林赐云副教授编写,第 7 章由林赐云副教授和宁波大学姜桂艳教授共同编写,第 8 章由吉林大学交通学院龚勃文副教授编写,第 9 章由吉林大学交通学院杨庆芳教授编写,第 10 章由吉林大学交通学院郑黎黎副教授编写,第 11 章由吉林大学交通学院孙涛博士编写,第 15 章由吉林大学交通学院王薇副教授编写。周户星讲师协助于德新教授做了全书的统稿工作,清华大学史其信教授、西南交通大学高世廉教授审阅全稿并提出了很好的修改意见,在此表示衷心感谢。

　　本书在编写过程中承蒙课题组的全体人员,特别是田秀娟博士、邢雪博士、王世广博士、王卓睿博士、彭博博士、刘辉博士、方云峰硕士、邱实硕士、肖雪硕士、周翔宇硕士、孟凡运硕士、王立强硕士、姜忠太硕士、曲宗俊硕士、谢晨硕士、胡隽明硕士、王康硕士、喻永力硕士等的大力支持和帮助。在此,谨向支持、协助、提供方便的单位和同志致以诚挚的谢意。

　　智能运输系统是全世界交通运输领域正在不断进行深入研究与开发的方向,尽管本书所阐述的一些理论和技术有重大突破,解决了智能运输系统领域的许多关键科学技术问题,但有些理论和技术还有待进一步研究。由于作者水平有限,书中疏漏难免,请读者批评指正。

于德新

2019 年 9 月于吉林大学

目录

第1章 绪论 ·· 1
  1.1 智能运输系统概述 ·· 1
  1.2 智能运输系统发展现状 ·· 5
  1.3 智能运输系统面临的问题 ·· 19
  1.4 智能运输系统发展趋势 ·· 20
  1.5 本章小结 ·· 25
  本章练习题 ·· 25

第2章 智能运输系统的体系框架 ·· 26
  2.1 概述 ·· 26
  2.2 美国智能运输系统体系框架 ·· 31
  2.3 日本智能运输系统体系框架 ·· 35
  2.4 欧盟智能运输系统体系框架 ·· 37
  2.5 我国智能运输系统体系框架 ·· 39
  2.6 本章小结 ·· 45
  本章练习题 ·· 45

第3章 智能运输系统的理论基础 ·· 47
  3.1 动态交通分配理论 ··· 47
  3.2 智能协同理论 ·· 56

3.3 交通网络实时动态交通信息预测理论 63
3.4 智能控制理论 69
3.5 本章小结 74
本章练习题 74

第4章 智能运输系统关键技术 75
4.1 概述 75
4.2 交通信息采集技术 76
4.3 交通信息处理技术 83
4.4 交通通信网络技术 87
4.5 交通地理信息系统技术 97
4.6 车辆定位技术 98
4.7 大数据技术在智能运输系统中的应用 104
4.8 本章小结 110
本章练习题 110

第5章 智能运输系统规划及设计 111
5.1 概述 111
5.2 智能运输系统规划流程 112
5.3 智能运输系统需求分析与预测 113
5.4 智能运输系统功能分析与设计 114
5.5 智能运输系统项目方案设计与实施 117
5.6 本章小结 118
本章练习题 118

第6章 城市交通信号控制系统 120
6.1 信号控制概述 120
6.2 定时式脱机控制系统 121
6.3 感应式联机控制系统 125
6.4 新型智能化交通控制系统 131
6.5 本章小结 134
本章练习题 134

第7章 先进的交通管理系统 ... 135
- 7.1 概述 ... 135
- 7.2 国外典型先进的交通管理系统简介 ... 137
- 7.3 国内典型先进的交通管理系统简介 ... 140
- 7.4 高速公路事件管理系统 ... 148
- 7.5 本章小结 ... 166
- 本章练习题 ... 166

第8章 交通信息服务系统 ... 167
- 8.1 概述 ... 167
- 8.2 先进的出行者交通信息服务系统 ... 168
- 8.3 动态交通流诱导系统 ... 173
- 8.4 本章小结 ... 191
- 本章练习题 ... 191

第9章 先进的公共交通系统 ... 192
- 9.1 概述 ... 192
- 9.2 智能化调度系统 ... 196
- 9.3 公交信号优先系统 ... 200
- 9.4 互联网环境下的公共出行模式 ... 206
- 9.5 本章小结 ... 214
- 本章练习题 ... 215

第10章 电子收费系统 ... 216
- 10.1 概述 ... 216
- 10.2 电子收费系统的原理和构成 ... 217
- 10.3 电子收费系统的关键技术 ... 233
- 10.4 电子收费系统的新发展和新应用 ... 237
- 10.5 本章小结 ... 241
- 本章练习题 ... 241

第11章 应急指挥调度系统 ... 242
- 11.1 概述 ... 242

11.2 国内外研究现状 243
11.3 应急指挥调度系统框架设计 245
11.4 应急交通管制区域确定方法研究 254
11.5 本章小结 265
本章练习题 265

第12章 智能车辆与自动驾驶系统 266
12.1 概述 266
12.2 世界智能车辆的研究与发展 267
12.3 驾驶辅助系统 274
12.4 典型智能车辆与自动驾驶系统介绍 277
12.5 车联网 280
12.6 研究动向分析与问题探讨 290
12.7 本章小结 291
本章练习题 291

第13章 智能运输系统标准化 292
13.1 概论 292
13.2 美国、日本、欧盟智能运输系统标准化的进展 293
13.3 智能运输系统国际标准化组织 294
13.4 智能运输系统核心技术的标准化 295
13.5 中国智能运输系统标准化 298
13.6 智能运输系统标准规范的制定 299
13.7 智能运输系统标准检测技术 300
13.8 本章小结 300
本章练习题 301

第14章 智能运输系统在我国的应用实践 302
14.1 概述 302
14.2 杭州市：智能交通系统示范城市 304
14.3 上海市：智慧交通成就智慧出行 310
14.4 深圳市：互联网+智慧交通的应用现状及创新实践 318

14.5　2018年上海合作组织青岛峰会应用实践 324
　14.6　本章小结 326
　本章练习题 326

第15章　智能运输系统评价 327
　15.1　概述 327
　15.2　智能运输系统评价内容 332
　15.3　智能运输系统的综合技术评价方法 346
　15.4　本章小结 348
　本章练习题 348

参考文献 349

第1章

绪论

【学习目的与要求】

本章阐述了智能运输系统的产生背景、基本概念、国内外发展现状、面临的问题及发展趋势,目的是使学习者通过本章的学习掌握智能运输系统的概念与基本研究内容,同时对智能运输系统的国内外发展情况有比较清楚的了解,并对其未来发展方向有整体的把握。

1.1 智能运输系统概述

1.1.1 智能运输系统产生背景

随着经济全球化、工业化、城市化进程的不断推进,社会对交通运输的需求也逐渐增长,经济的发展催生并促进机动车的发展,而机动车的发展又刺激经济的进一步发展。通过这一过程,交通运输业得到迅速发展,工业化发达国家进入了"城市机动化时代"。然而,在"城市机动化"的同时,汽车化社会也出现了大量的社会问题,如交通拥堵、交通事故、能源消耗和环境污染等。针对交通拥堵,一味地扩宽道路、增加交通基础设施仍然不能满足需求。机动车尾气的排放、交通事故的频繁增加等一系列问题愈加突出显露出来。道路交通问题已成为困扰世界各国的交通难题。考虑到交通拥堵会造成巨大的经济损失,美国、日本、欧洲等交通和道路设施发达的国家和地区转换思维模式,寻求新的方法来改善日益严峻的交通状况,从过去仅仅依靠供给来满足需求的方式转换为同时考虑供给和需求两个方面,进行共同管理的方式。这些注重机动车发展的工业化国家不断地寻求可以用来维护机动车社会化、缓解交通问题的方法,在这个过程中,旨在用现代化技术来实现"保障安全、提高效率、改善环境、节约能源"目标的智能运输系统(Intelligent Transportation Systems,简称ITS)的概念和产业应运而生。

20世纪30年代,ITS的思想已有萌芽。当时美国通用汽车公司和福特公司倡导和推广过"现代化公路网"的构想。而在20世纪60年代出现的静态路径诱导、计算机交通控制技术等都可谓是ITS的雏形,不过当时其重要性并不突出,没有受到人们的关注。对于大多数的发达国家,它们都有这样的发展历程:大力开发建设交通基础设施,从而满足机动车发展的各种需求。然而这样的过程不但消耗大量的土地、石油等资源,也没能完全满足交通需求,此外由于道路严重拥堵、机动车尾气排放量急剧增加,既带来了巨大的经济损失,也严重污染了环境。为了解决这种问题,提高效益和节约能源,工业化国家于20世纪60—70年代开始研发交通需求管理和交通系统管理,并致力于大运量轨道交通系统的发展及公交优先政策的实施,调整运力结构以保证社会可持续化发展,同时建立以均衡利用能源和环境保护最优化为目标的交通运输体系。进入20世纪80年代中期,特别是1990年以来,ITS开始受到各个国家的青睐,许多发达国家不惜投下巨资进行ITS的研究与开发。ITS作为一代全新的与环境相协调的交通运输系统可以综合解决交通问题、促进社会经济的可持续发展。在信息技术的迅速发展的推动下,ITS成为世界范围内的交通运输的主要发展导向。

1.1.2 智能运输系统定义

广义地说,交通是指人、物以及信息的空间的移动;实际上人们一般把人和物的移动划分到交通领域,而把信息的传递划分到通信领域。

目前,世界各国对ITS的定义存在差异。一方面是因为不同的研究者从不同的角度考虑,对ITS的认识不同;另一方面,ITS本身正处于迅速发展时期,其内涵和外延都处于发展变化中。ITS起始于美欧,成熟于日本。20世纪60年代末期,美国最早开始了ITS领域的研究。经过30年左右的发展,美国、欧洲、日本成为世界ITS研究的三大阵营。目前,其他一些国家和地区的ITS研究也有相当规模,如澳大利亚、加拿大、中国等。可以说,全球正在形成一个新的ITS产业。

美国运输工程师学会(Institute of Transportation Engineer,简称ITE)、日本汽车道路交通智能化协会(Vehicle, Road and Traffic Intelligence Society,简称VERTIS)以及我国相关部门及学者都曾对智能运输系统进行过定义。

美国运输工程师学会(ITE):智能运输系统是把先进的检测、通信和计算机技术综合应用于由汽车和道路而形成的道路交通运输系统中。

日本汽车道路交通智能化协会(VERTIS):智能运输系统是运用最先进的信息、通信和控制技术,信息化、智能化解决道路交通中的交通事故、交通堵塞和环境破坏等各种问题的系统,是人、车、路之间接收和发送信息的系统。

我国交通运输部及全国智能运输系统标准化委员会:智能运输系统,又称为智能交通系统,是在较完善的交通基础设施之上,在先进的信息、通信、计算机、自动控制和系统集成等技术前提下,通过先进的交通信息采集与融合技术、交通对象交互以及智能化交通控制与管理等专有技术,加强载运工具、载体和用户之间的联系,提高交通系统的运行效率,减少交通事故,降低环境污染,从而建立一个高效、便捷、安全、环保、舒适的综合交通运输体系。

我国交通工程学者(援引吉林大学杨兆升教授对"智能运输系统"的定义):智能运输系统是在关键基础理论模型研究的前提下,把先进的信息技术、数据通信技术、电子控制技术及计算机处理技术等有效地综合运用于地面交通管理体系,从而建立起一种大范围、全方位发挥作用、实时、准确、高效的交通运输管理系统。

由于该系统可以使汽车与道路的功能智能化,是目前国际公认的解决城市以及高速公路交通拥挤、改善行车安全、提高运行效率、减少空气污染等的最佳途径。"智能运输系统"将成为21世纪现代化地面交通运输体系的模式和发展方向,是交通运输进入信息时代的重要标志。

1.1.3 智能运输系统作用、意义、地位

1) ITS 是科技发展的必然产物

交通运输的发展史是人类社会发展史的一个重要组成部分,是一部科技的发展史,交通运输业的发展更是科学技术发展的象征。

路是人走出来的,从有人类开始就有了道路,人类转入定居生活以后,以住地为中心的步行交通的历史就开始了。但那时生产力发展水平低下,水上和陆路运输都是利用天然的运输工具,原始运输方式主要依靠人力搬运和动物驮载。

大约公元前4000年,车被发明出来。它改变了原始的运输方式,是运输史上新的里程碑。马车的出现,使道路交通进入了马车交通阶段。

1765年英国人瓦特总结前人的经验,创造性地使蒸汽机的热效率成倍提高。1804年,英国人德里维斯克利用瓦特蒸汽机造出了世界上第一条蒸汽机车,时速为5~6km。1840年出现了第一列真正在轨行驶的蒸汽机车。蒸汽机的推广应用促成了交通运输领域的第一次革命。

1866年,德国奥托公司生产的"活塞式四冲程奥托内燃机"向蒸汽机提出了有力挑战,为汽车制造业的发展开辟了广阔的道路。内燃机车、汽车和飞机都是内燃机应用于交通运输领域的成果,它们的发明和使用使交通运输的发展又进入了一个新的阶段。

1885—1886年,德国人本茨和戴姆勒分别以内燃机作为动力,制造了第一辆三轮汽车和四轮汽车。因此他们成为人们公认的以内燃机为动力的现代汽车的发明者,也被世人尊称为"汽车之父"。

1886—1920年,是汽车交通发展的早期阶段。1900年前后,德国、法国、美国、英国和意大利出现了多间作坊式汽车生产公司。1914年美国福特公司开始将流水线技术应用于汽车生产中,成为大批量汽车生产方式的原型。1919年德国开始修建第一条高速公路。这一时期汽车数量不多,公路运输仅是铁路、水路运输的辅助手段。该时期也是世界铁路大发展的时期,因而也被称为铁路运输时代。

1920—1945年,是铁路发展逐渐成熟。这一时期,公路运输不仅是短途运输的主力军,而且在中、长途运输中开始崭露头角,与铁路、水路竞争,德国、美国、意大利等国的高速公路通车总里程已达上千公里。

1945年至现在的70多年里,公路发展十分迅速,欧洲各国、美国、日本先后建成了比较完

善的公路网,打破了一个多世纪以来以铁路为中心的交通运输格局,公路运输已在综合交通运输体系中起着主导作用。

电力的大规模应用也是20世纪最大的科学技术成果之一,在交通运输方面也实现了车辆动力牵引的电力化。现在,电车、地铁、轻轨已成为大城市交通的重要载客工具。

实践证明,交通运输史是科学技术发展史的缩影,交通运输业从产生到发展的每一步,都凝结着科学技术的成果。交通运输业的每一次革命,不论是交通工具的更新换代,还是运输方式的拓展变革,都与科学技术成果直接相连。科学技术的发展推动了交通运输的发展,ITS 正是现代科学技术发展的必然产物。

2) ITS 是信息化社会发展的必然要求

一般认为,人类社会的发展经历了原始社会—农业社会—工业社会—信息社会。由于经济技术的发展,发达国家已步入信息化社会。信息化是当今世界经济和社会发展的大趋势,是产业升级和实现工业化、现代化的关键环节。信息化水平也是城市竞争力和实现可持续发展的重要标志。以微电子技术、计算机技术等为核心而引发的数字化、网络化、智能化科学技术发展迅速,极大地改变了人们的思维方式、生活方式和交流方式,有力推动着社会生产力的发展。伴随人类向信息化社会的迈进,交通运输业也面临着一次重大的变革,为实现信息化社会的发展需要,交通运输必须信息化。

ITS 是高科技发展的必然结果,也是信息化社会发展的必然要求。

3) ITS 是世界经济发展的必然要求

没有良好的环境,就没有经济的发展。交通运输系统是构成社会基础结构的一个核心要素,它是一个动态系统,是社会经济发展的通道和载体,决定着社会经济的运行状态。建立 ITS 是交通运输系统实现现代化的一项重要举措,ITS 能够促进社会经济环境的进一步优化,是世界经济发展的必然要求。

4) ITS 是解决交通问题的最佳途径

(1) 交通问题的概念和现状

一般认为,交通问题是指交通对社会或经济未能产生正效益,交通本身的机能也未充分发挥的状态。20 世纪六七十年代,世界各国经济发展进入了高速增长时期,机动车数量急剧增加,导致已有的道路难以满足经济发展的需要,进而带来了负面影响,产生一系列的交通问题。最近的一项研究表明,仅美国的主要城市每年由于交通拥挤而造成的浪费就超过 475 亿美元,每年因交通拥挤浪费了多达 143.5 亿 L 的燃料和 27 亿工作小时。在国土狭小的日本,人口密度比较大,每天行驶的汽车有 7000 万辆,每年交通事故死伤人数达 100 余万人,大量的汽车交通需求,在各地区均造成了交通拥挤,经济损失达 12 兆日元❶,给社会和经济带来沉重的负担,此外还会导致沿路环境恶化、能源消耗增加等严重问题。我国道路交通死亡人数每年达 10 万人左右,直接经济损失近 20 亿元。

(2) 解决交通问题的方法

交通问题的存在就是人、车与路之间的矛盾问题,解决这一矛盾的办法有以下几个:

一是控制需求。最直接的方法就是控制车辆的增加,或者改变车型,使车辆数量减少,但在相当长的时期内,舍弃车辆是不可能的。

---

❶ 20 世纪 70 年代,1 日元约合 0.029 元人民币。

二是增加供给,也就是修路。修建道路是解决交通问题的一个途径。由于城市之间的交通拥挤往往在建设了足够的城市间的(高速)公路后得到解决。因此相当一段时期内,很多国家无一例外地采取了增加供给,即靠大量修筑道路基础设施,来缓解当前的交通问题。我国这几年实施的以积极的财政政策进行公路基础建设来拉动经济发展的国策,使我国的道路网已具有相当的规模。从已经运营的国家公路网来看,多数城市间的高速公路处于较高的服务水平。但是在城市内部,却存在以下问题:首先由于历史原因导致我国大城市的城市规划普遍不尽合理,改造现有道路任重道远;其次土地面积有限,城市内特别是城市中心区(Central Business District,简称CBD)可供修建道路的空间越来越少;最后经济的发展必然带来出行的增加,即使加快修路,道路建设的步伐也还是赶不上车辆的增加速度。因此限制车辆的增加或者通过大量修路都不是解决交通问题的好办法。特别是我国人口众多,所以出行次数必然很大;财力弱,短时间内修太多的路也难以做到。此外相当一段时间内,还将继续存在混合交通。要解决交通拥挤、减少交通事故、彻底消除交通混乱等局面,必须采取第三种方式——实施ITS。

三是实施ITS。城市交通系统是一个复杂的大系统,城市交通规划和城市交通信号控制仅仅是城市交通网络建设和道路交通管理的重要环节,单独从车辆方面考虑或单独从道路方面的考虑都是片面的,凭借它们尚不足以经济而高效地解决交通拥挤和交通安全问题。所以把人、车、路综合起来考虑,充分应用现代科学技术的ITS为解决城市交通问题提供了全新的方法。

可以预料,ITS将成为21世纪现代化交通运输体系的管理模式和发展方向,是交通运输进入信息时代的重要标志。ITS这一崭新概念伴随着科学技术的进步而出现、发展,并为解决交通问题带来了新的前景。

随着我国ITS研究和开发进程的不断推进,必然会出现一些和我国经济、社会、交通等特点相伴随的特有理论和技术问题。因此,开展与我国国情相适应的、具有中国特色的ITS理论和应用技术的研究具有迫切性和必要性。

1.2 智能运输系统发展现状

早在20世纪60年代,一些有识之士就萌生了在道路交通方面应用信息、通信技术,从而使道路和汽车更加协调、交通更加系统化,并有助于减少交通堵塞和减少交通公害,提高交通安全性的构想。实现这一构想的主要手段有向驾驶员提供交通信息、通过管制引导交通或限制交通及实施自动驾驶等。例如:美国通用汽车公司1966年开发的信息系统和俄亥俄州大学进行的自动驾驶试验、日本丰田汽车公司提出的MAC系统和机械试验所(机械技术研究所)进行的自动驾驶试验等。

20世纪80年代以来,发达国家交通运输领域的研究进入了一个崭新的阶段,日本、美国、加拿大、德国、法国、澳大利亚等国都投入大量的人力和物力从事ITS的研究,其他一些国家和地区,如韩国、新加坡、芬兰等也相继开展了ITS的研究。特别是最近几年,ITS技术研究以惊人的速度发展,世界上许多国家争先恐后地进行开发研究,出现激烈竞争的局面,并逐渐形成了日本、欧洲、美国三大体系。

目前，ITS在全世界发展迅速，其功能和规模不断扩大，对其构成的描述也不尽相同。下面分别介绍国外和国内ITS的发展现状。

1.2.1 国外智能运输系统的发展现状

1）美国智能运输系统的发展现状

（1）发展历程

早在20世纪60年代，美国就开始进行ITS的先驱性研究，即电子路径诱导系统（Electronic Route Guidance System，简称ERGS）研究，这可以说是ITS的最早起源。80年代中期加利福尼亚交通部门研究的PATHFINDER系统获得成功，加速了ITS的发展。此后，美国在全国展开了智能化车辆—道路系统（Intelligent Vehicle-Highway System，简称IVHS）方面的研究。1993年美国交通部（Department Of Transportation，简称DOT）成立了智能化车辆—道路系统（IVHS）组织。1991年美国国会通过了"综合地面运输效率法案"，目的是依靠计算机仿真等高新技术以及合理的交通规划来促进路网效率的整体提升，发展经济上有效、环境上友好的国家级综合地面运输系统，以提高客运和货运的运输效率。

1994年，美国把IVHS正式更名为ITS，并对其研究领域和内容进行了扩充同年建立了智能交通协会。经过1994年底举办的第一届ITS世界大会，ITS作为统一术语在世界各国广泛应用。1995年2月，美国开始开发统一的国家ITS体系框架（The National ITS Architecture），同年出版了《国家智能交通系统项目规划》，确定了智能交通系统的7个主要领域。1997年1月，DOT公布了美国国家ITS体系框架（第一版）（简称ITS-1），经过一年多的试用与维护，1998年9月又公布了修订后的国家ITS体系框架（第二版）（简称ITS-2）。

1998年，美国将研究重心转向研究智能车辆系统，该系统以提高交通安全为主并兼顾交通信息服务，因此实施了智能车辆行动计划（Intelligent Vehicle Initiative，简称IVI）。2003年，美国逐渐意识到道路交通是人—车—路相互作用的整体性系统，单单考虑车辆的智能化是不全面的，因此DOT建立了车路一体化集成系统（Vehicle Infrastructure Integration，简称Ⅶ）。2009年，又将Ⅶ更名为IntelliDrive，同年提出《智能交通系统战略计划（2010—2014）》，为未来五年的智能交通系统的开发项目提供了策略指导。2015年，美国交通部又提出了未来五年战略规划《智能交通系统战略规划（2015—2019）》，提出该战略的重点和主题，并对智能交通系统的研发、运用实践进行项目分类。在ITS领域最前沿的实践和成绩的基础上，美国交通部制定了两个战略重点，即实现汽车互联技术和推进车辆自动化。

（2）研究内容

美国是最早开展ITS研究的国家，经历了IVHS、ITS-1和ITS-2研发阶段。截至2018年ITS在美国的应用已达85%以上，而且相关的产品也较先进。美国ITS应用在车辆安全系统（占51%）、电子收费（占37%）、公路及车辆管理系统（占28%）、导航定位系统（占20%）、商业车辆管理系统（占14%）方面发展较快。

在ITS-1阶段，美国提出了7大研发领域，分别为：先进的交通管理系统（ATMS）、先进的出行者信息系统（ATIS）、先进的公共交通系统（APTS）、先进的乡村运输系统（ARTS）、商业车辆运营（CVO）、先进的车辆控制和安全系统（AVCSS）、自动公路系统（AHS）、美国ITS-1研究内容如表1-1所示。

美国 ITS-1 研发内容　　　　　　　　　　　　　　　　　表 1-1

研 发 领 域	主要研究内容
1. 先进的交通管理系统 （Advanced Traffic Management System，简称 ATMS）	（1）城市区域的中央化交通信号控制系统； （2）高速公路管理系统； （3）交通事故管理系统； （4）电子收费及交通管理系统
2. 先进的出行者信息系统 （Advanced Traveler Information System，简称 ATIS）	（1）出行者信息系统； （2）车载路径诱导系统； （3）停车场停车引导系统； （4）数字地图数据库
3. 先进的公共交通系统 （Advanced Public Transportation System，简称 APTS）	（1）车队管理系统； （2）乘客出行信息系统； （3）电子支付系统(例如采用智能卡)； （4）运输需求管理系统； （5）公交优先系统
4. 先进的乡村运输系统 （Advanced Rural Transportation System，简称 ARTS）	ARTS 是 ITS 技术在地域广阔的乡村区域的选择性应用，研究内容： （1）出行者的安全与保护； （2）紧急情况管理系统； （3）旅游和出行者信息服务系统； （4）基础设施的运营和保养； （5）车队运营与管理系统； （6）商业车辆运营； （7）公共性的出行者服务系统
5. 商业车辆运营 （Commercial Vehicle Operation，简称 CVO）	（1）商业车辆的电子通关系统； （2）车载安全监控系统； （3）路边安全检查的自动化系统； （4）商业车队管理系统； （5）商业车辆的行政管理程序； （6）危险品的应急响应系统
6. 先进的车辆控制和安全系统 （Advanced Vehicle Control & Safety System，简称 AVCSS）	（1）防碰撞系统； （2）智能化行车控制系统； （3）救难呼救系统（Mayday 系统）； （4）驾驶员视野加强系统； （5）车辆防抱死系统（Anti-lock Braking System，简称 ABS）； （6）驾驶员安全监控系统； （7）车辆安全监控系统； （8）车载路线诱导系统； （9）协作驾驶
7. 自动公路系统 （Automated Highway System，简称 AHS）	（1）基于车辆智能化的匿名自动驾驶； （2）基于公路基础设施智能化的公路控制自动驾驶； （3）前两者的综合

随着ITS-1的不断建设与完善,美国对ITS的研究内容有了新的认识和要求,于是制定了新的ITS研发战略,提出了ITS-2。ITS-2更新了研发领域和研究内容,确定了8大研发领域,如图1-1所示。

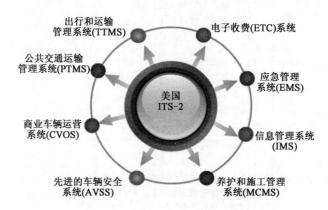

图1-1 美国ITS-2的8大研发领域示意图

① 出行和运输管理系统(TTMS)。

出行和运输管理系统(Travel and Traffic Management System,简称TTMS)包括城市道路信号控制、高速公路交通监控、交通事故处理等公路交通管理的各种功能,以及用来研究和评价交通控制系统运行功能与效果的三维交通模拟系统。系统能够对路网中交通流的实时变化做出及时、准确的反应,帮助交通管理部门对车辆进行有效的实时疏导、控制和事故处理,减少交通阻塞和延误,从而最大限度地发挥路网的通行能力,减少环境污染,节约旅行时间和运输费用,提高交通系统的效率和效益。该系统有6个子系统:在途驾驶员信息系统、线路引导系统、出行人员服务系统、交通控制系统、突发事件管理系统、排放测试和污染防护系统。

② 公共交通运输管理系统(PTMS)。

公共交通运输管理系统(Public Transportation Management System,简称PTMS)通过提高公共交通的可靠性、安全性及其生产效率,使公共交通对潜在的用户更具有吸引力。系统包括公共交通优先(高乘载率车辆专用车道的设置)系统、车辆定位和跟踪系统、语音和数据传输系统。该系统将公共交通管理部门同驾驶员直接联结起来,进行实时调度和行驶路线的调整,帮助运输部门增加客运量,降低运营成本,提高运输效益。该系统有5个子系统:公共运输管理系统、途中换乘信息系统、满足个人需求的非定线公共交通系统、公共交通运输安全系统、残疾人运输系统。

③ 电子收费(ETC)系统。

电子收费(Electronic Toll Collection,简称ETC)系统通过电子卡或电子标签由计算机自动收费,可使所有地面交通收费包括道路通行费、运输费和停车费等实现自动化,以减少用现金收费所产生的延误,提高道路的通行能力和运行效率,并可为系统管理提供准确的交通数据。电子收费系统采用先进的电子扫描技术和车辆自动识别电子技术,实现收费车道上无人管理、不停车、不用票据的自动收费,从而推动多式联运的发展。

④ 商业车辆运营系统(CVOS)。

商业车辆运营系统(Commercial Vehicle Operations System,简称CVOS)主要用来在美国州际运输管理中自动询问和接收各种交通信息,进行商业车辆的合理调度,具体措施包括为驾驶员提供一些特殊的公路信息,如桥梁净高、急弯陡坡路段的限速等,对运送危险品等特种车辆的跟踪以及对车辆和驾驶员的状况进行安全监视与自动报警。在特种车辆自动报警系统中,还装有探测靠近障碍物的电子装置,可保证在道路可见度很低的情况下的行车安全。通过这一系统,可使营运车辆的运营管理更加合理化,使车辆的安全性和生产效率得到提高,使公路系统的所有用户都能获益于一个更为安全可靠的公路环境。该系统有6个子系统:商业车辆电子通关系统、自动化路侧安全检测系统、商业车队管理系统、商业车辆安全监控系统、商业车辆行政管理系统、危险品应急响应系统。

⑤应急管理系统(EMS)。

应急管理系统(Emergency Management System,简称EMS)主要用以提高对突发交通事件的报告和反应能力,改善应急反应的资源配置。该系统有2个子系统:紧急通告与人员安全系统、紧急情况车辆管理系统。

⑥先进的车辆安全系统(AVSS)。

先进的车辆安全系统(Advanced Vehicle Safety System,简称AVSS)应用先进的传感、通信和自动控制技术,给驾驶员提供各种形式的避撞和安全保障措施。系统具有对障碍物的自动识别和报警,以及自动转向、制动、保持安全距离等避撞功能。系统的这些功能在很大程度上改善和代替了驾驶员对行车环境的感应和控制能力,提高行车安全性,减少交通阻塞,从而也进一步提高了道路的通行能力和运输效益。该系统包括7个子系统:纵向避撞系统、侧向避撞系统、交叉口避撞系统、视觉强化避撞系统、事故前乘坐人员的安全防护系统、危险预警系统、自动公路系统。

⑦信息管理系统(IMS)。

信息管理系统(Information Management System,简称IMS)是一个专门用于管理的数据库系统,主要包括数据库管理系统和事务管理系统。

⑧养护和施工管理系统(MCMS)。

养护和施工管理系统(Maintenance and Construction Management System,简称MCMS)是ITS-2中新加入的重要研究内容。该系统主要负责对道路路面、路侧环境和全部道路基础设施、外场设备进行高效化、智能化的日常管理与维护,同时负责灾难情况下的道路恢复管理工作。该系统主要包含6个子系统:道路路面维护管理系统、道路路侧环境维护管理系统、道路标志维护管理系统、桥梁隧道基础结构维护管理系统、通信及其他外场设备维护管理系统、灾难恢复管理系统。

ITS-2与ITS-1的主要区别之一是将养护和施工管理系统(MCMS)作为ITS的一个重要分支进行深化研究,这从一方面体现了美国ITS研发思想的发展与转变。

为了推进智能交通的发展,美国《智能交通系统战略规划(2015—2019)》同时制定了五个战略主题:

①通过发展更优的风险管理、驾驶监控系统,打造更加安全的车辆及道路。
②通过探索管理办法和战略,提高系统效率,缓解交通压力,增强交通流动性。
③交通运输与环境息息相关,通过对交通流量的优化管理以及运用车联网技术解决实际车辆、道路问题,达到保护环境的目的。
④为了更好地迎合未来交通运输的需求,全面促进技术发展,推动创新。
⑤通过建立系统构架和标准,应用先进的无线通信技术实现汽车与各种基础设施、便携式

设备的通信交互,促进信息共享。

2)日本 ITS 的发展现状

(1)发展历程

在日本,运输系统的智能化是以与交通有关的政府部门为主导,在官民协力的基础上来积极推进研究和开发的。日本 ITS 发展经历了四个阶段。

第一阶段:20 世纪 70 年代是日本研究 ITS 的初始阶段。1973 年日本国际贸易和工业省发起了全面的车辆交通控制系统的研究,从而拉开了 ITS 研究的序幕。日本最初正式投入的系统有汽车综合控制系统(Comprehensive Automobile Control Systems,简称 CACS),它也是世界范围内研究较早的动态路径诱导系统。

第二阶段:20 世纪 80 年代,日本建设省实施了"道路—汽车通信系统",警察厅实施了"先进的机动车交通信息和通信系统"。后经过改进,二者合并为"车辆信息和通信系统"。

从 20 世纪 80 年代末期到 90 年代,日本建设省建立了"先进的道路运输系统",在该项目的建设中形成了以道路车辆一体化来改善道路交通的概念。与之伴随的其他项目包括:超级智能车辆系统、先进的安全车辆系统、通用交通管理系统等。1994 年 1 月成立了"道路车辆智能化推进协会"(Vehicle, Road and Traffic Intelligence Society,简称 VERTIS),现改称为 ITSJapan。该协会进行了一系列与 ITS 有关的活动。经过不懈努力,ITS 已经逐渐在私营领域形成了市场,基于由企业和政府部门共同开发的数字地图的汽车卫星导航系统以及其他技术已经实现了商业化。至 1995 年,安装卫星导航系统的汽车总量已经超过了 100 万辆。

第三阶段:1995 年 2 月,由日本首相直接领导的"具有先进通信与信息的社会筹划组"提出了"促进先进通信与信息社会的基本指导方案"。1995 年 8 月,警察厅、通产省、运输省、邮政省和建设省等 5 个政府部门联合提出"在道路、交通、车辆领域实现先进通信与信息技术的政府指导方针",并开始共同进行 ITS 的研究与实际应用。从此开始了 ITS 发展的第三个阶段。

在积极推进道路交通信息通信系统(Vehicle Information and Communication System,简称 VICS)、电子收费(ETC)系统等的研制开发过程中,1996 年 7 月,上述 5 个政府部门联合制定、发表了"关于推进智能运输系统(ITS)"的整体构想。它成了今后日本 ITS 工作的主体计划,并指定了 9 个开发领域和 20 项服务内容,现在又增加了一项新的内容,即高度信息通信社会相关信息的利用,总计 21 项服务内容、56 项个人用户服务、172 项子服务。

日本于 1996 年 4 月正式为用户提供了 VICS 服务系统。如今 VICS 已在全日本高速公路以及东京等 44 个都道府县广泛使用。截至 2010 年,使用该系统的车辆已达 3000 万辆。而 ETC 的使用,不仅能够缓解停车收费造成的车辆堵塞,还可实现无现金化,方便了驾驶员,减少了运行成本和现金流失。该系统从 1999 年开始在东京首都圈的主要收费站使用。据测算,人工收费站的处理能力为每小时平均 230 辆,而使用 ETC 系统后每小时可达到 1000 辆,工作效率大约提高 4 倍,从而极大地缓解和改善了高速公路收费站附近的交通堵塞现象。

第四阶段:21 世纪初是 ITS 综合应用阶段。日本政府在对前三个阶段的研究进行总结并制定了新的发展战略。日本提出了 10 年内交通事故死亡人数降低 50%,20 年后交通拥堵降低 80%,30 年后汽车燃油消费量及 CO_2 消减 15%,城市 NO_x 消减 30%,2015 年 ITS 市场规模累计 60 兆日元❶的目标。为完成这些目标,日本提出了四项具体措施:①构建安全可靠的

---

❶ 2015 年,1 日元约合 0.052 元人民币。

"ITS 区";②促进物流和运输车辆自动驾驶的发展;③导航系统商业化,使交通更舒适;④构建 ITS 综合平台等。

围绕高级公路辅助导航系统(Advanced Cruise-assist Highway Systems,简称 AHS)和高级安全车辆(Advanced Safety Vehicles,简称 ASV)所进行的研发活动促成了智能导航系统(Smart Cruise System)的发展。智能导航系统的出现主要是为了提高驾驶的安全性,它提供了一系列与驾驶员安全有关的功能,在发生突发事件时帮助驾驶人员做出及时有效的反应,以避免交通意外的发生。VICS、ETC 以及 AHS/ASV 研究的顶点就是日本下一代的被称为"智能公路"(Smartway)的出现,这一成果综合了所有的 ITS 设备,并在 2003 年正式出现在日本的一条新建高速公路上。之后又提出了信息交互设施(即 ITS-SPOT)概念,也就是计划通过对系统进行再次整合,集成在一个整体内,实现高速度、大容量的车路通信系统。2009 年 6 月,日本政府确定将投入 250 亿日元❶在高速公路沿线部署智能交通信息交互设施。同年,日本制定了"i-Japan 战略 2015",目标是通过物联网技术减少交通拥堵、提高物流效率以及减少 CO_2 的排放。2010 年,制定了"新 IT"战略,主要是推动绿色出行。到 2011 年 3 月,完成了覆盖日本全国各地高速公路网的 ITS 信息交互设施。

(2)研究内容

日本的 ITS 研究具有如下特点:①由于日本的运输咨询公司很少,且 ITS 科研项目与工业紧密挂钩,所以大多数的 ITS 项目均由实力雄厚的汽车、电子业的大公司或由政府机构承担;②政府和工业部门对 ITS 研究长期的支持使得其 ITS 研究具有连贯性;③ITS 的研究成果直接面向市场,这种研究动力促进了诸如车辆卫星导航系统等产品的快速开发与应用。

日本 ITS 研发内容分为 9 个领域,每个领域都包含着实现具体功能的子系统,这 9 个领域的相互关系非常复杂,简化之后可用图 1-2 表示。

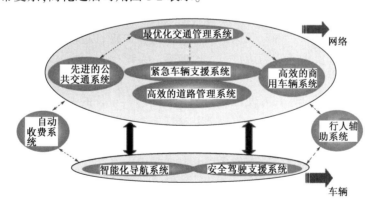

图 1-2 日本 ITS 的 9 大研发领域关系图

①智能化导航系统。

通过卫星导航系统能迅速实时收集和提供堵车、旅行所需时间、交通管制、服务等情报,以实现舒适、快速移动,提高利用者的方便性。此外,通过车载卫星导航装置向驾驶员提供个体服务信息。它包括道路交通情报提供系统、综合交通情报系统、卫星导航动态路线引导系统等。

---

❶ 2019 年,1 日元约合 0.072 元人民币。

②自动收费系统。

通过自动收费系统的开发与应用,可以达到消除道路收费站交通拥挤、实现无现金化、为驾驶员提供方便、降低管理成本的目的。

自动收费系统包括自动收费、收税系统和电子卡自动收费转账系统。例如,在道路收费处以及停车场出口等利用电子卡自动收费转账系统,使汽车不用停车就可以通过,以减少收费处的堵车现象和减少交通事故以及降低管理成本,确保道路的畅通无阻。

③安全驾驶支援系统。

系统利用各种传感器充分把握道路和交通的状况,通过道路基础设施与车辆、车辆与车辆之间的情报通信,实时掌握车辆周围的状况和交通事故,构成对驾驶员提出警告和辅助驾驶的控制系统以及完全自动驾驶系统,以防止车辆发生交通事故和防止交通事故扩大,进一步提高车辆的安全运行性能。它包括安全情报提供、警告、控制系统,前方障碍物警报系统,周围车辆警报系统,视觉支援系统,车间距控制、自动巡航控制系统,防止溢出车道和路外以及车道自动跟踪系统,车辆、驾驶员安全监视警报系统,物流专用车道和自动驾驶专用车道的车辆自动驾驶系统等。

④最优化交通管理系统。

该领域包括交通信号智能控制系统、交通流引导分配系统、公共车辆优先通过控制系统和交通事故智能管理系统等。例如,通过对行驶所需时间的精确测量、交通状况的显示智能化、更精细的交通信号控制,确保道路交通的高效利用和畅通无阻。为了防止交通流的过度集中,在道路上将设置道路交通动态指示板以及通过卫星导航灯进行交通流引导。

⑤高效的道路管理系统。

包括收集和提供路面情况、道路工程施工状况,特殊车辆通行许可申请和处理的自动化,特许通行实际路线以及载荷量的自动测定等,以提高利用效率,降低物流成本。日本也研究了迅速掌握道路损坏状况、即时维修、确保道路完好的监控系统,以及对重型车和装载危险品的特殊车辆的许可路线和实际通行路线进行实时监管的系统。

⑥先进的公共交通系统。

为提高公共交通的安全性和方便性以及公共交通运营单位的工作效率,开发与应用了先进的公共交通系统。该系统主要包括收集公共交通实时运行情况,实施公共交通优先通行措施。此外,通过向公共交通运营者提供基础数据,强化经营管理效率;通过向公共交通利用者提供公共交通信息,提高方便性,进而促进公共交通利用率。

⑦高效的商用车辆系统。

包括车辆运输管理、智能后勤系统、新物流系统等。例如,通过对商用车辆所处位置的实时把握和进行运行管理,减少空载以及减少未满载车辆的运行,保证道路空间的合理利用和交通的畅通。

⑧行人辅助系统。

该系统的功能包括对视觉障碍者进行道路引导,灾害发生时进行避难地引导以及提供行人的路径选择和设施选择引导等。

⑨紧急车辆支援系统。

当发生地震、洪水等灾害时,要求本系统可以迅速地收集灾害状况的情报,对于一般车辆的行驶进行限制和对救援车辆进行引导、优先通行控制,以确保即使灾害区域情报通信设施遭到完全破坏的情况下,紧急车辆支援系统仍能发挥备用功能的作用。

此外,日本的通用交通管理系统(Universal Traffic Management System,简称UTMS)以先进的控制系统为中心,由11个子系统组成,并以现有的交通控制系统为基础发展而成,对交通流进行全面的管理(图1-3)。其核心是在车辆与控制中心之间实现交互式双向通信,通过日本都道府县的警察部门及道路管理者采集的各类交通信息首先汇集到日本道路交通信息中心,随后传输至道路交通信息通信系统(VICS)中心进行信息整合后,通过多种方式向出行者发布各类信息。

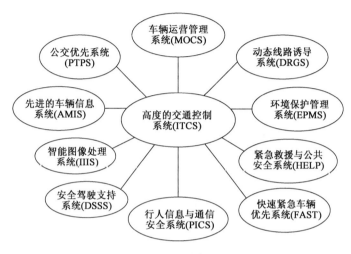

图1-3 UTMS系统概念图

3)欧盟ITS的发展现状

(1)发展历程

欧洲联盟(简称欧盟)及其前身欧洲共同体(简称欧共体)从1986年开始涉足ITS领域的研究。由欧共体主要汽车公司发起的欧洲高效安全道路交通计划(Programme for an European Traffic with Highest Efficiency and Unprecedented Safety,简称PROMETHEUS)旨在以汽车为主体,利用先进的信息、通信自动化技术来改善运输系统,解决交通问题。由欧洲社团委员会(European Community,简称EC)发起的欧洲汽车安全专用道路设施计划(Dedicated Road Infrastructure for Vehicle Safety in Europe,简称DRIVE)主要涉及公路和交通控制技术的研究。欧共体于1989—1991年完成了DRIVE Ⅰ,又于1992—1994年完成了DEIVE Ⅱ。1991年末成立的欧洲道路交通通信信息实施协调组织(European Road Transport Telematics Implementation Coordination Organization,简称ERTICO)作为民办的公共组织,负责监督和协调欧洲的ITS研究、发展和实施。

PROMETIIEUS取得了巨大的成功并于1994年结束。随后在1995年,欧盟又开始了一项新的欧洲交通计划(Programme for Mobility in Transportation in Europe,简称PROMOTE)。该计划的主要目的是实现道路交通基础设施的高度智能化,研究重点是车辆的交通管理系统和安全系统,包括车辆道路间通信、防止碰撞、自动收费系统等。

欧盟ITS的主要研究工作还包括车载信息处理应用计划(Transport-Telematics Application Programme,简称T-TAP)(1994—1998)和欧洲交通信息服务网络计划(Trans-European Transport Networks,简称TEN-T)(1995—1999)。相当于DRIVE Ⅲ的T-TAP的主要目标是运用先进

的信息技术来提高交通效率、保障安全和改善环境,从而极大提高欧洲工业的竞争力,提高交通运输水平。T-TAP 的研究涉及全交通方式,主要研究内容有:旅行者多方式的公共交通、货运运营管理、道路交通、航空交通、铁道交通、水上交通、交通公共设施服务、ITS 对欧盟政策的贡献。TEN-T 是欧盟委员会推进的以实现多方式信息服务为目的的横贯欧洲的交通信息服务网络,这是欧盟 ITS 持续发展的关键所在。TEN-T 覆盖了交通运输的各个方面,包括高质量的公路、铁路、港口、机场和内陆航运。TEN-T 划分为三个层次:欧洲规模、欧洲地域、国家及区域。欧洲规模项目用于提供整个欧洲范围的 ITS 服务,欧洲地域项目是通过可共同操作的调配、国境地带的无缝服务来促进国家之间的合作,国家及区域这一层次负责研究、发展并实行对欧盟 ITS 发展有重大贡献的项目。

(2) 研究内容

欧盟 ITS 的研究展开有两条主线:以车辆的研究开发为主题的 PROMETHEUS 和以道路基础设施开发为主题的 DRIVE。概括起来可分为 10 个研发领域,如图 1-4 所示。

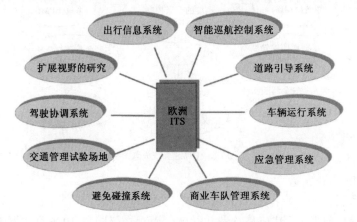

图 1-4　欧盟 ITS 的 10 大研发领域示意图

1989—1991 年的 DRIVE Ⅰ,以基础研究和标准化为主要研究内容,分成模型和一般问题研究、交通安全和人的行为研究、交通控制研究,以及其他 4 个研究领域、72 个研究题目,由企业、大学和研究所分别承担。继 DRIVE Ⅰ之后,欧盟于 1992—1994 年又完成了 DRIVE Ⅱ,其主要研究内容如表 1-2 所示。

欧盟 DRIVE Ⅱ研究内容　　　　　　　　　　表 1-2

序号	研 究 内 容
1	交通需求管理:小汽车和公共汽车的自动收费管理、智能卡的评价
2	交通旅游信息:道路、铁路、换乘等各种信息的服务
3	城市综合交通管理:路径诱导、交通信息、交通控制、停车场管理
4	城市间综合交通管理:事故/交通量的自动检测、可变标志、气象信息
5	驾驶支援、协调系统:残疾人、老人用人机对话危险预警(车车间、车路间通信)
6	货物、车队管理:管理方式最优化、信息管理
7	公共交通管理:运营计划、与信息服务系统的联系及标准化

欧盟 ITS 研究的特点:①在广泛的 ITS 领域都进行着研究与开发;②EC 发起组织的 ITS 研究着重技术的部署与评价,具有高度的研究连贯性,但是与实际的应用部署尚存在差距;③欧

洲在公路上广泛部署了车辆专用电台,可以向用户提供声音或编码信息(由多种语言广播,可接收实时交通状况报告);④将公共交通视为重要的研究内容,公交优先和公交乘客信息系统已投入使用;⑤无论哪个国家或企业提出的交通信息系统方案,都可以在环境不同的 12 个国家分别进行现场试验。因此,必然具有可适应各种环境的技术及发展新技术的可能性。

下面分别介绍欧盟有代表性的系统。

①交通效率与安全蜂窝式通信系统(System of Cellular, Radio for Traffic Efficiency and Safety,简称 SOCRATES)。

这是一种有效发挥传统的蜂窝式移动电话基础设施(地面站)的作用,使交通控制中心与行驶中车辆进行双向通信的系统,它构成了 DRIVE 项目的核心。德国的黑森州、英国的伦敦、瑞典的哥德堡是试验项目的对象地区。

SOCRATES 的下行线路可通过"广播方式"向行驶在各种地面站网络内的装有 SOCRATES 车载装置的车辆,提供道路交通状况的详细数字信息。这些信息可与存储在车载导航计算机中的数据连接,并可用于驾驶员最佳路线的计算。上行线路利用多频存取协议经过基地台向交通控制中心发送信息。通常主要用于通报行程时间、紧急事态信息等。因此,即使大量车辆使用 SOCRATES,也不会给蜂窝式移动电话系统的通信能力带来影响。

②EURO SCOUT。

EURO SCOUT 是以德国西门子公司为主开发以红外信标为媒体的动态路线引导系统。由于车辆和信标间的红外线通信是双向进行的,因此汽车则变为一个探头,可将行程时间、排队等待时间及 OD 信息等交通信息数据传输给中央引导计算机,并可经常更新中央数据。

EURO SCOUT 车载装置由导航装置、红外线收发信号机、车辆位置测定装置及显示器、键盘等组成。红外线信标是装有车载装置车辆与中央引导计算机之间的通信频道,当初计划在 25% 的城市交通信号器上和所有的高速公路上安装。中央引导计算机装有道路交通图及交通信息的数据库,用该装置计算的路线基本上是行驶时所需时间最短的路线。

③Trafficmaster。

Trafficmaster 是以伦敦为中心的大范围高速公路使用的系统,采用袖珍传呼机网络提供交通信息,由名为"GENERALLOGISTICS PLC"的民间企业经营。该系统由传感器、控制中心及车载信息终端组成。传感器检测车辆的速度,传感器控制仪的微型计算机计算每隔 3min 车辆的平均速度,当平均速度在 30mile/h(约 48km/h)以下时,便向控制中心发出信息。车载终端装置类似于一种在收音机上安装了显示器那样的装置,可显示全区域及分割放大区域的速度下降区域(交通堵塞区)。如转换成文本格式查看指定页的话,便可详细了解事故及施工等特殊信息,这种车载装置如果事先登记取得 ID 号码,与一般的分页系统一样可以接收面向特定个人的信息,并在显示器上显示。

1.2.2 国内智能运输系统的发展现状

(1) 发展历程

我国的智能交通研究开始于 20 世纪 70 年代末,最初是在交通运输和管理中应用电子信息及自动控制技术,首先在北京、上海和广州等大城市开始了交通信号控制的研究与开发,在全国主要的大城市使用了单点定周期交通信号控制器和线性协调交通信号控制系统。

20 世纪 80 年代初,我国陆续引进了国外先进的交通控制系统(如英国的 SCOOT 系统、澳大利亚的 SCATS 系统等)。80 年代后期,我国开始了 ITS 基础性的研究开发工作,包括优化道路交通管理、交通信息采集、驾驶员考试系统、车辆动态识别等。

20 世纪 90 年代我国开始建设交通指挥控制中心。目前,我国的大中城市都已基本建立了交通控制中心或交通指挥中心,并开展了驾驶员信息系统、城市交通管理的智能化诱导技术等方面的研究。交通部曾在"九五"期间提出:"建立智能公路运输的工程研究中心",同时指出:"结合我国实际情况,分阶段地开展交通控制系统、驾驶员信息系统等 5 个领域的研究开发、工程化和系统集成。在此基础上,使成熟的科技成果转化为实用的技术和产品,该工程研究中心也将逐步发展成为我国智能公路运输系统产业化基地。"并在国家"九五"科技攻关项目中添加了与 ITS 有关的内容,重点研究了"国家智能运输体系框架""国家智能运输系统标准"等内容。1998 年,交通部正式批准建立智能交通运输系统工程研究中心,同年,建设部与欧盟的 ITS 组织 ERTICO 联合建立了 EU-China 计划。之后交通部制定了《公路、水运交通信息化"九五规划"和 2010 年发展纲要》,纲要提出了发展形成我国智能交通系统的基本体系框架。为推动中国 ITS 的发展,2000 年 2 月 29 日,科技部会同国家计委、国家经贸委、公安部、交通部、铁道部、建设部、信息产业部等部委相关部门,在充分协商和酝酿的基础上,成立了发展中国 ITS 的政府协调领导机构——全国智能交通系统协调指导小组及办公室,并成立了 ITS 专家咨询委员会。

"十五"期间,ITS 开始稳步发展,科技部将 ITS 关键技术及示范工程列入"十五"科技攻关中。国内高校、企事业单位相继开始研究 ITS 关键技术。2001 年,结合我国国情,制定了 ITS 框架。科技部实施了"智能运输系统关键技术开发和示范工程""现代中心城市交通运输与管理关键技术研究"等国家科技攻关计划项目,率先在北京、上海、广州等城市,以城市、城间道路运输为主要实施对象,开展了以智能化交通指挥调度与管理系统、智能公交调度和综合交通信息平台为主要内容的示范工程建设,取得了一定成效。在科技项目的推动下,我国的 ITS 从概念研究进入了实质性的开发和应用试验阶段。

"十一五"期间,国家高技术研究发展计划("863"计划)设立了"现代交通技术领域",并针对 ITS 技术部署了一批前沿和前瞻性项目,以提高原始性创新能力和获取自主知识产权为目标,突破产品和系统的关键核心技术,实现重点目标的技术集成。2006 年,科技部开展实行科技支撑计划重大项目"国家智能交通技术集成应用示范",建立了"北京奥运智能交通管理与服务综合系统""上海世博智能交通技术服务系统""国家高速路联网不停车收费和服务系统"等课题。2008 年 5 月,科技部、公安部、住建部、交通部、铁道部和民用航空局等单位牵头成立中国智能交通协会。在"863"计划专题课题的支持下,综合交通运输和服务的网络优化与配置技术,智能化交通控制技术,综合交通信息采集、处理及协同服务技术,交通安全新技术等各项技术得到进一步的突破;在智能化交通管控、汽车安全辅助驾驶、车辆运行系统状态监控与安全预警等一批核心关键技术上取得了实质性的进展。

"十二五"期间,交通运输领域"863"计划瞄准国家 ITS 技术发展热点问题,对智能车路协同、区域交通协同联动控制等技术进行了部署。国家科技项目的实施推动和提升了我国 ITS 行业的总体水平,培养形成了我国 ITS 专业研究队伍和基地。

(2) 我国智能运输系统主要研究内容与成果

ITS 是一个复杂的综合性的系统。目前我国已实施的智能运输子系统(图 1-5)包括:①先进的车辆控制系统;②先进的交通管理系统;③先进的公共交通系统;④出行者信息服务系统;

⑤安全和紧急事件应急系统;⑥电子收费系统;⑦其他系统(民航 ITS 系统、铁路 ITS 系统、水路 ITS 系统)。

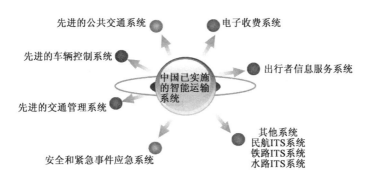

图 1-5　中国已实施的 ITS 示意图

国际标准化组织 1999 年在技术报告 ISO/TR14813 中对运输信息和控制系统(Transport Information and Control Systems)(实际上就是 ITS)的研究领域进行了划分,具体划分情况如表 1-3 所示。

ISO 标准中的研究领域构成　　　　　表 1-3

服 务 种 类	服 务 名 称	服务名称(英文)
1. 出行者信息	出行前信息服务	Pre-trip Information
	在途驾驶员信息服务	On-trip Information
	在途公共交通信息服务	On-trip Public Transport Information
	个人信息服务	Personal Information Service
	路径诱导与导航服务	Route Guidance & Navigation
2. 交通管理与规划	交通运输规划支持	Transportation Planning Support
	交通控制	Traffic Control
	紧急事件管理	Incident Management
	需求管理	Demand Management
	交通法规监督与执行	Policing/Enforcing Traffic Regulations
	基础设施的维护管理	Infrastructure Maintenance Management
3. 车辆安全和辅助驾驶	视野的扩展	Vision Enhancement
	自动车辆驾驶	Automatic Drive
	纵向防撞	Longitude Collision Avoidance
	横向防撞	Lateral Collision Avoidance
	安全防备	Safety Readiness
	交叉口防撞	Intersection Collision Avoidance
	碰撞前乘员保护	Pre-crash Restraint Deployment
4. 商用车辆管理	商用车辆提前通关	Commercial Vehicle Pre-clearance
	商用车辆管理过程	Commercial Vehicle Administrative Processes
	自动路边安全检测	Automated Roadside Safety Inspection

续上表

服务种类	服务名称	服务名称(英文)
4.商用车辆管理	商用车辆车载安全监视	Commercial Vehicle On-board Safety Monitoring
	商用车队管理	Commercial Vehicle Fleet Management
5.公共交通管理	公共交通规划	Public Transport Management
	公交车辆监控	Demand Responsive Public Transport
	公共交通管理	Shared Transport Management
6.紧急事件	紧急情况的确认及个人安全	Emergency Notification and Personal Security
	紧急车辆管理	Emergency Vehicle Management
	危险品及事故的通报	Hazardous Material & Incident Notification
7.电子收费	电子收费	Electronic Financial Transactions
8.安全	公共出行安全	Public Travel Security
	易受伤害道路使用者的安全措施	Safety Enhancement for Vulnerable Road Users
	交叉口安全的智能化	Intelligent Junctions and Links

可以看出,我国 ITS 研究内容和美国、欧盟、日本以及国际标准 ISO/TR14813 提出的研究内容基本一致,这便于我国 ITS 和国际接轨,加强国际交流与合作。

近年来,我国的 ITS 研究、开发及应用都取得了显著成果,我国已经在 ITS 体系框架、交通数据采集、处理与融合、车路协同控制、系统开发与集成等技术领域取得了一些具有自主知识产权的创新成果,在智能运输与安全领域具备了较好的研究基础。在这期间,形成了一批从事 ITS 研究开发的骨干团队和主要研究基地,包括高校、研究单位和企业。科技部先后批准建立了"国家 ITS 工程技术研究中心""国家铁路智能运输系统工程技术研究中心",一些地方政府和相关部委支持建立了相关的实验室和工程中心等。我国 ITS 应用主要表现在以下几个方面:

(1)城市的交通管理方面智能化集成应用成效显著,公众出行的智能化服务水平得到了有效的改善。北京、上海、广州、深圳等城市相继建成了现代化的智能交通管理系统。城市交通运行的智能分析系统,有效缓解了这些城市严重的交通拥堵;同时,在奥运会、世博会、亚运会等一系列大型活动的交通服务中发挥了重要的作用。目前中国许多城市已经建成或者正在建设智能化的道路交通管理系统、全国机动车驾驶人信息管理系统,已经实现了全国范围内机动车违法联网处置。以公共交通出行为核心的城市智能交通公交与客运服务体系也已经初步形成。公交都市的建设推动了城市的地铁和地面公交的调度,枢纽以及 P+2(住地中心城区外,开车到就近地铁站换乘地铁或公交进入中心城区)的换乘服务。公共自行车和步行等慢行系统领域里的应用服务创新,公交一卡通在珠三角、京津冀等区域初步实现了跨城市的互联互通。

(2)交通基础设施智能化的运营管理和服务技术,显著提升了中国交通运营管理的效率和服务的水平。高速公路电子不停车收费 ETC 已经在全国应用,按照国家标准建设的 ETC 已经覆盖了全国 29 个省市,截至 2019 年底用户超过 2 亿,平均使用率超过 70%。江苏、山东等省市已经开始取消省际收费站。我国的 ETC 已经成为国际上用户规模超过 1000 万以上的三大 ETC 技术体系之一。根据评估 ETC 提高车道的通过能力在 4 倍以上,节能减排的效益非常显著,充分体现了智能交通服务民生的理念。与此同时,建设完成了全国铁路综合监控和旅客服务系统,提升了铁路客运服务的综合的智能化水平。在交通安全方面,公安部、交通运输部、科技部三部联合实施了以智能交通技术作为主要内容的国家道路交通安全科技行动计划,对道路交通安全的保障和服务水平的提高起到了促进作用。

(3)新一代信息技术的创新研究和应用,为智能交通的持续发展奠定了良好的基础。近年来,我国通过国家科技计划,对车路协同、交通状态的感知和交互、车联网、环境友好型的智能交通、多模式的交通协同、道路安全的智能化管控等一系列智能交通的核心关键技术进行了持续深入的研究和应用推动,同时也促进了新一代信息技术在交通领域的融合应用,为推动中国智能交通技术水平的提升和持续发展奠定了良好的技术基础。

(4)基于移动互联网的出行服务模式和产业在不断创新发展。移动互联网的普及应用正在深刻改变人们的生活方式,也带来了交通运营和服务模式的巨大的变革,促进了共享经济新业态的产生。

(5)车路协同和智能驾驶技术正加速进入到产业化阶段。十二五期间,国家863计划对智能车路协同关键技术进行了研发,已经取得了初步的成果,具有自主知识产权的短程通信等国家标准已经在2014年正式发布。与此同时,我国在自动驾驶领域的研究也在不断深入,国内汽车厂商已经开始研发和试验。近几年来,多个研究团队和厂商的智能汽车已在实际道路上进行了自动驾驶的试验。另外,中国互联网企业通过与汽车厂商的合作也开始涉足智能汽车和无人驾驶领域。这些都为我们智能汽车和智能交通带来更多的产业发展前景。

总之,在新技术、新需求的大背景下,ITS的发展正在进入一个新的时代,有专家称之为ITS 2.0时代。事实上,从近年智能交通行业的变化,可以明显感到,新技术及其理念和模式正在颠覆或者再造交通运输系统。同时,ITS的体系和内容都在发生重大变革,新技术推动ITS在感知、存储、共享与交互、大数据分析以及综合服务等方面正在全面升级和创新。新一代感知技术、通信技术、移动互联服务、能源管理、车路协同、综合交通智能化和智能网联汽车等应用发展迅速,ITS的内涵也在改变。

1.3 智能运输系统面临的问题

制约我国ITS发展的四大难题为:

(1)缺乏关键核心技术。关键核心技术问题是影响我国智能交通产业竞争力的主要问题。目前我国市场的智能交通中高端产品主要是国外品牌,关键核心技术主要依赖从国外进口。即使是发展最快、推广范围最广的智能交通行业管理和智能导航产业也不例外,这对智能交通产业的进一步发展造成很大制约。关键核心技术的缺乏不仅使产业在发展过程中不断付出昂贵的技术使用成本,同时产业的命脉也会被国外企业所扼制。

(2)技术标准不统一。由于产品没有标准化,市场准入缺乏适当标准和门槛,任何投资商都可以自由进入,导致产品质量缺乏保障,降低了消费者对产品的信心和信任度,从而无法大规模地普及应用,不利于智能交通概念的最终实现。

(3)产业链发育不健全。目前,国内在智能交通的开发上仍较为落后,没有形成包括供应商、运营商、政府和消费者间完善的智能交通产业链,交通信息收集、开发和消费的市场机制也还没有形成。高层次的交通信息服务相关的产业环节还非常不健全,运营商和交通信息消费者还没有融入智能交通体系之中。造成国内智能交通产业链条不完善的主要原因是各主要部门之间缺乏信息共享,没有形成一个能够同时掌握足够全面的交通信息搜集和发布的机构或平台,因此无法从现有资源中提取可供辅助决策的信息。

(4)市场需求不足。由于智能交通概念尚处于市场导入期,消费者对大多数智能交通产品和服务认识程度有限,潜在需求未能充分释放,致使智能交通企业无法实现规模经济,进而影响到整个智能交通产业的发展速度和发展空间。

1.4 智能运输系统发展趋势

1.4.1 国外智能运输系统的发展趋势

顺应发展趋势,发达国家都在调整布局 ITS 的发展内容和方向。美国最新的 ITS 项目五年规划中,从安全、缓解拥堵、效率及互联互通三个方面开展 9 个方向的研究,智能驾驶是发展的重点内容。欧盟制定了交通系统协同发展路径图,围绕智能出行、生态出行、安全出行布局了一系列内容。日本积极推进新一代交通管理系统,大力发展基于车路协同的驾驶安全支持系统(Driving Safety Support Systems,简称 DSSS),基于数据挖掘的交通管控系统性能提升,在专用短程通信(Dedicated Short Range Communication,简称 DSRC)、智能公路、无人驾驶系统等方面也在积极开展工作。总体上,智能交通系统未来的主要发展趋势可以概括为以下几个方面:

(1)重点开发智能运输系统体系结构

对于 ITS 的总体规划和设计来说,最重要的任务就是 ITS 体系结构的开发(ITS 体系结构将在第 2 章详述),它也是历届 ITS 世界大会的一个主题。

美国国家 ITS 体系结构的研究起于 1992 年,1994—1995 年 ITS 优先项目中排第一位的便是系统体系结构开发。美国国家 IVHS/ITS 体系结构开发从 1993 年 9 月—1996 年 7 月历时三年才完成第一版,共耗资 2500 万美元。此后经多次修订,于 1999 年末完成了其第二版,建立了由出行及交通管理、出行需求管理、公共交通运营、电子付费服务、商用车辆营运、应急管理、先进的车辆控制与安全系统七大系统构成的国家 ITS 体系结构。

日本于 1998 年开始开发 ITS 体系结构,1999 年完成,建成了一个由先进的导航系统、电子收费系统、辅助安全驾驶、优化交通管理、道路管理效率化、协助公交车辆运营、商用车效率化、协助行人、协助紧急车辆运营等九大领域构成的国家 ITS 体系结构。

欧盟(及其前身欧共体)是一个相对松散的主权国家联合体,因而 ITS 的研究一般是由各国独立承担,采取自下而上的推进模式。该模式的优点是便于信息传递,决策及时,灵活性大,有利于适应不断变化的环境。但这种模式的缺点也很明显,即子系统间的协调十分困难。而运输本身是一个连续的过程,因此该模式不利于 ITS 向更高更完善的层次发展。正由于此,欧盟在经过了 DRIVE Ⅰ 之后,不得不以加强各国的协调,制定统一的规范和协议为主导方向,启动了 DRIVE Ⅱ 计划,1998 年又开始了全欧的 ITS 体系结构项目 KAREN,从而揭开了欧盟 ITS 研究新的一页,这足以说明系统结构开发在 ITS 中的重要地位。

(2) 交通安全成为重点发展方向

交通安全逐渐成为各国关注的焦点,一些发达国家对交通安全的重视程度甚至超过了对交通效率的关注,这也是近几年来国际 ITS 的热点问题。除了在基础设施、法律和教育方面采取相应的措施外,智能运输与安全技术的开发和应用是重要手段,其中包括:利用先进的信息与通信技术,加快安全系统的研发与集成应用,为道路安全提供全面的安全解决方案。除自主式的车载安全装置外,还需考虑车路协调合作方式,即通过车车以及车路通信技术获取道路环境信息,从而有效评估潜在危险并优化车载安全系统的功能。以人的因素为基础,防止驾驶员分神;促进碰撞防止系统的开发应用。

(3) 日益重视智能运输系统标准化研究

ITS 是先进的信息技术、通信技术、电子技术和交通运输管理系统相结合的大系统,其最基本的特征是"集成",而标准化是系统集成的重要基础。然而,在 ITS 的开发热潮中,曾一度忽视标准化的工作,ITS 的国际标准化组织 ISO/TC204 的建立就比 ITS 的发展本身所滞后。各国在 ITS 开发与利用的实践中越来越清醒地认识到,没有标准化,就不可能实现有效的 ITS。ITS 标准化日益受到各国重视,目前已有 50 多个国家加入了 TC204。

各国都在积极推进 ITS 标准化工作,其中美国、日本、欧盟是 ITS 标准化工作成效显著的国家和地区。美国为了保证标准化的发展能在产业界集思广益,先是通过各民间组织制定标准,然后由 ITS America 和美国运输部共同确定了各标准研究的优先级,并确定以"国际合作、完善标准、培训人员"为资助重点。显然,美国想利用其技术优势、经济优势变美国标准为世界标准,抢占国际 ITS 市场。日本尽管国家 ITS 体系结构起步相对较晚,但 ITS 标准化工作并不落后,积极地在国内推进标准化,极力使自己的标准发展为国际标准。欧盟高度重视 ITS 标准的国际化,主张建立一个开放的、柔性的标准化体系结构,保证全欧范围不同系统和应用之间的互操作性。美国、日本、欧盟竞相向国际标准化组织提出 ITS 的系统方案,以便使之成为标准,争夺 ITS 国际市场的目标是显而易见的。关于 ITS 标准化的内容本书将在第 13 章详细说明。

(4) 智能运输系统建设出现了从单一的道路运输智能化向综合运输智能化的方向发展的趋势

目前世界 ITS 的发展主流是道路运输的智能化。但是,要根本解决交通运输问题,必定要实现整个综合运输系统的智能化。20 世纪 90 年代中期开始,多式联运智能化在国际范围尤其是欧盟和美国运输界引起高度关注。欧盟率先于 1995 年制定了多式联运智能化具体计划,其实施结果日益显示出综合智能运输系统较之道路智能运输系统能提供更有效、更安全、更少污染、更具有吸引力的服务。多式联运智能化在美国受到广泛关注,目前正在积极探讨推进多式联运智能化的有效途径。日本由于在大城市通勤客运方面早已以公共运输为主,所以至今在综合运输智能化方面尚未取得明显进展。但是无论如何,综合运输智能化的出现预示着未来 ITS 的发展方向,并将日益显示其是解决交通问题的根本途径。

1.4.2 国内智能运输系统的发展趋势

2017 年,国务院印发《"十三五"现代综合交通运输体系发展规划》(简称《规划》)。《规划》中重要的一部分内容就是"提升交通发展智能化水平",对构建我国的"智能交通"体系提出要求。《规划》提出,到 2020 年基本建成安全、便捷、高效、绿色的现代综合运输交通体系,部分地区和领域要率先基本实现交通运输的现代化。

(1)互联网深入交通各个方面

公路客运和城市客运是"智能交通"体系的主要组成部分,"十三五"是互联网技术发展、公路客运环境提升的关键时期。《规划》中提出,要实施"互联网+"便捷交通计划,将信息化、智能化发展贯穿于交通建设、运行、服务、监管等全链条各环节,推动移动互联网、智能控制等技术与交通运输深度融合。以创新驱动发展为导向,大力推动智能交通等新兴前沿领域创新和产业化。

近几年,移动互联网不断融入社会生活的各个领域,公路客运亦在其中。在"十二五"时期,国内已出现借助移动互联网技术的新型公共客运服务方式,如商务班车、定制公交等。一些城市提供本地化的移动终端公交手机应用程序(简称 App)、线路、站点、换乘信息、首末班查询、票制、票价等静态信息服务通常已经具备,在此基础上,动态信息服务,如车辆位置、到站时间、到站距离等信息也越来越丰富、及时和准确。"十三五"期间,互联网技术将从多个方面促进"智能交通"发展,将与交通行业深度渗透融合,对相关环节产生深刻变革,并将成为建设智慧交通的提升技术和重要思路。

(2)各种交通方式融合更加密切

"智能交通"体系的特点之一就是公众出行更方便。《规划》中提出,要推行信息服务"畅行中国"。支持互联网企业与交通运输企业、行业协会等整合完善各类交通信息平台,提供综合出行信息服务。推进交通一卡通跨区(市)域、跨运输方式互通,发展"一站式""一单制"运输组织,推动运营管理系统信息化改造,推进智能协同调度。以往的公共交通信息服务多为片段式的、单一方式的,比如,城市公交和长途客运的信息是分开的。而如今,要在整个出行链上,打通不同交通方式之间的信息壁垒,获得长途客运、公交、地铁的综合信息。交通运输部提出,近5年来,交通运输领域最突出的变化是"融合"。促进联程联运发展,是各种运输方式融合发展的主攻方向。公路客运逐步从中长途转向中短途,转向对铁路、民航的接驳运输以及城乡客运等方面,使运输结构更合理。各种运输方式融合发展、转型升级,其组合效率将大幅提高,为提高交通供给质量和效率提供支撑。未来随着"智能交通"数据资源交换体系的完善,跨区域的"一站式"信息服务也会逐步得到普及。

(3)提高道路和客车智能水平

打造"智能交通"系统,不可或缺的是智能化的交通基础设施和车辆。《规划》中提到,要开展新一代国家交通控制网、智慧公路建设试点,推动路网管理、车路协同和出行信息服务的智能化;优化城市交通需求管理,提升城市交通智能化管理水平。我国城镇化发展较快,以往都是城市交通规划被动适应城市发展。在构建"智能交通"体系的过程中,智能化的基础设施和车辆是密不可分、需要共同进步的关键因素。

(4)新兴技术应用更加普及

"十三五"期间,随着云计算、大数据、移动互联网、社交网络媒体等新兴技术的发展,其在智慧交通行业中的应用将更加普及。

①物联网:激活智能要素。通过各类传感器、移动终端或电子标签,使信息系统对外部环境的感知更加丰富细致,这种感知为人、车、路、货、系统之间的相互识别、互操作或智能控制提供了无限可能。未来,智能公路、智能航道、智能铁路、智能民航、智能车辆、智能货物、智能场站等将快速发展,管理者对交通基础设施、运输装备、场站设备等的技术运行情况和外部环境

②云计算、大数据：点亮交通管理智慧。据不完全统计，当前交通运输行业每年产生的数据量在百 PB(1PB = 1024TB)级别，存储量预计可达到数十 PB。以北京市交通运行监测调度中心(Transportation Operations Coordination Center，简称 TOCC)为例，目前 TOCC 共包括6000多项静动态数据、6万多路视频，其静动态数据存储达到20TB，每天数据增量达30GB左右。面对增长迅速的海量数据，在云计算、大数据等技术支撑保障下，未来的交通管理系统将具备强大的存储能力、快速的计算能力以及科学的分析能力，系统模拟现实世界和预测判断的能力更加出色，能够从海量数据中快速、准确提取出高价值信息，为管理决策人员提供应需而变的解决方案，交通管理的预见性、主动性、及时性、协同性、合理性将大幅提升。

③移动互联网：提高信息服务水平。服务是交通运输的本质属性，随着移动互联网、智能移动终端大范围应用，信息服务向个性化、定制化发展。信息服务系统与交通要素的信息交互更加频繁，系统对用户的需求跟踪、识别更加及时准确，能够为用户提供交通出行或货物运输的全过程规划、实时导航和票务服务，基于位置的信息服务和主动推送式服务水平大大改善。

(5) 加强对大数据的应用

在信息系统愈发普及的今天，数据的搜集、整理与分析更为重要。《规划》中提出，推进云计算与大数据的应用；强化交通运输信息采集、挖掘和应用，促进交通各领域数据资源综合开发利用和跨部门共享共用；推动交通旅游服务等大数据应用示范。另外，还要建设综合交通运输统计信息资源共享平台。充分利用政府和企业的数据信息资源，挖掘分析人口迁徙、公众出行、枢纽客货流等特征和规律，加强对交通发展的决策支撑。智能化的交通系统能够记录客车的实时运行数据，通过大数据分析客运需求和供给之间的关系，如线路的走向、线网的布置与实际客流的需求是否一致。客运大数据可帮助管理者作出决策，调整线路并对客运系统进行优化。

以公交系统为例，大数据至少可以在三方面进行应用。第一，城市公交管理者要保证公交优先，特别是在有公交专用道的地区，可以将大数据用在交通管理和信号控制上，在公交车靠近路口信号灯时，缩短红灯时间使公交车快速通过。为提高城市公共交通的运行效率，确保大运力交通工具拥有优先路权。第二，从公交车运营企业的角度来看，这些数据可以方便对车辆的调度。知道每辆车的位置、每个站点有多少人在候车，从而决定车辆发车频次，及时优化车辆运营线路和调度方式。第三，对于乘客来说，可了解公交车何时到站，系统能根据数据提供不同的线路。因为不同的乘客有不同的需求，综合利用这些数据可为乘客提供各方面的信息。

(6) 绿色交通成为交通发展新底色

加快推进绿色循环低碳交通运输发展，是加快转变交通运输发展方式、推进交通运输现代化的一项艰巨而紧迫的战略任务。近年来，国家层面通过出台相关政策、开展城市试点等方式积极推进绿色交通建设。2010年启动了"车、船、路、港"千家企业低碳交通运输专项行动；2012年交通运输部颁布实施了《关于贯彻落实〈国务院关于城市优先发展公共交通的指导意见〉的实施意见》(交运发〔2013〕368号)，随后便启动了公交都市建设工作，截至2013年底，37个城市入选公交都市试点城市；2013年交通运输部印发了《加快推进绿色循环低碳交通运输发展指导意见》(交政法发〔2013〕323号)，组织无锡等10个城市开展低碳交通城市区域性试点工作。

"十三五"期间，随着科技的不断创新、国家政策的强力支持，绿色交通将成为交通运输发展的新底色，节能减排将成为智慧交通发展的关键词。大力发展车联网，提高车辆运行效率；

重视智能汽车的发展,提升车辆智能化水平,加强车辆的智能化管理;积极采用混合动力汽车、替代料车等节能环保型营运车辆;构建绿色"慢行交通"系统,提高公共交通和非机动化出行的吸引力;构建绿色交通技术体系,促进客货运输市场的电子化、网络化提高运输效率,降低能源消耗,实现技术性节能减排。

(7)合作式智能交通和自动驾驶将成为智能交通的重点

合作式智能交通(美国称之为互联车辆)是近年来国际智能交通界关注的重要方向。它将无线通信、传感器和智能计算等前沿技术综合应用于车辆和道路基础设施,通过车与车、车与路信息交互和共享,首先实现车辆运行的安全保障,其次实现绿色驾驶和交通信息服务。它是安全辅助驾驶、路径优化、低碳高效等多目标统一的新服务。发达国家在这个领域已经做了大量的实际道路测试,基本实现了产业化。值得一提的是在日本已经在全部高速公路上实现了高速无线数据通信的全覆盖,具备上述功能的车载终端已经销售了数十万台。

另外值得重视的方向是自动驾驶汽车,这虽然是从智能交通诞生起就在研究的领域,但是近几年的发展极为迅速,在高速公路和城市道路上的测试试验已经在发达国家普遍开展。自动驾驶汽车在无人干预的条件下自动运行几千公里的例子比比皆是。低速无人驾驶汽车在发达国家的开发和试验也接近实用,在特殊区域、开放道路、居民社区已经进行了大量运行试验,新出行模式的萌芽已经开始显现。

(8)智能交通的特殊要求推动信息技术发展

智能交通最大的特点是高速移动的交通工具间、交通工具与基础设施间的可靠数据交互和流数据的计算,而这些特殊的要求对宽带移动通信技术和计算技术的进步起到了强大的推动作用。例如超高速无线局域网和5G 移动通信(5th Generation,第 5 代移动通信系统)都把低延时作为一个重要指标,甚至提出 5G 移动通信延时不超过 1ms,这个指标就是直接对应于交通安全应用要求的。此外,快速移动车辆在通信网络内要求不中断的数据连接,以保证流数据的计算,这就对通信的传输控制协议和流计算技术提出了新要求,现有的公用通信系统中是无法实现的。相关技术近年来取得了不少突破,为实现智能驾驶和自动驾驶提供了支撑环境。

(9)智能交通系统技术体系和标准化体系的完善

我国现有的 ITS 体系框架和标准化体系是 20 世纪末借鉴国际 ITS 发展经验,结合我国实际国情制定的。应该说,这个体系框架和标准体系对引领我国 ITS 的建设发展发挥了重要的积极作用,主要内容是符合技术发展走向和我国的应用实际的。

近年来,在交通运输部和国家标准委的安排下,相关部门对智能交通标准体系进行了修订,将智能交通领域的通信应用技术、车路和车车合作技术、移动互联交通应用技术、交通信息安全管理等内容补充进标准体系。同时,我国 ITS 建设发展中,立足国情创新发展了许多智能交通新的应用和技术,成效突出。总结发展成果,立足国情,跟踪国际新技术发展动态,适时完善和丰富我国 ITS 体系框架,将是未来我国 ITS 领域的重要工作。

(10)参与主体趋向多元化

2014 年 12 月,国家发展改革委发布了《关于开展政府和社会资本合作的指导意见》(发改投资〔2014〕2724 号),支持社会资本参与重点领域建设。《交通运输部关于全面深化交通运输改革的意见》(交政研发〔2014〕242 号)则提出:完善社会资本参与交通建设机制。"十三五"期间,国家层面对社会资本参与智慧交通的态度日渐明朗,同时随着"互联网+"上升为国家战略,互联网的技术、思维模式等将逐步渗透到交通行业的各大领域。互联网企业将积极参与到智慧交通建设,用户也将成为智慧交通的重要参与主体,智慧交通建设的主体将呈现多元化的特征。

① 政府。政府要更多地考虑政策创新,考虑政府信息公开,考虑完善公平公正的市场环境。制定相关政策法规,积极鼓励多方资本进入智慧交通领域,同时通过营造创新文化氛围、推动数据开放等举措,为交通领域的业务创新、商业模式创新等提供良好的环境。此外,政府还将更多地承担起建设项目的监督管理职责,通过制定绩效评估考核指标体系等,对建设项目进行监督管理。

② 互联网企业。百度、阿里巴巴和腾讯在地图、导航及交通领域动作频频,阿里投资易图通、全资收购高德,通过支付宝切入公共交通领域;百度收购长地万方,通过与交通管理部门联动盘活大数据,推出 CarNet 车载设备;腾讯收购科菱航睿,与四维图新合作,推出车联网硬件产品路宝。百度、阿里巴巴及腾讯通过打车、专车软件抢夺移动支付入口,腾讯投资快的打车,阿里巴巴投资滴滴打车,百度投资美国 Uber,三足鼎立的局面一直延续到 2015 年 4 月 1 日滴滴、快的合并。互联网企业拥有雄厚的技术、数据沉淀以及成熟的互联网思维,将在智慧交通行业发展中起到关键作用,也将会对交通行业商业模式创新产生重大影响。

③ 运营商。三大通信运营商通过和政府合作,依靠政府权威数据后台,具备了互联网企业所不具备数据资源优势,推出智慧交通 App 应用。如在广州市政府主导下,基于"智慧广州"背景,与三大运营商联手合作推出了"行讯通"系列 App。这种以"运营商—政府"为主导的特色应用,很好地共享了各自的优势资源。运营商能够提供快速流畅的无线网络支持和用户群体,政府则提供了强大的交通信息数据。

④ 公众。未来智慧交通领域将更关注用户体验,用户思维将成为智慧交通建设运营中的主旋律,公众将担当着出资者、建设者、监督者的角色。公众为高质量市场化的智慧交通服务买单,同时也是重要的参与者,未来很多的智慧交通项目将来源于民,真正将用户需求放在首位。

1.5 本章小结

本章在阐述 ITS 的重大意义的基础上,重点介绍了国内外 ITS 的产生、发展现状和研究内容,以及未来国内外 ITS 研究的发展趋势。

【本章练习题】

1. ITS 是在什么背景下产生的,不同国家对其定义的区别是什么?
2. 从美国、日本、欧盟的 ITS 发展过程中你受到了哪些启示?简述你对我国 ITS 研究现状的看法。
3. 根据自己实际生活中的体会,列举我国目前存在的交通问题;并结合本章所学知识,简述如何应用 ITS 解决这些问题。

第 2 章
智能运输系统的体系框架

【学习目的与要求】

通过本章的学习,了解智能运输系统(ITS)体系框架的意义、功能、组成部分以及开发方法,同时掌握各种开发方法的异同点;熟悉美国、日本、欧盟以及中国的智能运输系统体系框架,以便进一步学习智能运输系统的相关知识。

2.1 概 述

ITS 是一个跨行业、跨部门、多主体、由互相联通的多个应用系统组成的复杂大系统,全面建成需要一个长期的过程,"统筹规划、分步实施、突出重点、全面推进"是建设实施 ITS 的必然选择。因而在 ITS 建设过程中,迫切需要一个纲领性和宏观指导性的技术文件,该文件应当能够明确描述 ITS 未来远景蓝图、清晰定义 ITS 各组成部分间数据交换内容和系统接口,以保证 ITS 各阶段的建设内容能够在统一的框架下有效集成,使得 ITS 的各个组成部分之间乃至不同地区的 ITS 间能够互联互通、信息共享。

在这种背景下,人们对于 ITS 体系框架逐步产生了迫切的需求,世界各国相继提出并制定了 ITS 体系框架和开发方法。

2.1.1 ITS 体系框架的意义与功能

从 1993 年开始,美国、日本、欧盟就开始了 ITS 体系框架的研究工作,到 1999 年为止都形成了各自的 ITS 体系框架,对 ITS 的发展起到了很好的指导和促进作用。随着 ITS 的不断发展,各国的 ITS 体系框架都在不断地向前发展。在美国、日本、欧盟 ITS 发展体系框架的启发下,世界上很多国家和地区都进行了各自的 ITS 体系框架研究工作,如新加坡、韩国、中国香港等,并且在体系框架的指导下进行各自的 ITS 研究工作。我国于 2000 年也开始了中国 ITS 体系框架的研究工作,并且于 2001 年正式出版了《中国智能运输系统体系框架研究总报告》,来指导我国的 ITS 研究工作的开展。

美国、日本、欧盟及世界其他国家和地区的 ITS 发展经验表明:在研究开发 ITS 的初级阶段,开展系统体系框架的研究工作是系统全面发展必不可少的基础研究。它是发展 ITS 的指导性框架,主要用于明确 ITS 的开发目标,为标准研究工作提供参考,避免重复研究和无计划开发,便于研究成果的大范围应用和 ITS 技术的发展以及产业化的实现。

ITS 体系框架是一个适应国家发展计划并支持开发研究标准化的不同技术成果的通用框架,是一个从事 ITS 研究开发工作的所有团体都应该支持的通用体系框架。ITS 的根本出发点是充分利用现有交通基础设施资源和信息基础设施资源。为实现这一目的,必须对 ITS 的整体有一个全面的把握,同时必须保证在进行系统集成时是可控的和无缝隙的。ITS 体系框架就是为实现这一点而产生的。ITS 体系框架决定了在概念和哲学层次上系统如何构成。体系框架既不是一个简单的设计文档,也不是一个技术性的说明,更不是 ITS 本身的研究发展过程,而是一个贯穿于 ITS 结构标准研究制定过程的指导性框架。它提供了一个检查标准遗漏、重叠和不一致的依据。基于逻辑框架和物理框架的标准需求,提出了标准制定的出发点和衡量结果的工具。科研人员可以利用制定的标准来设计、研制和管理 ITS,同时根据实际需求提出新的服务功能,促进 ITS 体系框架和国家标准的完善。

ITS 体系框架为政府机关制定 ITS 的发展规划提供基本原则,为 ITS 的建设实施者提供可供参考的实施依据。在规划和准备 ITS 项目时,体系框架可以为其提供支持,并且可以为一个综合的 ITS 项目提供基本原理。这样的标准结构体系可以确保不同系统间的可互用性、整合性以及兼容性。

概括起来,ITS 体系框架的意义主要表现在以下方面:

(1)为 ITS 的发展提供宏观指导性和纲领性技术文件,勾画出 ITS 的未来蓝图和总体框架;

(2)为 ITS 的规划和建设提供依据和宏观指导,保证 ITS 系统规划与设计的合理性和科学性;

(3)为实现 ITS 各应用系统的信息共享与有效整合打好基础,为 ITS 各组成部分间的互联互通以及各地区 ITS 的全面兼容提供保证;

(4)从根本上有效保证 ITS 的规范、健康、协调、可持续发展;

(5)为服务和设备制造提供一个开放的市场,从而可以提供兼容的子系统;

(6)提供一个公开的市场环境,使设备制造商可以以较小的风险提供产品。

体系框架主要面向的用户包括:政府交通管理决策部门以及 ITS 应用系统的开发和管理者。政府交通管理决策部门依据 ITS 体系框架,决定未来 ITS 发展的策略和重点项目等;ITS

的开发和管理者利用体系框架辅助确定系统的核心内容、系统之间的边界、系统之间的数据交互和关联等。

2.1.2　ITS体系框架的组成部分

根据不同国家和地区的ITS体系框架的内容,可以看出,ITS体系框架主要由以下部分组成:用户服务、逻辑框架、物理框架、通信体系框架、ITS标准化、费用效益分析评价、实施措施及策略。

(1) 用户服务

用户服务是从用户的角度来描述ITS的系统功能,对用户的要求进一步细化。其中用户主体是服务面对的主要用户,也是在某服务领域指定需求的承受主体;服务主体是指服务的提供商,它与用户主体是服务与被服务的关系。用户服务部分主要用来明确划分ITS中各个子系统的用户,并且通过用户调查、访问、开会等形式确定各个子系统的用户服务需求,对用户服务需求进行合理排序后指导实施顺序。用户服务是ITS体系框架开发的基础,用户服务需求是ITS标准结构的基本需求。

(2) 逻辑框架

逻辑框架(也称为功能体系框架)用来定义和确定为满足用户需求ITS所必须提供的一系列功能。ITS体系框架中的逻辑框架详细描述了ITS各子系统的逻辑体系结构,定义了子系统的功能及他们之间的数据流。

通常以一系列功能领域的方式描述ITS的逻辑体系结构,每个功能领域都定义了功能及数据库,这些数据库通过数据流与终端相联系。终端可以是一个人,一个系统,或者别的物理实体。终端可以获取数据,系统也可以通过终端采集数据。一个终端定义了系统所期望外部世界所做的事情,描述了系统期望终端提供的数据和由系统提供给终端的数据。

逻辑体系框架为每个功能领域开发了数据流图,数据流图显示了这些功能是如何通过数据流相互联系在一起,又如何与不同的数据库联系在一起,以及如何与终端联系在一起。

(3) 物理框架

物理框架是ITS的物理视图,是制定系统具体实施策略的基础,它是将逻辑框架中的功能实体化、模型化,然后把功能结构相近的实体(物理模型)归结成直观的系统和子系统。逻辑框架中所确定的功能单元及数据流将会被归类、划分到不同的子系统中。物理框架描述了在逻辑体系框架中定义的功能如何被集成起来形成系统,这些系统将由硬件或软硬件来承载。

除了对子系统进行划分和定义外,物理框架还需对服务端加以明确。所谓服务端是指存在于系统之外,但与系统有信息交互关系的实体。服务端通常被划分成三种类型:用户型、系统型和环境型。

子系统间及子系统与服务端间的信息传递关系由框架流表示,每条框架流一般对应于逻辑结构中的一条或若干条数据流。物理框架与逻辑框架的大致对应关系如图2-1所示。

(4) 通信体系框架

通信体系框架描述了支持在不同系统部分之间进行信息交换的机制。信息的交换包括两部分:可以使数据从一个点传到另一个点的机制及从费用、准确率和延误方面考虑的适应性;确保正确解释从另一个点传来的信息。通信体系框架也描述了用户的通信需求。

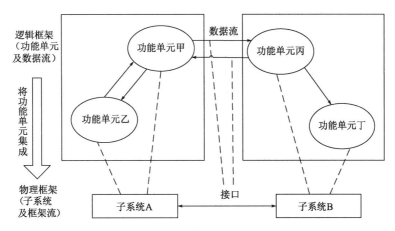

图 2-1　物理框架与逻辑框架对应关系示意图

(5) ITS 标准化

标准化负责提出 ITS 所需关键技术的标准需求。所谓"标准"是指已被认可的、能够用来指导数据传输的技术规定或准则的文件。物理体系框架中所定义的子系统之间是相互独立的,为了确保子系统间的整合性,就必须使子系统间的接口标准化,推荐目前成熟的技术标准或提出标准需求来确保 ITS 的顺利实施。

(6) 费用效益分析评价

ITS 的实施将对经济、社会产生较大的影响,对 ITS 项目实施进行效益分析评价是 ITS 研究和应用中的关键组成部分之一。ITS 费用效益分析评价通过对项目的经济合理性、技术可行性、经济效益、社会与环境影响以及项目风险做出评价,为 ITS 项目的可行性研究、方案比选、实施效果分析以及为已有的系统运行优化和未来项目的投资提供科学依据。

(7) 实施措施及策略

目前交通运输的组织管理部门众多,在管理体制上存在一定的弊端,为了确保系统顺利实施,必须在体系框架中包括 ITS 建设的组织体系和发展策略,作为以后实施时的建议或参考。

2.1.3　ITS 体系框架的开发方法

ITS 作为一个复杂的大系统,对其进行解析构架的过程中需要采用一定的方法和理论作为支撑,以保证 ITS 体系框架内容完整、逻辑清晰。尽管各个国家和地区 ITS 体系框架内容因其自身特点而有所差异,但在开发过程中都遵循了美国的开发路线,即:用户服务→逻辑框架→物理框架。

ITS 体系框架的构建需要按照特定的路线来进行,这与软件工程中对大型系统的开发、管理有异曲同工之处。因此,在开发 ITS 体系框架的过程中,借鉴了软件工程中系统开发的思路,确保 ITS 体系框架逻辑清晰、便于操作。通常的软件开发大致包括:需求分析、功能设计、系统设计(包括概要设计和详细设计)、系统实现和软件维护(新增需求、方案调整)5 个过程。与之对应,ITS 体系框架的开发包括:用户服务、逻辑框架、物理框架、指导 ITS 建设、框架修订和完善。其对应关系如图 2-2 所示。

ITS 体系框架主要存在两种开发方法:面向过程的方法和面向对象的方法。前者的典型代表为美国和欧盟的 ITS 体系框架,后者的典型代表为日本的 ITS 体系框架。

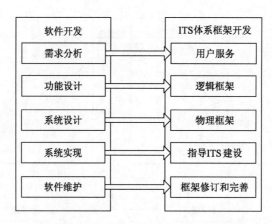

图 2-2　软件开发与 ITS 体系框架开发对应示意图

1) 面向过程的方法

面向过程的方法,即结构化设计开发方法,集中考虑系统所需要维护的信息,以信息处理过程为中心进行功能组合。面向过程的设计开发是一个线性过程,关注的是信息,而不是信息的作用,要求实现系统的业务管理规范,处理数据齐全。它利用抽象模型的概念,按照系统内部信息传递、变换的关系,以数据为中心,把系统分解为过程,产生自上而下、结构清晰的系统结构。该方法主要使用数据流图、数据流描述表、系统结构图、框架流描述表、实体关系图等对 ITS 体系框架加以描述。

面向过程方法的基本过程为:

(1) 明确用户和服务;

(2) 明确需求;

(3) 建立需求模型;

(4) 建立体系框架模型。

2) 面向对象的方法

面向对象的方法,是在面向对象程序设计语言的基础上发展起来的。它不同于面向过程的方法,其实质并不是从功能上来考虑,而是从系统的组成上来进行建模,利用建模语言来(Unified Modeling Language,简称 UML)描述系统模型。UML 是面向对象的标准建模语言,可通过统一的语义和符号表示,使各种方法的建模过程和表示统一起来,成为面向对象建模的工业标准。面向对象方法的原则基于四个基本概念:抽象、封装、继承、多态。这对应了对象所具有的特性:抽象性、封装性、继承性、多态性。该方法同时考虑信息和功能,将功能与信息封装在对象内,并通过信息隐蔽(即封装原理),实现对象与外部的隔离;以用户信息为中心,并将用户信息按用户归类,实现对象化。面向对象的信息有两个特征:以对象化的信息为中心,信息是封装的。它把系统看作对象的组合,功能模块能映射到数据库结构中,容易实现功能与数据结构的封装。该方法主要使用对象模型图、数据词典、动态模型图、功能模型图等对 ITS 体系框架加以描述。

面向对象方法的基本过程为:

(1) 确定对象(实体)群及其之间的关系;

(2) 确定对象的功能;

(3)围绕数据形成关联视图。

面向过程的方法和面向对象的方法二者没有本质上的优劣之分,只有特点上的差异。由于面向过程的方法清晰简明,比较成熟,已经形成了一整套规范和标准,而且面向过程的方法比较符合人们的思维习惯,易于为常人所理解和接受,因此许多国家(包括中国)在开发 ITS 体系框架的过程中选用了面向过程的方法。两种不同开发方法的优缺点对比如表 2-1 所示。

两种 ITS 框架设计方法的比较 表 2-1

比较方面	面向过程的方法	面向对象的方法
思维方式	从功能任务的角度对 ITS 各项服务进行分析,认为 ITS 由各功能共同作用完成; 分析起来较为简单	从 ITS 设计对象的角度分析,认为 ITS 系统可由对象及其间关系组成; 比较符合人们认知世界的习惯
更新维护	当修改、新增服务时,需要按照框架开发步骤重新进行一遍,并要与已有内容相融合; 更新时需要进行整个框架内容的更新,容易遗漏	当修改、新增服务时,找出相关的对象类,对其中的内容进行修改; 更新时针对相关的对象类更改相关的内容
逻辑框架部分建模的简易程度	主要通过数据流图表示逻辑功能元素及其关系; 比较简单	需要建立对象模型和功能模型才可描述清楚逻辑功能元素; 逻辑建模相对复杂
模块化便利性	针对层次清晰的逻辑功能元素进行评价时,需要考虑所对应的用户服务	针对每项用户服务对应的逻辑功能元素进行分析,分析量大

2.2 美国智能运输系统体系框架

美国 ITS 体系框架的设计原则是建立一个开放、公平、适应多层次系统集成的体系结构,同时提出一个能为用户提供多种性能价格比选择,保护用户隐私,并最大限度地增强互操作性和降低市场风险的系统架构方案。

美国于 1996 年 6 月建立国家级系统架构的最初版本。1997 年 1 月美国 DOT 公布了美国 ITS 体系框架第一版,1998 年 9 月 DOT 又公布了修订后的美国 ITS 体系框架第二版,1999 年 12 月推出了第三版,2004 年 4 月 1 日颁布第五版,目前已经推出第七版。

2.2.1 开发方法与开发步骤

美国 ITS 体系框架开发采用了面向过程的设计方法。初版开发分为两个步骤,第一步称为"思路竞争"阶段,有 4 个开发小组参加。这 4 个开发小组采用不同的技术方案,而且都有能力单独完成体系框架的开发,让他们在第一步展开竞争比进行合作更有利于激发对各种观点的分析,最终增加体系框架的可接受性。1994 年 10 月,4 个小组都完成了体系框架的初步方案,经过评审和比较,两个开发小组获准进入第二阶段,他们由 Loral Federal Systems 公司和 Rockwell 公司领导。第二步开始于 1995 年 2 月,2 个开发小组不再是竞争关系,而是合作开发统一的美国 ITS 体系框架(The National ITS Architecture)。

2.2.2 体系框架构成

美国 ITS 体系框架分为三个层次，分别是制度层、运输层和通信层。制度层包括保证 ITS 有效实施、操作和维护所需要的机构、政策、融资机制和流程，是体系框架的底层，良好的制度支持和有效的决策是 ITS 项目顺利进行的先决条件。运输层定义了运输服务的子系统、接口以及每个子系统的基本功能和数据，是体系框架的核心层。通信层从整体上描述了 ITS 的通信服务和技术支持，为各系统之间的集成提供有效的通信保障。

美国 ITS 体系框架主要包括七个部分，分别是用户服务、逻辑框架、物理框架、安全、服务包、标准和体系应用。体系结构视图展示了美国 ITS 体系框架各组成部分之间的关系，如图 2-3 所示。

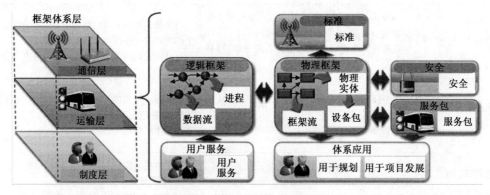

图 2-3　美国 ITS 体系结构视图

1）用户服务（User Services）

到目前为止，美国已经确定的用户服务内容共有 8 个领域，共计 33 项用户服务。8 个领域分别是：出行信息与交通管理、公共交通管理、电子支付、商业车辆运营、紧急事件管理、先进的车辆安全系统、信息管理、维护与建设管理。如表 2-2 所示。

美国 ITS 体系框架用户服务层次表　　　　　表 2-2

服务领域	服务名称	
1. 出行信息与交通管理（Travel and Traffic Management）	1.1	出行前出行信息服务（Pre-trip Travel Information）
	1.2	途中驾驶员信息服务（En-route Driver Information）
	1.3	路径引导（Route Guidance）
	1.4	路径匹配与预测（Ride Matching and Reservation）
	1.5	出行者信息服务（Traveler Services Information）
	1.6	交通控制（Traffic Control）
	1.7	事故管理（Incident Management）
	1.8	出行需求管理（Travel Demand Management）
	1.9	排放监测与改善（Emissions Testing and Mitigation）
	1.10	公路铁路交叉口（Highway Rail Intersection）
2. 公共交通管理（Public Transportation Management）	2.1	公共运输管理（Public Transportation Management）
	2.2	途中换乘信息服务（En-route Transit Information）

续上表

服务领域	服务名称
2. 公共交通管理(Public Transportation Management)	2.3 个性化公共交通(Personalized Public Transit)
	2.4 公交运行安全(Public Travel Security)
3. 电子支付(Electronic Payment)	3.1 电子收费(Electronic Toll Collection)
	3.2 电子票据收集(Electronic Fare Collection)
	3.3 停车费用支付 Electronic Parking Payment
	3.4 电子支付服务集成(Electronic Payment Services Integration)
4. 商业车辆运营(Commercial Vehicle Operations)	4.1 商用车辆电子通关(Commercial Vehicle Electronic Clearance)
	4.2 自动化路侧安检(Automated Roadside Safety Inspection)
	4.3 车载安全监控(On-board Safety and Security Monitoring)
	4.4 商用车辆管理流程(Commercial Vehicle Administrative Processes)
	4.5 危险品安全与事件响应(Hazardous Materials Security and Incident Response)
	4.6 商用车辆交通信息系统(Freight Mobility)
5. 紧急事件管理(Emergency Management)	5.1 紧急事件通知与个人安全(Emergency Notification and Personal Security)
	5.2 紧急车辆管理(Emergency Vehicle Management)
	5.3 灾害响应与疏散(Disaster Response and Evacuation)
6. 先进的车辆安全系统(Advanced Vehicle Safety Systems)	6.1 纵向碰撞预防系统(Longitudinal Collision Avoidance)
	6.2 横向碰撞预防系统(Lateral Collision Avoidance)
	6.3 路口碰撞预防系统(Intersection Collision Avoidance)
	6.4 视觉强化碰撞预防系统(Vision Enhancement for Crash Avoidance)
	6.5 安全准备(Safety Readiness)
	6.6 碰撞前安全防护(Pre-crash Restraint Deployment)
	6.7 自动车辆驾驶(Automated Vehicle Operation)
7. 信息管理(Information Management)	7.1 归档数据管理(Archived Data)
8. 维护与建设管理(Maintenance and Construction Management)	8.1 维护和建设运营(Maintenance and Construction Operations)

2)逻辑框架(Logical Architecture)

美国 ITS 逻辑框架以面向过程开发方法为指导,定义了满足用户服务所需的功能。逻辑框架由流程定义、数据流、终端和数据存储组成。数据流图展示了各功能之间信息共享的过程,包含四个基本成分:数据流(用箭头表示)、功能(用圆圈表示)、文件(用直线段表示)、外部实体(用方框表示)。美国 ITS 体系框架定义了一套与上述用户服务相对应的功能和数据流,并用数据词典和说明对其进行详细描述。美国 ITS 逻辑框架顶层数据流图如图 2-4 所示。

3)物理框架(Physical Architecture)

美国 ITS 国家标准体系物理框架将 ITS 划分为 19 个子系统。这 19 个子系统的选定是建立在对未来 20 年 ITS 发展预测的基础之上。鉴于各个子系统在应用及管理上的特性,将这 19 个子系统划分为 4 类。

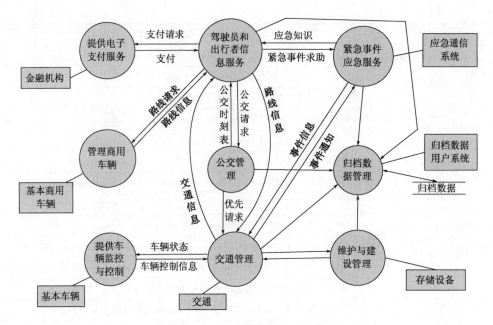

图 2-4　美国 ITS 逻辑框架顶层数据流图

（1）中心型子系统。该类子系统的共同特点是空间上的独立性,即在空间位置的选择上不受交通基础设施的制约。这类子系统与其他子系统的联络通常依赖于有线通信。

（2）外场设备子系统。这类子系统通常需要进入路边的某些具体位置来安装或维护诸如检测器、信号灯、可程控信息板等设施。外场设备子系统一般要与一个或多个中心型子系统以有线方式连接,同时还往往需要与通过其部署路段的车辆进行信息交互。

（3）出行者子系统。该类子系统以旅行者或旅行服务业经营者为服务对象,运用 ITS 的有关功能实现对多式联运旅行(Multimodal Traveling)的有效支持。

（4）车载子系统。该类子系统的特点是安装在车辆上。这些子系统可根据需要与中心型子系统、外场设备子系统及出行者子系统进行无线通信,也可与其他载体车辆进行车辆间通信。

每种类型的子系统通常共享通信单元。作为子系统间信息渠道(Interconnect Channel)的一个构成部分,通信单元所起的作用仅仅是传递信息,并不参与 ITS 的信息加工和处理。

这些子系统通过三种通信方式相互连接以便于数据和信息的交换,包括有线通信、广域无线通信和短程无线通信。美国 ITS 体系顶层物理框架如图 2-5 所示。

美国 ITS 物理框架中每个子系统又可进一步划分成更细的标准功能单元。在工程实践中,子系统中若干类似的功能单元通常被整合在一起,形成一个以软件或硬件方式实现的功能组合,对这样的功能组合称为设备包(Equipment Package)。设备组件对应于物理框架中最基本的功能组合,是子系统部署的基础部件。因此,设备组件可用来估算子系统的实施费用。

4）安全(Security)

任何系统都必须考虑安全,ITS 也不例外,这里有两个含义:一是,系统不应对操作者和使用者造成损害,例如 ITS 中最常见的信息服务,就需要保证不能提供不确定的信息或错误的信息,防止道路使用者的利益受损;二是,除了保障操作者、使用者的安全外,还要保障系统自身的安全,包括数据安全、设备安全、供电安全等。

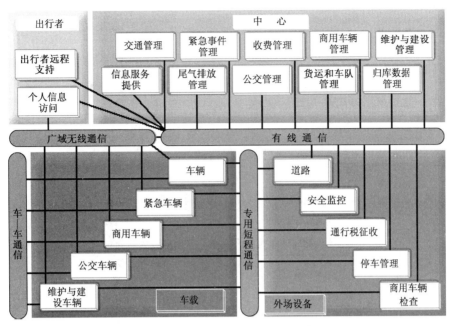

图 2-5 美国 ITS 体系顶层物理框架示意图

5）服务包（Service Packages）

服务包是完成特定服务的物理框架中多个组成部分的集成，例如交通控制服务包。服务包将不同的子系统、设备包、终端、信息流等组合到一起，提供特定的服务。每个服务包都有各自的理论支持，对每个组件如何提供服务进行描述。

6）标准和体系应用（Application Areas）

为了协助工程人员选择与其计划进行部署的 ITS 服务最相关的 ITS 标准，需对标准进行分类。由于每个应用程序区域地址对应一个接口类型，工程人员经常是组合多个应用程序来提供一个 ITS 服务。

2.3 日本智能运输系统体系框架

日本于 1998 年 1 月着手开发国家 ITS 体系框架（National System Architecture for ITS），并于 1999 年 11 月完成。日本在 ITS 体系框架方面的研究主张为：高效地发展一个完整的 ITS，保证各子系统之间协同工作，并通过系统之间的协调统一，方便系统的扩展，同时帮助发展国家 ITS 标准和国际 ITS 标准。日本 ITS 体系框架最大的特点是强调 ITS 信息的交互和共享，整个 ITS 建设是社会信息化（e-Japan）的一部分。

2.3.1 开发方法与开发步骤

与美国不同，日本采用了面向对象的方法来建立 ITS 体系的逻辑框架与物理框架，通过对 ITS 的抽象，建立信息模型描述 ITS 涉及的各对象间的信息关系（如继承等关系），通过建立控制模型实现各项用户服务。

日本在进行 ITS 体系框架开发的过程中，主要遵循以下 4 个步骤：

①定义用户服务；
②建立逻辑框架；
③建立物理框架；
④系统标准化。

2.3.2 体系框架构成

1）用户服务

在最新的日本 ITS 体系框架中，共 9 个开发领域，划分出 21 项用户服务、56 项特定用户服务、172 项子服务。开发领域分别为：先进的导航系统、电子收费系统、辅助安全驾驶、交通管理优化、提高道路管理效率、公交支持、提高商用车辆运营效率、行人支持、应急车辆运行支持。开发领域与用户服务划分情况如表 2-3 所示。

日本 ITS 体系框架开发领域与用户服务划分　　　　表 2-3

开 发 领 域	用 户 服 务
1. 先进的导航系统	1.1　路线导航信息提供
	1.2　目的地信息提供
2. 电子收费系统	2.1　电子自动收费
3. 辅助安全驾驶	3.1　驾驶与道路信息提供
	3.2　危险预警
	3.3　辅助驾驶
	3.4　自动化高速公路系统
4. 交通管理优化	4.1　交通流优化
	4.2　交通事故管制信息提供
5. 提高道路管理效率	5.1　维护管理水平提高
	5.2　特许商用车辆管理
	5.3　道路危险信息提供
6. 公交支持	6.1　公共交通信息提供
	6.2　公交运行与运行管理支持
7. 提高商用车辆运营效率	7.1　商用车辆运行管理
	7.2　商用车辆自动跟车行驶
8. 行人支持	8.1　人行道线路引导
	8.2　车辆行人事故预防
9. 应急车辆运行支持	9.1　应急车辆运行支持
	9.2　应急车辆诱导与紧急救援支持
	9.3　先进信息与通信系统

2）逻辑框架

日本 ITS 逻辑框架中建立了详细的对象模型，包括整体模型（针对整体 ITS 或者几个服务领域共有的内容而言）、详细模型（针对单个服务而言），其中分别从总体和动态两个视角进行分析，给出对应于整体模型和详细模型的核心模型、细节模型。其中核心模型（总体）给出服务中涉及的对象类间的关系,细节模型(总体)针对核心模型中对象类分别进行详细分析,给出每种对象类的对象间属性的继承等关系,细节模型是对核心模型中对象类的深化;核心模型(动态)建立有动态信息需求的对象类间的信息交互模型,细节模型(动态)是针对核心模型(动态)中对象类的深化。

3)物理框架

日本 ITS 物理框架包括:高层子系统、子系统、底层子系统、单个独立的物理模型、整体物理模型以及框架流。其中,高层子系统以领域为划分标准;底层子系统以逻辑框架中的控制模型为基础,针对控制模型中每一个控制模块给出一个独立的底层子系统,也存在一个底层子系统对应多个控制模块的情况。通过方法选择表完成 ITS 体系框架中 172 项子服务所对应的逻辑功能并实现领域的匹配,即完成底层子系统在高层子系统中的定位;子系统是高层子系统中几个特定底层子系统的集合,是一种分类方式,不具有实际意义;物理模型是针对用户服务提出的,由底层子系统为基本单位组合而成。高层子系统和框架流一起组合成整体物理模型,底层子系统和框架流一起组合成单个独立的物理模型。

日本的物理框架以人、车、路、中心、环境为基本的物理系统划分原则,针对用户服务提出了相应的物理模型。

2.4 欧盟智能运输系统体系框架

欧盟于 1998 年 4 月开始代号为 KAREN(Keystone Architecture Required for European Networks,简称 KAREN)的项目,奠定了开发欧盟 ITS 体系框架的基础。1999 年 8 月和 10 月,先后完成了逻辑框架和物理框架,此后陆续补充完善了其他部分的内容,形成了欧盟整体的 ITS 框架。与包罗万象、内容覆盖全面的美国 ITS 体系框架相比,欧盟 ITS 体系框架在内容上选取典型系统进行详细分析,并非以"全"为目的。

2.4.1 开发方法与开发步骤

与美国相同,欧盟 ITS 体系框架开发也采用了面向过程的开发方法,遵循以下步骤:
①建立 ITS 系统用户需求;
②模型开发;
③系统接口开发;
④逻辑框架开发;
⑤物理框架开发;
⑥通信体系框架开发;
⑦组织体系框架开发;
⑧实施策略研究和费用效益研究;
⑨风险分析。

2.4.2 体系框架构成

欧盟 ITS 体系框架总体结构与美国相似,主要由用户需求、逻辑体系结构、物理体系结构、通信体系结构和标准5部分组成。以下介绍前4个组成部分。

1）用户需求

欧盟ITS用户需求覆盖了框架体系结构和最终ITS运行效果的各种不同方面：

（1）对框架体系结构的需求：框架体系结构必须独立于目前的其他技术，以便适应未来的技术发展；框架体系结构必须从全欧盟的角度出发而不应局限于一个组织或一个地区；框架体系结构必须便于标准系统的建立，适用于各种服务商的服务和制造商的设备。

（2）对ITS设施和服务的兼容性、质量以及安全性的需求。主要包括以下内容：信息、设备和基础设施的兼容性；服务在时间和空间上的连续性；避免不必要的费用；系统的可维护性和扩展性；系统安全性；用户友好性等。

（3）对ITS功能的需求，这也是用户需求的主体部分。主要包括以下内容：基础设施的规划和维护、法律约束、财政管理、紧急事件服务、旅行信息和导航、交通需求、事故需求管理、智能汽车系统、商务车和车队管理、公共交通管理。

2）逻辑体系结构

KAREN逻辑体系结构描述了欧盟ITS所列举的用户需求的功能及这些功能如何与外部世界联系起来，特别是与ITS使用者之间的联系，它也描述了欧盟ITS中使用的数据。

KAREN ITS的逻辑体系结构由一系列功能领域构成，分别为：提供电子支付、提供安全和紧急情况处理、交通管理、公共交通运营管理、提供先进的驾驶便利、提供出行者旅行辅助、为法律保障提供支持、货物管理和车队调度。

KAREN开发的所有逻辑结构模块都与用户需求紧紧联系在一起，它提供了功能模块与用户需求之间的通道。

3）物理体系结构

KAREN项目开发了一系列示范系统来显示逻辑体系结构是如何被用来建立一个特定系统的。在物理体系结构中定义的子系统覆盖了以下领域：电子付费、安全和紧急情况处理、综合交通管理、公共交通运营、更方便的驾驶、出行者出行帮助、法律约束、货物管理和车队调度，这与逻辑体系结构中的功能领域是相一致的。欧盟ITS逻辑框架中的一个范例系统如图2-6所示。

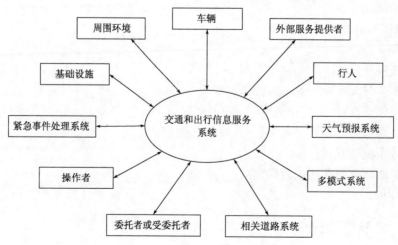

图2-6 欧盟ITS逻辑结构中的一个范例系统示意图

4）通信体系结构

KAREN 通信体系结构描述了支持在不同系统部分之间进行信息交换的机制。通信体系结构定义了系统的通信需求和用户的通信需求。

2.5 我国智能运输系统体系框架

我国政府高度重视 ITS 体系框架的相关工作，将体系框架作为我国发展的纲领性和宏观指导性技术。自 1999 年以来，组织国内领域的权威科研机构和专家，一直不懈地开展国内 ITS 体系框架的编制、修改完善、方法研究、工具开发和应用推广工作。我国制定 ITS 体系框架的主要目标如下：

（1）明确我国 ITS 的总体需求，在基础设施建设、交通运输系统的运营管理、对制造业、第三产业的带动、用户服务等诸多方面，全面了解整个商品化社会中的用户对 ITS 的需求，并对用户需求进行分类汇总。

（2）明确我国 ITS 体系框架，以用户需求和用户服务为基础，分析我国 ITS 的总体框架结构，提出系统的基本构成和各构成部分的基本相互关系。

（3）分析影响我国 ITS 发展的技术和经济因素。

我国在 2001 年完成的"九五"攻关项目"中国 ITS 体系框架研究"中，正式推出《中国智能运输系统体系框架（第一版）》。在此版中，提出了我国 ITS 的 8 大领域、34 项服务和 138 个子服务。科技部为了在第一版的基础上，进一步推进我国体系框架的相关工作，在 2002 年正式启动的国家"十五"科技攻关计划专项中，设立了《智能运输系统体系框架及支持系统开发》项目。该项目由国家智能运输系统工程技术研究中心承担，其目标主要有三个方面：一是全面修订和完善国家 ITS 体系框架，形成《中国智能运输系统体系框架（第二版）》[简称《ITS 体系框架》（第二版）]；二是开发软件系统，主要为体系框架编制全过程提供支持环境；三是为在国家框架的指导下编制地方体系框架提供范例。在第二版中，用户服务修订为 9 个服务领域、47 项服务和 179 项子服务。逻辑框架包含 10 个功能领域、57 项功能、101 项子功能、406 个过程、161 张数据流图。物理框架包含 10 个系统、38 个子系统、150 个系统模块、51 张物理框架流图。目前共提出了 58 个应用系统。

2.5.1 开发方法与开发步骤

科技部于 2000 年 3 月组织全国交通运输领域的专家组成专家组，针对"九五"国家科技攻关项目"中国 ITS 体系框架研究"，采用了面向过程的方法，起草了我国 ITS 体系框架，它自然、直观、易于理解。面向过程方法已经在其他工程领域中得到广泛的应用。不同的工程人员一起开发一个系统时（如 ITS 体系框架的开发），采用面向过程的方法容易被理解。实践也证明，面向过程方法在开发我国 ITS 体系框架的过程中是行之有效的。

我国的 ITS 体系框架研究基本上是按图 2-7 中 4 个步骤进行的。

图 2-7 我国的 ITS 体系框架研究步骤

(1) 确定用户服务内容

ITS体系框架的研究首先需要定义用户主体和服务主体，明确服务中的双方，因为后续所有有关ITS用户服务的内容都是在这两者关系的基础上展开的。

通过对政府部门科技主管和ITS领域专家进行咨询，以咨询结果为依据，划分服务领域。然后以划分的服务领域提出用户对ITS的需求，按照中国实际的需求定义用户服务和子服务，赋予用户服务中国化的含义。

(2) 建立逻辑框架

该部分主要从分析用户服务入手，确定系统应该具有的主要功能，并将功能划分为系统功能、过程、子过程几个层次；分析ITS的逻辑结构和各个功能之间的关系，明确功能和过程之间交互的主要信息，并以数据流的形式对交互信息进行定义。

(3) 建立物理框架

从物理系统的角度分析实际的ITS系统应该具有的结构，并按照系统、子系统、模块等层次对系统进行结构分析；分析ITS物理系统之间的交互信息，并以框架流的形式对此信息进行定义；物理框架中还明确了系统对系统功能的实现关系和框架流对数据流的包含关系，从根本上反映物理框架和逻辑框架之间的关系。

(4) 明确标准化内容

主要确定与ITS相关的技术(如通信技术等)标准、ITS相关的设备接口标准、ITS各子系统之间的接口标准及ITS体系框架内部连接的图表等。

ITS标准是建立在一个开放的ITS环境的基础上的，这个开放环境是用来实现交通部门提出的目标。制定相关标准，以便于在不同地区之间设置可以相互兼容的系统，不需要限制因技术进步和新方法发展而带来的变革。

2.5.2 体系框架构成

我国ITS体系框架主要包括如下部分：用户主体、服务主体、用户服务、系统功能、逻辑框架、物理框架、ITS标准和经济技术评价。表2-4列出了ITS体系框架各组成部分与服务的关系。

我国ITS体系框架各组成部分与服务的关系　　　表2-4

组成部分名称	作　用
用户主体	谁将是被服务的对象，明确了服务中的一方
服务主体	谁将提供服务，明确服务中的另一方，它与用户主体和特定用户服务组成系统基本运行方式
用户服务	明确系统提供的具体服务
系统功能	将服务转化成系统特定的目标
逻辑框架	服务的组织化
物理框架	明确服务的具体提供方式
ITS标准和经济技术评价	其他经济技术因素影响评价

1) 用户服务

在我国的ITS体系框架中，用户服务部分主要包括用户主体定义、服务主体定义、终端定义、用户服务层次表、服务元素描述表等。

(1) 用户主体定义

我国 ITS 中的用户主体分为六大类,即道路使用者、道路建设者、交通管理者、运营管理者、公共安全保障部门和相关机构六类。每一大类下又细分为若干子类。使用者根据自身所处的位置确定用户主体。

(2) 服务主体定义

我国 ITS 的服务主体分为九大类,即交通管理中心、旅客运输部门、交通信息服务提供者、紧急事件管理部门、基础设施管理部门、货物运输服务提供者、产品/设备提供商、产品/服务提供商和政府执法部门。每一大类下又划分出若干子类。

(3) 终端定义

我国 ITS 的终端包括道路使用者、道路及交通、交通管理中心、运营管理者、公共安全保障部门、规划部门、车辆、公共交通运营部门、信息服务提供者、紧急事件管理部门、基础设施管理部门、货物运输服务提供者、货物、货主、执法部门、气象部门、媒体、服务提供者、系统操作者、通信系统、安全保障区域、多模式系统、交通管理人员、消费者、收费终端、电子支付卡等 26 类。每一类又可包括若干子类。

(4) 用户服务层次表

在我国《ITS 体系框架(第二版)》中,我国 ITS 用户服务是由 9 个服务领域、47 项服务和 179 项子服务组成的三层体系。9 个服务领域分别为:交通管理、电子收费、交通信息服务、智能公路与安全辅助驾驶、交通运输安全、运营管理、综合运输、交通基础设施管理和 ITS 数据管理。

(5) 服务元素描述表

以列表的形式,对我国 ITS 的各项服务领域、服务和子服务进行定义,并对各项服务和子服务指明对应的用户主体和服务主体,如表 2-5 所示。

我国《ITS 体系框架(第二版)》用户服务列表　　　　　表 2-5

用户服务领域	用 户 服 务
1. 交通管理	1.1 交通动态信息监测
	1.2 交通执法
	1.3 交通控制
	1.4 需求管理
	1.5 交通事件管理
	1.6 交通环境状况监测与控制
	1.7 勤务管理
	1.8 停车管理
	1.9 非机动车、行人通行管理
2. 电子收费	2.1 电子收费
3. 交通信息服务	3.1 出行前信息服务
	3.2 行驶中驾驶员信息服务
	3.3 途中公共交通信息服务
	3.4 途中出行者其他信息服务
	3.5 路径诱导及导航
	3.6 个性化信息服务

续上表

用户服务领域	用户服务	
4. 智能公路与安全辅助驾驶	4.1	智能公路与车辆信息收集
	4.2	安全辅助驾驶
	4.3	自动驾驶
	4.4	车队自动运行
5. 交通运输安全	5.1	紧急事件救援管理
	5.2	运输安全管理
	5.3	非机动车及行人安全管理
	5.4	交叉口安全管理
6. 运营管理	6.1	运政管理
	6.2	公交规划
	6.3	公交运营管理
	6.4	长途客运运营管理
	6.5	轨道交通运营管理
	6.6	出租车运营管理
	6.7	一般货物运输管理
	6.8	特种运输管理
7. 综合运输	7.1	客货运联运管理
	7.2	旅客联运服务
	7.3	货物联运服务
8. 交通基础设施管理	8.1	交通基础设施维护
	8.2	路政管理
	8.3	施工区管理
9. ITS 数据管理	9.1	数据接入与存储
	9.2	数据融合与处理
	9.3	数据交换与共享
	9.4	数据应用支持
	9.5	数据安全

2) 逻辑框架

我国 ITS 逻辑框架由逻辑功能层次表、逻辑功能元素定义、数据流图和数据流描述(数据字典)4 个主要部分组成,包含 10 个功能领域、57 项功能、101 项子功能、406 个过程和 161 张数据流图。逻辑框架最主要的内容就是描述系统功能和系统功能之间的数据流(图 2-8)。

(1) 逻辑功能层次表

逻辑功能层次表以层次列表的形式列出我国 ITS 由功能域、功能和过程组成的三层体系,直观表示出了逻辑元素间的层次关系。其中功能层又可根据需要细分为若干层,分别称为第一功能、第二功能等。

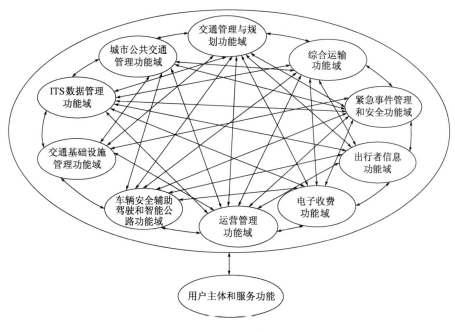

图 2-8 我国 ITS 逻辑框架

(2) 逻辑功能元素定义

逻辑功能元素定义是在逻辑功能层次表的基础上对每一个逻辑功能元素(功能域、功能、过程)进行概要的描述说明,明确界定各逻辑功能元素所要实现的内容。

(3) 数据流图

数据流图说明了逻辑元素之间的数据交互关系,描述了信息在系统中的流动和处理情况。在数据流图中,数据流表示为一个从起点指向终点的有向箭头,箭头方向表示数据的流向,数据流线条上的文字表示了数据流名称;用椭圆表示逻辑元素,其名称写在椭圆内;以矩形表示系统终端;用圆柱表示数据存储,用于表示需要存储的数据元素。

(4) 数据流描述表

数据流是在逻辑功能元素之间以及功能元素和系统终端之间传输的信息,它代表着 ITS 中"运动的数据"。数据流描述表以列表的形式对每一条数据流进行了定义,包括数据流名称、起点、终点和数据流描述。数据流描述说明了每一条数据流的具体内容及其所包含的细节数据流。

数据流命名的规则如下:

①对于同一功能域内部的数据流,命名格式为"功能域代码_数据流名称"。

②对于起点和终点属于不同的功能域的数据流,命名格式为"起点所属功能域代码.终点所属功能域代码_数据流名称"。

③对于出入终端的数据流,命名格式如下。

a. 从终端流出的数据流:f 终端名_功能域代码_数据流名称;

b. 流入终端的数据流:t 终端名_功能域代码_数据流名称,其中终端名采用中文定义。

④流出(或流入)同一终端的一组数据流,可合并为数据流组,命名格式如下。

a. 从终端流出的数据流组:fr 终端名;

b. 流入终端的数据流组:to 终端名;

c. 终端的双向数据流:to/fr 终端名。

3) 物理框架

我国 ITS 物理框架由物理系统层次表、物理元素描述表、物理框架流图和物理框架流描述表 4 个主要部分组成,包含 10 个系统、38 个子系统、150 个系统模块和 51 张物理框架流图。图 2-9 和图 2-10 分别是两种不同的物理框架顶层结构,基本可以顺应目前我国城市中不同的管理体制。

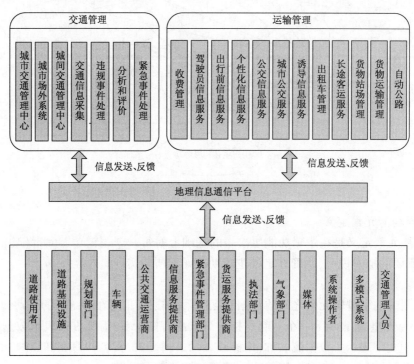

图 2-9 我国 ITS 物理框架顶层结构(一)

(1) 物理系统层次表

我国 ITS 物理框架的物理元素分为系统、子系统、系统模块三个层次,共划分了 10 个物理系统。

(2) 物理元素描述表

以列表的形式,对所有的物理元素(包括系统、子系统、系统模块)进行描述说明,明确界定各物理元素所要实现的功能。

(3) 物理框架流图

在物理框架中,用框架流图来直观表述各物理元素间的数据交互关系,每一个框架流图由物理元素和物理框架流组成。

(4) 物理框架流描述表

物理框架流描述了物理系统元素间的联系,给出了不同物理实体间的交互界面。框架流是在逻辑数据流的基础上得到的,是逻辑数据流的组合。通过框架流,把物理系统内各元素有机地整合在一起,得到内聚性高、耦合度低的 ITS 系统。物理框架流描述表以列表的形式,对每一条物理框架流进行了规范化定义,内容包括:名称、起点、终点、描述、包含的逻辑数据流等。

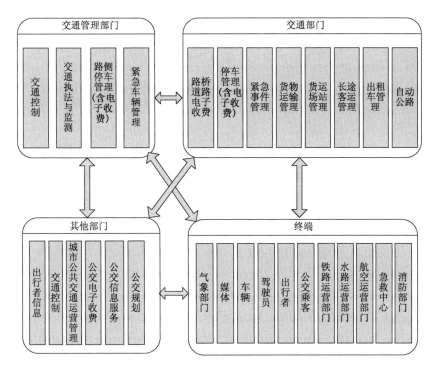

图 2-10 我国 ITS 物理框架顶层结构(二)

4)评价

ITS 评价是我国 ITS 体系框架的关键组成部分之一,其目的是对 ITS 项目的经济合理性、技术合理性、社会效益、环境影响和风险做出评价,为实际的 ITS 项目提供一个综合的、全面的评价结果,为项目的可行性研究、实施、效果以及方案优化、决策提供科学依据,为已有的系统运作优化提供依据,还可以帮助投资者对将来的投资做出决定。

我国 ITS 项目的评价包括以下 5 个方面:经济评价、技术评价、社会评价、环境影响评价和风险评价。

2.6 本章小结

本章介绍了智能运输系统体系框架的定义、开发方法和过程。重点介绍了美国、日本、欧盟及我国智能运输体系框架的基本情况,包括体系框架的用户服务、逻辑框架和物理框架。

【本章练习题】

1. 研究智能运输系统体系框架的意义和目的是什么?智能运输体系框架的组成部分有

哪些？

2. 智能运输体系框架的开发方法有哪些？这些开发方法有什么异同？

3. 试比较美国、日本、欧盟和中国智能运输系统体系框架的特点以及组成。

第3章
智能运输系统的理论基础

【学习目的与要求】

通过本章的学习,了解智能运输系统(ITS)的相关理论基础,掌握动态系统最优分配、准用户最优动态交通分配、短时交通信息预测等理论方法和模型,熟悉智能协同理论和智能控制理论在 ITS 中的应用。

3.1 动态交通分配理论

3.1.1 动态交通分配的目的

ITS 的发展需要动态交通分配理论的支持。ITS 中先进的出行者信息系统、城市交通流诱导系统、先进的交通管理系统等核心部分都需要动态交通分配作为理论基础。ITS 的研究和实施,对动态交通分配理论提出了更迫切的需求,极大地推进了动态交通分配理论的前进步伐。

所谓动态交通分配,就是将时变的交通出行合理分配到不同的路径上,以降低个人的出行费用或系统总费用。它是在交通供给状况以及交通需求状况均为已知的条件下,分析其最优的交通流量分布模式,从而为交通流控制和管理、城市交通流诱导等提供依据。通过交通流管理和动态路径诱导在空间和时间尺度上对人们已经产生的交通需求的合理配置,使得交通路网优质高效地运行。交通供给状况包括路网拓扑结构和路段特性等,交通需求状况则是指在每时每刻产生的出行需求及其分布。

动态交通分配在交通诱导和交通控制中具有核心地位和重要的作用,具体如图3-1所示。从图中可以看出,动态交通分配是以路网交通流为对象,以交通控制与诱导为目的开发出来的交通需求预测模型。

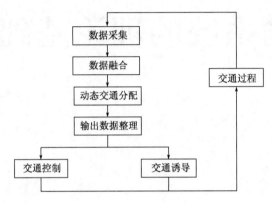

图3-1 动态交通分配示意图

3.1.2 动态交通分配的基本概念

1)动态用户最优和动态系统最优

对动态交通分配问题的研究,根据分配中路径选择准则的不同,整体上分为两类,一类是动态用户最优模型(Dynamic User Optimum,简称 DUO),另一类是动态系统最优模型(Dynamic System Optimum,简称 DSO)。前者是从路网中每个用户的角度考虑,追求的是每个用户的出行时间最少或费用最低;后者是从路网系统角度考虑,寻求整个系统总的出行时间最少或费用最低。

动态用户最优(DUO)就是指路网中任意时刻、任何 OD 对之间被使用的路径上的当前瞬时行驶费用相等,且等于最小费用的状态。显然根据该定义来分配,并不一定要求同一时刻从同一节点进入网络的车辆到达终点时花费相等的时间(这是静态分配的思想),只是要求在同一节点—终点对之间正在被使用的所有路径上瞬时的行驶费用相等。

动态系统最优(DSO)就是指在所研究的时段内,出行者各瞬时通过所选择的出行路径,相互配合,使得系统的总费用最小。

可见,动态系统最优是从规划者意愿出发的,是一种设计原则,动态用户最优则更接近现实,能够评价交通管理和控制的效果,在实际中应用更广泛些。

2)路段流出函数模型

路段流出函数是动态交通流分配理论中的关键和特殊之处。在静态交通分配中没有出现路段流出函数的概念,因为静态分配中认为一条路径上分配的交通量同时存在于该路径上的所有路段上,也就没有流出的提法。而在动态交通分配中流出函数是反映交通拥挤,抓住网络动态本质特性的关键。在动态交通分配中,出行者路径选择原则确定后,其路段流入率自然确定,而对于流出函数,根据目前各种文献中的研究,人们提出了多种模型。无论哪种模型,基本原则是路段流出函数的建立应该确保车辆按照所给出的路段走行时间走完该路段。试想如果一辆车在 t 时刻进入该路段,那么在 t 加上该路段走行时间的时刻应该离开该路段,如果路段流出模型没有达到这一要求,那么它就是不完善的,将陷入自相矛盾的境地。

另外建立路段流出函数模型时,还要考虑 Carey 提出的 FIFO(First In First Out,先进先出)原则,即从平均意义上讲,先进入路段的车辆先离开该路段。现实生活中,在大约相同时刻进入同一路段的不同类型车辆一般会以大致相同的速度行驶。虽然个别车辆可能有超车现象,但建立模型时我们可以假设不论其出行终点如何,同时进入路段的车辆均以相同的速度行驶,花费相同的时间,这实质就是 FIFO 规则的具体表现形式。在分配算法的设计中,可以使用车辆在每一时间步长中移动的距离作为约束,以保证 FIFO 原则得以满足。

3)路段阻抗特性模型

在静态交通流分配中,路段阻抗特性函数通过交通量和走行时间或费用的关系来反映,它是描述交通流平衡的基础内容之一,静态平衡分配要求阻抗为单调递增函数。由于静态交通分配以规划设计为主要研究目标,其重点不是描述交通拥挤,所以对阻抗的估计精度要求相对来说不是很高。但是在动态分配情形下,提高阻抗函数的预测精度则是一个基本要求。

在建立阻抗特性模型时,要注意到动态交通分配中采用的状态变量不是静态交通流分配中的交通量,而是某时刻路段上的交通负荷,即这一时刻路段上存在点的车辆数。因为在动态情形下,用交通量无法描述路段的动态交通特征,交通量是单位时间内通过某道路断面的车辆数,是一个时间观测量,其值是在某一点观测到的,适用于静态描述;而交通负荷是指某一时刻一个路段上存在的车辆数,它是一个空间观测量,适用于动态描述。

3.1.3 动态交通分配理论研究现状

动态交通分配理论从提出至今经过了 40 多年的发展,在理论研究和方法应用上都有了一定的进步,但是无论国外还是国内,目前在动态交通分配方面的学术专著还没有见到,这一点不同于静态交通分配已经有其成熟的理论和方法,并有相关的中外学术专著问世。国内外在动态交通分配领域的研究都正在积极进行中,表现为国外在理论、方法和应用上的研究较之国内要超前,同时无论国外还是国内在理论方面的研究成分居多,而在实际应用上还有待于进一步发展。从总体上来说,自动态交通分配概念提出至今,其研究仍然处于发展阶段。主要原因是考虑了时间变动因素后,建立适合的数学模型和设计合适的算法变得十分困难。

在国外,Merchant 和 Nemhauser 于 1978 年第一个用数学规划方法对动态交通分配问题进行了开创性的研究,他们提出了用离散时间、非凸的非线性规划来表达的系统最优分配模型。Ho 在 1980 年为这个 M-N 模型提出了分段线性化算法,而后又提出了应用嵌套式分解算法在超立方并行计算机上求解的方法。为了进行有效的最优性分析,1987 年 Carey 在 M-N 模型的基础上进行了改进,构造了一个非线性的凸规划模型。上述各个阶段的模型为动态交通分配理论的发展带来了巨大的推动,但是各模型的最大缺点是局限于多个起点和单个终点的城市交通网络,因此还需大量的研究和努力。

1980 年,Luque 和 Friesz 提出了应用最优控制理论解决动态系统最优模型的新思想,他们将 M-N 模型改进成为一个连续时间的最优控制理论模型,随后 Wie、Friesz 和 Tobin 在 1990 年,Ran 和 Boyce 等人在 1993 年发表的文章中均采用了最优控制理论方法进行建模。最优控制理论方法建立的模型具有易于分析的优点,但是对于 Friesz 和 Wie 等人提出的模型,目前仍然没有有效、成熟的求解算法。

Janson 在 1990 和 1991 年相继发表文章,提出了动态交通分配的多目标规划模型,之后 Jayakrishnan 和 Tski 等人于 1995 年对该模型进行了改进,使其更加完善。Friesz 和 Bernstein 在 1993 年提出了动态系统最优的变分不等式模型。这些模型极大地丰富了动态交通分配的研究方法,从不同角度为解决动态分配问题做出了有益的尝试。

另外,Mahmasani 和 Peeta 在 1993 年提出了一个计算机模拟的动态交通分配模型,考虑了随时间变化的交通需求以及交通拥挤条件下排队的形成等影响因素,但是该模型没有考虑对小区 OD 数据转化到路段 OD 数据的转换,在路网阻抗的计算上采用了简化处理的方法。

在国内,虽然对动态交通分配理论和方法的研究起步较晚,但研究的热情高涨,进展迅速。1995 年,陆化普、殷亚峰等提出了各种交通网络设计模型,并对已有的模型进行了优化。2000 年,姜锐等提出从跟驰理论的思想出发,按照交通流研究中通常采用的微观—宏观参量间联系方法,得到一种新的动力学模型,能克服现有动力学模型中普遍存在的一些问题以及交通流的微观、宏观模式。2000 年后,高自友、宋一凡、四兵锋等提出了公交网络中基于弹性需求和能力限制条件下的 SUE 分配模型及算法、从路段流量估计 OD 交通量的新算法、拥挤条件下公交系统的动态均衡配流模型等,这些模型为解决实际交通问题提供了可靠的理论指导。2005 年,黄海军对城市交通网络中运量的动态平衡分配模型与算法进行了深入研究。2013 年,李妍峰等开展了基于实时交通信息的城市动态网络车辆路径优化问题的研究,通过对高发状况下的交通拥挤时变路网车辆分配问题利用遗传算法进行求解,使其模拟出突发事故情形下的交通拥挤状况,并提出一种在决策节点重新选择路径的新规则。2014 年,徐文强等考虑了有时间限制的出行活动,结合随机理论,对动态交通流分配;贺倩倩等考虑交通拥堵条件下绕行条件、路径分析,对区域路网均衡配流;杨明等考虑随机 OD 需求下,建立了多目标离散模型与算法;韩凌辉针对出行者的出行选择行为,提出相对应模型。2015 年,陈玲娟等针对选择出发时间与最大概率准时到达等因素,建立日变交通网络配流模型;杨文娟等根据路径流量的动态调整,建立随机用户均衡模型;李琦建立考虑了出行者如何选择路径并设置路网禁左位置的用户均衡的双层规划模型。2016 年,刘京京研究了考虑距离因素的多模式交通配流问题。为了进一步推动动态交通配流分析研究在我国的快速发展,国内专家也撰写相关书籍,如杨兆升 2000 年编写的《城市交通流诱导系统理论与模型》,2005 年编写的《城市动态交通流分配模型与算法》等。李硕等 2005 年编写的《动态与随机交通网络模型及其应用》。目前,国内的道路交通流模型侧重探讨经典的概率论和跟驰模型,在全速度车辆跟驰模型、速度效应元胞自动机模型和速度梯度连续模型等方面做了很多工作,还研究了不同密度车队汇合时的交通流等,进一步加深了对交通流这种复杂社会规律的认识。由于动态交通分配的问题极其复杂,目前,主要集中在理论的探讨上,这方面的突破是发展 ITS 的基础,具有非常重要的意义。

纵观国内外对动态交通分配理论和方法的研究,到目前为止从研究方法角度而言,可以分为:数学规划建模方法、最优控制理论建模方法、变分不等式理论建模方法和计算机模拟等四种途径。

3.1.4 动态系统最优和用户最优分配模型

1)动态交通分配模型的有关定义

变量和参数的定义如下:

$G(N,A)$——交通网络,为有向连通图;

N——网络节点集,它包括起点集、终点集和中间点集三个子集。一般用 k 表示起点或中间点,用 n 表示终点;

A——有向弧集,即路段集,路网任意路段用 a 表示;

$A(k)$——所有以节点 k 为起端的弧段集合;

$B(k)$——所有以节点 k 为终端的弧段集合;

$[0,T]$——规划时间段,可以取离散值或连续值;

$X_a(t)$——t 时刻路段 a 上存在的车辆数,即交通负荷;

x_a^n——t 时刻路段 a 上以 n 为终点的行驶车辆数;

$u_a(t)$——t 时刻路段 a 上车辆流入率;

$u_a^n(t)$——t 时刻路段 a 上以 n 为终点的车辆流入率;

$v_a(t)$——t 时刻路段 a 上车辆流出率,一般假定车辆流出率函数已知;

$g_a(x_a(t))$——路段 a 的路段流出率函数;

$v_a^n(t)$——t 时刻路段 a 上以 n 为终点的车辆流出率;

$q_{k,n}(t)$——t 时刻产生的由起点 k 到终点 n 的交通需求,一般假定已知;

$Q_{k,n}(t)$——整个规划阶段 $[0,T]$ 内由起点 k 到终点 n 的交通需求;

$c_a(x_a(t))$——路段 a 的阻抗函数,一般为路段行驶时间函数。

上述各变量中,都是基于连续时间表达的。如果离散时间表述,则可以将固定时段 $[0,T]$ 等分为 T 份。则相应的用"i 时段"($i=1,2,3,\cdots,T$)代替"t 时刻"表述即可,如 $x_a^n(i)$ 表示 i 时段路段 a 上以 n 为终点的行驶车辆数,其他变量的描述以此类推。

2) 前提假设

为使动态交通分配问题便于求解,通常在建立模型时对动态交通分配模型做如下一些假设:

(1) 路网拓扑空间结构 $G(N,A)$ 已知;

(2) 路网特性、路段行驶时间函数、路段流出率函数均已知;

(3) 动态的时变交通需求已知;

(4) 车辆的产生与吸引只发生在节点处,路段之中不吸引和产生车辆。

3) 动态系统最优分配模型

动态系统最优(DSO)是车辆路径诱导系统的基础,也是动态用户最优模型的基础。一般而言,交通管理和控制的目标有:

(1) 使系统总行程时间最小;

(2) 使系统总费用最小;

(3) 使系统总延误时间最小;

(4) 使系统平均拥挤度最小。

根据不同的目标可以建立不同的最优模型,在这里只给出根据目标(1)确定的模型,具体模型如下:

$$\min : J = \sum_{a \in A} \int_0^T x_a(t) \mathrm{d}t \tag{3-1}$$

s.t.:

$$\frac{\mathrm{d}x_a^n(t)}{\mathrm{d}t} = u_a^n(t) - v_a^n(t) \tag{3-2}$$

$$\sum_{a \in A(k)} u_a^n(t) = q_{k,n}(t) + \sum_{a \in B(k)} v_a^n(t) \quad k \neq n \tag{3-3}$$

$$\sum_{a \in A(n)} u_a^n(t) = 0 \tag{3-4}$$

$$v_a^n(t) = \frac{x_a^n(t)}{c_a(t)} \tag{3-5}$$

$$x_a^n(0) = 0; x_a^n(t) \geq 0; u_a^n(t) \geq 0 \tag{3-6}$$

模型中，$\forall a \in A, \forall n \in N, \forall k \in N, \forall t \in [0, T]$。

上述模型是应用最优控制理论建立的，能够用于多个 OD 对的交通网络，模型中 $x_a^n(t)$ 是状态变量，而 $u_a^n(t)$ 是控制变量。模型的最优解利用 Pontryagin 最小值原理获得。

对于上述模型的求解，虽然有很多求解连续性最优控制问题的算法，但是应用它们来直接求解动态系统最优模型十分困难。一般将模型在时间上离散化，来求解模型的离散形式。此时模型可看作是离散时间系统的最优控制模型，也可以看作是一个数学规划模型。求解算法如果从不同的侧重点出发，将会形成不同的模型算法。

4) 动态用户最优分配模型

随着动态交通分配理论研究的深入，动态用户最优(DUO)分配模型的研究得到了加强。在数学规划和最优控制理论的建模领域初期的研究中，更多的学者将注意力集中到动态系统最优分配模型上，其中的部分原因是动态系统最优分配不必对出行者的路径选择行为进行假设。因而动态系统最优模型的建立显得相对容易。动态用户最优分配模型的建立是基于对出行者路径选择行为正确假定的基础上，力图再现网络上交通流的实际瞬时分布形态，因此更为重要。

许多学者如 Wieet(1990)、Ranet(1993)、Papageorgious(1990)等对动态用户最优进行了不同角度的定义，因此对动态路径选择行为也就存在着不同角度的描述。

Wieet(1990)的定义：交通网络中的每一时刻，每一 OD 对之间被使用的路径中瞬时单位期望费用相等，且等于最小瞬时单位期望费用。这时相应的随时间变化的交通流行为称为用户最优。

Ranet(1993)的定义：交通网络中的每一时刻，每一 OD 对之间每一个决策点(交叉口)上，被使用路径上瞬时走行时间相等，且等于最小瞬时路径走行时间。这一动态的交通流形态称为动态用户最优。

Papageorgious(1990)的定义：交通网络中，当且仅当每一 OD 对间在任意时刻 $t \in [0, T]$，被使用的路径的个人费用相等且等于最小时。这时的交通流形态称为动态用户最优。根据个人费用定义的不同，分为两类用户最优模型：预测型用户最优(Predictive Optimum)和反应型用户最优(Reactive Optimum)。

上述两类规则只是对出行者动态路径选择行为的不同假定，两种用户最优模型有其各自适用的交通环境。预测型用户最优适用范围是：交通网络中交通条件每日变化不大，交通条件可预测；出行者了解这些条件，这时，出行者可以根据未来的交通条件估计出行费用，选择出行路径。反应型用户最优适用范围是：交通网络中交通条件是不可预测的；出行者拥有完善的实时交通信息服务，这时，用户只能依据当前的交通条件选择出行路径。

对动态用户最优定义的不同,将会构造出不同的动态交通用户分配模型。这里仅给出一个基于最优控制理论的动态用户最优的模型,模型中采用 Wieet(1990)的关于动态用户最优的定义。

模型中与动态系统最优不同的是,将路段流入率 $u_a^n(t)$、路段流出率 $v_a^n(t)$ 作为控制变量,$x_a^n(t)$ 作为状态变量。具体模型如下:

$$\min : J = \sum_{a \in A} \int_0^T \int_0^{v_a(t)} c_a(x_a(t), \omega) \mathrm{d}\omega \mathrm{d}t \tag{3-7}$$

$$\frac{\mathrm{d}x_a^n(t)}{\mathrm{d}t} = u_a^n(t) - v_a^n(t) \tag{3-8}$$

$$\sum_{a \in A(k)} u_a^n(t) = q_{k,n}(t) + \sum_{a \in B(k)} v_a^n(t) \quad k \neq n \tag{3-9}$$

$$\sum_{a \in A(n)} u_a^n(t) = 0 \tag{3-10}$$

$$x_a^n(t) = \int_t^{t+\bar{\tau}_a(t)} v_a^n(\omega) \mathrm{d}\omega \tag{3-11}$$

其中,$\bar{\tau}_a(t)$ 是路段实际走行时间的估计值。

$$x_a^n(0) = 0 ; x_a^n(t) \geq 0 ; u_a^n(t) \geq 0 ; v_a^n(t) \geq 0 \tag{3-12}$$

模型中,$\forall a \in A, \forall n \in N, \forall k \in N, \forall t \in [0, T]$。

对于上述问题的求解同样需要首先将模型离散化,得到离散时间系统的最优控制模型,该离散时间形式可以看作是一个非线性规划问题,可以应用 Frank-Wolf 方法来求解。在具体的算法设计中,可以将估计路段实际走行时间的"类似对角化技术"过程作为外层循环,将 Frank-Wolf 迭代过程作为内层循环。同样,有关动态用户最优模型的合理可行的、能够应用于实际大规模路网的算法的研究,目前还是理论界积极探讨、摸索的问题。

5)各类模型的基本分析

(1)数学规划模型

数学规划模型由 Merchant 和 Nemhauser(1978)提出(以下简称 M-N 模型),该模型是静态交通分配模型的扩展,简单直观,但存在如下缺陷:

①该模型只适合单终点网络。

②路段流出率函数的非凸非线性特征特性导致解的可行域非凸,因此不能直接运用 Kuhn-Tucher 条件推导最优解。

③同时选取路段车辆存在台数和路段流入率为规划变量,使得规划变量过多,求解困难。

自 M-N 模型提出之后,又有许多研究者围绕 M-N 模型提出了一系列改进。Ho(1980)推导了求解 M-N 模型最优解的充分性条件,并提出了该模型的分段线性算法,通过求解一系列线性规划解出了 M-N 模型。Carey(1986)改进了 M-N 模型为非线性凸规划,并证明了模型的约束满足 Kuhn-Tucher 条件的线性独立性和解的唯一性。Carey(1992)首次提出了动态交通分配的 FIFO 规则,指出当网络扩展为多个终点时,FIFO 规则必将导致模型解的可行域成为非凸集合。如果不满足该规则,则模型解不合理。FIFO 规则的这个性质使得动态交通分配的数学规划方法遇到了极大的困难。

(2)最优控制模型

在 M-N 模型的基础上,Luque 和 Friesz(1980)采用路段上不同重点的行驶车辆数 $x_a^n(t)$ 作为状态变量,以路段上不同终点的车辆流入率 $u_a^n(t)$ 作为控制变量,将网络扩展至多个终点,建立了动态交通分配的最优控制模型。该模型假定路段流出函数为线性函数,即 $g_a(x_a(t)) = \xi_a x_a(t)$,由 FIFO 规则,不同类型、不同终点的车辆在路段中均匀混合,没有任何特定的车辆具有优先权,因此有 $g_a^n(x_a^n(t), x_a(t)) = \xi_a x_a^n(t)$。最优条件由 Pontryagin 极大值定理获得。模型如下:

$$\min: J = \sum_{a \in A} \int_0^T \int_0^{x_a(t)} \xi_a(c_a(\omega)) \mathrm{d}\omega \mathrm{d}t \tag{3-13}$$

$$\dot{x}_a^n(t) = u_a^n(t) - \xi_n x_a^n(t) \tag{3-14}$$

$$\sum_{a \in A(k)} u_a^n(t) = q_{k,n}(t) + \sum_{a \in B(k)} \xi_a x_a^n(t) \qquad k \neq n \tag{3-15}$$

$$\sum_{a \in A(n)} u_a^n(t) = 0 \tag{3-16}$$

$$x_a^n(0) = 0; x_a^n(t) \geq 0; u_a^n(t) \geq 0; v_a^n(t) \geq 0 \tag{3-17}$$

模型中,$\forall a \in A, \forall n \in N, \forall k \in N, \forall t \in [0,T]$。

该模型在利用 Pontryagin 极大值定理推导最优条件过程中,对路段流出率函数的线性特性做出了限制。实际上路段流出率函数一般为非凸非线性,导致解的可行域非凸,不能直接运用 Pontryagin 极大值定理推导最优解。

Luque 和 Friesz 提出动态交通分配的最优控制模型后,众多的研究者在此基础上做了一些改进:

①在路段状态方程中加入滞后,滞后时间为路段自由行驶时间 f_a,避免车辆一进入路段即对路段末端流出率产生影响。

$$\dot{x}_a^n(t) = u_a^n(t - f_a) - \frac{x_a^n(t)}{x_a(t)} g_a(x_a(t)) \qquad \forall a \in A, \forall n \in N, \forall t \in [0,T] \tag{3-18}$$

②引入控制变量 $r_a(t) = \dfrac{g_a(x_a(t))}{x_a(t)}$,添加不等式约束。

$$g_a(x_a(t)) \geq \sum_{n \in N} r_a(t) \cdot x_a^n(t) \tag{3-19}$$

改造原问题为凸控制问题,以便利用 Pontryagin 极大值定理推导最优条件。

③分别从系统最优、用户最优的角度对目标函数作出修正。

系统最优(System Optimum):

$$\min: J = \sum_{a \in A} \int_0^T x_a(t) \mathrm{d}t \tag{3-20}$$

反应型用户最优(Reactive User Optimum):

$$\min: J = \sum_{a \in A} \int_0^T \int_0^{x_a(t)} \xi_a(c_a(\omega)) \mathrm{d}\omega \mathrm{d}t \tag{3-21}$$

预测型用户最优(Predictive User Optimum):

$$\min: J = \sum_{a \in A} \int_0^T c_a(x_a(t))(u_a(t) - v_a(t)) \mathrm{d}t \tag{3-22}$$

(3)变分不等式(VI)模型

变分不等式(Variational Inequality,简称 VI)模型的基本思路是将动态交通分配过程分解为网络加载和网络分配两个过程。网络加载过程就是将空间网络按时间离散展开,将已经分配好的交通流量按照其预计行驶时间和预选路径推演到按时间展开的网络图上。网络分配过程则是根据这个时间展开好的网络图进行一次平衡分配,然后再将分配结果叠加到网络中,反复复迭代直到收敛。VI 模型的网络加载过程是基于路径的,因此用户在起点按照最小行驶时间原则选好路径后,就不允许中途改变路径。这样才能按照预计行驶时间和预选路径将交通流量叠加到路网中,进行下一步的平衡分配。

问题表述为:在可行域 Ω,在下列方程式中寻求一个 $u^* \in \Omega$ 使得:

$$c^*[u^* - u] \geq 0 \quad \forall u \in \Omega^* \tag{3-23}$$

可行域 Ω 由下列约束方程式限定,Ω^* 是每次平衡分配完成后 Ω 的子集。

$$u_{apk}^{rs}(t) = h_p^{rs}(k)\delta_{apk}^{rs}(t) \quad \forall r,s,a,p,k,t \tag{3-24}$$

$$u_a(t) = \sum_{rs}\sum_p\sum_k u_{apk}^{rs}(t) = \sum_{rs}\sum_p\sum_k h_p^{rs}(k)\delta_{apk}^{rs}(t) \quad \forall a,t \tag{3-25}$$

$$c_p^{rs}(k) = \sum_a\sum_t c_a(t)\delta_{apk}^{rs}(t) \quad \forall r,s,p,k \tag{3-26}$$

$$\sum_t \delta_{apk}^{rs}(t) = 1 \quad \forall r,s,p,a \in p,k \tag{3-27}$$

$$\delta_{apk}^{rs}(t) = \{0,1\} \quad \forall r,s,a,p,k,t \tag{3-28}$$

$$\sum_p h_h^{rs}(k) = q^{rs}(k) \tag{3-29}$$

$$h_p^{rs}(k) \geq 0 \quad \forall r,s,p,k \tag{3-30}$$

其中,$\delta_{apk}^{rs}(t)$ 为 0~1 变量,当且仅当 k 时刻出发从 r 到 s 的车辆沿着路径 p 在 t 时刻到达路段 a 时取值为 1。

(4)常见算法分析

以上讨论了 3 种主要的动态交通模型:数学规划模型、最优控制模型和 VI 模型,其中数学规划模型以 M-N 模型为代表,由于规划求解的困难以及 FIFO 规则的限制无法应用于多起讫点网络,从而逐渐被其他模型取代,但它是最早体现了动态交通分配的思想,数学规划模型中对于求解动态交通分配问题所作的前提假设和模型中提出的交通流动态方程基本上为以后的其他模型沿用。

最优控制模型发展了数学规划模型,将控制领域中的最优控制理论引入了问题表述中,但最终缺乏一个行之有效的算法。VI 模型将动态交通分配问题分解为网络加载和网络分配两个过程,最终通过求解一系列的线性规划来求解分配问题。

综合研究上述 3 种模型的已知条件、求解和试验,可以看出:如果应用于交通流诱导与交通控制协同,将会遇到以下难以解决的实际问题:

①实时 OD 难以获取:上面的 3 种模型中的已知条件为时变动态的 OD 对交通需求,这在实际路网上是很难获得的,即便现在出现了很多模型算法可以根据路段实时流量反推 OD,但精确度仍然达不到要求。

②实时动态性难以满足:上述模型一般都要离线计算,达不到交通控制和交通流诱导协同的在线实时性要求。

③模型约束条件苛刻:纵观上述模型的约束条件,包括路段的驶入率、驶出率、路段的流量守恒等,很烦琐。

④模型求解复杂难以工程应用:无论是数学规划方法求解,还是最优控制方法,要进行等价性证明并分析唯一性条件,有的模型根本得不到最优解,甚至无解,这对于在诱导控制协同工程实施应用中 3min 间隔内做出诱导策略、信号控制策略是非常困难的。

⑤即便得到最优解,也很难在实际交通中完全达到:即使系统最优动态交通分配模型经过复杂的运算,得到最优解,但是由于存在驾驶员出行习惯与行为特性的不同,他们不可能完全

遵照管理调度,有一个人的干扰,绝对最优就不可能达到。因此,对于一个复杂时变受诸多因素影响的路网,没有必要苛求绝对的最优。

3.1.5 准用户最优动态交通分配

严格的动态用户最优路径选择模型是很难使用的。因此,本书作者之一吉林大学杨兆升教授不追求严格的用户最优,而是将路径选择的原则设计成准用户最优的(Quasi User Optimum,简称 QUO)。设计了如图 3-2 所示的准用户最优动态交通分配(Quasi User Optimum Dynamic Traffic Assignment,简称 QUO-DTA)理论模型方法框架。该方法由三个部分组成:动态交通流信息的采集与处理模块、交通参数自适应预测模块和准用户最优路径选择模块。

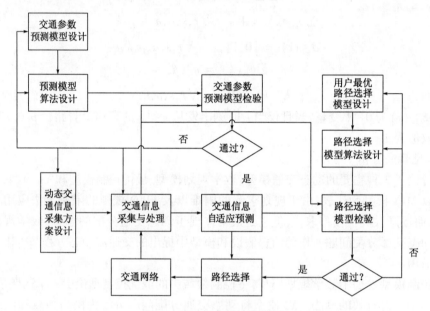

图 3-2 QUO-DTA 理论模型框架

与理想用户最优相比,准用户最优思想的主要特点是:

(1)路径选择的结果既可以是绝对最优的,也可以是次(或近)最优的,但必须在规定的时间内完成所有的优化计算工作。

(2)除了要在用户的起始节点进行路径选择外,还要以其途中经过的中间节点为新的起点进行路径优化。

(3)脱离传统的以 OD 量为基础的路径选择模式,将由检测器获得的无起终点特征的路段信息作为路径优化的依据。

3.2 智能协同理论

3.2.1 协同学的产生及其研究对象

协同学是德国物理学家 H. Haken 在研究激光理论的基础上,于 20 世纪 70 年代初提出,

1977年正式问世的。平衡相变理论、突变理论,特别是远离平衡系统的耗散结构理论,直接为协同学的创立奠定了客观的学科背景。协同学(Synergetics),这一词汇是 H. Haken 教授从希腊语中引入的,意思是"合作的科学"。

协同论是研究在由许多子系统构成的复杂系统中,这些子系统是如何通过协作和自组织而形成宏观尺度上的空间结构、时间结构或功能结构。其基本观点是众参量在竞争中产生序参量,并引导和控制整个系统的发展方向。序参量之间、序参量和其他参量之间通过合作和联合形成系统宏观有序状态。根据生态学的相关理论,协同作用是一个系统稳定发展的基本条件。它要寻找的是系统自组织的一般原理。随着中国城市化进程的加快,城市道路交通系统作为一个相对独立的组织系统也正处于剧烈的变化阶段,这完全符合协同论的研究条件。

协同学的研究对象是非平衡开放系统中的自组织及形成的有序结构。由子系统组成的大系统总有一个相对稳定的宏观结构,这个宏观结构是各个子系统相互竞争、作用而形成的模式,各子系统之间的协同作用与竞争决定着系统从无序到有序的演化过程,这正是协同学的精髓所在,也是协同学中协同一词的真正含义。作为协同学研究对象的系统,当外界的控制参量不断改变时,在一定条件下会经历一个从无序到有序、从有序到有序,从有序到混沌的演化系列,通常具有如下的共同特征:

(1)系统都是开放的,并且处于远离平衡的非平衡状态。

(2)当某一参量增长到达一定阈值时,原定态失稳,出现临界状态,进而出现新的定态。过程是自发进行的,称为自组织,又称为非平衡相变。

(3)新的定态相对于旧的定态更为有序,是无序到有序的突变,称为非平衡状态下的有序化转变。

(4)系统接近临界点时,因涨落而偏离定态后,恢复至定态所需时间(弛豫时间)无限增长,称为"临界减慢"现象。

(5)新的有序结构靠能量流和物质流来维持。

3.2.2 城市交通流系统特征分析

城市交通流系统由人、车、路、环境和交通管理等要素组成,各要素之间相互作用、相互依赖,共同构成有机整体,完成人和物的移动。

城市交通流具有自组织性,即当路网上的车流量增长到达一定阈值时,原定态失稳,出现临界状态,进而出现新的定态,过程是自发进行的,称为自组织,又称为非平衡相变。

城市交通流系统具有自组织性的根源是交通参与者的智能性,由于有人的参与,城市交通流系统最主要的特征是交通参与者具有智能性,这种智能性使得交通参与者能够对周围环境作出反应,能够根据交通状态改变出发时间和出行路径来避开阻塞地点,以期快速到达目的地。交通参与者的智能性在交通流系统中起支配性作用,使得交通参与者的交通行为是一种理性行为,交通出行是一种有目的需求,而不是一种完全的无规则游走。因而交通流存在相互合作、协同并在宏观上形成一种自组织有序结构的可能性,交通参与者的智能性是交通流中形成自组织的重要原因。

同时,城市交通流系统还具有如下一些特征:

(1)交通流系统具有开放、远离平衡的特点,且交通流中存在各种偶然的、随机的、不确定的因素,如驾驶员的个人行为、不可预知的交通事件的影响等,从而构成交通流系统的随机涨落;加之交通流系统中存在非线性作用机制,具有形成自组织的条件。

(2)交通流系统参数时变,而且系统状态难以预测。城市交通流系统是个复杂的人机系统,许多系统参数不可能完全测量,具有很强的随机性。同时,还有很多因素影响交通流系统的各类参数,如雨雪或多雾天气会影响平均车速和驾驶员紧急反应时间,从而影响交通流的传播方式。此外,交通流不仅会随着每天上下班及节假日而发生周期性波动,而且还会因为集会、交通事故等因素产生不可预料的偶然性波动。

(3)城市交通流整体的出行特性在时间和空间上具有相对确定性,即一旦城市布局和道路网络确定,相应地,某条道路上的交通流整体特性也就基本上得到确定,这种相对确定性有利于交通流形成有序的自组织结构。

(4)当路网上车流量达到一定阈值时,原定态失稳,出现临界状态,进而出现新的定态。过程是自发进行的,即自组织的。

(5)当系统接近临界点时,因涨落而偏离定态后,出现交通拥堵,恢复至交通畅通的定态所需时间(弛豫时间)无限增长,即存在"临界减慢"现象。

(6)城市交通流的有序结构靠信息流来维持。即城市交通控制系统与交通流诱导系统向交通流系统中输入信息,维持系统稳定。

对比上述城市交通流系统特征和作为协同学研究对象的系统的共同特征可知,城市交通流系统特征与协同学研究的系统所具有的共同特征相合。城市交通流是开放的自组织系统,其开放性、非线性、不平衡性以及内部涨落等特征是协同学理论所强调和研究的内容。

协同学研究的对象是非平衡开放系统中的自组织及形成的有序结构。协同学理论为研究ITS子系统相互作用与相互合作提供了有力的基础理论和方法论思想。

3.2.3 车辆诱导、交通控制和公共交通协同理论

吉林大学杨兆升教授依托主持完成的国家"863"计划课题、科技攻关和国家自然科学基金重点项目,综合运用系统工程思想、协同学理论和现代信息技术,通过研究城市交通系统自组织演化规律,将城市交通控制系统、城市交通诱导系统及城市公共交通系统作为役使城市交通流有序化的重要序参量,用以交通流及交通状态变化的调节,来找出交通系统丧失稳定性(交通拥堵)的条件,建立序参量知识模型,并结合各独立交通系统间的动态关联关系,创建了交通系统智能协同理论体系。该理论的学术思想是:以及时、全面、可靠的交通信息及信息共享机制为基础,建设基于预测型决策的城市交通流诱导系统、交通控制系统和公共交通系统,调节交通需求在时间、空间以及交通方式上的分布状况,实现交通需求与交通供给的总量平衡,从而达到缓解或消除交通拥挤的目的。诱导、控制、公交协同理论中主要包括3种协同关系,如图3-3所示。

(1)诱导系统与控制系统的协同。城市交通流诱导系统通过调整交通流空间分布减少受诱导车辆的行程时间,而自适应控制系统通过调整交通流的时间分布减少所有车辆的时间延误,二者在本质上是一致的。在信息共享的条件下,这两个系统的协同作用能够显著减少交通拥挤的产生、减轻交通拥挤的严重程度、提高交通拥挤的疏导速度。

(2)控制系统与公交系统的协同。公交系统根据实时交通流量、客流量及其预测信息生成车辆调度方案,在保证运输效率的同时降低运营成本。同时,混合交通自适应控制系统在感

知到公交车辆后,为其提供优先信号,尽可能降低其运行延误。这种协同关系可以提高公交系统的吸引力,增加公交出行人数,进而提高城市主干路网的交通均衡性。

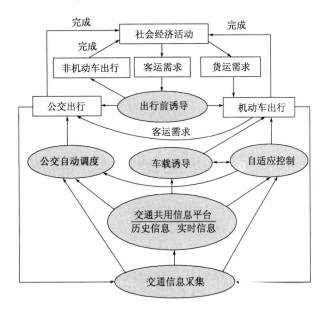

图 3-3　诱导、控制、公交协同理论示意图

(3)诱导系统与公交系统的协同。社会经济活动会产生大量的客货运需求,在出行前信息的诱导下,客运需求分别形成机动车出行量、公交出行量和非机动车出行量。公交系统的吸引力越强,所形成的公交出行量越大,其他方式的出行量会相应减少。在机动车出行量中,当城市交通流诱导系统接收到交通拥挤信息后,根据交通拥挤的特点会提出更改出行路径或出行方式的建议,还会有部分出行者可能中途改乘公共交通完成出行过程。这种协同关系既可以部分减少机动车和非机动车交通需求,又能够减轻交通流混合程度,对缓解交通拥挤具有重要意义。

在以上 3 种协同关系中,控制系统与公交系统的协同主要体现在公交的信号优先,诱导系统与公交系统的协同主要体现在诱导信息对出行者出行方式选择的影响与改变上,这些在以后的章节中将有介绍。所以本章重点介绍诱导系统与控制系统的协同。

3.2.4　国内外交通控制与交通诱导协同理论的研究

近年随着 ITS 在城市交通系统中的推广和应用,交通流诱导系统作为 ITS 的核心部分,如何将城市交通控制系统(Urban Traffic Control System,简称 UTCS)与城市交通流诱导系统(Urban Traffic Flow Guidance System,简称 UTFGS)进行协同,更是备受关注,成为交通领域研究的重点之一。

20 世纪 70 年代起,人们开始从全局和整体角度出发考察城市交通系统,将交通控制系统和交通流诱导系统协同起来加以研究,以便在交通网络平衡过程中把出行者路径选择与信号控制策略的相互影响确切地考虑进来。Allsop(1974)第一次将控制引入交通流分配问题中来,从此有关交通控制和交通流诱导之间的相互影响和相互作用的研究一直是交通领域的专家学者研究的焦点。迄今为止,国内外关于交通控制与交通流诱导系统协同运作的研究主要集中在协同模式和协同算法两方面。

1)国内外关于 UTCS 与 UTFGS 协同模式的研究

Bell 等(1991 年)提出了交通流最佳路径诱导和交通控制协同的两种途径:一是低层次协同,即两系统的数据共享;二是高层次协同,即两系统相互影响和相互作用。这种协同思路比较容易操作,交通控制系统和交通流诱导系统都需要全面实时的路网交通信息,而现在的各种检测设备基本上都是为交通控制服务的,因此首先应该考虑如何实现交通规划数据、基础设施数据、交通控制、交通监控、接处警等交通信息的共享。

H. Shimizu、M. Kobayashi 和 Y. Yonezawa(1995)提出了一个概念性的结合交通流诱导和交通信号控制为一体的两级交通控制系统,如图 3-4 所示。信号控制系统通过信号参数的反馈控制交通网络总的队列长,使其最小化,动态交通流诱导系统通过特定优化算法给出行者提供最佳出行路线。

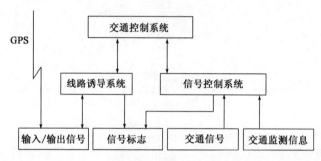

图 3-4 H. Shimizu 等的两级控制系统

Nathan H. Gartner 和 Chronis Stamatiadis(1996)提出了一种动态交通分配与实时控制结合管理的框架。其中信号控制与动态交通分配的具体结合关系如图 3-5 所示。

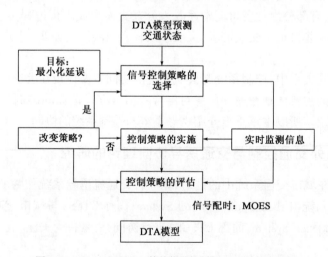

图 3-5 Nathan H. Gartner 等的信号控制与 DTA 的结合关系

此类方法是以 DTA 模型来预测交通流,将其作为控制决策时的输入。按照不同的交通状态将交通信号控制分为六个层次的自适应控制策略,利用动态交通分配模型进行预测,在需要给出诱导的路段预先制定相应的动态控制策略以减少和避免交通拥挤。该信号控制系统是一种多层次的实时适应式的交通信号控制系统 RT-TRACS(Real Time Traffic-Adaptive Control

System,实时交通自适应控制系统)。MOEs(Measure of Effectiveness,有效性度量)是指对所采取策略效果的度量。这样在选定的交通控制策略下进行路径规划,这里交通控制策略能使车辆在交叉口的延误最小。它是一种以诱导为主的协同模式。

我国从20世纪90年代开始,一些高等院校(吉林大学、天津大学、同济大学、河北工业大学等)也做了大量关于控制与诱导系统协同的相关研究。

吉林大学杨兆升、徐丽群针对我国城市目前的交通管理系统,提出一种依托道路交通控制中心的交通控制与诱导的协同机制,他们将交通信息共享作为实现两系统协同的基础,根据实时采集的路网交通信息,交叉口信号配时优化和动态路径最优选择同步进行,并将诱导信息发布出去,构成一个循环,其框架见图3-6。

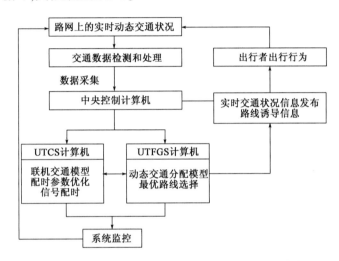

图3-6 以交通信息共享为基础的UTCS和UTFGS协同框架

天津大学马寿峰、徐岩宇、王亮等在对国内外交通控制与交通流诱导的各种组合模式进行阐述之后,剖析了它们各自的不足,并提出了一种改进的协同模式,该模式中控制与诱导协同可以用两种方法实现:一是建立一个新的交通管理系统,以路网总体指标为最优目标,建立统一的优化模型进行求解得到控制、诱导策略;另一种解决方法是借鉴系统递阶控制的思想,在低层次上对控制、诱导分别求解,在高层次上进行交通控制与交通流诱导交互式协同优化。

总结以往国内外关于UTCS与UTFGS协同模式的研究,主要归结为以下4种。

(1) 数据共享式

这种模式的特点是UTCS与UTFGS的基础信息共享,但是两个系统独立运作,UTCS与UTFGS之间不存在策略和方案间的协同。数据共享式协同能够提高各种数据采集、传输、处理系统的利用率,以及数据和信息的共享度和可靠性,但是这种低层次协同只强调基础交通信息采集与共享,对提高控制和诱导效果所起的作用有限。

(2) 主从式

这种方式是以其中一种管理方法——交通控制或诱导为主,而将另一种交通管理手段作为外生变量或约束条件,独立运行的交通控制系统和交通流诱导系统是非对称的,两者存在着主从关系,其中一个作为主导系统,它在生成策略时将从属系统的实时策略作为本系统优化模型的外生变量或约束条件加以应用,这就要求从属系统将每个决策周期生成的新的策略和方案及时地报告给主导系统,使主导系统全面了解从属系统的行为。这种协同模式实质是一种改进的交通控制或诱导方法,目前,国内外许多协同模式的研究属于这一类。

(3)递阶协同式

这种方式首先在较低的层次上,分别对交通控制与诱导的优化问题进行求解,在较高的层次上对二者的优化结果进行协同,并将协同的结果等信息返回到低层上,作为新的初始条件重新对控制、诱导进行优化,通过反复迭代,直至得到满足整体目标的协同方案。

(4)一体化方式

在这种协同模式下,建立控制与诱导一体化模型,其主要思想是将控制方案与诱导方案作为系统的控制分量,综合控制与诱导的所有状态方程和约束作为系统的状态方程和约束,以路网的总体指标为最优目标,并通过各种优化方法进行求解,获得控制、诱导的最优策略。系统实现时,将交通控制系统与交通流诱导系统合二为一,在ITS中以一个崭新的子系统替代现行的控制系统、诱导系统,由其完成原来的交通控制系统与交通流诱导系统的所有功能。

2)国内外关于UTCS与UTFGS协同模型与算法的研究

迄今为止,有许多关于交通控制与诱导协同的模型与算法的文章发表,主要概括为以下几种:

(1)偏重于控制的方法

该类模型以交通控制为主,在既定的交通控制下研究动态交通分配模型,如Allsop、Charlesworth和吉林大学孙喜梅等研究的模型。

(2)偏重于诱导的方法

此类方法侧重于诱导,在确定性交通流诱导策略下进行交叉口信号控制实时优化,将得到的最优化交通信号控制参数作为诱导的输入,以一定的方法确定最佳诱导路线。如H. Shimizu、M. Kobayashi和Y. Yonezawa等研究的模型。

(3)交通控制与动态交通分配迭代优化法

迭代优化法是分别在固定的交通流下调整信号配时,或者在固定的信号配时下解交通流均衡问题,直到两个问题的解被认为相互一致或达到平衡。求解分配问题时,路段阻抗函数由信号优化的子问题推出;信号配时则在分配提供的流量模式下进行。直到两个子问题的解收敛至某一标准,迭代过程结束。

迭代法的优点是可以利用传统的交通信号配时和交通分配方法解决问题,性能好,而且收敛速度快,尤其适用于高交通需求,大规模路网。Gartner(1976和1977),Allsop和Charlesworth(1977),Al-Malik和Gartner(1995、1996和1997)和天津大学的王亮等的研究可以归为此类。

(4)全局优化法

为了克服迭代方法非收敛和局部最优的缺陷,一些研究者研究不同的全局最优方法,寻求信号控制模式以优化系统性能,如使总出行时间等达到最少,此时的出行者路径选择行为作为约束,由交通均衡模型描述,其目的在于从整体上考虑出行者路径调整的控制策略。Gershwin等(1978),Tan等(1979)和Gartner等(1980),Gartner和Stamatiadis(1996),陆化普、殷亚峰(1997),马寿峰(1999)等,杨兆升(1999),杨佩昆、杨超(1999),徐建闽、许伦辉、撒元功(2000),周八益等(2003)的研究可归为此类。

由上述总结与分析可知,虽然人们对交通控制与交通流诱导关系的认识始于20世纪70年代,从事相关研究的学者很多,为交通控制和交通流诱导的协同研究打下了理论基础。然而，在理论上和实践上，两者的协同均没取得成功性的突破。以往的研究往往偏重其一或者全局一体化的研究思路。偏重于交通控制或诱导，没有真正把控制和诱导协同作为交通管理的统一手段，而一体化方案需要同时求解最佳的控制方案和诱导方案，由于交通系统的复杂性、随机性和动态性等，交通控制与诱导的直接整合、同时优化会导致模型复杂，难于求解与应用。目前相关研究仍侧重于发展模式探讨和理论模型的深入研究。

协同学是一门关于系统内诸子系统相互合作，相互作用的规律的科学，它从统一的观点处理一个系统的各部分之间的关系，协同学处理问题的方法是一种综合的方法，协同学注意从总体上把握对象，即着重研究各部分之间是如何以协同一致的动作来产生整体结构。协同学理论为研究交通管理子系统相互作用与相互合作提供了有力的基础理论和方法论思想。因此，UTCS与UTFGS协同研究可以在协同学理论思想框架指导下进行。

3.3　交通网络实时动态交通信息预测理论

3.3.1　实时动态交通信息预测的意义

随着GPS浮动车、手机定位等交通检测技术的日趋成熟，把什么形式的动态交通信息提供给用户才能达到避免拥挤、提高路网使用效率的目的，如何在短时间内得到这些信息，以及如何根据这些信息快速确定出最佳行驶路径，已成为国际智能运输领域的一个前沿问题，交通网络实时动态交通信息预测理论、模型与算法的优劣直接影响整个ITS的造价与功能。

作为ITS核心研究领域之一的城市交通流诱导系统，是通过实时采集和发送交通信息，适时引导交通流量合理分布，从而达到高效率利用道路网络的一种主动交通控制方式。城市交通流诱导系统的正常工作依赖于其交通信息的准确性和及时性。车辆诱导信息应包括道路状况信息、气象信息、交通状态信息。交通状况信息包括交通流量、占有率、车速、行程时间等交通特性、交通时间和拥挤程度信息。其中，交通流量和行程时间是城市交通状态的一种重要信息。根据城市交通流诱导系统所使用的信息种类不同，城市交通流诱导系统可分为预测型城市交通流诱导系统和反应型城市交通流诱导系统。预测型城市交通流诱导系统使用基于当前交通信息的预测信息，反应型城市交通流诱导系统使用当前时刻点的交通信息。预测型系统必须具有快速准确地预测交通状态的功能，因而预测性的实现却比反应型的困难得多。交通信息的短时预测对交通控制和公共交通等系统功能的有效发挥也具有决定性影响，是实现预测型决策的前提。因此，交通状态和行程时间等实时动态交通信息的预测倍受国内外交通学者的关注。

3.3.2　短时交通信息预测理论模型体系

实时动态交通信息（交通流量和行程时间）预测是实时动态交通分配理论实现的前提。吉林大学杨兆升教授通过主持完成"十五"国家科技攻关重大项目"车载信息装置开发""基础交通信息采集与融合技术研究"在交通信息预测理论和模型等方面取得了阶段性成果。本书基于上述项目的研究成果及最优交通动态分配理论思想，采用统计推断、人工智能、卡尔曼滤波、交通流理论和随机服务系统理论等构建的短时交通信息预测模型体系如图3-7所示。该模型体系实现交通信息的准确预测,为实时动态路径搜索提供技术保障。

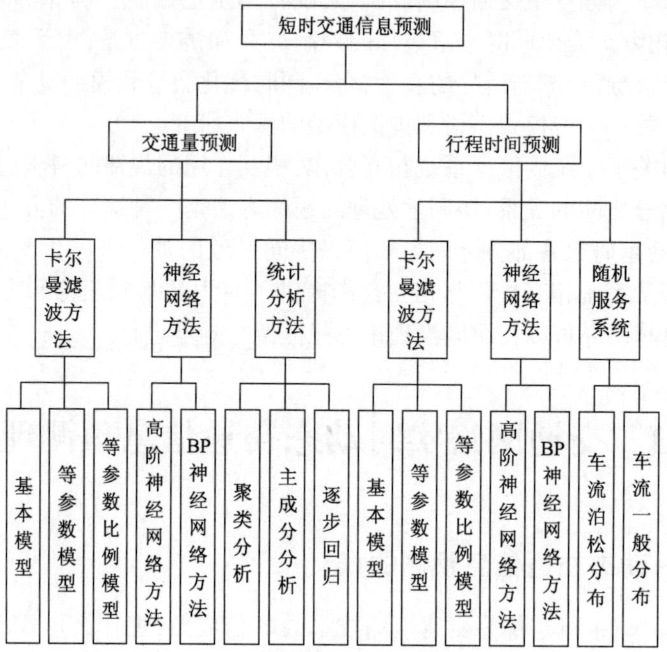

图 3-7 短时交通信息预测理论模型体系

1)适合我国交通特点的交通流量动态预测理论模型体系的建立

交通流量是进行城市交通流诱导的基础数据,传统上多以数理统计方法为基础,以已有的交通流量数据建立单一模型对未来交通流量进行预测。这种方法所获得的预测效果存在对突发事件(在城市交通网络中是普遍存在的事实)反应能力差、精度低、容错性差等一系列缺点,因此很不适用于城市交通流诱导系统的设计。另外,在安装有自适应交通控制系统的大中城市路网中,除需求量外,影响交通流时空分布规律的因素可以分为两类:流量相关和区域控制信号相关。在流量相关情况下,路段 i 的交通流量受其自身及相邻路段前几个时段流量大小的影响。面控信号相关,则是指由于整个路网的信号联动,使得 i 路段上的交通流量会受到与其相距较远的路段流量的影响。另一方面,路段的运行时间也不是一成不变的,它与路段的特征和其上的交通密度有密切关系。由于影响交通流量的因素具有高度的时变性和非线性的特点,很难给出比较精确的解析表达式并进行相应的标定。针对以上问题,突破传统方法,杨兆升教授提出了适合我国混合交通状态的 3 种快速预测技术,实际应用表明模型精确可靠,适应性强。下面对其分别介绍。

由于人工神经网络具有非线性描述、并行分布处理、学习与适应、擅长处理多变量系统以及便于硬件实现等特性,本书将以神经网络为代表的人工智能技术引入到动态交通流量预测中,创建了基于 BP 神经网络、高阶神经网络和基于卡尔曼滤波理论的交通流量动态预测技术。

(1)基于 BP 神经网络的交通流量预测模型的研究

基于 BP 神经网络的交通流量预测模型由数据处理器和 BP 网组成(图 3-8)。数据处理器将实测的交通流量数据进行处理构成输入样本,BP 网由三层组成,它们是输入层、隐藏层(简称隐层)和输出层。输入层单元数由数据处理器构造的样本维数决定;输出层有一个神经元,它的训练用输出值由数据处理器提供;隐层神经元个数由输入和输出神经元个数决定。

作者所在课题组采用经过训练的神经网络对长春市人民大街上解放大路至锦水路的路段交通流量进行了预测,预测结果较好。

(2)基于高阶神经网络的交通流量预测模型的研究

由智能神经组成的网络称为高阶神经网络,

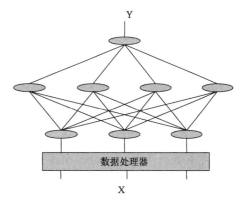

图 3-8　基于 BP 网交通流量预测模型的结构图

这种网络具备两种智能处理能力:一种称为外部智能处理能力,它以调整神经元之间的连接强度为表现形式;另一种称为内部智能处理能力,它与神经元之间的连接无关,而只体现在神经元的可调转函数 $F(\cdot)$ 上。高阶神经网络的信息同时存储在连接权值和转移函数中,而传统的神经元是不具备信息存储能力的。

由于每个路段入口与出口的交通流量都受整个网络,特别是相邻路段当前的和前几个时段的交通状态的影响,为了比较准确反映路网的动态特性,本项目设计了如下的基于 HGNN 的交通流量自适应预测模块框架(图 3-9)。

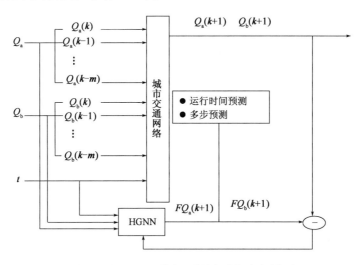

图 3-9　基于 HGNN 的交通流量自适应预测系统图

预测系统的输入信息分为三类:各路段入口流量 Q_a、各路段出口流量 Q_b、和当前的时间变量 t。每类流量内又分 $m+1$ 组,分别代表当前及前 m 个时段的流量信息。每组内包括 N 个节点,对应于路网中的 N 个单向路段。

由于输入信息中包括了全网络当前的和前 m 个时段的流量,因而可以综合反映相邻路段和较远路段之间流量的相互关系。系统的输出是第 $k+1$ 时段各路段入口和出口的流量的预测值 $FQ_a(k+1)$ 和 $FQ_b(k+1)$。流量预测值有四个基本用途:计算路段的平均运行时间;进行多步预测;与实际流量 $Q_a(k+1)$ 和 $Q_b(k+1)$ 共同完成 HGNN 预测系统的参数在线调整,满足自适应预测与配流的需要;数据处理,判断交通网络运行是否正常。

作者所在课题组以长春市人民大街解放大路至锦水路之间的路段为研究对象,运用从交通指挥中心获得的4个检测器的全部流量数据对HGNN模型与算法进行验证,获得了较好的预测结果。

(3) 基于卡尔曼滤波理论的交通流量预测模型研究

卡尔曼滤波是Kalman于1960年提出的,是采用由状态方程和观测方程组成的线性随机系统的状态空间模型来描述滤波器,并利用状态方程的递推性,接线性无偏最小均方误差估计准则,采用一套递推算法对该滤波器的状态变量作最佳估计,从而求得滤掉噪声的有用信号的最佳估计。

由于卡尔曼滤波采用了较灵活及适应性较广的状态空间模型的系统分析法以及递推算法,从而使之便于在计算机上实现,大大减少了计算机存储量和计算时间,因而得到了广泛的应用。由于卡尔曼滤波不仅可用于信号的滤波和估计,而且还可用于模型参数的估计,所以它适用于交通状况的预测。课题组利用卡尔曼滤波理论建立了交通流量预测模型,假设研究路段未来时段的交通流量是上游和下游路段上的前几个时段流量的线性函数,并利用两周中相同日交通流量的差值和比值两种方法进行交通流量预测;同时建立了基于卡尔曼滤波理论的基本模型、交通流量等参数预测模型和交通流量等参数比例预测模型。

2) 无检测器交叉口交通流量预测理论和方法研究

为了实现车辆诱导功能,必须对路网绝大多数(甚至是全部)路段的交通流状态进行预测。然而,我国(甚至是发达国家)的大中城市并不是在所有的路段都安装有检测装置,有的城市安装检测器的路段还不到全部路段的十分之一。当然,从交通管理的成本与效益的角度看,不可能也没有必要对所有路段的交通状态进行检测。因此,解决那些没有检测器路段的交通流量的预测问题对ITS的研究与开发具有重要意义。

由城市路网交通状态的固有规律可知城市路网是一个有机整体,节点间由路段连接,大部分相邻节点的交通流量尽管不能完全相同,有时由于转弯分流车辆过多,甚至相邻节点交通流量相差很多,但却紧密相关。同样由于同城居民出行规律的相似性和出行方式的类同性,使得多数城市路网节点交通流量变化具有类似特点,即节点间存在相关关系。

在研究过程中,作者所在课题组经过反复的分析与验证后采用了以路网节点交通流量相关性、路网节点(交通流量特征)聚类、路网节点(交通流量特征)判别来确定无检测器交叉口的交通流量的全新方法。

路网节点交通流量相关性研究依据交叉口检测器的监测数据,对各交叉口交通流量之间的相关关系进行定量分析,证明路网节点之间相关性的存在,并为后面的聚类分析和判别分析奠定了基础。随后在相关分析的基础上,利用聚类分析法,对交叉口进行分类,把具有相似交通量特征的交叉口聚为一类,从而实现城市路网节点的宏观划分。路网节点判别研究将应用判别分析法对那些未安装检测器的交叉口进行判别和分类,达到对此类交叉口交通流量的预测和管理的目的。本书以多元统计学中的聚类分析、主成分分析以及逐步回归等方法为手段,对有检测器交叉口路段与无检测器交叉口路段进行相关分析的基础上,利用有检测器交叉口路段的实时交通流量数据对无检测器交叉口路段的交通流量进行实时预测,为诱导城市交通流功能的实现提供必要的基础信息。

3) 路段行程时间间接预测理论和方法研究

路段的平均行程时间是进行车辆诱导的主要依据,如果在某个路段上行程时间变长,则路径选择的结果就会发生变化,原先的交通流量会重新分配到新的路径中去。因此,对路段行程时间进行实时动态预测是实现交通诱导功能的基础,在当前的 ITS 研究与开发中占有非常重要的地位。根据行程时间信息的采集手段,我们采用直接方法和间接方法对其进行预测。本书重点介绍路段行程时间间接预测方案。

如果城市交通网络在信息检测中无法直接提供路段平均行程时间的信息,而只能给出各分流路段甚至是主要路段的动态交通流量数据,则必须运用一定的方法将与特定交通负荷相对应的平均行程时间计算出来。这是未来一定时期内我国城市交通网络发展的主要趋势。

(1) 模型思想

目前,我国及世界其他国家的大中城市采用的交通面控系统多为英国的 SCOOT 系统和澳大利亚的 SCATS 系统以及以二者为基础的各种系统,他们在主要路段或各个路段的入口或出口处设置感应线圈、摄像机等检测装置,不能同时提供路段入口与出口的动态交通流量数据,因此难于得到路段的实时动态交通密度信息。因此,以这些交通控制系统为依托进行行程时间动态预测,必须对交通流量与行程时间或行程速度之间的关系进行研究,从而实现运用交通流量对平均行程时间的预测。与行程时间直接预测方案相比,这种方法得到的路段平均行程时间精度稍低,但所需的成本也较低。

按照交通工程的经典定义,平均行程时间包括行驶时间和延误时间。在此假定延误只是发生在交叉口。这样假定的好处有两点:一是简化了对车辆运行过程的描述,减少随机因素的干扰(这种假设也比较符合车辆真实运行过程);二是可以直接把路段或路径行程时间划分成行驶时间和延误时间,有利于预测研究。

如果城市交通网络在信息检测中无法直接提供路段平均行程时间的信息,而只能给出各分流路段甚至是主要路段的动态交通流量数据,则必须运用一定的方法将与特定交通负荷相对应的平均行程时间计算出来。这是未来一定时期内我国城市交通网络发展的主要趋势。根据交通流理论的基本知识,流量、密度、速度是紧密联系的 3 个变量。由于时间是距离和速度的函数,因此,研究行程时间的变量就是流量和密度。在目前的城市交通流检测条件下,只能获得较精确交通流量的统计数据,考虑到交通流量是由于交通需求所产生的客观的变量,因此,把交通流量作为本预测研究的自变量最为合适。由于目前所能检测到的交通流量是路段在附近的交叉口交通流量,所以,本研究是应用这种交通流量作为自变量去预测路段或路径行程时间。

目前,我国的许多城市都已在城市主要道路上设置了检测器,用于检测交通流量、占有率等数据。一般地,这些检测器的设置位置为距交叉口出口 15～30m 处,数据采集的时间间隔为 5～15min 不等。基于实际条件的城市道路行程时间预测方法的研究具有十分重要的意义。该研究的基本思想是:通过分析交叉口信号配时方案对行程时间的影响,结合现有检测器所能提供的数据,对行程时间进行预测。

随着交通控制系统的不断成熟和发展,各个城市都开始采用了信号灯控制系统来解决城市交通拥挤问题。因此,城市道路行程时间分成两部分:车辆在路段上的运行时间和交叉口的运行时间,其中交叉口的运行时间包括路段、交叉口行驶时间和交叉口的延误时间。利用可以检测到的流量、占有率和速度数据,预测流量和占有率,然后结合其他的动态和静态数据,从而分别计算这两部分运行时间。这里我们采用模拟交通流量的方法对交通流量和速度进行预测,用实时交通状况模拟方法来预测车辆在交叉口的运行时间。

（2）路段行程时间的计算模型

预测方法的具体做法是：把行程时间分成车辆在路段上的运行时间和交叉口的延误时间两部分。利用预测的流量和速度，结合其他的动态和静态数据，从而分别计算这两部分运行时间。然后将这两个部分所计算的时间进行结合，获得路段的行程时间。

第一部分：计算车辆在路段上的运行时间。

根据检测器的检测数据我们可以获得速度数据。该速度数据是地点速度（v_t），利用如下公式将其转换为区间速度后，路段上所需要的运行时间就是利用路段距离除以区间速度获得：

$$T = \frac{L}{v_s} \tag{3-31}$$

式中：T——路段行程时间（s）；
L——路段距离（m）；
v_s——区间车速（m/s）。

$$v_s = v_t + \frac{\sigma_t}{v_t} \tag{3-32}$$

式中：v_t——地点车速（m/s）；
σ_t——地点车速的观测方差。

第二部分：计算交叉口的延误时间。

计算车辆在交叉口的延误有稳态理论和定数理论。从这两种理论的假定来看，各自均有局限性。稳态理论在低饱和度（饱和度小于1）的情况下是比较切合实际的，然而随着饱和度的增高，车辆到达和始发的"稳态平衡"就很难维持了，因而按照稳态理论计算的结果与实际情况出入愈来愈大。尤其是当饱和度接近1时，稳态理论根本无法给出切合实际的确切结果。定数排队理论虽然对于高度过饱和的交叉口车辆延误情况能给出比较满意的结果，但在饱和度等于和略大于1的情况下，也不能给出令人满意的结果。

基于以上原因，近年来有些学者开始在稳态理论和定数理论曲线之间寻求一种"中间"过渡函数曲线用以协调二者，保留二者使用部分，摒弃它们各自不适用的部分。本模型预测车辆的延误时间用的就是过渡函数理论。

计算车辆延误时间的过程如下。

①在所取的时间段内先将车辆到达率视为常数，计算车辆的"均衡相位延误"。

$$D_u = \begin{cases} \dfrac{qC(1-u)^2}{2(1-y)}, & X < 1 \\ \dfrac{qr}{2}, & X \geq 1 \end{cases} \tag{3-33}$$

式中：D_u——均衡相位延误；
q——进口方向上车辆到达率；
C——信号周期时长；
u——有效绿信比；
r——红灯时间。

②计算由于各选取时段内到达率不一致产生的随机和过饱和延误时间。

$$D_0 = N_0 X \tag{3-34}$$

式中：D_0——随机和过饱和延误时间；
X——饱和度。

$$N_0 = \begin{cases} \dfrac{Q_T}{4}\left(Z + \sqrt{Z^2 + \dfrac{12(X-X_0)^2}{Q_T}}\right), X > X_0 \\ 0, X \leq X_0 \end{cases} \quad (3\text{-}35)$$

式中：Q_T——在时间段 T 内可以被放行通过的交叉口的极限车辆数。

$$Z = X - 1, X = \frac{q}{Q} \quad (3\text{-}36)$$

$$X_0 = 0.67 + \frac{Sg}{600} \quad (3\text{-}37)$$

式中：q——交通量；
S——饱和流量；
g——有效绿灯时间。

③ 将上述两部分叠加，便求得车辆的平均总延误时间。

3.4 智能控制理论

3.4.1 智能控制理论简介

智能控制是一多学科的交叉。傅京逊在 1971 年的文章中称它是人工智能与自动控制的交叉。后来萨里迪斯加进了运筹学，认为智能控制是人工智能、运筹学和自动控制三者的交叉，并用图 3-10 所示来形象说明这一点。

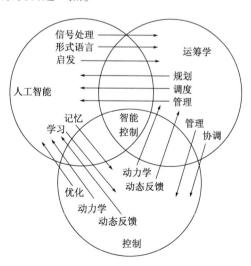

图 3-10 智能控制的多学科交叉

关于智能控制究竟应该是哪些学科的交叉，不同的人有不同的理解。有的人主张还应包括系统论、信息论、计算机科学、人类工程学等。但不管怎样，它至少说明智能控制是一个多学科的交叉,图3-10是目前多数人所接受的一种共识。

图3-10主要是针对分层递阶智能控制的情况。对于其他类型的智能控制,如专家控制、神经网络控制、模糊控制等,他所涵盖的学科领域不尽相同。如前所述,智能控制迄今尚未建立起完整的理论体系,因此要系统的讨论其理论内容为时尚早,下面仅就上面提到的几种类型的智能控制系统包含的理论内容做简要介绍。

1) 自适应、自组织和自学习控制

自适应、自组织和自学习控制是传统控制向纵深发展的高级阶段。如前面已经讨论过的,适应功能、学习功能和组织功能是智能控制系统所具有的几个最主要的功能特点。因此,自适应、自组织和自学习控制系统可看成为较初级的智能控制系统。同时它们也可构成分层递阶智能控制系统的下面一层的控制级。

自适应控制和自组织控制本质上并没有什么差别。自适应控制主要描述系统的行为,自组织控制主要描述系统的内部结构。根据萨里迪斯的定义,所谓自组织控制是指在系统运行过程中,通过观测过程的输入和输出所获得的信息,能够逐渐减小系统的先验不确定性,而达到对系统的有效控制。自组织控制可由两种方法来实现:一种是给出明显的辨识来减小对象动力学所固有的不确定性;另一种则是设法减小与改进系统性能直接相关的不确定性。这后一种情形,可以认为隐含地进行着系统辨识,因为所积累的关于对象的信息,可由控制器直接予以应用而不经过中间的模型。这两类自组织控制代表了两种不同的设计方法。

如果通过观测过程的输入和输出所获得的信息,能够减小过程参数的先验不确定性,则称该自组织控制为参数自适应自组织控制;若减小的是与改进系统性能直接相关的不确定性,则称之为品质自适应自组织控制。图3-11和图3-12分别表示了这两种控制方法的结构。在现有的许多文献中,分别称它们为自校正控制系统和模型参考自适应控制系统。

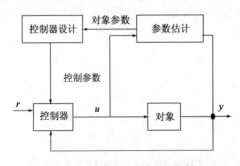

图3-11 参数自适应自组织控制

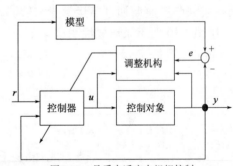

图3-12 品质自适应自组织控制

另外还有一种基于重复性的学习控制,其典型结构如图3-13所示。其中u_k表示第k次运动的控制量,y_k是实际输出,y_d是期望的输出。采用学习控制算法$u_{k+1}=u_k+f(e_k)$,使得经过多次重复后,在u_k的作用下系统能够产生期望的输出。这里的主要问题是学习控制算法的收敛性问题。

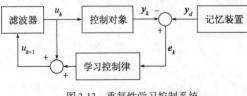

图3-13 重复性学习控制系统

2) 知识工程

专家控制系统作为智能控制系统的一个重要分支以及上面讨论的人工智能学习控制系统均离不开知识的表示、知识的运用、知识的获取和更新等问题。这些正是知识工程的主要问题。因此知识工程也是智能控制理论中的一项重要内容。

广义地讲,设计控制系统便是有效地组织和运用知识的过程。控制器则是运用知识进行推理决策、产生控制作用的装置,它一般由计算机来完成。对于传统的控制,控制对象模型及性能要求可以看成是用数值表示的知识。控制算法则是运用知识进行决策,以产生所需的控制作用。在智能控制系统中,有一部分是数值类型的知识,更主要的知识是一些经验、规则,它们是用符号形式来表示的。在这种情况下,设计控制器便是如何获取知识、如何运用知识进行推理、决策以产生有效的控制。在学习控制系统中,还有一个如何更新知识以实现学习的功能。

3) 信息熵

在分层递阶智能控制系统中,G.N.萨里迪斯提出用熵作为整个系统的一个性能测度。因为在不同的层次以不同的形式包含了运动的不确定性。而熵正是采用概率模型时不确定性的一个度量。分层递阶智能控制系统的设计问题可以看成是如下的过程:在自上而下精度渐增、智能逐减的分层递阶系统中,寻求正确的决策和控制序列以使整个系统的总熵极小。可见信息熵在分层递阶智能控制系统的分析和设计中起着十分重要的作用。

4) Petri 网

Petri 网是新近发展起来的一种既是图形也是数学的建模工具。它主要用来描述和研究信息处理系统,这些系统往往具有以下特点:并发性、异步性、分布性和不确定性等。

Petri 网的应用领域很广,它可用于性能评价、通信协议、柔性制造系统、离散事件系统、形式语言、多处理机系统、决策模型等。因此,Petri 网非常适用于在分层递阶智能控制系统中作为协调级的解析模型,利用该模型可以比较容易地将协调级中各模块之间的连接关系描述清楚。它也可以比较容易地处理在协调过程中所碰到的并发活动和冲突仲裁等问题。同时利用该模型既可以作定性的也可作定量的分析,这也是其他方法所难以做到的。

5) 人—机系统理论

人—机结合的控制系统也是一种智能控制系统。研究系统中人—机交互作用主要有三个目的:一是研究人作为系统中的一个部件的特性,进而研究整个系统的行为;二是在系统中如何构造仿人特性,从而实现无人参与的仿人智能控制;三是研究人—机各自特性,将人的高层决策能力与计算机的快速响应能力相结合,充分发挥各自的优越性,有效地构造出人—机结合的智能控制系统。

6) 形式语言与自动机

利用形式语言与自动机作为工具可以实现分层递阶智能控制系统中组织级和协调级的功能。在萨里迪斯的早期工作中,组织级是由一种语言翻译器来实现的,它将输入的定性指令映射为下层协调级可以执行的另外一种语言。协调级则采用随机自动机来实现,这样的自动机也等价于一种形式语言。

形式语言和自动机理论作为处理符号指令的工具,在设计智能控制系统的上层结构时是常常需要用到的。

7) 大系统理论

智能控制系统中的分层递阶的控制思想是与大系统理论中的分层递阶和分解协调的思想一脉相承的。虽然大系统理论是传统控制理论在广度方面的发展,智能控制是传统控制理论在纵深方向的发展,但二者仍有许多方面是相通的。因此可以将大系统控制理论的某些思想应用到智能控制系统的设计中。

8）神经网络理论

神经网络是介于符号推理与数值计算之间的一种数学工具。它具有很好的适应能力和学习能力，因此它适合于用作智能控制的工具。从本质上看，神经网络是一种不依赖模型的自适应函数估计器。给定一个输入，可以得到一个输出，但它并不依赖于模型，即它并不需要知道输出和输入之间存在着怎样的数学关系。而通常的函数估计器是依赖于数学模型的，这是它与神经网络的一个根本区别。当给定的输入并不是原来训练的输入时，神经元网络也能给出合适的输出，即它具有插值功能或适应功能。人工智能专家系统在一定意义上也可将其看作为不依赖模型的估计器，它将条件映射为相应的动作。它也不依赖于模型。在这一点上它与神经网络有共同之处。但是它采用的是符号处理方法，它不适用于数值的方法，也不能用硬件方法来实现。符号系统虽然也是随时间改变的。但是它没有导数，它不是一个动力学系统。当输入不是预先设计的情况时，它不能给出合适的输出。因而它不具备适应功能。在专家系统中，知识明显地表示为规则。而在神经网络中，知识是通过学习例子而分布地存储在网络中。正是由于这一点，神经网络具有很好的容错能力，当个别处理单元损坏时，对神经网络的整体行为只有很小的影响，而不会影响整个系统的正常工作。神经网络还特别适合于模式分类，因而它可用于基于模式分类的学习控制。

神经网络也是一种可以训练的非线性动力学系统，因而它呈现非线性动力学系统的许多特性。如李雅普诺夫稳定性、平衡点、极限外、平衡吸引子、混沌现象等。这些也都是在用神经网络组成智能控制系统时必须研究的问题。

9）模糊集合论

由于模糊控制主要是模仿人的控制经验而不是依赖于控制对象的模型。因此模糊控制器实现了人的某些智能，因而它也是一种智能控制。

模糊集合理论是介于逻辑计算与数值计算之间的一种数学工具。它形式上是利用规则进行逻辑推理，但其逻辑取值可在 0 与 1 之间连续变化，采用数值的方法而非符号的方法进行处理。符号处理方法可以直截了当地用规则来表示结构性的知识，但是它却不能直接使用数值计算的工具，因而也不能用大规模集成电路来实现一个 AI 系统。而模糊系统可以兼具两者的优点，它可用数值的方法来表示结构性知识，从而用数值的方法来处理。因而可以用大规模集成电路来实现模糊系统。

与神经网络一样，模糊系统也可以看成是一种不依赖于模型的自适应估计器。给定一个输入，便可得到一个合适的输出。它主要依赖于模糊规则和模糊变量的隶属度函数，而无须知道输出和输入之间的数学依存关系。

模糊系统也是一种可以训练的非线性动力学系统，因而也存在诸如稳定件等问题，需要加以研究。

10）优化理论

在学习控制系统中常常通过对系统性能的评判和优化来修改系统的结构和参数。在神经网络控制中也常常是根据使某种代价函数极小来选择网络的连接权系数。在分层递阶控制系统中，也是通过使系统的总熵最小来实现系统的优化设计。因此优化理论也是智能控制理论的一个主要内容。

在优化理论中新近发展了一种遗传算法（Genetic Algorithm，简称 GA），它是一种全局随机寻优算法。它模仿生物进化的过程,来逐步达到最好的结果。这种优化算法也将在智能控制中发挥重要的作用。

3.4.2 智能控制理论在智能运输系统中的应用

城市交通问题层出不穷,公众对交通服务水平的要求也越来越高,ITS 作为解决交通问题的重要途径之一,越来越受到人们的关注,而交通控制和交通诱导作为 ITS 中两个重要领域,对其的研究也成为交通工程师的研究重点。传统的交通控制方法以及传统的控制系统的控制技术越来越不适应交通发展的需求,这就要求有更新更有效的技术和方法来解决交通问题,顺应交通的发展。智能控制能根据具体的运行环境灵活并且实时地调整其控制策略,从而在各种条件下均能达到良好的控制效果。而智能控制所依据的控制目标,如:安全性、舒适性、行程时间最少、运行的正点性等大都是用语言表达的,是不精确。而这种不精确性是传统的控制理论无法处理的。智能控制系统在控制的灵活性、鲁棒性及适应性等诸方面都大大高于这些基于传统控制理论的控制系统。总之,智能控制系统具有基于传统理论的控制系统所不具备的智能,这种智能包括:处理各种不确定性和不精确性的能力;根据环境因素及过程特性变化实时地修正控制策略的能力;对控制后果进行预测的能力以及基于其上的控制行为的多目标优化。智能技术基于以上的特点正适用于复杂多变的交通情况。新兴的智能控制技术,作为人工智能、控制及系统理论、运筹学、生理学及心理学等的交集,以其多学科的优势已成为对具有不断增长的复杂性的过程实现高品质控制的有力工具,它使得利用智能控制技术实现人类的智能行为成为可能。

1977 年希腊学者 C. P. Pappis 和英国模糊控制专家 E. H. Mamdani 最早用模糊逻辑方法对单个路口进行了较好的控制。1984 年,日本学者 M. Nakatsuyama 等将 Pappis 法加以推广,提出两个理想交叉口模糊感想控制方法,但它和实际应用有较大差距。1995 年,韩国学者 Jee-Hyong Lee 等提出分散控制方法,对交叉口群进行模糊控制,有较好前景。近年来国外学者在交叉路口的智能控制研究方面已取得了一些令人满意的成果。J. Wu 与 Z. Dong 基于模糊神经结构来构建定性智能系统知识推理模块,完成实时动态交通控制。K. Kagolanu 等则利用模糊规则更新相位与绿时差,研发了针对孤立交叉口的智能交通信号控制器。

在国内,徐冬玲等研究了一种由神经网络实现的单点模糊控制器;李秀平等提出一种具有实时学习功能的神经网络智能交叉口信号控制方案,交通信号控制器由两个交替处于学习和工作状态的神经网络组成;杨显普提出一种基于强化学习和遗传算法的交通信号自组织控制方法,用于单个交叉口交通信号控制;欧海涛、俞峥、吴越等利用多智能体技术进行了交通控制系统的体系架构分析。

在遗传算法方面国内外学者也有了一定的研究。通过对算法进行改进,提高算法的适用性。南京航空航天大学房磊等提出一种模糊自适应遗传算法,为克服标准遗传算法的早熟现象,提高算法的全局收敛性和收敛速度,采用并行遗传算法的思想,将整个种群分为几个子种群,分别用不同的遗传算子进行遗传操作;并根据它们各自对进化的贡献,利用模糊推理的方法,对其所作用的子种群的规模做出调整,取得较为满意的优化效果。东南大学陈淑燕等讨论应用遗传算法优化多相位交通信号模糊控制器的规则库,给出编码方案、基于随机模拟的适配度计算方法以及基于适配度比例的选择、均匀交叉、自适应变异算子的具体实现细节,并构造检测染色体合法性的约束条件,提高了算法适应性。

在自适应神经网络方面,学者们利用神经网络(Neural Networks,简称 NN)强大的学习和逼近非线性函数的能力可以有效地解决线性控制系统自适应性较弱的缺点,基于神经网络的自适应控制由此成为控制领域研究的一个热点。Wahdan 提出了一种基于回归神经网络的自适应控制方案;Yu D L 等人则设计了基于神经网络的自适应控制系统;Chen L 及陆婷等分别将变结构控制和遗传算法与神经网络相结合,设计出不同的自适应控制器;Jin Y 和 Hu Y 提出了近年来应用较多的基于神经网络的动态逆自适应控制方法;Hanna 提出了一种基于梯度下降法的自适应控制方法;同时,对于已经设计了线性控制器的系统而言,Sharma M 等利用神经网络在线逼近系统模型中的未建模和不确定项,对线性控制系统加以补偿和扩展,既增强控制系统的自适应性,又避免了对整个系统重新设计实现等步骤。

除上述各种智能控制理论被用于 ITS 中以外,自组织模糊控制在 ITS 中的应用也是不容忽视的。天津大学吴庆华等针对自组织模糊控制的自组织过程比较复杂、计算工作量大、难以适应自学习模糊控制的实时要求、对计算设备要求高等缺点,提出了在每次采样时只修改 R 的相应元素,不执行矩阵运算的自组织模糊控制方法,节省了时间和空间。Dias J. K.、Dourado A. 对一类最小相位系统提出了采用自适应相似因子的自组织模糊控制,控制规则通过输入输出数据生成,当被控对象可用具有外部输入的自回归模型描述和已知对象时延时,控制规则的最大上限数是固定的。该控制器还在模糊化和反模糊化阶段引入了前馈和预测功能。

3.5 本章小结

本章简要介绍了动态交通分配理论、智能协同理论、交通网络动态交通信息实时预测理论及智能控制理论,以上理论作为 ITS 的基础理论,将为今后 ITS 的发展及实际应用提供坚实的理论基础,其指导意义极其深远。

【本章练习题】

1. 论述实时动态交通分配的目的以及与静态交通分配的不同。
2. 目前协同理论在交通上的应用有哪几方面?并作相应的解释。
3. 短时交通量预测模型具有什么特性及其分类?
4. 列举智能控制理论在交通方面的应用及各自特点。

第4章
智能运输系统关键技术

【学习目的与要求】

本章阐述了智能运输系统(ITS)中应用的关键技术,如交通信息采集技术、交通信息处理技术、交通通信网络技术、交通地理信息系统技术和车辆定位技术的概念、基本方法与原理等,并介绍了大数据技术在ITS当中的应用。学习者通过本章的学习可以了解并掌握ITS研究开发过程中从信息的采集、信息的流动到信息的应用整个环节所应用的关键技术,同时对大数据技术在ITS中的应用现状有比较清楚的了解,并对其未来发展方向有所把握。

4.1 概 述

虽然ITS的研究对象是交通问题,但ITS研究开发所利用的工具不仅仅是传统的交通工程理论,还包括所有相关的高新技术。这些技术成为ITS中应用的关键技术,共同构成了ITS的专业技术基础。ITS的核心是交通的信息化,在ITS中各类信息系统的重要作用不可言喻。从信息的采集到应用这一整个环节需要各种学科的支撑。ITS这种多学科交叉的特点,使得它的研究开发涉及的相关专业技术包括信息技术、计算机技术、通信技术、多媒体技术、自控制技术等。

下面将从信息的采集、信息的流动和信息的应用的角度对ITS的关键技术进行介绍。

4.2 交通信息采集技术

交通信息采集方法有人工记数法、试验车移动调查法、摄影法、车辆检测器测定法、GPS 浮动车法、手机定位法、遥感图像处理等,可以归纳为非自动采集技术和自动采集技术两类。ITS 中,由于对交通信息获取实时性、大范围、准确性等有较高的要求,因此通常都采用自动采集技术进行交通信息的采集。

根据交通采集信息方式的不同,交通信息自动采集技术分为路基型交通信息采集技术、车基型交通信息采集技术、空基型交通信息采集技术。

4.2.1 路基型交通信息采集技术

目前常用的路基型交通信息采集技术有感应线圈检测器、超声波检测器、磁力检测器、红外线检测器、微波雷达检测器、视频检测器、道路管检测器、声学检测器等检测器法以及车辆牌照自动匹配法、车辆自动识别法等。

(1)感应线圈检测器

感应线圈检测器是目前使用最为广泛的交通流量检测装置,安装采用地埋型。它利用埋设在车道下的环形线圈对通过线圈或存在于线圈上的车辆引起电磁感应的变化进行处理而达到检测目的。传统的感应线圈检测器能提供车辆通过、车辆出现、车辆记数及占有率等数据,对车辆计数等的检测精度也比较高。虽然感应线圈检测器不能直接测量车速,但其可通过两个线圈所形成的速度陷阱来测量车速,或只用一个线圈应用算法(算法输入线圈有效长度、平均车辆长度、车辆经过线圈所用的时间及经过车辆的数目)来测量车速。由于其性价比较高,感应线圈检测器应用比较广泛。

(2)超声波检测器

超声波检测器是通过接收由超声波发生器发射的超声波束和车辆反射的超声回波来检测车辆。它由车道上方的超声波探头向下发射一束超声波,车辆通过这些波束时,引起波束反射回发送部件,通过判断信号与原反射回波信号在时间上的差异来检测车辆数和车辆类型。超声波检测器为非地埋式安装。它对流量、车速的检测精度高,在拥挤的混合城市交通状况下仍能保持很高的检测精度。

(3)磁力检测器

磁力检测器通过检测磁场强度的异常来确定车辆出现,属于被动接收设备,采用地埋型安装。其原理是将高导磁材料绕上线圈,用绝缘管封装埋设在车道下面来感应车辆,当车辆靠近或通过线圈时,穿过线圈的磁场发生变化,这样即可检测车辆的信息。其对流量的检测精度较高。磁性检测器特别是地磁检测器的优点是价格便宜,安装容易。

(4)红外线检测器

红外线检测器包括主动式红外线检测器和被动式红外线检测器,采用非地埋式安装。主动式红外线检测器利用激光二极管发射低能红外线照射检测区域,并经车辆的反射或散射返回检测器,用于测量车辆出现等交通参数。被动式红外线检测器本身不发射红外线,而是接收来自两个来源的红外线:检测器检测范围内的车辆、路面及其他物体自身散发的红外线和它们反射的来自太阳的红外线。

（5）微波雷达检测器

微波雷达传感器为非地埋式安装，可安装在单车道中央的上方以检测该车道的交通参数，还可在多车道道路的路边安装以测量多条车道上车辆的交通参数。路旁安装的雷达有两种类型：连续波多普勒雷达和调频连续波雷达。微波雷达检测器可通过发射不同的雷达波的波形获取交通参数。路旁安装、多检测区域的雷达传感器可提供多条车道交通流的交通参数，但其准确性要低于正上方安装的同种类型的雷达传感器，其原理图如图4-1所示。

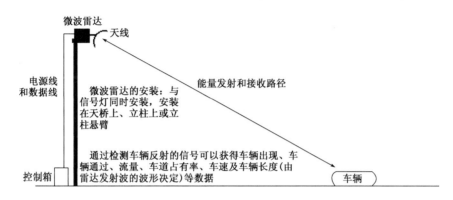

图 4-1　微波雷达的工作原理

（6）视频检测器

视频图像处理技术是对一段道路的交通状况摄像，并将原有的道路和路旁景物图像叠加在图像上而检测出交通流量和速度的新兴技术，它能够提供一段道路上的交通状况数据。

一个典型的视频图像处理（Video Image Processor，简称VIP）系统包括：一个或多个摄像机、一个基于微处理器的计算机（用于将图像进行数/模转换，处理图像）及软件系统（用于编译图像及由图像获得交通流数据）。一部VIP系统可实现多条车道的车辆检测，而且维修保养费用较低。有的VIP系统可处理由多个摄像机采集的信息。

（7）道路管检测器

一般适用于交通量不大情况下的短期交通数据的采集。道路管检测器埋设在车道下方，沿道路横向布置，并将道路管连接到路旁的计数器上。安装过程简单，但是会对交通流造成一定的干扰。

道路管检测器将橡皮管放置在路面上，当车辆驶过橡皮管时，橡皮管发出气压脉冲信号。这个气压脉冲信号使压力起动开关闭合，向计数器或分析软件发出一个电信号。交通量较高时，道路管检测器计数的准确度会下降。

（8）声学检测器

声学检测器检测来自车辆内部和车辆轮胎与地面接触等多个来源的声音信号，可检测车辆通过、车辆出现及车速等交通参数。当车辆通过检测区域时，信号处理算法感知到声音能量的提高，产生车辆出现信号。当车辆驶离检测区域时，声音能量减少，低于检测器的检测阈值时，车辆出现信号消失。

4.2.2　车基型交通信息采集技术

车基型交通信息采集技术包括基于GPS浮动车的交通信息采集技术和基于手机定位的

交通信息采集技术。

(1) 基于 GPS 浮动车的交通信息采集技术

随着全球定位系统(Global Positioning System,简称 GPS)在交通领域的深入推广应用,基于 GPS 自动车辆定位的路段行程时间采集方法等应运而生。

具体的方法是在车辆上装备 GPS 接收装置,以一定的采样时间间隔记录车辆的三维位置坐标和时间数据,这些数据传入计算机后与地理信息系统的电子地图结合,经过重叠分析计算出车辆的瞬时速度及通过特定路段的行程时间和行程速度指标。若给定的时段有多辆车经过特定路段,还可以得到该路段的平均行程时间和平均行程速度。

与其他交通信息采集技术相比,基于 GPS 浮动车的交通信息采集技术不必进行道路设施的额外投资,并且数据采集区域范围基本不受限制。另外,近年来 GPS/GIS/无线通信技术在车辆监控与调度系统中的广泛应用为基于 GPS 浮动车的交通信息采集技术的实现提供了基础共享数据和系统基本框架,从而大大降低了系统开发及运行的成本。可见,目前进行基于 GPS 浮动车的交通信息采集技术的深入研究已经具备了比较充足的客观条件。

(2) 基于手机无线定位的交通信息采集技术

基于手机无线定位的交通信息采集技术是通过车辆内部的手机,利用无线定位技术探测车辆的位置,从而获得交通信息。除了可以采集行程时间和车速等交通信息,还可以进行出行 OD 数据的采集。

出行 OD(Origination-Destination,出发点与目的点)数据在交通中有着重要价值,OD 数据是用于交通需求分析、制定交通规划的重要基础信息,是反映出行需求空间分布的重要参数,交通分配模型也要求准确的 OD 矩阵作为输入。传统的居民出行调查和路边询问等调查方式存在较大局限性,在实际应用中很难获取高质量的 OD 数据,不能准确地反映交通出行的实际情况,不利于交通规划的合理制订。

基于手机无线定位的 OD 获取技术是近年来提出的新概念,即利用手机通信网络运营中已有的数据信息资源将其应用于交通领域中 OD 数据的获取。随着手机定位技术的出现以及手机用户的快速增长,基于手机定位技术的新的 OD 获取方法逐渐受到重视。其基本原理是对目标对象进行定位,通过连续追踪目标位置变化信息,在此基础上进行数据处理和建模分析,提炼出行 OD 信息。以移动无线通信系统为例,处于待机状态的手机通过基站与手机通信网络保持联系,手机通信网络对手机所处的位置区(Location Area)信息进行记录。在用户拨打电话和接听电话时根据所记录的位置信息可通过呼叫路由选择找到手机,建立通话连接,将位置信息以数据库的形式存储在来访用户位置寄存器(VRL)中。当手机从一个位置区的信号覆盖区域穿越到达另一个位置区时,将发生位置更新(Location Update),VRL 中所记录的手机位置区数据也要更新成当前位置区的数据。手机在通信网络中位置区的变化间接地反映了手机用户在路网中位置的变化,通过建立通信网络中位置区与路网划分的交通小区之间的对应关系,可将位置区变化信息映射到交通小区,从而获取相应的 OD 数据。

同时,利用车辆上手机沿路基站发生切换(Handover)的信息,可估算出路段的行程车速。切换是指在通话过程中,为了保持通话的连续性,当手机的当前服务基站信号强度衰减到一定程度时,手机选择新的基站作为当前服务基站的过程。

手机无线定位系统框架如图 4-2 所示。其核心组成包括:

①基站,主要是定位测量设备(Location Measurement Unit,简称 LMU);

②第三方交通信息采集公司,拥有通信服务器,安装有路段速度和行程时间计算软件,为交通共用信息平台提供数据;

③移动定位中心,拥有定位计算服务器,安装有基于到达时间(TOA)技术或增强测量时间差技术(E-OTD)或 GPS 辅助(A-GPS)技术等的手机定位计算软件,以及匿名抽取网络上手机用户信息的软件等。

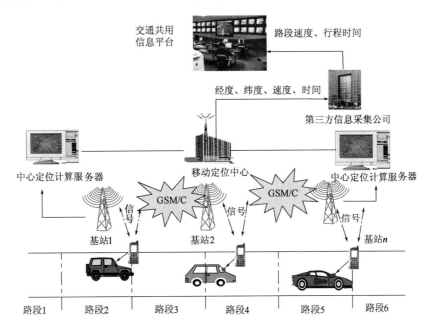

图 4-2　手机无线定位方法系统框架

应用手机无线定位技术采集交通数据,由于其投资小、覆盖范围广、海量数据等特点,受到国外交通机构的普遍关注。但是该方法由于涉及手机用户的隐私等问题,所以推广应用较少。

4.2.3　空基型交通信息采集技术

空基型采集技术的研究主要集中于遥感技术。它是通过高空摄影技术,捕捉地面发来的各种波段的光子形成不同种类的图像。遥感数据按数据出处可以分为遥感卫星数据、临近空间数据和航空数据。根据目前遥感技术应用于交通信息感知领域的发展形势和相关研究成果来看,从遥感图像中获取交通数据可以分为两种:一种是从遥感图像中自动或半自动提取道路信息,建立较大区域内的道路网;另一种应用是从遥感图像中获取交叉口排队长度、路段车流密度等具体数据。下面分别对基于遥感技术的道路图像提取技术和路段交通密度进行介绍。

(1)基于遥感技术的道路图像提取技术

基于遥感技术的道路图像提取技术的提取流程如图 4-3 所示。

数字图像的灰度是计算机进行图像处理的基础,计算机对图像进行处理实际上就是对图像的灰度数据进行处理。在彩色图像中,图像的每一个像素用三个字节的数据来表示,每个像素点的色彩都是由这三种色彩值合成;在灰度图像中,每个像素也是由三个通道的数据来合成,但是这三个值都是相等的,所以只需要一个数据就可以表示。

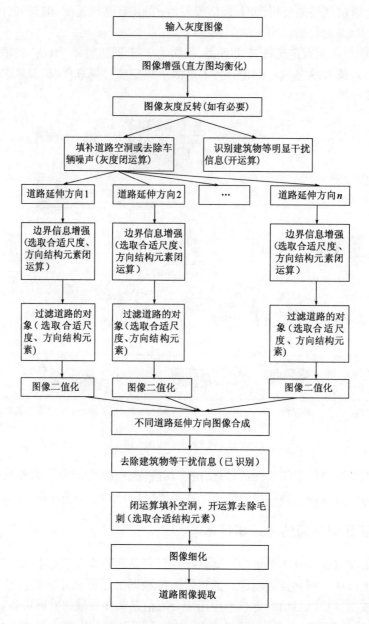

图 4-3 基于遥感技术的道路图像提取技术的提取流程

图像增强处理是数字图像处理的基本方法之一，这里图像增强处理的目的是突出需要的信息，弱化或消除不需要的信息，即干扰信息。遥感图像进行图像增强处理后的结果是某些方面的信息得到突出，而另外一些信息则被削弱。图像增强算法很多，如直方图均衡化算法，基于模糊理论的图像增强算法、基于小波变换的图像增强算法等，这些算法可归纳为线性变化和非线性变化两大类。

道路上的车辆信息使得道路的颜色特征不是很均匀，所以需要对图像进行去噪处理。去噪算法多种多样，如中值滤波、均值滤波、小波变换去噪等。

在城市遥感图像中，异物同谱的现象很普遍，比如需要突出的是道路信息，但是图像中很多建筑物屋顶或是阴影的颜色特征与道路的颜色特征很相近,这就会在一定程度上影响道路识别的准确度。由于建筑物屋顶或者是阴影的形态特征与道路的形态特征往往是不同的,因此可以应用数学形态学,根据这些干扰信息的形态特征选取合适的结构元素,对图像进行适当的形态学运算处理,就可能识别出这些干扰信息,进而去除它们。

最后,需要对过滤出道路的遥感图像进行二值化分割,即把灰度图像转化为二值图像。灰度图像二值化主要用于将需要的目标信息与图像背景相分离。目前对灰度图像二值化的算法很多,可以分为自适应图像二值化法和非自适应二值化法两类,或者分为全局阈值算法和局部阈值算法两类。

以上遥感图像中的地物信息识别结束以后,往往要建立相应的地理信息数据库,因此,需要对图像进行细化操作。

(2)基于遥感技术的路段交通密度提取技术

基于遥感技术的道路交通密度提取技术流程如图4-4所示。

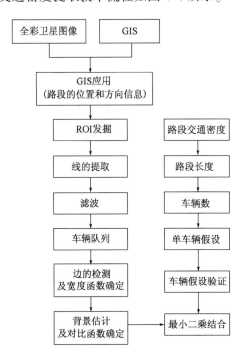

图4-4 基于遥感技术的路段交通密度提取技术流程图

下面对基于遥感技术的路段交通密度提取技术的关键环节进行简单介绍。

①车辆的提取。

图4-5显示了从遥感图像中取得的关于道路位置和方向的先验信息,位置精度约2m。路边各道路的位置都不包含在数据库中。因此,道路宽度需要从车道的数量或是各路段平均宽度这些特性来估计。所产生的ROI(Region of Interest,感兴趣区域)仅被看作真实道路区域的一种近似值。线提取通过应用Steger的微分几何方法得以实现。该算法主要是基于第二衍生图像的理论计算,即像函数的曲率。线提取过程的参数与车辆几何参数(车辆宽度:w)和开放性测量(路的期望对比:c)保持一致。

因此，线提取所必需的输入参数 σ、t_L 和 t_H 可以按照如下公式计算：

$$\sigma = \frac{\omega}{2\sqrt{3}} t = c \frac{-\omega}{\sqrt{2\pi\sigma^3}} e^{-\frac{1}{2}\left(\frac{\omega}{2\sigma}\right)^2}$$

$$= c \frac{-\sqrt{6} \cdot 12}{\sqrt{\pi} \cdot \omega^2} e^{-\frac{3}{2}} = c \cdot a \tag{4-1}$$

$$t_H = c_L \cdot a \tag{4-2}$$

$$t_H = c_H \cdot a \tag{4-3}$$

σ 定义了初步平滑因子，可以从最大期望宽度（如 2.5m）计算得到。t_H 和 t_L 为定义在像函数的每个点上的第二偏导数的迟滞阈值。如果值超出 t_H 一个点，就立刻被接受为一个线点。所有的二阶微分小于

图 4-5　遥感图像交通信息提取示意图

t_L 的点将被拒绝。二阶微分介于 t_L 和 t_H 之间的点如果能和已经被接受的点连接起来的话也将被接受。为了实现最初的假设，关于 c_L（可被接受的最小反差值）和 c_H（可被明确接受的队列反差值）的参数的选择是非常宽松的。

此外，由面向路段的定向矩形作为特定构建元素的图像形态学滤波支持线提取算法。明亮的灯光会造成很多虚假假设，不严格的参数设置导致了大量的虚假假设，但也返回了车辆队列大部分很具有可能性的假设。但是，由于线提取需要车与路面之间的最小反差值，灰色车辆不能够被可靠的提取出来，因为它们很难从它们周围的环境中显现出来。

亮线与暗线分别被提取。如果它们满足一些距离和共线的标准，则它们是相关的。在本章的方法中，最大距离不能超过一个车的长度。此外，应时刻注意平行线的合并可能导致显著的位置错误，因此要必须避免。最后的处理步骤包括有多边形近似法进行几何平滑，重新采样和测试生产的所有线条结果，指的是具有最小长度阈值和一个与道路不通方向上限的线条。合并和滤波步骤的结果如图 4-6 所示。

② 路段长度的计算方法。

路段长度的计算过程如图 4-7 所示，图中各栅格代表图像像素，灰色栅格为路面，取路段同侧边缘两个点，坐标分别是 (x_1, y_1) 和 (x_2, y_2)，单位均是像素数。则以像素数表示的路段长度为 $z = \sqrt{(x_1 - x_2)^2 + (y_1 - y_2)^2}$，再换算成长度单位 m，则有路段长度：

$$l = zf = f\sqrt{(x_1 - x_2)^2 + (y_1 - y_2)^2} \tag{4-4}$$

式中：f——遥感图像空间分辨率。

③ 路段交通密度的确定方法。

设路段单向车道数为 lane，则路段交通密度为：

$$k = \frac{n}{2l \times \text{lane}} \tag{4-5}$$

式中：n——通过单幅遥感图像提取的路段车辆数；

l——路段长度。

根据上述的路段密度确定方法，当某一路段 k 值较大时可以认为该路段有堵塞发生。

图 4-6 道路车辆提取示意图

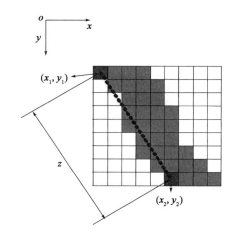

图 4-7 路段长度计算示意图

4.3 交通信息处理技术

4.3.1 交通信息预处理技术

1）概述

交通信息的种类和采集形式各不相同,由于种种误差的存在,在进一步处理和使用这些数据之前,首先必须对其进行检索,排除错误数据。此外在实际的数据采集中,由于检测器故障、天气状况或通信系统故障等原因所造成的数据缺失,也应采用一定的技术方法对其进行修复或提供代替数据。以上过程称之为交通信息预处理。预处理是交通信息处理必不可少的前置工作。预处理主要包括异常交通数据处理和缺失数据处理,异常交通数据处理主要指平滑异常数据,缺失数据处理主要指修复残缺数据。

2）异常交通数据处理

异常交通数据处理方法主要有阈值法、交通流机理法、置信距离检测法、格拉布斯统计法、有序样本聚类算法等。

采用阈值法和交通流机理法结合的方法处理后的数据足以满足下一步处理(如数据融合)所需的数据精度,该方法能够根据交通流的实际情况判断采集来的数据是否合理,是简单常用的方法。

置信距离检验法用来判断来自同一断面的多传感器信息是否可用于融合,排除大误差值,以极大限度地提高融合后数据的精度。

格拉布斯准则是建立在统计理论基础上的较为合理的判断方法,用统计学方法处理异常数据的实质就是给定一个置信系数或置信概率,找出相应的置信区间,凡在此置信区间以外的数据,就定为异常数据并从测定值数列中剔除,但在做统计学处理时,值的选取带有一定的主观因素,容易导致误判,所以该方法不是最佳的。

采用有序样本聚类算法时可以把一天的流量曲线、占有率曲线和速度曲线分成许多小的具有相同交通特性的时间段,然后在这些小的时间段中根据其交通特点来定位隐含的错误或异常数据,该方法在实际计算中所需循环次数随着数据总数和分割种数成阶乘地增长,所以给计算机的实现造成很大难度。

3)缺失数据处理

缺失数据处理方法主要有历史均值法、车道比值法、时间序列法、自相关分析方法、遗传算法等。

历史均值法直接采用或者按照比例采用历史上相应时刻的值代替缺失数据,但是如果交通状况发生了变化,将大大降低其估计精度。

车道比值法是根据历史统计的车道之间的流量比值,对缺失的数据进行估计,结合历史统计规律和当前流量数据,精度比较高。

时间序列法是把当前采集的交通变量看作时间序列,并结合历史数据对缺失的数据进行预测估计。

自相关分析法是以自相关系数测量时间序列中各元素之间相关关系的方法,再根据此相关关系填补缺失数据。

基于遗传算法的组合模型综合利用各种单一算法的估计结果,然后加权平均,其中最优权的确定利用遗传算法,组合方法在大多数情况下比使用单一算法要更精确,但因其需要利用各种单一算法的估计结果,计算复杂且麻烦,所以在精度要求不是很高的情况下一般不采用该方法。

4.3.2 多源多维实时动态交通信息融合技术

交通信息融合,又称交通数据融合,是指多传感器的数据在一定准则下加以自动分析、综合以完成所需的决策和评估而进行的信息处理过程。信息融合技术的最大优势在于它能合理协调多源数据,并充分综合有用信息,从而提高在多变环境中正确决策的能力。基于该信息处理技术的特点和ITS的信息需求,信息融合技术已经在ITS的信息处理过程中扮演越来越重要的角色,它为交通信息加工和处理提供了一种很好的方法。

1)交通信息融合技术的应用

根据数据抽象的三个层次,信息融合技术在ITS中的应用可分为三级:检测级交通信息的融合、特征级交通信息的融合和决策级交通信息的融合。

(1)第一级:又称为检测级、像素级,是指直接在采集到的原始数据层上进行融合,在各种传感器的原始测报未经处理之前就进行数据的综合和分析,保证基础交通参数的准确与可靠性,主要包括以下几种情况:

①同一地点、同一时刻多传感器交通参数融合问题。

在同一地点,同一时刻,有多种传感器数据传入,需要把这些数据进行融合,得到一个一致的、可靠的交通参数,比如:流量、占有率、速度等。可采用人工神经网络方法,统计分析方法等来进行这些参数的融合处理。

②同一地点、不同时刻单传感器交通参数融合问题。

在同一个地点,单传感器情况下,如果出现传感器数据缺失,那么可以根据历史数据进行补充。可以使用统计分析方法进行历史数据的处理,推算出当时的交通参数值。

③不同地点、同一时刻多传感器交通参数融合问题。

在同一路段上，不同空间的传感器数据之间是有一定相关关系的，在少数数据缺失的情况下，可以根据其他相关传感器的数据进行补充，这也是需要融合的。可以使用统计分析的方法进行融合。

④交通参数间的融合问题。

对于某些传感器，只能检测到一部分交通参数，而另外一些检测不到，比如单线圈检测器，只能检测到流量和占有率数据，却检测不到速度数据，这时就可以利用这些可检测到的参数来融合得到不可检测到的参数。可以采用数理统计算法来解决这种问题。

(2)第二级：又称为特征级，是指先对来自传感器的原始信息进行特征提取，然后对特征信息进行综合分析和处理。利用上一层次融合之后的准确、可靠的基础交通参数，融合出交通状态信息，为交通管理者和交通参与者提供更有决策价值的交通信息。

道路交通状态的自动识别是一个很重要的研究领域。不论是交通管理者还是交通参与者，都非常关心道路交通状态信息。可通过道路交通的基本交通参数及其他相关信息的融合得到道路交通状态信息。

需要注意的是，道路交通状态是一个模糊的概念，在这里有必要对它进行量化处理，例如模糊逻辑允许交通状况被定义成"不拥挤""拥挤""小事故""大事故"，对应于4个数值区间。

(3)第三级：又称为决策级，是直接针对具体决策目标的最终结果。

2)交通信息融合的主要方法

在ITS的信息处理中，信息融合技术的三个层次均有自己不同的应用。而信息融合本身作为一种数据处理技术，涉及许多学科和技术的应用。下面简要介绍几种信息融合的方法。

交通信息融合方法大致分为两大类：概率统计方法和人工智能方法。其中人工智能方法又分为两种：逻辑推理方法和学习方法。常采用的与概率统计有关的方法包括：估计理论、卡尔曼滤波、假设检验、贝叶斯方法、统计决策理论以及其他变形的方法。概率统计方法可以在融合的各个层次上使用。常用的逻辑推理方法包括概率推理、证据推理、模糊推理和产生式规则等。常用的学习方法包括神经网络、映射学习方法、数据挖掘等。以下就贝叶斯估计、证据推理、神经网络、模糊逻辑、粗糙集理论和卡尔曼滤波方法进行简要的介绍。

(1)贝叶斯估计

贝叶斯估计是统计学方法的一种。经典统计学基于总体信息和样本信息进行统计推断。与其稍有不同的是，贝叶斯估计基于总体信息、样本信息和先验信息进行统计和推理。它在重视使用总体信息和样本信息的同时，还注意先验信息的收集、挖掘和加工，使其数量化，形成先验分布参加到统计推断中来，从而提高统计推断的质量。

贝叶斯估计是融合静态环境中多传感器低层信息的一种常用方法，其信息描述为概率分布，适用于对具有可加高斯噪声的不确定性进行定性融合。当检测器组的观测坐标一致时，可以直接对检测器的测量数据进行融合。在大多数情况下，多个检测器是从不同的坐标结构框架对同一环境内的目标进行描述，这时检测器测量数据要以间接的方式，即先经坐标转换，再采用贝叶斯估计进行数据融合。

(2)证据推理

Dempster-Shafer证据推理是贝叶斯方法的扩展。在贝叶斯方法中，所有缺乏信息的前提环境中的特征指定为一个等价的先验概率。当一个传感器的有用附加信息或未知前提的数目大于已知前提的数目时，已知前提的概率变得不稳定，这是贝叶斯方法明显的不足。在Dempster-Shafer 方法中,这个缺陷可以通过不指定未知前提的先验概率而得到避免。

(3) 神经网络

人工神经网络具有分布并行处理、非线性映射、自适应学习、较强的鲁棒性和容错性等特性,这使得它在很多方面都有广泛的应用。由于神经网络的诸多特点,其在信息融合中的应用也受到了极大的关注。

在多检测器系统中,各信息源所提供的环境信息及其采集过程都具有一定程度的不确定性,对这些不确定性信息的融合过程实质上是一个不确定性推理过程。神经网络可根据当前系统所接受的样本的相似性确定分类标准,这种确定方法主要表现在网络的权值分布上,同时可以采用神经网络特定的学习算法来获取知识,得到不确定性推理机制,实现对不确定性的定量分析。神经网络的研究对于多传感器集成和融合的建模提供了一种很好的方法。

基于神经网络的多源信息集成与融合有如下特点:具有统一的内部知识表示形式,通过学习算法可将网络获得的多源信息进行融合,获得相关网络的参数(如连接矩阵、节点偏移向量等),并且可将知识规则转换成数字形式,便于建立知识库。利用外部环境的信息,便于实现知识的自动获取及进行联想推理,能够将不确定环境的复杂关系,经过学习推理,融合为系统能理解的准确信号。由于神经网络具有大规模并行处理信息的能力,使得系统信息处理速度很快。

(4) 模糊逻辑

模糊集的概念是 1965 年由 L. A. Zadeh 首先提出的。它的基本思想是把普通集合中的绝对隶属关系灵活化,使元素对集合的隶属度从原来只能取{0,1}中的值扩充到可以取[0,1]区间中的任一数值,因此很适合于用来对传感器信息的不确定性进行描述和处理。在应用于多传感器信息融合时,模糊集理论用隶属函数表示各传感器信息的不确定性,然后利用模糊变换进行综合处理。模糊数学在近二十多年得到迅速发展,已形成模糊综合评判、模式识别、模糊聚类分析、模糊优化、模糊控制等许多方法或应用。

基于模糊逻辑理论的信息融合方法可以将通常以概率密度函数或模糊关系函数形式给出的不同检测器的评价指标变换为单值评价指标,该指标不仅能反映每一种检测器所提供的信息,而且能反映从单个传感器无法得到的知识。

(5) 粗糙集理论

在很多实际系统中均不同程度地存在不确定性因素,采集到的数据常常包含着噪声、不精确甚至不完整等种种的数据质量问题。粗糙集理论是继概率论、模糊集、证据理论之后的又一个处理不确定性的数学工具。作为一种较新的计算方法,粗糙集理论近年来越来越受到重视,其有效性已在许多科学与工程领域的成功应用中得到证实,是当前国际上人工智能理论及其应用领域中的研究热点之一。

粗糙集理论在多源数据分析中善于解决的基本问题包括发现属性间的依赖关系、约简冗余属性与对象、寻求最小属性子集以及生成决策规则等等。粗糙集与其他不确定性问题理论的最显著区别是它无须提供任何先验知识,如概率论中的概率分布、模糊集中的隶属函数等,而是从给定问题的描述集合直接出发,找出问题的内在规律。常用来对目标进行定性分析。

(6) 卡尔曼滤波

卡尔曼滤波是 Kalman 于 1960 年提出的,是采用由状态方程和观测方程组成的线性随机系统的状态空间模型来描述滤波器,并利用状态方程的递推性,按线性无偏最小均方误差估计准则,采用一套递推算法对该滤波器的状态变量作最佳估计,从而求得滤掉噪声后有用信号的最佳估计。

卡尔曼滤波用于实时融合动态的低层次冗余多源数据,该方法用测量模型的统计特性递推决定统计意义下的最优融合数据估计。如果该系统具有线形的动力学模型,且系统噪声和传感器噪声是高斯分布白噪声模型,那么卡尔曼滤波为融合数据提供唯一的统计意义下的最优估计。卡尔曼滤波的递推特性使得系统数据处理不需要大量的数据存储和计算。

4.4 交通通信网络技术

4.4.1 通信技术

信息传输在 ITS 中的信息采集、处理、提供及应用中具有重要作用。可以说,没有先进的通信技术,就没有先进的 ITS。通信技术与通信系统正逐步成为 ITS 技术体系的重要组成部分,成为 ITS 发展和优化升级的强大推力。

1）调频广播

调频广播是以调频方式进行音频信号传输的,调频波的载波随着音频调制信号的变化而在载波中心频率(未调制以前的中心频率)两边变化,每秒钟的频偏变化次数和音频信号的调制频率一致,如音频信号的频率为 1kHz,则载波的频偏变化次数也为每秒 1k 次。频偏的大小是随音频信号的振幅大小而定。

调频广播是高频振荡频率随音频信号幅度而变化的广播技术。具有抗干扰力强、失真小、设备利用率高等优点,但所占频带宽,因此常工作于甚高频段。

由交通部门与广播电台联合打造的调频广播台不是传统意义的广播,而是跨行业,利用"多路段、差异化、定制化插播"技术,实现基于智能位置信息的差异化信息服务,是对普通调频同步广播系统的创新应用。它具有紧急广播和数据推送功能,可全面提升现有道路网络的信息服务水平和效率,提高应对公路突发事件和应急处置能力。

2）移动通信技术

目前,世界上主要国家已经完成第 4 代移动通信系统的部署,并开始部署和商用第 5 代移动通信系统。相比前 3 代移动通信系统,以 LTE 为代表的第 4 代移动通信系统(4G)抛弃了第 2 代、第 3 代移动通信系统(2G、3G)一直沿用的基站—基站控制器(2G)/无线资源管理器(3G)—核心网这样的网络结构,而改成基站直连核心网,整个网络更加扁平化,降低时延,提升用户感受。这一改变在 ITS 中极大地提高了信息的传输效率,使得多节点的交互更具有实用性。如与不同城市 ITS 之间的交互、车与车之间的交互、不同种类的信息平台之间交互等。通过这些交互,使得车辆在出行前可以选择更为合理的出行路线,在出行中也可以合理规避可能遇到的交通堵塞,当车辆遇到交通堵塞时可以主动上传相关路况信息。此外还可为物流运输企业提供车辆监测等服务。

而在快速交通事故处理过程中,针对一般性车辆事故特别是未造成人身伤害的事故,完全可以通过 4G 网络提供的视频技术来解决。4G 视频技术可以利用高带宽的无线接入在任一地点上传和接受图像。这样对于一般性的车辆事故,交警部门可以通过 4G 远程视频的方式来完成事故现场的勘察工作。这样就可以快速处理交通事故,及时解决事发路段的交通拥堵状况,并节约交管部门成本。

即将投入使用的第5代移动通信系统(5G)则更加全面考虑多种场景与各种行业的应用需求,如移动互联网、虚拟现实/增强现实、物联网、车联网、工业互联网等将会是5G的热点应用领域。作为专门针对车间通信的协议,LTE-V被称为是影响车联网"连接"的起始点。目前的LTE-V版本属于4.5G技术,未来可以平滑演进到5G。LTE-V是面向智能交通和车联网应用、基于LTE系统的演进技术,包括LTE-V-Cell和LTE-V-Direct两个工作模式。通俗来讲,LTE-V-Cell要借助已有的蜂窝网络,支持大带宽、大覆盖通信,满足Telematics应用需求;LTE-V-Direct可以独立于蜂窝网络,实现车辆与周边环境节点低时延、高可靠的直接通信,满足行车安全需求。LTE-V-Direct模式能够将车辆感知范围扩展到数百米的探测距离,这与目前已有的其他车辆感知系统如雷达、光学摄像头的探测范围相比有很大优势,借助融合信息处理技术能够有效提升行车安全和交通效率问题。

3)专用短程移动通信

专用短程移动通信(Dedicated Short Range Communications,简称DSRC)是一种无线通信系统,它是将数字信号调制在高频副载波上,再以此搭载有信号的副载波调制到频率、幅值固定的厘米波上,由天馈线在路面通信站和运动车辆之间来回传播。车辆至地面站的信号传送称为"上行",地面站至车辆的信号传送称为"下行"。全部信号的编制、发射、接收、处理、存储和转送均由双方的微处理器按专用软件控制,并操作硬件执行。

DSRC是ITS的基础,通过信息的双向传输将车辆和道路有机地连接起来,主要是用来控制车辆运动和征收通行费。控制车辆运动包括对运行车辆位置和方向的测定以及对车辆纵向和横向运动速度的控制等。电子收费需要在车辆运动过程中查明车辆型别、进出高速公路的站号,并将计算出的应缴通行费额通知给用户。完成这些工作都需要路侧固定通信站与运动车辆多次交流数据,只有高可靠性的移动通信才能满足这些要求。

短距离信标可以提供短程通信,并可在有限的频谱上以高速转发数据。几种常见的短距离信标特性如表4-1所示。根据设计,信标可用于单向周期性广播、双向广播和接收,或者双向点对点通信。信标可以用于车辆定位和导航、电子收费、车辆自动识别、商业车辆运营、交通管理和车—车的相互通信。

短距离信标特性   表4-1

生产厂	系统	距离	数据率	发送块大小
Hughes	主动RF	61m(200in)	550kb/s	512bit
Amtech	被动RF	23~30m(750~100in)	300或600kb/s	128bit
Siemens	红外	60~80m(197~262in)	125kb/s	256byte(下行链路) 128byte(上行链路)

注:1in = 0.02540m。

车—路旁的信标类型有三种:定位信标、信息信标、单独通信信标。定位信标发送信号以确定其位置、地图坐标、路段取向以及信标数目;信息信标既发送定位信号又通过电缆中继当前路况和交通信息;单独通信信标是用来和车辆进行双向通信的。这些信标均可用来收集交通数据和引导车辆。

当一辆配置完备的车辆经过通信信标时,就可以通过信标向中心主机发送测得的行程时间和信号灯处的等待时间。同时,它可从信标接收到返回的相关定位和引导信息,如图4-8所示。

DSRC 协议是 DSRC 的基础,美国、欧盟、日本均建立了自己的 DSRC 标准,目前国际标准化组织尚未制定出完整的 DSRC 国际标准。但资料表明,基于 5.8GHz 的 DSRC 国际统一标准将成为必然。DSRC 标准可以分为 3 个层次:物理层、数据链路层和应用层。

图4-8 信标通信

物理层(Physical Layer):规定了机械、电器、功能和过程的参数,以激活、保持和释放通信系统之间的物理连接。其中载波频率是一个很关键的参数,它是造成世界上 DSRC 系统差别的主要原因。

数据链路层(Data Link Layer):制定了媒介访问和逻辑链路控制方法,定义了进入共享物理媒介、寻址和出错控制的操作。

应用层(Application Layer):提供了一些 DSRC 应用的基础性工具。应用层中的过程可以直接使用这些工具,例如:通信初始化过程、数据传输和擦去操作等等。另外,应用层还提供了支持同时多请求的功能。

4)无线射频识别

无线射频识别(Radio Frequency Identification,简称 RFID)是一种非接触式的自动识别技术。它通过射频信号自动识别目标对象并获取相关数据,无须人工干预,可工作于各种恶劣环境。RFID 技术可识别高速运动物体并可同时识别多个标签,操作快捷方便。RFID 系统是一种简单的无线系统,只有两个基本器件,该系统可用于控制、检测和跟踪物体。

(1)RFID 系统的基本组成部分

RFID 系统主要由 3 个部分组成:

①标签(Tag):由耦合元件及芯片组成,每个标签具有唯一的电子编码,附着在物体上标识目标对象。每个物体均具有唯一的标签,相当于人的身份证。

②识别器(Reader):读取(有时还可以写入)标签信息的设备,当装有标签的物体通过识别器时,及时读出标签的 ID 信息,可设计为手持式或固定式。

③天线(ANTENNA):在标签和识别器间传递射频信号。

(2)RFID 技术的基本工作原理

标签进入磁场后,接收识别器发出的射频信号,凭借感应电流所获得的能量发送出存储在标签芯片中的产品信息(该标签称为 Passive Tag,即无源标签或被动标签),或者标签主动发送某一频率的信号(该标签称为 Active Tag,即有源标签或主动标签)。识别器读取信息并解码后,送至后台服务器进行有关数据处理。

一套完整的 RFID 系统,由电子标签、识别器、应用软件 3 部分组成。识别器发射某一特定频率的无线电波能量给标签,用以驱动标签电路将内部的数据送出,此时识别器便依序接收解读数据,发送给应用程序做相应的处理。

识别器根据使用的结构和技术不同可以分为只读或读/写装置。它是 RFID 系统信息控制和处理中心。识别器通常由耦合模块、收发模块、控制模块和接口单元组成。识别器和电子标签之间一般采用半双工通信方式进行信息交换,同时识别器通过耦合给无源标签提供能量和时序。实际应用中,可进一步通过以太网、无线局域网、3G 系统等实现对物体识别信息的采集、处理及远程传送等管理功能。电子标签是 RFID 系统的信息载体,目前电子标签大多是由耦合元件(线圈、微带天线等)和微芯片组成无源单元。

RFID 基本工作原理如图 4-9 所示。

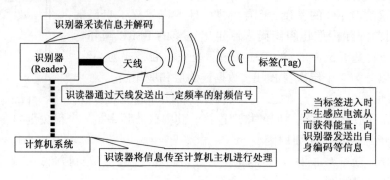

图 4-9　RFID 基本工作原理

(3) RFID 技术在智能运输系统中的应用

①不停车收费。RFID 在路费征稽、高速公路或各种停车场收费中的应用体现为不停车收费。利用 RFID 技术可通过与银行账户的捆绑进行电子钱包结算，从而实现不停车收费。这样可以最大限度地缓解收费站、停车场出口等因收费效率低而引起的交通堵塞，进而提高车道的通行能力、减少车辆在收费口等待时不必要的燃油消耗、降低收费口的噪声水平和废气排放、减轻车辆对环境的污染程度，达到节约能源、保护环境的目的。

②交通意外救援和特殊车辆监控。通常在主干道上、各高速公路出入口及交叉路口设立 RFID 信息采集点。当车辆通过时，识别器得到通过车辆的 ID 及经过时间，并形成记录。这样便可以准确知道车辆的行驶路线以及大概位置。一旦当车辆突发意外需紧急救援而又不能描述具体事发地点时，交通管理部门可迅速根据事主提供的车牌及事发时间等线索，搜索该时段内发生意外车辆的相关行驶信息，确定大致事发地点，以方便救援队伍及时赶赴现场实施救援，减少意外造成的生命和财产损失。另外，根据各 RFID 信息采集点采集的车辆通过信息，大大方便了交通事故逃逸车辆的排查和跟踪工作。同时也为其他需跟踪或"关注"的可疑或"特殊"车辆的监控工作提供了便利。

③交通流检测及交通违章取证。目前，常用的道路交通流检测一般为线圈车辆检测器和视频车辆检测器。前者技术成熟精度较高，但安装和维护较困难，后者虽然安装和维护对道路交通影响较小，但在检测精度以及恶劣天气下的表现还需提高。

在实际测试中，RFID 技术的数据传输速率可以达到 300kbit/s，标签移动速度(车速)可以达到 300km/h。因此，RFID 技术为道路交通流检测提供了一种可行方案。采用 RFID 的交通流检测系统，具有精度高、受环境影响小、能够识别车型、安装维护较方便等优点，可以为交通管理部门提供较为准确的数据。同时通过在关键路口设置识别器，可实现对于车辆冲红灯或禁令的违章取证。这些应用，既满足了道路交通管理者对道路交通情况的实时监管需求，又大大减少了设备建设的初期投入，并有效降低了设备日常维护成本。

④车联网应用。RFID 识别技术可以读取装载在车辆上的电子标签，结合数据通信技术、自动控制技术、计算机网络技术、信息发布技术等现代化科技手段，实现在信息网络平台上对所有车辆的属性信息和静、动态信息进行提取和有效利用，并根据不同的功能需求对所有车辆的运行状态进行有效的监管和提供综合服务。

4.4.2 网络技术

随着汽车业的蓬勃发展,道路交通拥堵、交通事故以及恶劣天气下道路交通安全成了亟待解决的问题。作为 ITS 重要组成的车载自组织网络(Vehicle Ad-hoc Network,简称 VANET)应运而生,成为保障交通安全和提高交通效率的关键。VANET 是将无线通信技术应用于车辆间通信的自组织网络,对于提升车辆的信息化、自动化程度,减少交通事故,提高交通安全,具有重要意义。

VANET 是一种特殊类型的无线移动自组织网络(Mobile Ad-hoc Network,简称 MANET)。它具有自组织、无中心、信息多跳传输的特点。作为网络,其节点就是在交通道路上移动的车辆。因此,相对于普通的无线移动自组织网络,其基本思想都是通过相邻车辆节点之间自动连接,建立一个临时多跳通信网络,每个车辆节点不仅是一个信息的发送和接收节点,还是一个信息的中继节点(Relay Node),因此可以采用多跳传输方式将数据发送给更远的车辆节点,使一定范围内的车辆节点可以交换各自的信息(车辆的位置、速度、车载传感器感知的各种数据)并从外界获取其他信息,提高道路交通运输的安全与效率。同时在交通管理中,车辆网络还可以通过与路边单元进行无线通信的方式与 Internet 建立连接,为交通管理部门提供道路交通状况以及路况实时信息,有利于交通管理部门对数据进行集中处理,帮助交通决策和疏导。

1) 网络规模和构成

(1) 自组织局域网

整个网络中车辆节点地位相同属于对等网络,也称为分布式控制结构网络。在这种网络结构中,没有任何中心控制节点,网络的控制和管理功能均分散到每个车辆节点中,所有车辆节点都是网络控制和管理的参与者。所有节点的软硬件配置及地位均相同,都提供维护和修正路由表,监测和维护网络连接,检测拥挤状态和对外发布信息等功能。该结构的优点是:可靠性高,抗毁能力强,能动态跟踪网络的拓扑变化。适应于某一路段,交叉口,以及整条高速公路上车与车之间的实时通信,避免了再次通过中心进行控制,以及数据处理造成的时间上的延误。有助于提高通信效率,改善交通状况,保障交通安全。

(2) 自组织城域网

这里主要以路边基站作为网络节点,通过无线通信技术可以实现车辆节点与路边单元的实时通信,由这些控制节点组成一个全分布式控制的干线网络,通过诸如电缆、光纤之类的传输介质与主控中心进行连接,实现信息采集与信息的集中处理再发布;每个控制节点具有相同的责任和权力,可各自控制一群车辆节点;当网络节点数较大时,还可从控制节点中再筛选出一组群控制节点(群首),由这些群控制节点组成一个全分布控制的网络。如果需要,还可从超群控制节点中产生更高一层的控制节点(超群首)。

以此来实现整个城区范围内的自组织与中心控制得结合,即可在小范围内实现实时动态的车辆间的信息交流,又能够经过主控中心对大数据的挖掘处理实现对整个网络的统筹,提升道路交通环境质量。

(3) 自组织网络

随着通信及网络技术的不断发展,自组织网络也得到了越来越广泛的研究及应用,同时,对自组织网络的研究也在朝着大规模的方向发展。就目前来看,MAC 接入、路由协议、服务质量(QoS)、安全问题、网络互联及网络资源管理仍面临难题,但是,相信不久的将来,技术的突破会让我们最终受益,实现 ITS 真正的智能化。

自组织网络通信示意如图 4-10 所示。

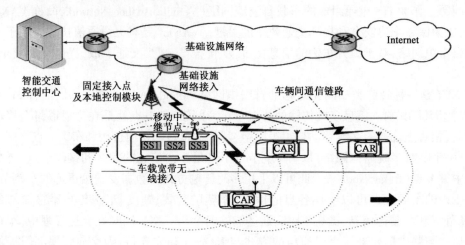

图 4-10 自组织网络通信示意图

2)网络总体设计与设计概要

(1)网络架构

VANET 的网络架构主要分为 3 大部分:一是车辆间的通信,即车对车(Vehicle-to-Vehicle,简称 V2V);二是车辆与固定设施(即路边节点)之间的通信,即车路通信(Vehicle-to-Infrastructure,简称 V2I);三是车辆混合网络,即前两种网络体系结构的混合组网。

V2V 不需要借助固定信息接入点(Access Point,简称 AP),完全由相邻车辆节点之间直接通信完成,基础设施投入较少,具有较强的鲁棒性和可扩展性。

V2I 针对车辆与路边通信设施之间的信息交互,主要应用在不停车收费,固定点监控,互联网接入和移动网关等。但是,由于这种组网方式需要大规模基础设施建设(大量固定信息接入点),因此主要应用于城市环境和主干道路。

VANET 通信示意如图 4-11 所示。

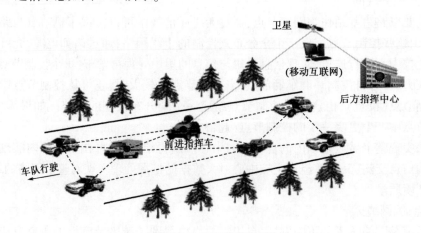

图 4-11 VANET 通信示意图

车辆混合网络充分利用 V2V 和 V2I 的特点,以形成更加有效的车辆通信网络。从整体看,由于融合了两种不同类型的网络结构,使得车辆网络成为一种特殊的无线移动通信网络。车辆网络中 V2V 与 V2I 的结合既可以看作是扩展孤立的无线自组网到大规模互联网络,也可以看作无线自组网将蜂窝式移动通信网络和无线局域网中的最后跳扩展为多跳无线连接。通过车辆网络不仅可以实现位于不同自组网的移动终端之间的通信,而且实现了与现有有线网络的互联。因此它具有如下特点:

①大规模异构网络融合;

②网络业务可由多种方式实现,比如数据既可以通过 V2V 传播,也可以通过 V2I 传播,或通过两种网络的结合来实现;

③网络终端高速移动且不可靠;

④网络拓扑结构复杂多变;

⑤两种网络优势互补,相互延伸,具有更强的可生存性和扩展性。

但是,由两种拓扑构成的车辆网络存在多种协议的不兼容性和互通性等很难解决的困难(例如在不同网络体系结构中路由协议的切换和互操作性,传统 IP 网络传输控制协议 TCP 在有线、无线网络中性能低下问题)。

其中,车辆上装载有车载单元(Onboard Unit,简称 OBU),车辆通过车载单元与外界通信。固定设施主要是指在道路边缘设置的路边单元(Roadside Unit,简称 RSU)。车载单元中主要包括定位模块、车辆状态参数采集模块、车路通信模块、车间通信模块以及输入输出设备。如下图所示,定位模块通过 GPS 卫星获取车辆的位置信息。车辆状态参数采集模块通过车载的各种传感器实时采集车辆的各种状态,如:速度、加速度、方向等。车路通信模块负责车辆与 RSU 的通信。车间通信模块负责车辆与车辆之间的信息交互。输入输出设备为车内人员提供了 VANET 的人机交互平台,可以向网络中输入查询信息,也可以通过音频输出设备获取告警信息,通过视频输出设备获取网络中车辆的行驶状况。

沿道路设置的路边单元主要负责车辆与固定设施之间的通信,一方面负责车载单元的接入,另一方面与控制中心相连,将覆盖区域内的交通情况报告给控制中心,同时将控制中心的相关管理信息发布给接入的车辆。控制中心连接着管辖区域内的所有路边单元,将各个路边单元获取的车辆行驶信息汇总,实时监控道路交通状况,负责交通管理、紧急事件处理、收费管理和信息发布等。另外,车内乘客的通信电子设备也可以通过无线方式接入车载单元和路边单元,获取本车行驶状况、周围其他车辆的行驶状况和道路的整体交通状况等信息。

VANET 基本架构如图 4-12 所示。

(2)理论模型

VANET 作为 MANET 在智能运输信息系统中的重要应用,虽然两种网络都具有自组性、多跳性、无中心等特点,都存在一般无线网络所固有的问题,但是,由于车用自组织网络拓扑结构与道路布局、车辆节点运动规律和环境等因素密切相关,因此 VANET 还具有以下特征:

①节点的高动态性以及运动规律的可预测性。由于受到道路和前方车辆运动状态的约束,其位置、运动方向和速度可以预测。

②节点的信息获取和处理能力较强。在 MANET 中,大量的路由协议、通信协议往往需要

首先考虑能量和设备性能约束问题,但在 VANET 中,车辆作为结点却可以配备高端的处理设备,而且不必为能源消耗担心。

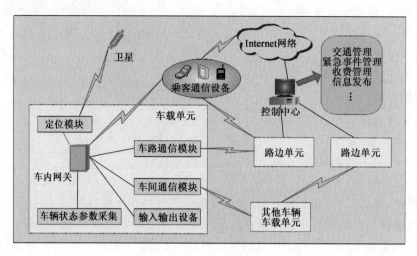

图 4-12 VANET 基本架构

③网络的开放性以及节点之间的关联性强。VANET 作为一个开放的系统,大量节点可能不断地加入或者离开网络,相邻车辆之间的运动紧密相关。

为了适应这种情况并能揭示问题本质,在此提出 VANET 的信息描述模型,即在研究的地理区域内,考虑多维数组并将它用 $n \times m$ 阶矩阵表示。将每一车辆有可能联网参与通信的设备均看作 $n \times m$ 阶矩阵中的一个"元素",每一"元素"又都看作是一个一维或者多维数组,可以含位置信息、设备识别码、通信模式、优先等级、移动信息(例如速度方向等)、分组情况(所属的子集)、紧急情况标识(例如危险等级、求救信息等)、能量信息、联网状态等,能够根据实际情况的变化而随时修正。同样,根据需要矩阵中的"元素"可以表示为一维或多维数组(矩阵),即可得到一个用多重数组(矩阵)表示的信息描述模型。根据这个理论模型比较容易得到网络的拓扑结构,进而研究其体系结构。如果考虑到车辆的移动(速度和方向等)以及道路状况,可以通过改变数组的类型和数值,把模型映射为状态和状态转移,从而得到状态图和状态转移图。同理可以考虑通信模式、联网状态(包括车辆间通信状态、车辆内设备协同工作状态、与外部网络的连接情况等)、优先等级、紧急情况标识、节点切换方法等,用这种多重数组表征,从而进行定量的分析。用所提出的多维多层的理论模型进行 VANET 体系结构的研究能够提供高可扩展性,同时做到灵活、方便。

(3) 技术与协议研究

物理层技术:目前国际上 VANET 所采用的物理技术主要是 802.11 和 UTRA-TDD 技术。虽然 802.11 技术的性能比 UTRA-TDD 差,但是由于 802.11 无线模块目前应用普及、价格低廉、实现简单,而且工作在免费频段,所以现在 VANET 的研究中大多数的物理层都是基于 802.11 技术的。相比之下,虽然 UTRA-TDD 性能较好,但是它的实现复杂、造价较高等因素制约其被广泛应用。IEEE 发布的 IEEE 802.11p 标准是在 802.11a 的基础上根据车辆节点高速移动的特点做出的改进,同样使用正交频分复用(OFDM)技术,但是为了降低多径扩展和多普勒频移所带来的码间干扰,时域的物理参数发生了变化。IEEE 802.11a 和 802.11p 物理层参数对比如表 4-2 所示。

IEEE 802.11a 和 802.11p 物理层参数对比　　　　　　　　　　表 4-2

参　　数	IEEE 802.11a	IEEE 802.11p
频段(GHz)	5.15~5.35、5.725~5.825	5.89~5.925
信道带宽(MHz)	20	10
信道数	12	7
子载波个数	52	52
最大数据速率(Mbit/s)(64QAM)	54	27
最小数据速率(BPSK)(Mbit/s)	6	3
子载波间隔(kHz)	312.5	156.25

(4) 媒体接入控制层协议技术

VANET 中，MAC 层技术主要可以分为两类：一类是以时分多址(TDMA)为代表的控制接入协议；另一类是以 ALOHA 和载波侦听多址接入(CSMA)为代表的随机接协议。

TDMA 协议中，每个车辆节点被指定了固定的发送数据时隙，优点是延时小，而且不会发生多个节点同时接入、发生碰撞的情况，但是由于车辆自组网中车辆节点快速移动，网络拓扑结构变化频繁，使得更新车辆节点的分配时隙也相当频繁，带来了巨大的网络开销。

CSMA 协议已经被广泛应用于 IEEE 802.11 系列标准中，节点在发送消息之前先进行媒体侦听，如果媒体空闲便发送数据，如果媒体被占用则退避等待直到空闲。由于车辆自组网的动态特性，随机接入协议比较适用，但是接入碰撞、隐藏终端等问题依然存在。在无线局域网(WLAN)中，通信模式大都采用点对点的方式，而在 VANET 中大部分的信息需要通过广播的方式进行通信。因此，要针对 VANET 的特点设计 MAC 层协议。

① 优先级接入。

VANET 中，典型的应用可以分为以下几类：a. 安全预警，如车祸消息；b. 协助驾驶，如超车变道消息；c. 交通信息，如前方道路车流量信息；d. 乘客办公娱乐，如前方车位预约服务。对涉及生命安全的消息有必要保证其快速准确发布出去，所以此类消息在接入信道时应被赋予较高的优先级，而乘客办公娱乐这类对实时性要求不高的消息，应该以较低的优先级接入信道。根据消息延时要求的不同，对不同类型的消息赋予不同的优先级，保证高优先级的消息以较大可能先于低优先级消息接入信道。

② 多信道协调。

在 IEEE 802.11p 标准中，将分配给 VANET 的带宽资源划分为 7 个信道：一个控制信道，负责安全消息的传输。另外 6 个服务信道负责非安全性服务消息的传输。由于安全应用和非安全应用在 VANET 中是并存的，所以必须采取措施避免工作在服务信道上的车辆接收不到控制信道中传输的安全消息。

一种是类似 802.11 机制中点协调功能(PCF)的接入点(AP)协调模式。该模式中存在服务接入点和协调接入点两类接入点。服务接入点在 RSU 提供非安全服务，而协调接入点负责协调覆盖范围内车辆的信息传输。

另一种是基于令牌环的 MAC 协议(MCTRP)。通过自适应的令牌环协调，车辆消息的接入被工作在不同服务信道上的多个令牌环自治管理。该协议使得安全消息能够以更小的延时得以传输，同时非安全应用的网络吞吐量也得以提高。目前，VANET 中不少研究是针对 MAC

层多信道协调问题,希望在保证安全应用实时性的同时,提高服务信道中非安全应用网络吞吐量。

③广播。

VANET中传播的消息绝大多数都是安全性应用消息。这类消息的特性是消息简短,优先级高,主要通过广播或组播的方式发送,实时性要求高。保证广播消息可靠低延时的传输给MAC层协议设计带来不少挑战。一是,车辆节点接收到广播消息后不会发出确认消息(ACK),因为将会造成严重的消息碰撞,引起ACK风暴问题。缺少ACK确认的广播机制,将不能检测到消息是否发送成功,也不能实现消息发送失败的重传机制。二是,由于广播情况下缺少发送失败检测机制,竞争窗口(CW)的大小一旦确定后不能改变,当大量的节点竞争接入信道时,便会引起严重的碰撞。三是,隐藏终端问题在VANET中更加突出,因为单播中的握手机制会造成广播中请求发送/准备接收(RTS/CTS)握手消息的泛滥。其中,一种有向广播协议,使用RTB/CTB握手机制可代替原有的RTS/CTS握手机制,根据车辆的位置信息,仅仅选择特定的车辆来完成转发和确认广播消息的任务,充分利用了车辆节点的位置信息来设计多跳广播协议。另一种分布式的广播协议DV-CAST,将车辆节点密度引入到多跳广播协议的设计中。另外还有采用重复发送机制来保证可靠性,同时又使中继节点以概率转发广播消息,以此来减少消息的重复转发。

有效的多跳广播协议能减少重新广播的次数,减少竞争和碰撞,保证车辆自组网中安全消息的可靠低延时传输。在设计多跳广播协议时有必要综合考虑车辆位置信息、车辆节点密度、信号强度、信噪比、误码率等因素来选择转发消息的车辆节点,实现广播消息的可靠低延时传输。

(5)路由协议

MANET路由协议得到了广泛的研究,主要分为先应式路由协议和按需路由协议两大类。

先应式路由协议需要维护路由信息表,因此又称为表驱动路由协议,每个节点采用周期性的路由分组广播交换路由信息,形成一张到达其他节点的路由表。当网络的拓扑结构发生变化时,节点就会发送更新消息,收到更新消息的节点将更新自己的路由表,及时维护准确的路由信息。当某节点有数据发送时,即可根据自己的路由表获取指向目的节点的路由。

按需路由协议是根据数据的传输请求,被动地搜索从源节点到目的节点的路由,而当没有数据传输请求时,节点并不需要交换路由信息,因此也被称为被动型路由协议。按需路由协议是自组织网络特有的路由协议类型,它可以降低开销,提高网络的吞吐量,但是目的节点是否可达以及路由建立的延迟都具有不确定性。

针对VANET中车辆高速移动带来的网络拓扑结构的快速变化,如何设计有效的路由协议成为网络层研究的难点问题。GSR协议试图克服MANET中利用位置信息的路由协议的缺点,进而应用于VANET。例如,MANET中的GPSR协议就是利用位置信息的一种贪婪转发协议,但缺点是会出现拓扑空洞问题。GSR协议则利用了静态道路地图和每个车辆节点的位置信息来寻找到达目的节点的传输路径,从而克服了上述问题。类似于GSR协议,SAR协议利用外部设备获取的道路地图信息,为路径寻找构建了一个"空间模型",从而能很好地预测并避免因为网络拓扑空洞造成的路由恢复问题。但是,SAR协议的缺点是它并不知道被选中的道路上是否有车辆来完成转发任务,STAR协议通过选择沿着有车辆行驶的道路寻找路由解决了该问题。A-STAR协议利用城市公交线路作为策略来寻找数据传输的高效路径,该协议适用于城市密集车流量的场景,而且基于公交车辆覆盖城市主要道路的假设。在 GSR 和 A-STAR 的基础上,GyTAR 协议充分考虑了车辆行驶的方向、车辆密度、道路的多向性以及交通环境的改变等因素,使路由协议更加符合实际交通场景。

由于现实生活中道路情况错综复杂,车辆行驶状况也是千变万化,因此 VANET 中路由协议的设计要更加符合实际场景。目前而言,设计一种在各种场景下都能有效寻找传输路径的高效路由协议仍然是网络层研究的重大挑战。

车载自组织网络 VANET 是一类特殊的移动自组织网络,有着广阔的应用前景。VANET 中车辆节点的高速移动性、网络拓扑结构的快速变化给网络体系结构的设计以及相关协议的设计均带来了严峻的挑战。随着 VANET 的深入研究,相关理论模型的完善,架构得到优化,网络协议标准化等问题的解决必将有助于提升车辆行驶的智能化,提高道路交通安全,给日常生活带来更多便利。

4.5 交通地理信息系统技术

交通地理信息系统(Geography Information System-Transportation,简称 GIS-T)是地理信息系统(Geography Information System,简称 GIS)在勘测设计、规划、管理等交通领域中的具体应用。它是 GIS 技术在交通领域的延伸,是 GIS 与多种交通信息分析和处理技术的集成。GIS 的基本思想是将地表信息按其特性进行分类,然后进行分层管理和分析。GIS 实质上是一种空间数据库管理系统。它除了具有一般数据库系统的功能之外,如数据输入、存储、查询和显示等,还可进行空间查询和空间分析。目前由美国公司发布的 ArcGIS 软件是功能最为强大、行业内最被接受的 GIS 产品。

GIS-T 技术的应用可以使得人们根据已有的数据基础和现有的管理层次来建立具有可视化特点的空间模型,运用在城市交通设施的管理、交通布局规划及交通安全等的问题上时,相对而言,使用效果更好,工作的效率得到明显提高。在交通规划中,对地理环境进行分析、建立数据是最基本的。可利用地理信息系统来进行相关数据的管理和网络信息的分析处理,建立三维的空间结构,搭建与交通规划的相互关系。GIS-T 技术还通过对交通信息的平台的融合运用实现了信息管理的简单化,为决策提供和科学数据考察提供了帮助。简单来说,GIS-T 的作用就是节省了交通规划的时间,提高了规划的效率,同时也在多方面数据的参与下,保证了规划的质量,以及规范了应用数据的科学性,在原来的基础上对数据进行了整合分析,确保了数据的可行性。在管理方面,也提高了交通管理的效率,具体来说就是对信息的掌握更加全面和准确,可以在众多的文件材料中及时获取想要的信息。GIS-T 技术还可以对交通分析需求的满足有所裨益,对分析的过程和结果有了明显的提高,并且在形式上也有有了一定的创新。总之,GIS-T 技术的使用在多方面被证明是具有先进性的,是一个获取和处理信息及时准确的好的应用工具。

GIS-T 由 5 个部分组成。①人员:其在系统中地位最高,需要由开发人员定义要执行的 GIS 任务,处理程序过程也需要开发人员。②数据:数据的精度对于查询和分析的结果有着较为直接的影响。③硬件:GIS-T 软件数据的处理速度、软件使用的方便程度以及输出方式都与硬件的性能息息相关。④软件:除了 GIS-T 软件,有多种数据库、统计、图形、图像处理等程序。

⑤过程:CIS-T需要明确定义和一致的方法来产生正确的可核查的结果。

4.6 车辆定位技术

4.6.1 概述

车辆定位技术是 ITS 的关键技术之一。ITS 中先进的车辆管理系统、出行信息服务系统、商用车辆运营管理系统、应急管理系统中的车辆派遣监控与安全救援服务、导航服务等都需要车辆定位这样有效的工具。在交通运输管理中,卫星定位导航系统与 GIS 电子地图、无线电通信网络及计算机车辆管理信息系统相结合,可以实现车辆跟踪和交通管理等许多功能。作为智能运输系统的主要功能之一,车载诱导要实现自动跟踪车辆的当前位置,并为出行者提供从当前位置到目的地的最优路径。只有做到实时准确显示当前跟踪位置,才能实现真正意义上的诱导。因此,准确定位是实现 ITS 主要功能的前提条件。

在 ITS 的 28 种服务中就有 11 种需要确定车辆的实时位置,因此,车辆实时定位技术在 ITS 中是一项非常重要的技术。自 20 世纪 50 年代美国国防部建立罗兰 C(Loran C)系统以来,无线电定位技术得到了广泛的重视,特别是全球卫星定位系统(GPS)的出现,极大地促进了该技术的应用。另外,中国自主研发的北斗卫星导航系统日渐成熟,并能与其他卫星定位系统进行组合定位,推动了定位技术的发展。

从理论上讲,无论采用何种系统,如果某一终端能够同时接收多个用来确定自己位置的无线电信号,那么均可以通过相对位置矢量的解算来确定该终端的当前位置信息。因此,从目前发展情况来看可用于移动车辆定位的主要方法有:GPS 单独定位、GLONASS 单独定位、北斗定位、GPS/GLONASS 组合定位、GPS/DRS 组合定位、GPS/INS 组合定位、GNSS 定位、GNSS/INS 定位、GSM 定位等。此外还有一些辅助的定位方法,如:地图匹配(Map Matching)技术,这是一项将车辆位置匹配到带有街道名称和地址的电子地图上的定位技术,车辆轨迹与图形特征相关;信号杆 SP(Signal Pole),这包括安装在街道上(通常是交通信号站)的红外线、微波、RF 仪器,这些信号杆能够传输和接收车辆信号,传输信号包括交通信息、地图数据块以及位置初始化坐标所要求的数据。卫星无线电定位业务(Radio Determination Satellite Service,简称 RDSS),这是非 GPS 卫星跟踪系统用来进行定位和通信的定位技术。RDSS 使用的卫星类型有 3 种,即通信同步卫星、中地轨道卫星和低地轨道卫星。

4.6.2 GPS 定位系统

GPS 定位系统全称为导航卫星测时和测距/全球定位系统(Navigation Satellite Timing and Ranging/Global Positioning System,简称 GPS)。按最初设计,GPS 系统由 24 颗卫星组网,这些卫星分布在三个轨道平面上,每个轨道平面设置 8 颗卫星。这样,对于地球上任何一点,能同时有 6~9 颗卫星可供观测,可选择 4 颗最佳卫星进行定位,预期定位精度可达 10m。GPS 是美国从 20 世纪 70 年代开始研制,历时 20 年,耗资 200 亿美元,于 1994 年全面建成,具有在海、陆、空进行全方位实时三维导航与定位能力。1978 年,由于美国政府压缩国防预算,减少对 GPS 计划的拨款,于是把系统的卫星由 24 颗减少到 18 颗。1989 年以后美国又加快了 GPS

系统的建设,并将卫星数目恢复成24颗。1993年GPS系统已具备正式运行能力,目前在地球上空已有27颗GPS卫星(包括3颗备份卫星)在运行。

经多年来我国测绘等部门的使用表明,GPS具有全天候、高精度、自动化、高效益等显著特点,这赢得了广大测绘工作者的信赖。GPS已经成功地应用于大地测量、工程测量、航空摄影测量、运载工具导航和管制、地壳运动监测、工程变形监测、资源勘察、地球动力学等多种学科,给测绘领域带来一场深刻的技术革命。GPS自问世以来,已充分显示了其在无线电导航、定位领域的霸主地位。在海湾战争中,GPS为美国及其盟军以极少的代价,在短时间内取得胜利起到了重要作用。许多民用领域由于GPS的出现产生革命性变化,譬如美国已于1994年7月宣布放弃它已投巨资研制并准备于1998年取代现有仪表着陆系统(ILS)的微波着陆系统(MLS),取而代之的是差分GPS(DGPS)。目前,GPS不仅仅在美国及其盟国的军队中广泛用于导航,几乎全世界所有需要导航、定位的用户都被GPS的高精度、全天候、全球覆盖、方便灵活和优质价廉等优点所吸引。GPS现已广泛用于航空/航海导航、大地测量、遥感、石油勘探、地震测量、野外救生、探险、森林防火、飞机播种、农田耕种、车辆自主导航、特种车辆(警车、银行运钞车)导航/监控及机场/港口交通管理等领域。

GPS由三大子系统构成,分别是空间部分、用户部分、地面监控部分。

①空间部分(导航卫星):包括24颗导航卫星,均匀分布在三个轨道面上,导航卫星接收地面注入站向卫星发送的导航信息,包括卫星星历、时钟校正参数、大气校正参数等。卫星上装有精密的原子钟,而且各卫星原子钟和地面站的原子钟相互同步,建立了导航卫星的精密时系。

②用户部分(GPS接收机):用户部分包括天线、接收机、微处理机、控制显示设备等,统称为GPS接收机。GPS接收机接收GPS卫星发送的导航电文,包括卫星状态、卫星星历、卫星钟偏差校正参数,以及时间等内容。

③地面监控部分(管理控制中心):地面监控部分又称为地面站。地面站包括1个主控站、4个注入站、5个监控站。主控站的主要职能是根据各监测站送来的信息计算各卫星的星历,及卫星钟修正量,按规定的方式编制导航电文,以便于通过注入站注入卫星;监测站的主要职能是在主控站的控制下接收卫星信号,收集当地的气象数据,由信息处理机处理收集到的全部信息,并传送给主控站;注入站的主要职能是当卫星通过其视野时,注入站将导航信息注入卫星,同时还负责监视卫星的导航信息是否正确。

每颗卫星发射两种频率的无线电波用于定位。第一种频率 L_1,1575.42MHz;第二种频率 L_2,1227.6MHz。载波频率由两种伪码和一条导航消息调制而成,载波频率及其调制由星上原子钟控制。

GPS用户使用适当的接收机下载卫星信号及载波相位并提取传播信息,将下载接收到的卫星信息与接收机产生的复制码匹配比较,便可确定接收机至卫星的距离。如果计算出四颗或更多的卫星到接收机的距离,再与卫星位置相结合,便可确定GPS接收机天线所在的三维地心坐标。若用于高精度的大地测量,则需记录并处理载波或信息波的相位数据。

根据不同的用途和不同的精度要求,GPS信号的接收与测量有多种方法,较常用的有伪距法、多普勒法、载波相位法和干涉法。目前大多数用于实时导航定位的设备都采用伪距法。

GPS的特点:

①全球地面连续覆盖。由于GPS卫星的数目较多,且分布合理,所以地球上任何地点均

可连续地同步观测到至少4颗卫星,从而保障了全球、全天候连续的三维定位。

②通用性强。GPS可为各类用户连续地提供动态目标的三维位置、三维速度和时间信息。

③实时定位。利用全球定位系统,可以实时地确定运动目标的三维位置和速度。

④定位精度高。现已完成的大量实验表明,目前在小于50km的基线上,其相对定位精度可达$1\times10^{-6}\sim2\times10^{-6}$m,而在100km到500km基线上可达$1\times10^{-7}\sim1\times10^{-6}$m。

⑤操作简便。GPS测量的自动化程度很高,且接收机的质量较轻、体积较小,携带和搬运都很方便。

4.6.3 全球海军导航卫星系统(GLONASS)定位系统

全球海军导航卫星系统(Global Navy Navigation Satellite System,简称GLONASS)是苏联紧跟美国GPS空间计划平行发展的。1982年10月12日,苏联由空军部队在拜哈努尔发射了第一颗GLONASS卫星。随后的13年中GLONASS卫星维持每年发射3~9颗卫星的水平。截至1995年底,一共发射了73颗卫星。现在,在轨道上正常运行的卫星有25颗,已经完成了24+1的星座布局。GLONASS系统的24颗卫星均匀分布在3个轨道平面上,每个平面上分布8颗卫星,轨道倾角为68.8°,轨道平面相互间隔120°。GLONASS系统的支撑系统是由地面上的5个跟踪站和9个监控站组成,提供着GLONASS卫星的导航电文。

与GPS相比,GLONASS一个显著的缺点就是它的应用不够广泛。这也与苏联最初发展该系统的目的有很大的关系,GLONASS计划发展之初是为了军事目的,一直秘密进行,俄罗斯政府在20世纪90年代末决定将它向商业化方向发展。这种情况决定了GLONASS在国际上的研究远远不如GPS那样深入。

在对GLONASS系统状况进行考察方面,美国MIT的研究人员近年来一直在进行这方面的工作,并定期公布结果。他们的结论是,GLONASS的用户使用距离误差小于10m,而加上了SA的GPS为40m,前者明显更好。

4.6.4 北斗卫星导航系统

北斗卫星导航系统的设计方案是由"两弹一星"功勋奖章获得者、中国科学院院士陈芳允先生于1983年提出来的。在取得"北斗一号"试验系统成功的基础上,第二代北斗卫星导航系统的建设也拉开序幕,于2007年4月、2009年4月、2010年1月和6月,各发射了四颗北斗卫星,北斗卫星导航系统功能更趋完善,不仅完全兼容试验系统功能,而且在用户容量、定位精度、服务区域、动态性能和抗干扰能力等方面有较大提高,能够满足未来信息化条件下国防和经济社会建设对卫星导航定位的需求。2007年,我国的北斗卫星导航系统与美国的GPS、俄罗斯的GLONASS和欧盟的Galileo卫星导航系统一起被联合国确认为全球四大卫星导航系统。目前,中国正在稳步推进"北斗"卫星导航系统的建设,截至2019年底,北斗三号基本系统建成并提供全球服务,包括"一带一路"国家和地区在内的世界各地均可享受到北斗系统服务。

北斗卫星导航系统的功能:

(1)导航定位功能

北斗系统可为服务区域内用户提供全天候、高精度、快速实时的定位服务,快速确定用户所在点的地理位置,向用户及主管部门提供导航信息,这是北斗卫星导航定位系统的核心功能。它可广泛应用于运动目标上,例如部队车辆及舰艇、铁路机车、长途客运车辆、物流运输车辆、森林防护车辆、边境车辆、海关缉私船等。

(2)报文通信功能

用户与用户、用户与中心控制系统之间均可实行双向简短数字报文通信。北斗系统用户终端具有双向报文通信功能,用户可以一次传送120个汉字的短报文信息,它具有工作稳定、抗干扰能力较强、系统建设方便、使用维护简单、通信费用低等一系列的优点。因而,特别适用于在缺乏常规地面通信能力的地区建立数据通信系统。尤其在水文监测、气象监测、环保监测、森林防火、公路监测等数据采集与监控系统中有很好的应用。这是北斗导航定位系统区别于其他卫星导航定位系统的一大优点。

(3)定时授时功能

北斗系统具有精密授时功能,可向用户提供20~100ns时间同步精度。用户机是以北斗导航定位系统的时间基准为依据而研制的高性能、高精度定时设备,在单向情况下,无须入网注册即可实现定时授时功能,且不受系统容量限制。用户只需要从接口输入自己当前的精确位置,即可获得所需的UTC时间或北斗时间,其精度优于100ns,其中单向授时精度为100ns,双向授时精度为20ns。该功能在航天测控系统、军用雷达、军用询问机的设备中获得应用,在民用移动通信领域作为时间基准逐步被推广应用。

随着我国"北斗二号"系统2011年完成亚太地区的覆盖,定位精度的提升,需求向广度和深度的延伸大幅拉动了用户对北斗终端的需求。北斗卫星导航定位系统已成功应用于测绘、电信、交通运输、森林防火、减灾救灾和国家安全等诸多领域,产生了显著的经济效益和社会效益。特别是在2008年中国南方冰冻灾害、汶川特大地震抗震救灾、北京奥运会、2010年广州亚运会中发挥出非常重要的作用。

4.6.5 Galileo 定位系统

伽利略定位系统(Galileo)是欧盟一个正在建造中的卫星定位系统,是继美国GPS、俄罗斯GLONASS及中国北斗后,第四个可以供民用的定位系统。原预计将会于2014年开始运作,但由于欧盟内部分歧与资金问题,2016年才启动初始服务,预计2020年实现全部卫星组网。Galileo系统计划在轨卫星30颗,建成后将提供开放服务、商业服务、公共规范服务以及生命安全服务等四种导航服务。其中开放服务提供任何人自由使用,信号将会广播在1164~1214MHz以及1563~1591MHz两个频带上。同时接受两个频带的信号水平误差<4m,垂直误差<8m。如果只接收单一频带仍有<15m的水平误差以及<35m的垂直误差,与GPS的C/A码相当。

4.6.6 全球导航卫星系统

1996年,美国、俄罗斯、欧盟和日本决定在1998—1999年期间采用一套被称为全球导航卫星系统(Global Navigation Satellite System,简称GNSS)的用于地球同步卫星的增强型卫星系统。随着世界各国对卫星导航的重视和发展,国际GNSS系统正逐渐成为一个多系统、多层面、多模式的复杂组合系统,包括全球性系统如美国GPS、俄罗斯GLONASS、中国北斗、欧盟Galileo,区域性系统如日本QZSS(Quasi-Zenith Satellite System,准天顶星卫星系统)、印度IRNSS(Indian Regional Navigation Satellite System,印度区域导航卫星系统)以及增强系统如美国 WAAS(广域增强系统)、日本 MSAS(多功能运输卫星增强系统)、欧盟 EGNOS(欧洲静地导航重叠系统)等在建和以后要建成的其他卫星导航系统。美国航空无线电技术委员会(RT-CA)是该计划的主要的策划者,开发 GNSS 系统的宗旨是为了利用所有的导航卫星信息。以同时接入 GPS 和 GLONASS 的系统为例,由于用户具有 GPS 与 GLONASS 组合设备,可选择48颗卫星中的任意5颗或4颗星,星座的几何精度因子(Geometric Dilution of Precision,简称 GDOP)会大幅度下降,保证随时得到高精度定位。由于卫星选择余地加大,又有 INMARSAT(国际海事卫星组织)可对用户广播各卫星的完善性信息,所以总系统的完善性和可用性也会大大提高,甚至当 GPS 或 GLONASS 中的一种系统加大了由 SA 或采取其他措施引入的误差时,民间用户还可依赖另一种系统。

4.6.7 数字蜂窝式移动通信定位系统

数字蜂窝式移动通信中被广泛使用的全球移动通信系统(Global System for Mobile Communications,简称 GSM),是由模拟蜂窝式移动通信发展起来的。GSM 系统集中了现代信源编码技术、信道编码、交织、均衡技术,数字调制技术、话音编码技术以及慢跳频技术,同时在系统中引入了大量计算机控制和管理。GSM 系统提供多种电信服务,包括话音、电文、图像、传真、计算机文件、消息等。

利用现有移动通信系统中基站和移动终端之间的无线电信号传播特征,同样可以实现移动站定位。通过移动通信网提供定位业务的要求最初是由美国在其1991年开始实施的 ITS 通信标准中提出的。

当前 GSM 定位系统采用的是时差定位方法,主要有3种,即观测时间差(OTD)定位、补偿时间或提前时间(Time Advance)定位以及抵达时间定位。

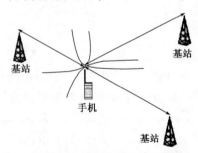

图4-13 GSM 网时差定位原理图

时间差定位是根据同一移动站所发信号到达不同基站的时延差异,通过坐标变换获得移动终端的位置信息,其原理如图4-13所示。由于移动终端信号到达基站的等时延曲线为圆弧,因此欲确定移动站位置,在理想情况下至少需要3个基站。

移动通信网中定位业务(LCS)由定位应用、定位业务控制功能和定位功能3个功能组构成,其中定位控制功能又包括业务访问控制、定位业务控制、业务预定与禁用等3个子功能组。定位应用功能组包括与业务提供者有关的业务提供规程、业务描述等;定位控制功能则包括定位业务的注册、认证以及位置信息的类别和私密性保护等;定位功能组由相应的定位测算和定位测量数据以及相应的信息获取规程构成。

功能组中的具体功能实体包括:定位应用功能(LAF)、定位应用控制(LACF)、定位应用认证(LAAF)、定位控制(LCF)、定位用户认证(LSAF)、定位计费(LCBF)、定位操作维护(LOMF)、定位坐标转换(LCTF)、无线定位功能(PRCF)、位置计算(PCF)和定位信号测量(PSMF)等功能实体。

通过移动通信网提供定位业务具有广阔的应用前景,该业务目前已得到了欧洲电信标准化组织(ETSI)和美国电信/电子行业协会(TIA/EA)和世界各大通信公司(如西门子、诺基亚、摩托罗拉、北电网络、爱立信和朗讯科技等)的广泛重视,但由于该业务的提供涉及定位信息获取、网络体系结构和业务提供方法等多项内容,因此要很好地实施和推广该项业务还有大量的工作有待完成。特别是在如何提高可定位概率和精度,怎样实现高效灵活的业务提供方法等领域还有较大的探索空间。

4.6.8 航位推算技术

航位推算技术(Dead-Reckoning,简称 DR)是自主定位的,它一般不受外界环境的影响,可以通过自身的推算得出车辆载体的位置和速度信息,这是航位推算技术的优点。但是,航位推算系统本身的误差是随时间积累的,因此它单独工作时不能长时间保持高精度。

航位推算的基本原理:

车辆运动可以看作是在二维平面(x,y)上的运动,因此如果已知起始点(x_0,y_0)和初始航向角 θ,通过实时测量车辆的行驶距离和航向角的变化,就可以实时推算车辆的位置。航位推算原理如图 4-14 所示。

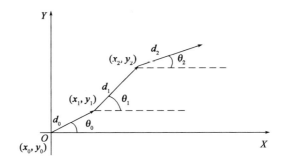

图 4-14 航位推算系统基本原理图

具体算法如下:

$$x_1 = x_0 + d_0\cos\theta_0 \tag{4-6}$$

$$y_1 = y_0 + d_0\sin\theta_0 \tag{4-7}$$

$$x_2 = x_1 + d_1\cos\theta_1 \tag{4-8}$$

$$y_2 = y_1 + d_1\sin\theta_1 \tag{4-9}$$

以此推算,则有:

$$x_k = x_0 + \sum_{i=0}^{k-1} d_i\cos\theta_i \tag{4-10}$$

$$y_k = y_0 + \sum_{i=0}^{k-1} d_i\sin\theta_i \tag{4-11}$$

式中:(x_0,y_0)——车辆的初始位置;

d_i——行驶距离;

θ——位移向量的方向与横轴的夹角。

另外,航位推算系统基本由测量航向的传感器和测量距离的传感器构成。测量航向角的传感器主要有磁罗盘、差动里程仪和角速率陀螺;测量距离变化的传感器主要有加速度计、里程仪、多普勒雷达等。

4.6.9 地图匹配技术

地图匹配技术(Map Matching,简称 MM)就是引入地图上的信息,通过将定位导航系统的位置信息与地图坐标信息进行比较和融合,从而提高整个系统的定位精度。地图匹配的假设条件是车辆应该行驶在道路上。当导航系统确定的车辆位置精度不高时,车辆位置将偏离道路,地图匹配技术就会找到一条最近的道路,并将车辆位置匹配到道路上。

地图匹配包括道路选择和道路匹配两个过程。道路选择主要对道路进行分段,提取特征信息,然后采用适当的搜索规则和匹配算法,根据当前传感器给出的车辆的位置信息,在地图数据库中寻找一条最有可能的道路;而道路匹配是将车辆当前位置匹配并显示在这条道路上,用于消除传感器的定位误差。

通过地图匹配,可以获得车辆在道路上的位置和车辆行驶的道路方向,为了实现地图匹配,要求有高精度的电子地图,而为了保证地图匹配的鲁棒性,则要求电子地图中的拓扑关系应该正确反映真实道路。

常见的地图匹配算法有:

(1)基于模糊逻辑的算法

基于模糊逻辑的地图匹配算法主要是建立模糊规则,输入主要包括车辆行驶的速度、角度、距离、连通性等变量,在对所有输入模糊化以后,根据建立的模糊规则和隶属函数进行推理,再将结果进行综合得到最终的正确的匹配路段输出。这种方法能够有效减小定位误差,但是对于算法的实时性和鲁棒性考虑不足,且对于已知信息利用率较低,方法较单一。

(2)基于 D-S 证据理论的算法

基于 D-S 证据理论的地图匹配算法,主要根据 GPS 定位点的位置信息与道路之间的距离进行融合,在比较融合得出每条待匹配道路的证据支撑大小后,选出置信度最高的待匹配路段作为匹配道路结果。

(3)基于卡尔曼滤波的地图匹配算法

基于卡尔曼滤波的算法根据实时测量的 GPS 车辆定位的位置信息、道路信息,经过卡尔曼滤波器处理,直接获得道路上的估计位置。基于卡尔曼滤波的地图匹配算法能够对道路方向的误差进行修正,提高了地图匹配算法的匹配精度。但是算法的计算量较大,实时性较差,而且卡尔曼滤波器的参数选择较难且十分复杂,对匹配精度有很大影响。

上述各项定位方式都有一定的弊端,比如不论是在城市还是在郊区,GPS 卫星信号都会受到高楼和隧道的遮挡。因此,仅用 GPS 来实现连续不间断的定位是不可能的。后来定位系统发展成两项或多项定位方式的组合,以"扬长避短"。由于篇幅有限,此次不再展开阐述,有兴趣的读者可以查阅相关资料。

4.7 大数据技术在智能运输系统中的应用

4.7.1 概述

大数据(Big Data)本身是一个较为抽象的概念,单从字面来看,大数据表示数据规模庞大,但是数量上的庞大并不能明确地表征其与以往的"海量数据"(Massive Data)、"超大规模数据"(Very Large Data)等概念之间有何区别,也不能对其所表示的含义给以正确的解释。目前,国内外对于"大数据"的基本定义尚未有公认的说法,但不同版本的定义均是以大数据的基本特征为基础,试图对其进行描述和归纳总结。

大数据由巨型数据集组成,这些数据集的大小常超出人类在可接受时间下的收集、使用、管理和处理能力。大数据的大小具有波动性,单一数据集的大小从数兆字节(TB)至数十兆亿字节(PB)不等。大数据几乎无法使用大多数的数据库管理系统处理,而必须使用在数十、数百甚至数千台服务器上同时平行运行的软件。

4.7.2 大数据的特点

在一份2001年的研究与相关的演讲中,麦塔集团(META Group,现为高德纳)分析员道格·莱尼(Doug Laney)指出数据增长的挑战和机遇有3个方向:量(Volume,数据集规模)、速(Velocity,数据输入输出的速度)与多变(Variety,多样性),合称"3V"或"3Vs"。2012年高德纳(Gartner)修改大数据的定义:"大数据是大量、高速及/或多变的信息资产,它需要新型的处理方式去促成更强的决策能力、洞察力与优化处理。"另外,有相关学者和机构根据大数据的特点在3V的基础上定义了第4个V,即真实性(Veracity)为第四特征。

(1) 数据集的规模性(Volume)

大数据的首要特征就是应该具有数据的规模性。大数据的数据规模性并不是简单的指数据在数量上具有较大的规模,而在于独立数据源的数量,且独立数据源之间可能存在着潜在的联系。现代机器设备,如汽车、火车、电站和飞机都装配有不断增长的传感器,用于收集大量数据。一般来说,需要有成千甚至上万个传感器收集一台机器的运行性能和活动情况的信息。

例如一架飞机在平常的一小时飞行过程中,上万个传感器采集每个细节包括从机体每部分空气的速度到每个机舱二氧化碳的含量。每个传感器都是一个拥有自身物理特性的独立有效的设备。但真正有价值的是传感器读数的组合(例如结合机舱温度的二氧化碳检测量以及空气压力和速度的组合检测量)。这么多传感器的组合量是相当复杂的,并且随误差容限和单个传感器的特性而有所不同。

飞机上来源于上万个传感器的数据流就是大数据。然而这个数据集的规模并不是想象中的很大。甚至上万个传感器,每个每秒产生一个8字节的读数,总共在1h的飞行过程中产生不超过3GB的数据(100000传感器×60min×60s×8Byte)。

(2) 多样性(Variety)

大数据的"大"是指复杂性方面的大,而不是体积大。当然,这种有价值并且复杂的数据集自然地倾向于快速增长,所以大数据真正意义上将迅速变得的"巨大"。根据数据结构划分大数据被划分为两种类型数据的融合,即结构化数据和非结构化数据。相对于以往便于存储的以文本为主的结构化数据,非结构化数据越来越多,包括网络日志、音频、视频、图片、交通、地理位置信息等等多类型的数据对数据的处理能力提出了更高的要求。

(3) 高速性(Velocity)

所谓的高速性特点是指对于大量数据的输入输出过程有着很高的要求,即快速完成多种数据源的数据采集及数据处理的过程。由于大数据为不可测性和不一致性的结合体,因此不能通过传统的标准数据处理方法对其进行组织处理。大数据要求具有较高的采集、更新及处理速度,这是大数据区分于传统数据挖掘最显著的特征。

(4)真实性(Veracity)

大数据要求数据具有真实性特征,不能包含伪造数据,要求数据与实际数据源采集数据完全匹配。大数据包含着各个领域的数据信息,且各种数据信息之间均存在着某种必然的联系,当一种所需数据缺失时,可通过寻找相关数据的方式得出,同时,大数据技术为管理者和使用者提供着多方面参考依据,因此,必须确保大数据的真实性才能保障更精准的数据信息。

综上所述,通过对大数据所满足的基本要素分析,结合国内外相关的研究给出"大数据"的基本定义:所谓"大数据"是指所涉及的数据规模复杂巨大,难以利用人工或者现有的数据采集、数据储存及数据处理方法处理的数据集合。在总数据量相同的情况下,与个别分析独立的小型数据集(Data Set)相比,将各个小型数据集合并后进行分析可得出许多额外的信息和数据关系性,可用来察觉商业趋势、判定研究质量、避免疾病扩散、打击犯罪或测定实时交通路况等;这样的用途正是大型数据集盛行的原因。

据统计,目前我国与交通相关的数据量已从 TB 级跃升到 PB 级。大数据为智能运输发展带来新的机遇:大数据技术的海量数据存储和高效计算能力,将实现交通管理系统跨区域、跨部门的集成和组合,将会更加有效地配置交通资源,从而大大提高交通运行效率、安全水平和服务能力;交通大数据分析将为交通管理、决策、规划和运营、服务以及主动安全防范带来更加有效的支持;基于交通大数据的分析能够有效地为公共安全和社会管理提供新的理念、模式和手段。

4.7.3 大数据在智能运输系统中的应用

通过融合不同行业数据,进一步拓展智能运输数据的内容,提高准确性,进而开发新的行业市场,未来的 ITS 服务可以包括从移动运营商获取出行者的位置信息,结合移动互联网及传统互联网的出行者特征,以车辆信息管理为例,车载 GPS 设备可以实时监控车辆的位置与状况,与车辆驾驶人的信息结合,传到后端大数据平台,与互联网上驾驶人员的信息结合,例如习惯的行驶路线、驾驶行为等,可以得出驾驶者的行为特征,该数据可以为保险、交通管理等多部门提供驾驶人员的基本评价,同时也可以为驾驶者提供安全指导等意见,避免因用户习惯产生的交通事故,带来的潜在经济效益是可观的。

1)缓解城市交通拥堵

城市交通拥堵的治理,采用重新规划的方式难免在社会、经济层面上难以承受;"限号"、修路只能暂时缓解供给的压力,不是长久之计;技术上,现在提到的"大数据"技术采用的是一种更"智能"、更"数据化"的方式,通过让出行者、管理者掌握实时可视化数据,更便捷地规划出行和组织管理。

对管理者来说,将以微波、线圈、GPS、车牌等采集到的交通流检测数据,交通监控视频数据,以及系统数据和服务数据等为主体的海量交通数据,利用大数据平台的海量数据实时处理能力,经过初步的数据清洗、去噪,获取城市各路段、交叉口的拥堵状况或者事故情况,可对相关路段进行实时地监控。这些数据用于及时调整交通信号、区域限行等,发布交通拥堵或事故信息,通知后续车辆提前分流,调派人员疏导组织交通。

对普通的出行者来说,这些数据经过深度处理能给他们更精确全面的实时交通指引信息。普通公众利用这些信息,在还未出行时就得到实时路况信息,决定最佳出行方式,将交通实时数据和 GPS 结合，可以让驾车出行者实时规划调整行驶路线，避开交通拥堵路段，尽快到达目的地，这大大减少了行车的经济成本。大数据的实时性，使处于静态闲置的数据被处理和需要利用时，即可被智能化利用，使交通运行的更加合理。大数据技术具有较高预测能力，可降低误报和漏报的概率，随时针对交通的动态性给予实时监控。因此，在驾驶者无法预知交通的拥堵可能性时，大数据亦可帮助用户预先了解。例如，在驾驶者出发前，大数据管理系统会依据前方路线中导致交通拥堵的天气因素，判断避开拥堵的备用路线，并通过智能手机告知驾驶者。

在提供交通信息方面，总部位于美国西雅图的交通数据处理公司 Inrix 是利用大数据进行商业运作得很好的例子。它采集了来自美洲和欧洲近 1 亿辆汽车的实时交通数据。这些数据来自宝马、福特、丰田等私家车，还有一些商用车，比如出租车和货车。私家车主的移动电话也是数据的来源。这也解释了为什么它要建立一个免费的智能手机应用程序，因为一方面它可以为用户提供免费的交通信息，另一方面它自己得到了同步的数据。Inrix 通过把这些数据与历史交通数据进行比对，再考虑进天气和其他诸如当地时事等信息来预测交通状况。数据软件分析出的结果会被同步到汽车卫星导航系统中，政府部门和商用车队都会使用它。另外它汇聚了来自很多汽车制造商的数据，这些数据能产生的价值要远远超过它们被单独利用时的价值。每个汽车制造商可能都会利用它们的车辆在行驶过程中产生的成千上万条数据来预测交通状况，这种预测不是很准确也并不全面。但是随着数据量的激增，预测结果会越来越准确。

我国浙江省交通运输厅采用了一种技术，利用高速公路上司乘人员的手机定位系统，将大数据分析引入交通管理。通过手机定位系统的数据采集，所有车辆的行驶状况都能信息汇总，进行智能管理，从而使驾驶员获得实时路况信息，也便于交通管理部门及时处理事故，实现交通信息管理现代化。举例来说，当检测到某车辆在高速公路上停止行驶，而同一条路上大部分车辆速度下降，那么就可以推测这一段路上可能出现事故或拥堵，通过及时发现异常路况，以便于及时处理事故，并通知后续车辆提前分流。

2）提高运输效率

大数据技术能促进提高交通运营效率、道路网的通行能力、设施效率和调控交通需求分析。交通的改善所涉及工程量较大，而大数据的大体积特性有助于解决这种困境。以货运车辆为例，在车辆上安装传感器可以跟踪驾驶时间、燃油效率等数据，还会记录车辆的行驶位置、制动情况、挂车稳定性、控制激活系统等关键数据，这些数据用于实时掌握车辆燃油状况、行车路线、装卸载货物时间，所有这一切监测和分析，都将通过卫星或基站，在汽车运行途中实时沟通获得，从而减少车辆事故率和时间延误，同时降低调度时间（拖车从卸载到重装的时间），增加了运输车辆的效率。另外随着各种数据的增多和信息通信技术的发展、普及，交叉引用这些实时驱动型数据，将以最快的速度为运输行业提供修正的各种天气误报、错误停车信息及交通延误信息。例如，运输车辆上的设备融合天气和定位信息告诉驾驶员，如果未来的天气有可能导致交货时间延迟，它会提醒驾驶员以最快的速度驾驶汽车，以便到达最近的可用停车场。

世界上最大的快递承运商与包裹递送公司 UPS，利用大量地理定位数据确定最佳货运车辆行车路径。为了使总部能在车辆出现晚点的时候跟踪到车辆的位置和预防引擎故障，它的货车上装有传感器、无线适配器和 GPS。同时，这些设备也方便了公司监督管理员工并优化行车线路。UPS 为货车定制的最佳行车路径一定程度上也是根据过去的行车经验和各种运行数据总结而来的,这些数据的应用促成了系统优化方法的应用。2011年,UPS的驾驶员们少跑了近4828万km的路程,节省了300万加仑[1]的燃料并且减少了3万t的二氧化碳排放量。系统也设计了尽量少左转的路线,因为左转要求货车在交叉路口穿过去,所以更容易出事故。而且,货车往往需要等待一会儿才能左转,也会更耗油,因此,减少左转使得行车的安全性和效率都得到了大幅提升。

3) 提升交通安全水平

主动安全和应急救援系统的广泛应用有效改善了交通安全状况,而大数据技术的实时性和可预测性则有助于提高交通安全系统的数据处理能力。在驾驶员自动检测方面,驾驶员疲劳视频检测、酒精检测器等车载装置将实时检测驾车者是否处于警觉状态,行为、身体与精神状态是否正常。同时,联合路边探测器检查车辆运行轨迹,大数据技术快速整合各个传感器数据,构建安全模型后综合分析车辆行驶安全性,从而可以有效降低交通事故的可能性。在应急救援方面,大数据以其快速的反应时间和综合的决策模型,为应急决策指挥提供辅助,提高应急救援能力,减少人员伤亡和财产损失。2012年,Inrix根据遥感勘测系统所收集的数据对车辆的自动制动系统何时何地会生效进行了分析,其认为如果车辆的自动制动系统在某段路上老是启动的话,就说明这段路比较危险,应该考虑更换路径。Inrix基于采集的交通和道路信息推荐其认为的最安全路径。

国际快递公司UPS从2000年就开始使用预测性分析来监测该公司所属的全美60000辆的车队,这样就能及时地进行预防性修理。如果车在路上抛锚损失会非常大,因为那样就需要再派一辆车,会造成延误和再装载的负担,并消耗大量的人力物力,所以以前UPS每两三年就会对车辆的零件进行定时更换。但这种方法不太有效,因为有的零件并没有什么毛病就被换掉了。通过监测车辆的各个部位,UPS如今只需要更换相应的零件,就节省了好几百万美元。有一次,监测系统甚至帮助UPS发现了一个新车的一个零件有问题,免除了可能会造成的损失。

美国俄亥俄州运输部(ODOT)充分利用INRIX的云计算分析以及所提供的交通信息,帮助俄亥俄州利用大型数据实现了在暴风雪侵扰其400多个关键路线后,在3h内恢复道路正常使用的目标。为了尽快将交通恢复至正常状况,ODOT使用来自气象信息站和INRIX交通高速数据的信息,以评估对全州关键路线的道路进行清理所要耗费的时间,从而提高处理道路状况的效率。这种大数据应用,减少了冬季连环撞车事故发生概率,通过提高公共安全来确保商业正常运行和日常生活有序。

4) 保障城市信息畅通

对于车辆的稽查与管理是交通管理部门的基础业务,也是对机动车所有者与驾驶员生命与财产安全的保障,因此交通管理部门对于基础业务的及时性与准确性一直有较高的需求。而在实际工作中,受限于原有关系型数据查询技术,进行实时的车辆信息比对与查询会严重的消耗系统资源,所需时间也较长,容易贻误战机。大数据技术高数据吞吐量和高度容错性的先天优势可以使查询达到秒级的速度,有效的提升交管部门的业务水平。在美国旧金山港湾和我国厦门的交通事故嫌疑车辆追捕的过程中,大数据技术发挥其数据信息动态跟踪、查询信息实时更新的功能,使得交通管理部门同部分道路交通使用者实现相互协作追捕,以较短的时间

---

[1] 1加仑=4.5461L。

捕获嫌疑车辆。

美国新泽西州安装了 Inrix 计算机系统,可对手机和 GPS 信号进行分析,因为它们是最有前途的数据源,可以保持较高的准确性。新泽西州将它们分析之后,转化为一张完整的道路交通状况地图,并在地图上以不同颜色标示各个路段的运行现状,以确定造成交通堵塞的地点。对于政府部门,跨平台的数据共享与应用可以避免因重复建设造成的资源浪费。由于各职能部门的数据库结构、采集的数据量、处理方式均有所不同,因此跨行业数据融合较难实现。大数据技术对 ITS 行业跨部门数据共享提供了新的技术手段,凭借兼容性强的软件架构,可以灵活处理各种非规范性的数据表单。

我国杭州市近年来投入使用的高清卡口设备数量越来越多,储存的车辆拍照信息呈现爆发式的增长,数据储存技术首先遇到了扩容的难题,如继续沿用小型机扩容的方案会导致成本大幅增加。而使用大数据技术,建立数据中心,采用低成本的服务器集群,使得扩充数据储存空间成为可能。欧洲许多国家采用大数据技术应用于优化公共交通管理方面,利用来自不同终端的交通信息提高公用交通的运转效率。美国洛杉矶研究所的研究表明,通过大数据的应用,在车辆运营效率增加的情况下,减少 46%~84% 的车辆运输就可以提供相同或更好的运输服务。英国伦敦市利用大数据减少交通拥堵问题,从路网全局出发提高交通控制效率。

5) 提供环境监测方式

大数据技术在减轻道路交通堵塞、降低汽车运输对环境的影响等方面有重要的作用。通过建立区域交通排放的监测及预测模型,共享交通运行与环境数据,建立交通运行与环境数据共享试验系统,大数据技术可有效分析交通对环境的影响。同时,通过分析历史数据,大数据技术能提供降低交通延误和减少排放的交通信号智能化控制的决策依据,建立低排放交通信号控制原型系统与车辆排放环境影响仿真系统。

一些发达国家如美国、欧盟在推进大数据的科学研究和商业化运作方面已经走在前列,有很多相当成功并产生良好社会效益的案例,如之前提的 Inrix 的交通数据处理、Fly On Time US 网站的航班时间预测以及 Google 的地图导航等。相比之下,我国大数据在 ITS 领域中的应用目前尚处于开始阶段。在数据采集方面,还需要在包括车辆动态组网、状态实时获取、环境智能感知、车路信息交互等车路状态感知与交互等关键技术上取得突破,通过不断建设覆盖主要道路、公交场站、高速路口、轨道交通站点、综合运输枢纽的数据传感网络,形成全路网智能监控体系。同时推动地面公交、轨道交通、民航、铁路、交管、气象、消防等部门实现信息共享,这才能为交通大数据分析提供海量数据基础。比如北京市将 6.67 万辆出租车的 GPS 数据做到了实时接入,日均数据量达到 6GB。此外,管理部门还接入了地面公交、轨道交通、民航到发航班等 20 项动态数据。通过对收集的数据进行分析,北京的地铁列车进站客流趋势、地面公交运送速度、出租汽车运营车辆判断、尾号限行对交通指数的影响等交通信息情况都会一清二楚。这些良好的数据源基础为城市交通治理提供了决策依据。

综上所述,大数据技术在我国的 ITS 领域的应用刚刚开始,存在交通数据分散、交通数据资源条块化分割、数据缺乏统一标准、信息安全存在漏洞等困难的情况。基于大数据的交通信息服务产业链、价值链尚未真正形成。不过随着技术的发展,业务商业模式的成熟,这些问题将会逐渐解决。据悉,我国将建立基于大数据分析的新一代智能运输信息服务系统,实现基于大数据技术的交通系统高效运营和管理,改善和提高公众出行的智能化服务水平。同时,在大数据时代,大数据正在超越数据本身,通过挖掘与分析数据的新商业价值,将为产业带来巨大的商机,ITS 也将在大数据支撑下向智慧化迈进。

"十二五"期间,建设服务型政府成为各级政府改革的重要目标,交通与交管部门也在由管理型部门向服务型部门转变的过程中,举措之一是借助多样化的交通信息采集方式,通过整合与分析,为出行者提供及时准确的交通信息并提供出行信息规划服务,以减少拥堵,提高出行质量。大数据技术能够对各种类型的交通数据进行有效的整合,挖掘数据之间的联系,提供更及时的路况信息。可以预计,大数据在交通信息服务行业将会有更广泛的应用。

4.8 本章小结

本章概述了智能运输系统关键技术,包括交通信息采集技术、信息处理技术、通信网络技术、GIS-T、车辆定位技术的概念、基本方法与原理等,并论述了大数据技术在智能运输系统中的应用。

【本章练习题】

1. 交通信息自动采集方法主要有哪些?
2. 什么是车载自组织网络?车载自组织网络的优点有哪些?
3. 简述大数据技术在智能运输系统中的应用。

第 5 章
智能运输系统规划及设计

【学习目的与要求】

本章阐述了智能运输系统规划的目的、基本原则、规划流程、需求分析与预测、系统功能分析与设计、项目方案设计与实施以及方案评价,目的是使学习者通过本章的学习掌握智能运输系统规划及设计的目的与流程方法,同时对智能运输系统规划的项目方案设计、实施有比较清楚的了解,并对其未来研究方向有整体的把握。

5.1 概 述

交通规划的目的是协调各种运输方式,优化土地开发布局,促进工业、农业、商业、文体设施以及人口的合理布局,从而建立一个与社会经济发展规划相适应的高效、安全、经济、舒适和低公害的交通运输系统,以满足未来的社会、政治、经济对交通提出的需求。与传统的解决交通问题的方法和手段不同,ITS 更注重从系统的角度透析和解决交通问题。ITS 规划的显著特点之一是强调规划区域范围内各系统主体的广泛参与和相互协作,以达到整合各应用系统,提高系统整体运行效率的效果。ITS 规划还将对潜在的体制问题进行分析,并积极引入先进的 ITS 技术。

ITS 规划有别于传统意义上的交通规划,它是在调查分析现状的基础上,预测未来的用户需求,在系统总体框架的指导以及资金、政策、环境等条件的约束下,确定区域ITS在规划年应达到的目标以及达到该目标的方针、政策、手段和主要措施。

ITS规划需要采用部门规划、行业规划和总体规划相互补充。ITS规划应以交通信息化为纽带,以整合交通系统资源、提高系统运行效率、缩小信息鸿沟和差距、促进不同部门之间的有机联合为指导思想。ITS规划应以交通信息化为纽带,以促进政府高效管理和服务社会为目标,注重信息化基础建设。ITS建立在交通信息化的基础之上,ITS也是交通信息化建设的重要内容。ITS规划应以交通现状和未来经济社会发展要求为依据,从宏观和战略高度规划ITS建设,并注重与周边省市尤其是ITS建设起步较早区域的良好衔接,从而充分整合全省静态和动态交通系统资源,提高系统运行效率。ITS规划应从地方现存的交通管理体制和业务流程出发,"考虑管理体制而不拘泥于现存体制",通过ITS的建设缩小彼此间的信息鸿沟,促进不同部门间的有机联合,努力做到各相关部门资源共享、互相协作。

ITS规划编制过程中应贯彻以下几条基本原则:

(1)符合国内外ITS发展方向和趋势。体现长远性、系统性、科学性、可操作性。如果是地方ITS规划,则需要在国家ITS体系框架的指导下,并满足地方特色。

(2)以促进政府高效管理和服务社会为目标,规范政府行政管理行为,最大限度地为社会公众提供优质服务。

(3)符合实际需求。ITS规划既要着力解决交通现有的主要矛盾,还要满足其未来经济社会发展对交通的需求。

(4)保证系统的开放性、通用性和可扩展性。

(5)充分考虑现有交通管理体制而不拘泥于现存体制。

5.2 智能运输系统规划流程

研究系统规划构成的方法主要包括以下步骤:

(1)确定目标

确定目标是研究目标规划的首要任务。首先要调查了解社会的需要,包括分析历史、研究现状、预测未来。目标就是研究方向和结果,是未来行动的预期效果。有了目标,规定方针、制定措施才有依据。只有目标正确,规划才切实可行。

(2)拟订技术方案

目标确定后,就要为实现目标寻找各种可行方案。对于工程技术问题来说,就是选择待建系统的构成元素和联系,即结构方案。结构方案不同,经济技术性能也不同。由于"结构不确定性"原则,为研究工作提出了新的要求,这就要拟定几种可能的方案,并进行分析比较,选择其中最优者。制定方案的过程,就要从现有的经济技术和社会条件出发,把有利于实现目标的一些相互关联和相互作用的各个因素有机结合成一个最佳的完整系统的过程。

(3)进行可行性分析

根据目标提出的解决方案是否可行,应进行可行性分析。包括技术、经济、财务、政治和社会等各个方面,每个方面都需进行认真研究。

①技术可行性是前提。技术可行性是指提出的方案在技术上能否实现。在现有的技术条

件下，如果起草的方案还有很多技术问题无法解决，那是不可行的。

②经济可行性是关键。经济可行性是指费用和效用的关系，即经济效益问题。只有所得的效益超过所消耗的成本，才能说经济上可行，所得效益超过所耗成本的程度越高，经济可行性越好。

③财务可行性是保障。财务可行性是指有无足够的资金筹建并运转拟建系统。经济上可行的方案，财务上不一定可行。在财力、物力有限的情况下，应充分考虑项目实施的阶段性。

④社会可行性是基础。任何项目的实施，都应考虑它对社会和政治上的影响，考虑能否为社会所接受。如果一项新技术或新工程，对社会环境产生破坏、污染严重，甚至危及国家政治利益和人民的生命安全，即使技术、经济上可行也不能采用。

（4）选择最佳方案

选择最佳方案，才能使系统的功能达到最大的预期效果和目标。

ITS 规划流程如图 5-1 所示。

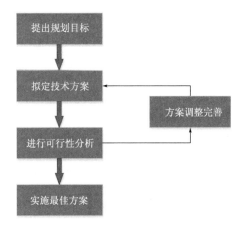

图 5-1 ITS 规划流程

5.3 智能运输系统需求分析与预测

ITS 需求分析与预测的主要目的是明确 ITS 的用户及用户需求，划分 ITS 中各子系统的用户，并且通过调查、访问等形式来确定各子系统的用户需求，对用户需求进行合理排序后指导实施顺序。ITS 用户服务的用户主体是指影响系统或受系统影响的人或机构，可以从四个方面识别信息技术（IT）系统的用户，即：需要 IT 者（Want IT），希望使用 IT 来缓解、解决问题或要求信息服务者；制造 IT 者（Make IT），即提供 IT 系统软、硬件者；使用 IT 者（Use IT），包括主次两种用户，主要用户为从系统输出中获益者，次要用户为控制系统并提供系统输入者；管理 IT 者（Rule IT），制定规范 IT 系统实施和使用规章制度的责任者。由于每个用户组包含不同用户类别，而每个用户个体其出行目的、选择出行方式、出行要求等方面不尽相同，在 ITS 服务项目的需求上也表现出多层次性，归结起来能够满足用户需求的主要有以下功能，具体见表 5-1。

ITS 服务项目的需求 表 5-1

序号	服务项目	作用
1	出行前规划信息	提供信息,选择最好的交通方式、出行时间和路线
2	在途驾驶员信息	在途中为驾驶员提供信息,有助于出行方便与行车安全
3	路径诱导	通过指令引导出行者到达目的地
4	合伙乘车与预约	使合伙乘车更容易、方便
5	出行者服务信息	提供城市黄页等服务信息
6	交通控制	对在公路上运行的车辆进行管理
7	交通事故管理	事故快速鉴定和及时处理
8	交通需求管理与实施	鼓励减轻交通对环境/社会产生负面影响的政策
9	尾气检测与治理	为大气质量监督提供信息
10	铁路/公路交叉口管理	改造原有铁路/公路交叉口路口为自动交叉口控制系统
11	交通管理	车辆的智能调度、规划和管理
12	车辆运行信息	在途车辆运行状况信息提供
13	个性化的车辆运输	采用可变的车辆运营线路,为出行者提供更方便的服务
14	车辆出行安全	为车辆的使用者和营业者创造安全的工作环境
15	电子付费服务	允许出行者采用电子付费方式为运输服务付费
16	路边自动安全监察	方便路边监察,促进出行安全
17	在途车辆安全监控	能感应商业车辆、货物以及驾驶员的安全状态
18	商用车辆营运资质及信用管理	提供营运资质审查、电子支付以及信用保证等业务
19	危险品车辆交通事故应急处理	提供对危险物品的迅速描述
20	商用运输车队管理	提供驾驶员、调度员和货物供应商之间的通信
21	紧急事件通告及个人安全	提供对事故的快速通告和及时的帮助
22	紧急救援车辆管理	缩短紧急救援车辆对事件的反应时间
23	安全警示系统	提供关于驾驶员、车辆以及道路状况的警示信息
24	碰撞防护安全装置	在碰撞发生之前或者碰撞事件发生的更早时间之前发生作用的主动乘客安全防护系统
25	交通数据服务	提供历史数据的自动存档和共享服务

5.4 智能运输系统功能分析与设计

5.4.1 智能运输系统功能分析流程

ITS 的基本功能表现在:减少出行时间、保障交通安全、缓解交通拥挤、减少交通污染等 4 个方面,其最终目标是建立一个实时、准确、高效的交通运输管理系统。ITS 的基本功能模块包括:先进的信息服务系统、先进的交通管理系统、先进的公共交通系统、先进的车辆控制系统、商用车运营管理系统、先进的乡村运输系统、自动公路系统等。分析与设计 ITS 功能的目的是通过发展ITS系统,以便道路使用者进行交通方式和路线的合理选择,交通管理者进行交通疏导和事故的应急处理,运输经营者随时掌握车辆的运行状态并开展调度和跟踪指挥。

ITS功能分析与设计应按照以下步骤进行:

(1)在ITS建设策略指导下,结合ITS发展需求分析,进行ITS功能的分析、选择与划分;设计ITS的功能模块和框架结构。

(2)形成ITS共享的空间数据库,包括道路数据库、交通数据库和道路交通地图库等。

(3)确定ITS的数据通信设施,例如局域网、专用通信网和互联网等,其中包括无线数据通信的方式。

(4)拟定ITS的功能要求和实施路线,包括ITS总的功能要求以及各子系统、子项目的功能要求。

(5)最后对ITS的各项功能进行检验并加以完善。

ITS系统功能设计流程如图5-2所示。

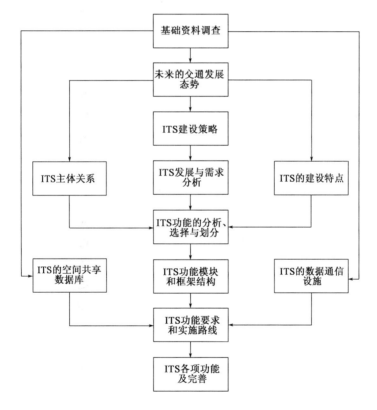

图5-2 ITS系统功能设计流程

5.4.2 智能运输系统设计体系框架

ITS体系框架是运输系统体系和规格的说明。它决定系统如何构成,确定功能模块以及允许模块间进行通信和协同的协议和接口。它定义运输系统的子系统及其用户所需的功能以及各个子系统之间的相互关系和集成方式。目前我国的国家ITS体系框架主要由用户服务、逻辑框架、物理框架等组成。

1) 用户服务

ITS 用户服务定义了 ITS 系统的主要内容，从系统用户的角度描述了 ITS "应该做什么"。用户服务分为用户服务领域、用户服务和用户子服务定义三个层次。ITS 用户服务应既符合实际，而又具有一定的前瞻性和超前性。我国 ITS 用户服务的确定是在对我国的交通基础设施、交通运输现状、交通出行和管理需求、交通管理相关法律法规、交通发展规划以及社会经济、政治、文化、科技发展背景等进行详细的调研分析的基础上制定的符合中国特色的用户服务。国家 ITS 体系框架第二版用户服务初定 9 个服务领域：

(1) 交通管理；

(2) 电子收费；

(3) 交通信息服务；

(4) 智能公路与安全辅助驾驶；

(5) 交通运输安全；

(6) 运营管理；

(7) 综合运输；

(8) 交通基础设施管理；

(9) ITS 数据管理。

2) 逻辑框架

逻辑框架基于需求分析阶段提出的"应该做什么"的基础上，描述系统完成 ITS 用户服务所必须具有的逻辑功能和功能间的数据交互关系。逻辑框架是 ITS 体系框架开发的核心过程，决定了将来设计的物理实体系统能否完全满足用户需求。国家 ITS 体系框架逻辑框架建模综合了结构分析中常用的功能模型（IDEF0）分析方法和数据流图（DFD）分析方法。利用数据流图分析方法，建立系统顶层数据关系图（DFD 0）。DFD 0 由 DFD X（X = 1、2、3…）及其之间传递的数据流组成。然后自顶向下对 DFD 0 进行分解，分别确定 DFD X 中包含的功能 DFD X.1、DFD X.2…，及其之间的数据流，进而具体画出一系列子数据流图 DFD X。例如，在国家 ITS 框架中，DFD 3 信息服务，系统功能比较庞杂，为了便于理解，将其分解为 DFD 3.1 提供出行前信息服务、DFD 3.2 提供公交信息服务、DFD 3.3 提供驾驶员信息服务等。其中 DFD 3.1、DFD 3.3 仍比较复杂，进一步细分，这个过程继续下去，直到出现某一个功能不能够再细分为止，不能够再细分的系统功能称之为过程。ITS 体系逻辑框架如图 5-3 所示。

数据流图的层次划分严格依照功能分析过程中所确定的功能分解层次。在数据流图中，下层是上层的分解，上层是下层的抽象。最后为每张数据流图添加叙述性文字说明。DFD 方法清楚地提供组织和描述系统信息的方法，同时在一定程度上可以检验信息完整性与一致性。国家 ITS 体系框架采用了 DeMarco 和 Yourdon 数据流图标准，以矩形代表外部实体（称为终端），以圆圈表示系统功能或过程，以带箭头的曲线表示功能（或过程）间传递的数据流。在国家 ITS 体系框架的逻辑框架中，采用系统功能层次表和功能描述表以及数据流程图来说明系统的逻辑模型，用数据字典对功能（过程）间传递的数据进行定义。逻辑框架中的功能域与服务领域相对应。功能大致与服务相对应，但功能与服务之间不是一一对应的，功能应当是服务或服务的组合。功能还可以细分为不同的层次，功能不可再细分时，即称为过程。

3) 物理框架

物理框架是对系统逻辑功能的实体化、模型化，实现了逻辑功能与物理实体间的映射关系。国家 ITS 体系框架中的物理框架构架同样遵循结构分析的方法,分为系统、子系统和系统模块等三个层次。每一个系统由若干个子系统构成,每一个子系统又由若干个系统模块组成。系统与逻辑框架中的功能域大致对应,子系统与功能大致对应。但它们之间并非一一对应的关系,必须有一个重新组合的过程。在物理框架的开发过程中,首先将逻辑功能转化为能够实现该功能的物理系统模块,将逻辑功能间交互的数据流组合成物理系统模块间传递的框架流。然后将相似的系统模块组合成物理子系统,合并物理框架流,将物理子系统组合成为物理系统,完成了物理框架模型的构建。物理框架中也采用了类似于逻辑框架数据流图的物理框架流图来描述系统的物理结构。逻辑框架与物理框架间的关系如图 5-4 所示。

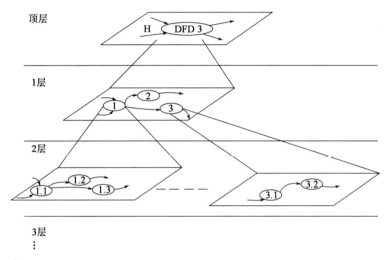

图 5-3　ITS 体系逻辑框架

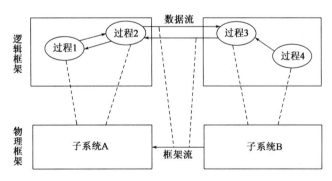

图 5-4　逻辑框架与物理框架间的关系

5.5　智能运输系统项目方案设计与实施

项目方案设计是根据项目的功能要求和目标,进行总体规划与设计,经过筛选后形成总体方案。

在进行项目方案设计时,需要综合考虑各方因素,并依据相关法律法规制定项目实施方案。结合项目所涉及时空影响范围,本着先急后缓、先主后次的建设思路,明确项目方案规划时间和规划范围,尽最大可能避免加重对现有交通的负担。

项目方案设计和实施中应坚持以下原则:

(1)整体性和基础性。在ITS发展中,交通信息是基础,能反应全局性交通状态和具体问题的交通信息,可对道路网络环境下的各种交通组织和管理提供依据。对道路规划、道路设计、实时交通管理和控制等提供基础信息。从而全面地提出并采取交通管理的措施,进一步提高道路交通的管理水平。

(2)技术的先进性和实用性。ITS项目一般项目投资大、周期长。而目前电子设备等更新发展较快。因此在采用技术方面应该体现先进性,但是先进的技术应该是以成熟的技术、实用为核心基础。

(3)系统的开放性、可扩展性和安全性。开放的结构意味着通信协议的开放和数据结构的开发共享,以便于其他系统联网,实现系统的集成和资源共享。从而实现信息交换与共享。可扩展性意味着在不对系统进行全面推翻重建的情况下,可以对系统进行升级改造,节约资源。系统的安全性是系统发挥正常功能的保障。

(4)经济性和规范性。项目方案的设计和实施要符合相关法律法规、行业标准、协议等,做到标准化。要能够实现最优的系统性能价格比,充分利用有限的资金,创造巨大的社会效益和经济效益。

在项目实施前、中、后期都应该对项目进行及时的评价,项目实施前评价以确定可行性等,中期评价以保证项目按计划进行,或者根据外界环境变化终止或修改项目进程和方案。后期评价用于项目交接等。

项目方案的建设应能够实现以下功能:

(1)实现交通管理的基础功能。交通管理的基础功能是指实现多渠道、大范围的交通信息的采集、处理和发布;有效的组织调度交通流;监测管辖区内的交通行为等;提升道路服务水平。

(2)提高城市交通安全水平,保障道路畅通。降低事故率、保障交通安全和道路保障是ITS最核心最基础的要求。

(3)资源共享与信息交换。

(4)提高社会化服务水平。提高信息发布水平,提高公共服务水平和信息发布能力。

5.6 本章小结

本章介绍了ITS规划的流程和方法,并重点介绍了需求分析与预测的目的以及ITS系统功能分析与设计的框架。

【本章练习题】

1. 简述ITS规划的流程。
2. ITS需求分析与预测的目的是什么?

3. ITS 系统功能分析与设计的框架是什么?
4. ITS 规划与传统意义上的交通规划的区别是什么?
5. ITS 项目方案设计和实施中应坚持的原则有哪些?

第 6 章
城市交通信号控制系统

【学习目的与要求】

通过本章的学习,了解 TRANSYT、SCOOT、SCATS 和 NITCS 等几个典型的交通信号控制系统,同时掌握它们的特点和不足,并熟悉 OPAC 系统、SPOT/UTOPIA 系统和 RHODES 系统及其各自的特点。

6.1 信号控制概述

用信号方式控制交通流的思想最早诞生于 19 世纪。根据英国学者韦伯思特(E. V. Webster)和柯布(B. M. Cobber)的著作记述,英国于 1868 年在伦敦威斯脱敏斯特(Westminster)地区安装了一种红绿两色的臂板式燃气信号灯,揭开了城市交通信号灯控制的序幕。1917 年美国盐湖城出现的信号灯,采用了与当今使用的信号灯极为相似的红—黄—绿三色灯,它是人工操作的,这也是交通信号控制的雏形。1926 年,英国人首次安装和使用自动化的控制器来控制交通信号灯,奠定了城市交通信号自动控制的基础。虽然这种机械式的信号灯首次实现自动控制,但由于不能根据交通状况做相应的改变,数据处理能力有限,信号灯之间的协作也很少,其效果不如手动控制。1928 年,美国研制了世界上第一台感应式信号机,首次实现了根据交通流而自行调整交通信号时间。1952 年,美国科罗拉多州丹佛市首次利用模拟计算机和交通检测器实现了信号机网的配时方案选择式信号灯控制系统,称为"PR"系统,其核心技术是单点感应控制原理在交通网络中的应用,在线通过抽样数据计算绿信比和相位差,这种控制方法十分有效。1959年,加拿大多伦多市对于如何利用计算机控制交通信号灯进行了研究,并于1963年建成了世界上第一个利用计算机进行集中协调感应控制的交通信号控制系统。它是城市交通控制系统发展的里程碑,采用的控制方法与以往不同,通过计算机网络对城市部分区域或所有区域实行协调控制。从这以后,世界各国都相继将计算机技术应用到交通控制中,以便有效缓解日益紧张的城市交通问题。

交通控制技术和相关控制算法的发展,逐渐改善了控制的安全性、有效性及对环境的影响。交通信号机由手动到自动,交通信号由固定周期到可变周期,系统控制方式由点控到线控和面控,从无车辆检测器到有车辆检测器,交通信号控制经历了近百年发展历史。

随着我国国民经济的飞速发展以及城市化进程的不断加快,城市交通日趋紧张,交通阻塞与拥挤现象日趋突出。改善城市道路交通系统的功能,解决日趋突出的城市交通问题,其有效途径除了合理的城市道路交通建设和规划之外,还有一个投资较少见效较快的途径,那就是建立先进的、功能强大的城市交通信号控制系统。交通信号控制系统作为ITS重要的子系统,在城市交通管理现代化建设中起着越来越重要的作用。经过长期的发展,城市交通信号控制系统先后有很多种,如英国的TRANSYT和SCOOT系统、澳大利亚的SCATS系统等在实践中取得了较好的应用效果,并在很多城市得到广泛应用。如我国在1987年北京利用引进技术开通了SCOOT系统,1988年上海开通了SCATS系统,之后杭州、沈阳和广州引进了SCATS系统,青岛、大连引进了SCOOT系统。目前比较有代表性并且在实践中取得了较好应用效果的城市交通控制系统有英国的TRANSYT系统、SCOOT系统、澳大利亚的SCATS系统、美国RHODES系统和日本的VICS系统等。

交通信号控制系统从不同角度分类有多种分类方法,按控制方法可以分为定时控制、感应控制和自适应控制;按控制范围可以分为点控、线控和面控;按控制结构可以分为集中式控制结构和分层式控制结构;按控制策略可以分为定时式脱机控制系统和感应式联机控制系统。

本章主要介绍定时式脱机控制系统和感应式联机控制系统中的典型系统:TRANSYT系统、SCOOT系统、SCATS系统、RHODES系统、SPOT/UTOPIA系统、OPAC系统,以及吉林大学ITS中心自主研发的新型智能化交通控制系统NITCS系统,并简要介绍其他几种城市交通信号控制系统。

6.2 定时式脱机控制系统

定时式脱机控制系统就是利用已有的交通流历史数据和现状统计数据,进行脱机优化处理,得出多时段的最优信号配时方案,然后存入控制器或控制计算机内,从而对整个交通区域实施多时段定时控制。系统只有在网络交通条件发生重大变化,原信号配时方案不能满足要求时,才重新对整个网络进行一次交通量数据采集、处理,从而更新信号配时方案。它的特点是:简单、可靠、效益投资比高,但是不能及时响应交通流的随机变化,因此当交通数据过时后,控制效果明显下降。典型的定时式脱机控制系统是英国研制的TRANSYT(Traffic Network Study Tools)系统。

TRANSYT 系统是用作信号控制网协调配时设计的一项先进技术,是英国道路研究所花费近10年的时间研制成功的控制系统。后经专利转让,各国对 TRANSYT 进行了不断改进,美国已经发展到了 TRANSYT-7F,英国也已发展到 TRANSYT-8 型,目前最新版本是 TRANSYT-11。TRANSYT 的原意是"交通网研究方法",它是目前世界各国流传最广,应用得最普遍的一种协调配时方法。

TRANSYT 系统主要由仿真模型及信号配时优化两部分组成,其中仿真模型是用来模拟在信号灯控制下交通网上的车辆行驶状况,以便计算在一组给定的信号配时方案下交通网络运行指标;信号配时优化过程就是改变信号配时方案并确定系统性能指标,经过反复试验得到最佳配时方案。TRANSYT 系统的基本原理如图 6-1 所示。

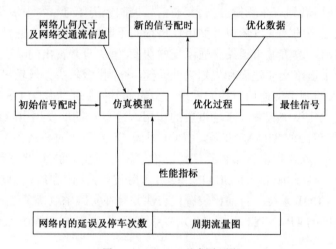

图 6-1 TRANSYT 基本原理图

1) 仿真模型

TRANSYT 仿真模型采用定数(Deterministic)模式,只考虑路网上各个车流的总体情况和平均特性参数,建立具体模型时再采用一些修正系数,把单个车辆行驶的随机变化因素考虑进去。TRANSYT 仿真模型有几个关键环节,下面对这几个关键环节进行简要说明。

(1) 交通网络结构图示

TRANSYT 把一个复杂的交通网简化成适合数学计算的图示,这个图示由"节点"和"节点"之间的"连线"组成。在网络结构上,每个"节点"代表一个有信号灯控制的交叉口;每一条"连线"表示一股驶向下游一个"节点"的单向车流。网络结构图上还应标出所有节点和连线的编号,以折算小客车为单位标出平均小时交通量以及转弯交通量的大小。

①周期流量变化图示。

周期流量变化图示是纵坐标表示交通量,横坐标表示时间的交通量在一个周期内随时间变化的柱状图。

②车辆在连线上运行状况的模拟。

为描述车流在一条连线上运行的全过程,TRANSYT 使用如下三种周期流量图示:

到达流量图示。这一图示表示车流在不受阻滞的情况下,到达下游停车线的到达率变化情况。

驶出流量图示。这一图示描述了车流离开下游交叉口时的实际流量变化情况。

饱和驶出图示。这一图示实际上是一种以饱和流率驶离停车线的流量图示。只有当绿灯期间通过的车流处于饱和状态,才会有这种图示出现。

罗宾逊方法建立了下游某一段面上的车辆到达率与上游断面上的车辆驶出率之间的数学关系,为使用上游连线的驶出流量图式来推算下游连线的到达流量图示提供了一个实用计算公式,如式(6-1)所示。

$$q_d(i+t) = F \cdot q_o(i) + (1-F) \cdot q_d(i+t-1) \tag{6-1}$$

式中:$q_d(i+t)$——第 $i+t$ 个时间间隔内下游断面的车辆到达率;

$\quad q_o(i)$——第 i 个时间间隔内上游断面的车辆驶出率;

$\quad t$——0.8 倍车辆从上游断面行驶到下游断面的平均行驶时间所对应的时间间隔数;

$\quad F$——车流在运动过程中的车流离散系数,可由式(6-2)给出。

$$F = \frac{1}{1+0.35 \times t} \tag{6-2}$$

可推算,第 i 个时间间隔内被阻滞于停车线的车辆数 $m(i)$ 应满足:

$$m(i) = \max[m(i-1) + q_d(i) \times \Delta t - S(i) \times \Delta t, 0] \tag{6-3}$$

式中:$m(i-1)$——第 $i-1$ 个时间间隔内被阻滞于停车线的车辆数;

$\quad q_d(i)$——第 i 个时间间隔内到达停车线断面的车辆平均到达率,可由达到流量图示求得;

$\quad S(i)$——第 i 个时间间隔内车流通过停车线断面的最大车辆平均驶离率;

$\quad \Delta t$——时间间隔大小。

由式(6-3)可以推知,在第 i 个时间间隔内驶出停车线的车辆数 $N(i)$ 与驶出率 $q_1(i)$ 为:

$$N(i) = m(i-1) + q_d(i) \times \Delta t - m(i) \tag{6-4}$$

$$q_1(i) = \frac{N(i)}{\Delta t} \tag{6-5}$$

由此可见,根据上游交叉口相关连线的到达流量图示与饱和驶出流量图示,按照已知的各流向流量百分比,便可以得到下游交叉口上有断面的驶出流量图,再利用罗伯逊方法又可得到下游交叉口的到达流量图示。以此类推,即可得到任一下游连线上的流量周期变化图示。

(2)车辆延误时间计算

TRANSYT 计算的车辆延误时间是均匀到达延误、随机到达延误与超饱和延误之和。

在低饱和交通状态下时,车辆的延误可看作由均衡相位平均延误和随机平均延误时间组成,见式(6-6)。

$$d = d_e + d_r = \frac{C \times (1-\lambda)^2}{2(1-y)} + \frac{x^2}{2q \times (1-x)} \tag{6-6}$$

式中:d_e——均衡相位平均延误,即 $d_e = \frac{C \times (1-\lambda)^2}{2(1-y)}$;

$\quad C$——周期长度;

$\quad \lambda$——绿信比;

$\quad y$——流量比;

$\quad d_r$——随机平均延误时间,即 $d_r = \frac{x^2}{2q \times (1-x)}$;

x——饱和度；

q——流量。

在过饱和交通状态下时，车辆的平均延误为：

$$d = \frac{t_R}{2} + \frac{L_d}{Q} \tag{6-7}$$

式中：t_R——红灯时长；

L_d——平均过饱和滞留车队长度；

Q——进口道通行能力。

(3) 停车次数的计算

TRANSYT 计算的停车次数，也是分成均匀到达停车次数、随机到达停车次数与超饱和停车次数三部分。

在低饱和交通状态下时，车辆的停车次数可看作由均衡相位平均停车次数和随机平均停车次数组成：

$$h = h_e + h_r = 0.9 \times \left[\frac{1-\lambda}{1-y} + \frac{x^2}{2(1-x)}{q \times C} \right] \tag{6-8}$$

式中：h_e——均衡相位停车次数；

h_r——随机平均停车次数。

其余各项参数含义同式(6-6)。

在过饱和交通状态下时，车辆的平均停车次数为：

$$h = 1 + \frac{L_d}{Q \times C} \tag{6-9}$$

式中各参数含义同式(6-7)。

2) 信号配时优化

TRANSYT 将仿真所得的性能指标(PI)送入优化程序，作为优化的目标函数；以网络内的总行车油耗或总延误时间及停车次数的加权作为性能指标；用"爬山"优化，产生较之初始配时更为优越的新的信号配时；把新信号配时再送入仿真部分，反复迭代，最后取得 PI 值最小的系统最佳配时。

TRANSYT 是一种用于固定配时控制系统的设计方法。在固定配时系统中，信号周期是共同的(或者有一部分交叉口采用双周期，即其周期长度为共用周期的一半)，而且在一个确定的配时方案执行阶段内，每个交叉口上所有的各个信号阶段起讫时间点(相对于一个周期长度的比例)是固定不变的。为了适应交通量随时间而变化的客观情况，就要拟定适合于不同交通状况的配时方案，以供不同时段使用。对于任何已知的信号控制的道路网，TRANSYT 利用本身的交通模型和优选方法，都可建立上述配时方案。

基于 TRANSYT 开发出的系统，各国的工程师、专家们对这系统都有不同研究与发展，其中美国有 TRANSYT-7F，法国将 TRANSYT 改为 THESEE 和 THEBES 型。现已被世界 400 多个城市所采用，是最成功的静态控制系统。它们的主要技术特征有：

(1) 控制模式为静态模式。

(2) 系统目标为平均延误时间、停车次数、排队长度最小。

(3)参数特征绿信比和相位差是通过建立优化数学模型进行优化确定;但不对周期进行优化,仅从事先确定的方案中选择确定。

(4)利用爬山法对配时参数进行寻优确定。

TRANSYT系统也存在许多不足之处:一是,计算量大,在大城市中这一问题尤其突出;二是,周期长度不能进行优化,事实上很难获得整体最优的配时方案;三是,因其离线优化,需大量的路网几何尺寸和交通流数据,在城市发展较快时,为保证可信度不得不花费大量时间、人力、财力重新采集数据再优化,制定新方案。

6.3 感应式联机控制系统

感应式联机控制系统以路网上车辆检测器如视频检测器、地磁检测器等实时采集的交通数据为依据,进行配时参数优化得到最佳配时方案,从而实现区域内的交通信号控制。它能够及时响应交通流的随机变化,控制效果好,但控制结构复杂、投资高、对设备的可靠性要求高。目前比较成熟的系统有SCOOT系统、SCATS系统等。

6.3.1 SCOOT系统

SCOOT(Split Cycle Offset Optimization Technique),即"绿信比、信号周期及绿灯起步时距优化技术",是一种对交通信号网实行实时协调控制的自适应控制系统。它是在TRANSYT的基础上发展起来的,因此其模型及优化原理与TRANSYT相似。所不同的仅仅是前者为在线运行,后者为脱机运行。因此SCOOT系统无须事先准备任何备选配时方案。

SCOOT包含了一个用于联机计算的实时交通预测模型,可以对交叉口停车线断面上的车流图式、车辆受阻排队情况以及拥挤程度作出定量的预测,并进一步计算出对应于各种配时参数组合的路网运行指标PI值。这一模型和TRANSYT所使用过的交通预测模型非常相似,所不同的仅仅是前者为联机(On-line)运行,后者为脱机(Off-line)运行。正因为SCOOT使用了一种联机的实时交通模型,就无须事先准备任何后备(供实时选择)配时方案。从这个意义上说,这种系统的运行完全可以从"零"开始。若TRANSYT系统称为"半自适应控制",SCOOT则可以称作"全自适应控制"系统。

SCOOT将其所控制的路口或路段人行横道视为道路网中的节点,在每个信号周期内,根据本周期各方向(即节点上的各连线)到达节点交通需求的变化,从交通均衡、交通相关和交通连续的角度,对每次绿灯时间的变化进行优化调整,同时,系统的使用者还可以根据具体实际情况和控制战略要求,施加带有倾向性的干预,从而在减少延误,缩短旅行时间,提高通行能力方面获得明显稳定的效果。

SCOOT通过车辆检测器实时测量并跟踪交通运动,它利用一个联机的交通模型和相应的控制参数优化程序来优化信号控制器的配时。SCOOT的检测器在当时创新之处就是集计数检测器和占有率检测器两种功能于一身。它能测量流量和占有率的混合参数;安装在适当的位置可直接测量交通阻塞。SCOOT检测器的环形线圈埋设在上游交叉路口的出口,检测的数据上传至"UTC"计算机中,经过处理便生成了SCOOT的模型核心——周期流分布图CFP。SCOOT的优化程序的任务就是利用CFP和交通模型找出信号配时参数的最佳组合。为了跟踪 CFP 的瞬时变化，SCOOT 的优化程序采用小增量寻优方法，即信号配时参数可随 CFP 的变化作相应的微小变化。采用这种参数微调的好处是，对交通的连续运动妨碍最小，又不以为交通参与者所察觉。其基本流程如图 6-2 所示。

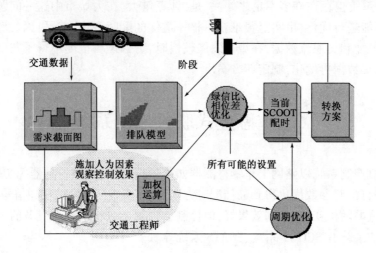

图 6-2　基本流程图

SCOOT 系统根据检测器得到的实时数据计算交通量、占用时间、占有率及拥挤程度。同时，它结合检测数据和预先存储的交通参数对各路口进行车队预测，由此利用交通环境对子区和路网的信号配时进行优化。SCOOT 系统因其在应用中的良好表现得到了普遍认可，应用越来越广泛。

除了上述特点之外，SCOOT 还有以下一些独到之处：

(1) 广泛的适用性。

(2) SCOOT 系统对配时参数的优化是采用连续微量调整的方式，即每个信号周期内，只对绿信比和绿灯起步时距作 $\pm(1 \sim 4s)$ 的调整。

(3) 在 SCOOT 系统中，无须预测未来若干分钟内路上交通状况的变化。

(4) 个别车辆检测器错误地反馈信息几乎不影响 SCOOT 系统对信号配时参数的优化，而且该系统对这类错误的信息有自动鉴别和淘汰的功能。

(5) 对实时交通状况的变化反应灵敏。

实践表明，SCOOT 系统有一个灵活、准确的实时交通模型，不仅用于制定配时方案，还可以提供各种交通信息；SCOOT 采用对下一个周期的交通进行预测的方法，提高了结果的可靠性和有效性；SCOOT 调整参数时采用频繁的小增量变化，既避免了信号参数突变给路网上车辆带来的损失，又可通过频繁的累加变化来适应交通条件的变化；SCOOT 的车辆检测其埋设在上游路口的出口处，为下游交叉口信号配时预留了充足的时间，且可有充足的时间作出反应，以预防车队阻塞到上游交叉口。同时，检测故障时，它也能做出相应调整。

SCOOT 的不足之处：一是，相位不能自动增减，相序不能自动改变；二是，独立的控制子区的划分不能自行解决，需人工确定；三是，饱和流率的校核未自动化，使现场安装调试相当烦琐。

6.3.2 SCATS 系统

SCATS(Sydney Coordinated Adaptive Traffic System)系统是一种自适应控制系统,该系统因最初应用于澳大利亚悉尼市而得名,它实际上也是一种实时配时(参数)方案选择系统。此系统有一套以实时交通数据为基础的"算法",是一种实时配时参数方案选择系统,属于响应式联机操作系统,20 世纪 70 年代开始研究,80 年代投入使用。该系统把信号周期、绿信比和相位差作为各自独立的参数分别进行优选,优选过程所使用的"算法"以饱和度和综合流量为主要依据。算法中使用的"饱和度",在概念上有别于传统意义上的饱和度,它是指被车流有效利用的绿灯时间与绿灯显示时间之比。SCATS 系统的控制结构层次示意图如图 6-3 所示。

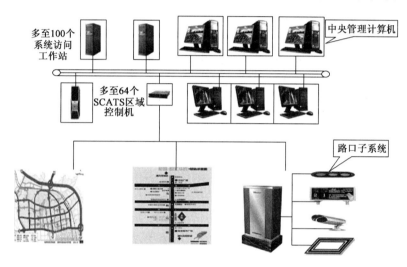

图 6-3　SCATS 系统的控制结构层次示意图

SCATS 系统的功能主要有以下几个方面：

(1) 交通信息(数据)的实时采集和统计分析。

(2) 实现对交通流的自适应最佳控制。根据变化的交通状况实时提出最佳的控制方案,保证交通的畅通、快速和安全。

(3) 提供"绿波带"及紧急车辆优先通行权。

(4) 提供公交车辆优先通行权。

(5) 提供交通信号灯人工操作功能。

(6) 提供户外工作终端。可以将便携式个人计算机连接到任何一个路口交通信号机,从而进入整个 SCATS 系统。

(7) 进行系统技术监察、故障诊断和记录。

(8) 远程维护。可以电话拨号方式将计算机连入 SCATS 系统,进行操作维护。

下面简要介绍 SCATS 优选配时方案的各主要环节。

(1) 子系统的合并与划分

在优选配时参数的过程中,SCATS 用"合并指数"来判断相邻子系统是否需要合并。在每一信号周期内,都要进行一次"合并指数"计算。相邻两子系统各自要求的信号周期时长相差不超过 9s 时,"合并指数"累计值为 +1,反之为 -1。若"合并指数"的累计值达到"4",则认为这两个子系统已经达到合并的标准。合并后的子系统,在必要时还可以自动重新分开变为原先的两个子系统,直到"合并指数"累计值下降至零。

(2)SCATS配时参数优选"算法"简介

SCATS把信号周期、绿信比及绿时差作为各自独立的参数分别进行优选,优选过程所使用的"算法"以所谓的"饱和度"及"综合流量"为主要依据。

①饱和度。

SCATS所使用的"饱和度"是指被车流有效利用的绿灯时间与绿灯显示时间之比:

$$DS = \frac{g'}{g} \tag{6-10}$$

$$g' = g - (T - th) \tag{6-11}$$

式中:DS——饱和度;

　　g——可供车辆通行的显示绿灯时间之和(s);

　　g'——被车辆有效利用的绿灯时间(s);

　　T——绿灯期间,停止线上无车辆的时间(s);

　　t——车流正常驶过停止线断面时,前后车辆间不可少的一个空当时间(s);

　　h——必不可少的空当个数。

②综合流量。

综合流量指一次绿灯期间通过停止线的车辆折算当量,它由直接测定的饱和度及绿灯期间实际出现过的最大流率来确定。

(3)信号周期时长的选择

信号周期时长的选择以子系统为基础,即在一个子系统内,根据其中饱和度最高的交叉口来确定整个子系统应当采用的周期时长。SCATS在每个交叉口的每条进口道上都设有车辆检测器,由前一周期内各检测器直接测定出的DS值中取出最大的一个,并据此定出下一周期内应该采用的周期长度。

(4)绿信比方案的选择

绿信比方案的选择,在每一信号周期内都要进行一次,其大致过程如下:在每一信号周期内,都要对四种绿信比方案进行对比,对它们的"入选"进行"投票"。若连续三个周期内,某个方案两次"中选",则该方案即被选择作为下一周的执行方案。

(5)绿时差方案的选择

在SCATS系统中,内部、外部两类时差方案都要事先确定,并存储于中央控制机内。

SCATS系统的结构层次大体上可分为:中央监控中心、区域控制中心和信号控制器。SCATS系统有其自己的优势:检测器安装在停车线上,不需要建立交通模型,因此其控制方案不是基于交通模型的;周期、绿信比和相位差的优化是预先确定的多个方案中,根据实测的类饱和度值进行选择;系统可根据交通需求改变相序或跳过下一个相位,因而能及时响应每一个周期的交通需求;可以自动划分控制子区,具有局部车辆感应控制功能。

SCATS系统不足之处在于:一是,作为一种方案选择系统,没有使用交通流模型,限制了配时方案的优化程度;二是,检测器安装在停车线处,难以监测车队的行进,没有车流实时信息反馈,这使得相位差优选可靠性较差;三是,系统只能实施在PDP系列数字计算机上,限制了推广应用。

6.3.3 RHODES 系统

RHODES(Real-time, Hierarchical, Optimized, Distributed and Effective System)由美国亚利桑那州立大学 P. Mirchandani 等于 1996 年开发成功,并陆续在美国亚利桑拿州的 Tucson 市和 Tempe 市进行了现场测试,结果表明该系统对半拥挤的交通网络比较有效。现在大约有 20 个路口运行着该系统。该系统主要有以下几个特点:

(1) RHODES 在硬件上是一个两级结构,即中心计算机级和信号控制器级,从这一点来看与 SCOOT 系统类似;但它把系统控制问题分解为三层递阶结构,路口控制层、网络控制层和网络负荷分配层。在路口控制层主要根据测得的交通流及各种约束条件进行交通流预测、相位和绿时的控制,这种控制每秒钟都要进行。在网络控制层主要对车队的行驶情况进行预测,从而为网络中的各个路口建立协调约束。这种预测每 200~300s 进行一次。在网络负荷分配层主要进行总的交通需求预测。先进的出行信息系统(Advanced Traveler Information System,简称 ATIS)和动态交通流分配中的许多技术可以在这一层实施。

(2) RHODES 系统主要由路口控制参数优化模块、各方向交通流预测模块、路网车流优化模块、车队预测模块和参数及状态估计模块组成。各模块之间均有信息交换。

(3) 该系统在预测方法上进行了深入研究,为了保证预测的准确性,它把车辆检测器安装在路口的车辆进口处,本路口某方向到达车辆可由上游路口 3 个方向(左转、右转和直行)上检测到的车流量进行预测,通过本路口检测器可对预测值进行检验和校正,从而使预测尽可能准确。

(4) 提出了一种相位的可控优化概念(Controlled Optimization of Phases),根据到达车辆的预测值,用动态规划(Dynamic Programming,简称 DP)的方法找出最优相序和相位长度。为了实时应用动态规划,RHODES 采用滑动时间窗以减少计算量。

(5) 提出了一种称为"实时绿波带"(Real-time Band)的概念,根据当前的车队预测值,综合考虑网络上各方向车队可能发生的冲突,用决策树法进行网络优化并实时生成行进绿波带,其宽度和速度值能使区域目标函数达到最优,即延误和停车次数最少。

(6) 提供了与交通分析软件的接口,可离线评价配时方案的优劣或作为研究工具。

6.3.4 SPOT/UTOPIA 系统

SPOT(Signal Progression Optimization Technology)/UTOPIA(Urban Traffic Optimization by Integrated Automation)系统是意大利 Mizar Automazione 公司开发的分布式实时交通控制系统。其最早版本于 1985 年安装在意大利的都灵市,取得了比较满意的效果。目前,Peek 公司拥有 SPOT/UTOPIA 系统的版权。该系统在意大利、挪威、荷兰、瑞典、芬兰和丹麦等国应用较多,在英国和美国有个别城市使用了该系统。

SPOT/UTOPIA 系统的特点如下:

(1) SPOT/UTOPIA 实际上是由两个部分组成,SPOT 独立工作时是一个小型的分布式交通控制系统,一个 SPOT 系统管理的路口一般不超过 6 个。每一个路口信号控制机必须安装一个 SPOT 单元(要求为 386 以上的工控机),可以与交通灯控制机(TLC)及其他路口机通信,因此各路口的通信方式是对等的。UTOPIA 是一个面控软件,在联网的中心计算机上运行。路口数较多时,可划分若干子区,每个子区是一个 SPOT 系统,然后由 UTOPIA 协调组成区域控制系统。

（2）每3s路口信号机之间的数据交换一次,同时各路口信号机在滑动时间窗（Rolling Horizon）上进行一次优化,该时间窗的长度为2min。路口信号机优化时主要考虑路口状态（指各个方向的排队长度、转向率和饱和度等）、延误、停车次数、公交和特种车辆优先、路段的剩余通行能力、行人过街请示及中心机的区域控制方案。这意味着每次优化的结果只能运行3s,这种方式被称为"开环反馈控制"。

（3）系统在当初设计和开发时就考虑了公交优先的功能,因而其控制目标是:在尽可能保证公交车不遇红灯的情况下,使私家车总的旅行时间最短。为了实现这一目标,该系统在最小化目标函数中,引入权重的概念。最大权重赋给公交车在路口的损失时间项。

（4）系统为了保证子区控制的最优性和鲁棒性,采用的"强相互作用"概念,即本路口的目标函数要考虑相邻路口的状态及区域控制级给出的约束条件。

（5）UTOPIA要为整个网络进行最优控制决策,它接收各SPOT单元发来的路口状态信息,确定子区的划分、子区的最佳周期（每个子区在同一周期下运行）、最佳权重等。该系统除了与SPOT通信外,还可通过TCPIP接口与更上一层的系统（如交通指挥中心）交换信息。UTOPIA在运行过程中还建立了一个实际状态信息数据库,以便在系统实时系统故障时,可进行后备方案选择。

欧洲的公共交通比较发达,而SPOT/UTOPIA系统的公交优先功能比较完善,因而应用较多。但SPOT/UTOPIA系统在美国内布拉斯加州Omaha市的应用情况并不理想,一方面说明美国的公共交通并不发达,该系统发挥不了其特长;另一方面说明该系统在交通信号控制策略上还存在不足,需要进一步改进。

6.3.5 OPAC系统

OPAC（Optimization Policies for Adaptive Control）是一个分布式实时交通信号控制系统,由美国PB Farradyne公司和Massachusetts Lowell大学共同开发。最早的版本为OPAC 1于1979年完成。以后陆续将版本升级,其最新版为OPAC 5,于2000年完成。1986年以前的版本只能离线进行控制方案配时,1986年后推出实时控制版。1996年,在美国新泽西州的18号公路对OPAC系统进行了现场测试,取得了满意结果,特别是对很拥挤的交通干线比较有效。OPAC系统主要有以下几个特点:

（1）OPAC系统引入有效定周期（VFC-Virtual Fixed Cycle）的概念,即允许每一个路口的周期长度在一个规定的时间和空间范围内变化。其好处是信号控制机有比较大的回旋余地以应付本路口的交通请求。另外,也为两路口间的行进中的车队改善其通行带保留了一定的协调能力。

（2）OPAC系统在硬件上为分布式结构,每个路口机由信号控制机和一台586以上的PC机组成,路口机之间可以对等通信,或通过中心计算机通信。中心计算机由2到3台PC机组成。在控制上分为3个层次:最低层在VFC的约束下,对未来的信号配时进行优化;中间层对相位差进行优化;最上层进行信号同步,找出最优的VFC。

（3）OPAC系统是一个真正的分布式系统,中心计算机只完成VFC的优化,当相邻路口之间通信失败时可通过中心计算机进行对等通信。路口机完成车队预测、相位优化以及排队长、停车次数和延误等参数或状态的估计和检测。路口机在进行优化时,主要考虑VFC约束和可操作性约束。

（4）检测器安装在各个车道上游离停车线 8~12s 车程的地方，便于准确预测车流量、车队行进等数据。

（5）采用先进的优化方法和控制技术，如动态规划、自校正、自调整算法等。为了保证实时性，采用滑动时间窗方法。OPAC 系统的应用时间较短，控制算法比较复杂，对调试人员的要求较高；另外，其 9600bit/s 的通信速率较低，对等通信只能 30s 完成一次，这对实时性可能会产生影响。

6.4 新型智能化交通控制系统

吉林大学 ITS 研发中心依托国家高技术研究发展计划（"863"计划）课题"新一代智能化交通控制系统关键技术研发"，开发形成了"新一代智能化交通控制系统"（Novel Intelligent Traffic Control System，简称 NITCS）。NITCS 基于实时动态交通信息及交通状态判别技术，采用分级分区的大系统动态分层递阶控制框架，将大范围作为中心协调层、区域作为优化控制层、交叉口信号控制器作为联动执行层，从大范围（交叉口数量人于 2000）协调、区域（交叉口数量大于 500）优化、交叉口联动 3 个层次对路网交通流进行协调控制，从时间和空间两个角度，优化路网交通流，均衡路网交通负荷，有效提高了非饱和交通流情况下的安全性，解决了饱和与过饱和两种交通流条件下的交通拥挤、拥堵问题。突破并解决了国内外传统交通控制系统控制范围小、各区域之间无法协调、控制策略僵化以及交通拥挤、拥堵条件下无法实现交通疏导的问题。

NITCS 系统针对传统交通控制系统存在的问题，对交通控制相关状态获取技术、大范围战略交通控制技术、区域混合交通流交通控制策略和算法、网络动态路径选择技术、智能化交通信号控制设备等关键技术展开研发，突破传统的控制理论和控制技术，设计开发了大范围中心协调控制→区域优化控制→路口联动执行控制等系列软硬件技术产品，主要关键技术体现在：

（1）交通状态时空判别技术

国内外现有的交通控制系统中缺少交通状态判别技术，无法获取城市道路交通流时、空状态信息，严重影响交通控制策略的制定和信号配时参数优化。NITCS 系统通过研发交通状态时空判别技术，实现了对道路交通流状态（畅通、拥挤、拥堵等）全时空、多尺度的判别与预测，为大范围战略协调控制、区域自适应控制提供了完整、可靠的信息。

（2）大范围战略交通协调控制技术

由于国内外交通控制系统缺少区域间及区域边界协调控制，容易使交通拥挤拥堵迅速扩散和蔓延，甚至导致整个交通控制系统瘫痪。而大范围战略交通协调控制技术实现了对区域间、区域边界的交通控制策略协调优化，对路网交通流进行截流、分流，有效实现了交通拥挤、拥堵的快速消散。

（3）区域交通自适应控制技术

国内外交通控制系统控制对象单一、模式老化、优化方案更新速度慢，无法根据交通流的变化进行智能调整。而区域交通自适应控制技术实现了混合交通流（集机动车、非机动车、公交优先控制于一体）控制方式的智能选择及控制参数快速优化，保障了区域交通流快速、安全运行。与国内外传统交通控制系统相比,其控制效率提高了30%以上。

(4) 交通控制与交通诱导协同技术

长期以来,国内外一直把交通控制和交通诱导分别作为两个独立的系统来解决交通拥挤、拥堵等交通问题,具有较大的局限性。NITCS系统提出并建立了城市交通智能协同理论与实施框架,成功研发了交通控制与交通诱导协同技术,有效解决了城市道路关键节点及相关路段的交通拥挤和拥堵问题,大大提高了控制系统的控制效率。

(5) 智能化交通信号控制器

目前国内外研发的交通信号控制器仅局限于控制路口的红绿灯信号,控制功能单一、集成化水平低、可扩展性不强、不能实现智能化控制。而智能化交通信号控制器能够在不同条件下进行实时控制和协调优化,解决路口不同交通设备的集成控制、信息共享等难题,实现了交通控制器的集约化、智能化、高效控制。

NITCS采用分级分区递阶控制模式,主要包括大范围战略控制级,区域控制级和路口控制级。

新一代智能化交通控制系统的层次结构、物理结构,如图6-4、图6-5所示。

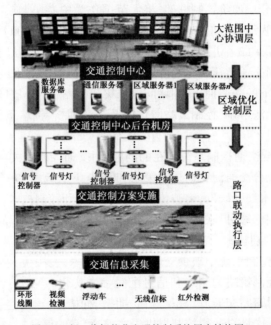

图6-4 新一代智能化交通控制系统层次结构图

大范围战略控制级是NITCS系统创新中的亮点,主要面向大城市的交通管理与控制。随着城市规模不断扩大,城市路网密度增大,以及安装信号灯交叉口数量增多,城市交通控制系统需要管理的范围逐渐增大。面对不断增大的控制范围,交通控制系统必须要适应这种变化。因此,提出了"大范围战略交通控制系统"的概念。大范围战略交通控制系统实质上是指以交通信号控制和交通诱导为控制手段,对范围广泛、状态复杂的大规模交通系统进行整体控制,主要包括区域间网络交通流协调优化控制,以及各区域内部战略级控制策略的制定,从而达到缓解城市道路的交通拥挤、减少环境污染、减低能源消耗的目标。大范围战略交通控制系统特点在于:

(1) 能够生成大范围交通控制策略

城市路网错综复杂，整个控制系统需要覆盖的交叉口成千上万，而道路上的交通状态又是时刻在改变，所以城市交通系统是一个复杂的非线性的时变的庞大系统。已有的区域控制系统往往把控制区域分成几个子区，由一个控制中心统一下发策略，但区域之间无法协调。这就需要一个大范围交通控制中心处于战略位置统筹安排，为各个区域提供控制策略，并协调各个区域以及区域边界的策略，达到大范围的交通控制效益整体最优。

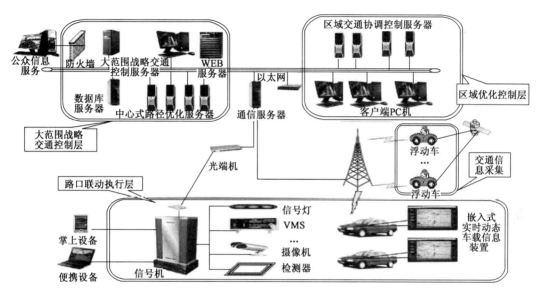

图 6-5　新一代智能化交通控制系统物理结构图

(2) 分层递阶协调控制区域间的交通流

为了便于交通控制策略的实施和整个路网的最优控制，根据复杂大系统理论，将整个交通控制网划分为若干个等级和层次，每个等级根据上级下发的控制参数在可能范围内自行优化，最后由上级根据下层最优制定一个整体最优策略。分层递阶协调控制既能保证每一个层次相对最优，又能达到整体最优。大范围交通控制系统采取了SCATS的控制框架，融入了SCOOT的配时方法，在SCATS的基础上加入了区域之间的协调以及区域边界的协调，在SCOOT的基础上加入了人工智能控制算法。

(3) 信号控制与交通诱导相协调

传统的信号控制系统没有考虑控制效果对交通需求的影响，也没有考虑到交通流对交通控制系统的前馈性，无论采取何种方式，其本质都是对已经发生的即将通过某个路口的车辆进行控制，其结果是改变了不同方向的车辆通过路口的时间，从而使网络流量在时间上的分布发生变化，以最大限度地提高现有道路的通行能力。这种方式无法在出行者发生行为前影响交通流的分析，因此有很大的局限性，未能发挥出交通控制系统的导向作用。

随着车辆保有量的迅速增加，传统的交通信号控制系统仅仅从时间上控制交通流的方法，已经不能解决越来越严重的城市交通拥挤等问题。这就需要将交通信号控制系统和交通诱导系统相互协调起来，从时间上、空间上均衡交通网络交通量，协同解决交通拥挤问题。

(4) 智能化交通控制策略选择

传统的信号控制系统一旦系统建成后，交通控制策略就已经固化在其中了，无法再根据时变的交通状态再进行控制策略(控制方式、控制目标、控制周期等)的变化。新一代智能化交通控制系统在智能化理论的指导下,可以根据交通状态的变化随时改变交通控制策略。使得不同交通状态在不同的控制策略下取得最优的交通控制效益,充分发挥各种交通控制策略的优势作用。

(5)混合交通流控制

已有的交通控制系统的模型都是基于传统的交通流理论。这些理论由于它的局限性已经不适应交通流的实际运行特点,再加上中国混合交通的特点,所以更加不能适合中国混合交通流的特点。新一代智能化交通控制系统以非线性动力学理论为基础,建立了非线性混合交通动力学模型,为混合交通流控制奠定了理论基础。同时,该系统以减少交叉口冲突点为目标,为行人、非机动车建立了适合的交通控制形式,优化了整个交叉口的各种交通流,解决了中国混合交通流控制的难题。

区域控制级是 NITCS 系统的核心。将动态子区划分与合并、混合交通信号配时优化、区域交通诱导与控制协调应用于 NITCS。大范围战略交通控制系统区域控制主要由区域控制计算机、信号控制机构成。其主要功能是运行区域控制软件,由区域控制软件负责生成的配时方案控制路口信号灯。

路口控制级是 NITCS 系统执行的重点。开发了具有公交优先、协调优化、动态及远程数据传输接口、在线修改信号配时等。

6.5 本章小结

本章主要介绍了 TRANSYT、SCOOT、SCATS 和 NITCS 等几个典型的交通信号控制系统,并指出了它们的特点和不足之处。然后简述了 OPAC 系统、SPOT/UTOPIA 系统和 RHODES 系统,分别指出了各个系统的特点。

【本章练习题】

1. 简述 TRANSYT 系统的基本原理并指出该系统的不足之处。
2. SCATS 系统的功能是什么?并简要介绍 SCATS 优选配时方案的各主要环节。
3. 大范围战略交通控制系统特点是什么?指出 NITCS 系统的关键技术。
4. 简述 OPAC 系统、SPOT/UTOPIA 系统和 RHODES 系统的主要特点。
5. 对比分析本章各个系统的优缺点。

第7章
先进的交通管理系统

【学习目的与要求】

通过本章的学习,了解先进的交通管理系统的定义和目标,同时掌握它的功能、特征和基本组成,并对国外典型先进的交通管理系统和国内类似系统有一定的了解和认识。

7.1 概　　述

随着我国改革开放不断深入,城市化进程不断加快,交通事业飞速发展,人们对交通需求越来越迫切。我国政府部门准备加大力量解决交通发展问题,科技部将ITS智能交通作为"十五"期间科技发展战略目标;交通运输部、公安部等有关部门将ITS作为发展交通运输,减少拥挤和事故,改革城市交通,建立安全体系,保证城市可持续发展的有力措施。2002年初,原建设部、公安部进一步提出了解决城市交通拥堵和改善交通秩序的"畅通工程"。这些给先进的交通管理系统在我国的发展提供了良好的支持和保障。

先进的交通管理系统正是适应这种要求应运而生的。先进的交通管理系统(Advanced Traffic Management System,简称ATMS)是ITS的重要组成部分,它是依靠先进的交通监测技术、计算机信息处理技术和通信技术,对城市道路和市际高速公路综合网络的交通营运和设施进行一体化的控制和管理,通过监视车辆运行来控制交通流量,快速准确地处理辖区内发生的各种事件,以便使得客货运输达到最佳状态。

先进的交通管理系统的目标是为大中城市提供交通管理解决方案,在现有交通设施的基础上,改善现有路网运行状况,提高道路的有效利用率和交通流量,缓解车辆增加造成的交通需求压力。同时,改善交通秩序,减少事故,提高行车安全,减少道路的拥挤程度和交通事故的发生率,减少因交通拥挤、事故等造成的出行时间延长等现象。

ATMS 不仅为交通管理者提供了一种先进的管理及控制方法,提高了管理效率,而且使交通参与者(包括驾驶员和行人)都能感觉到缓解拥堵、提高通行效率所带来的便捷。

ATMS 最主要的特征就是系统的高度集成化。它利用先进的通信、计算机、自动控制、视频监控技术,按照系统工程的原理进行系统集成,使得交通工程规划、交通信号控制、交通检测、交通电视监控、交通事故的救援及信息系统有机地结合起来,通过计算机网络系统,实现对交通的实时控制和指挥管理。ATMS 另一特征是信息高速集中与快速信息处理,ATMS 由于运用了先进的网络技术,获取信息快速、实时、准确,提高了控制的实时性。城市 ATMS 的应用使交通管理系统中交通参与者与道路以及车辆之间的关系变得更加和谐,缩短了旅行时间,使城市的交通变得更加有序。

ATMS 作为 ITS 中的主要部分,其主要研究方向有如下几点:
(1)城市道路中心式的交通信号控制系统;
(2)高速公路管理系统;
(3)事故管理系统;
(4)车辆排放监测和管理。

ATMS 系统设计的基本原则:ATMS 系统应遵循实用性、可靠性、先进性、开放性以及可维护性的基本原则,应具备良好的升级、扩展能力。各子系统技术充分合成,做到信息的采集、传输、处理的有机结合,充分发挥系统的整体效能。技术开发的创新原则是集中优势技术,解决关键技术难题。

ATMS 是由一系列的公路状况监视、交通管理与出行建议系统所组成,即:
(1)交通管理控制中心;
(2)交通流量检测系统;
(3)城市信号控制系统;
(4)交通电视监控;
(5)交通信息服务;
(6)紧急求援与事故管理系统。

如果把整个 ATMS 按信息流程划分,则可简化为图 7-1 所示的 4 大部分。

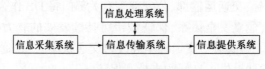

图 7-1　ATMS 信息流程图

以上我们介绍了先进的交通管理系统的组成,而一个完善的先进的交通管理系统还能提供以下管理服务:
(1)信息提供;

(2）交通控制；
(3）交通事故处理；
(4）排放测试与污染防治；
(5）应急管理；
(6）电子收费；
(7）提高养护操作效率；
(8）特种车辆通行管理。

ATMS 是 ITS 的重要组成部分，也是 ITS 中最基础的部分。正是 ATMS 实现了交通信息的采集、传输、存储、分析、处理及应用，实现了交通管理从简单静态管理到智能动态管理的转变，使交通静态及动态信息在最大范围内、最大限度地被出行者、驾驶员、系统管理者、交通研究人员及政府机构所共享和利用，从而实现了大交通系统的动态优化运行，有效地满足了公众不断扩大的交通需求。

7.2　国外典型先进的交通管理系统简介

1963 年，世界上第一个中心式的交通信号控制系统在加拿大的多伦多建成，该系统将检测器的应用与交通信号控制系统结合起来。城市道路集中式的交通控制系统使用不同的监测器，利用交通控制方法及通信技术进行交通管理，建立起了早期的 ATMS 管理中心。与此同时，在美国、日本和一些欧洲国家也逐渐开始了城市道路中心式交通控制系统（Central Traffic Signal Control Systems，简称 CTSCS）及高速公路管理系统（Freeway Management System，简称 FMS）的建设。

7.2.1　美国的先进的交通管理系统

在美国著名的汽车城底特律，其智能运输系统中心（Michigan Intelligent Transportation Systems Center）应用了先进的信息快速集中及处理技术。该系统使用了 148 个电视监控镜头、54 幅可变交通信息情报板、2419 个检测线圈、2070 个不同类型的信号控制机以及由 9 座通信塔和约 103km 的高速光纤形成的通信系统。经改造后的新系统可以使底特律警察局实时监控高速公路的运行状况。新的事故管理支持系统可以提醒监控人员潜在的事故，并能够提供一系列的处理方案。州警察局能够迅速派出一名警察，紧急救援可以立即展开。通过该地区的旅行者可以从改善后的交通环境中获得很大的便利。

在美国，ATMS 需要将高速公路与城市的交通管理结合起来，这需要建立能够减少旅行时间，提高效率，更好地自动检测事故并建立事故管理反应系统。许多城市建立的 CTSCS 在减少旅行时间上运用了多种新技术。洛杉矶的自动交通监控和控制系统在 1170 个交叉口建立起 4509 个检测器。该系统使旅行时间减少达 18%，速度提高了 16%，交叉口延误减少了 44%。在 ATMS 系统中，事故管理系统具有巨大的效益，一方面减少了事故的发生，另一方面减少了事故反应的时间。

美国的 I-95 东北通道的 MAGIC（Metropolitan Area Guidance Information and Control）项目是新泽西运输部建立的一个典型的 ATMS 项目。I-95 东北通道是州际 95 号高速公路的主要部分，它将南部的马里兰州、东北部的康涅狄格州的公路连接起来。它的目标是减少道路交通拥挤，从而减少车辆废气排放。

MAGIC 包括监测公路条件、支持交通管理和为旅行者提供咨询的一系列功能构成，其结构如图 7-2 所示。

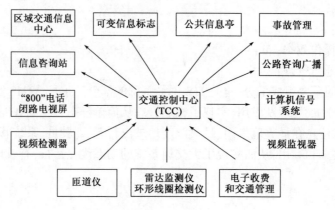

图 7-2　MAGIC 系统结构

安装的各种传感器接收信息，经主计算机处理后，控制公路交通条件并可显示相关数据及进行事故处理。由专家系统向车辆提供替代路径和缓解交通堵塞的建议。通过公路咨询广播和声音等传播提供宽带扩充功能，形成管理系统的通信中心枢纽。

在交通高峰期发生事故将引起上百辆乃至近千辆车的长时间延迟，也会引起撞车，因此 TCC 的事故检测系统的一个重要功能是事故管理，即快速的事故检测和为尽快恢复车辆行驶正常所进行的指挥、协作功能。事故检测是将来自道路监测系统的数据，经计算机的软件系统计算后自动对可能发生的事故做出报警。例如：车辆的突然减速或偏离方向都能被雷达或视频监测系统检出作为数据进入计算机，一旦一个事故被确认，计算机的程序分析可以提出缓解、补救方案，并推荐救援咨询与警察、消防、医疗急救部门联系。

MAGIC 利用公路咨询广播为车辆驾驶人员提供服务信息，告知交通、道路和天气状况，建议路径选择；另外 MAGIC 可利用匝道仪系统，经环形线圈检测匝道的占有率和在匝道上的车辆速度，配合闭路电视（Closed Circuit TV，简称 CCTV）摄像机，监测控制匝道的车辆进入。

新泽西运输部还计划使 MAGIC 包括多模式运输管理，如公共运输、停车和搭乘的停车场的管理。

7.2.2　日本的先进的交通管理系统

日本从 1971 年起连续地实施了对 CTSCS 投资的五年计划。第五个五年计划（1991—1995 年）对 ATMS（包括 VICS）的部署，总预算为 1550 亿日元❶，平均每年 310 亿日元。安装了越来越多的新型信号控制机，并将原有的信号机也升级为计算机控制，实现了对车流密度的实时信号控制，减少了车辆碰撞事故、旅行时间和交叉口交通阻塞。东京的世界上最大的交通控制中心于 1995 年 10 月花费 200 亿日元❷更新设备，配置了 32 台大型机、61 台中型机和 56 台小型机，控制 6875 个交通信号控制器、13992 个检测器、207 个 CCTV 摄影机、203 个可变信息

---

❶ 在 1971 年，1 日元约合 0.056 元人民币。

❷ 在 1995 年，1 日元约合 0.088 元人民币。

标志(VMS)和99个路侧无线电发射器。STREAM的新控制系统作为东京交通控制中心的一部分,它的目标是无论是欠饱和还是过饱和情况下都有效地缓解交通拥挤、疏导交通流和减少交通事故。由于引入拥挤缓解控制,东京的308个重要交叉口在白天(7:00—19:00)的总旅行时间减少9%,总延误时间减少23%,而拥挤时间长度减少28%。

面向21世纪,日本的车辆道路交通智能化协会(VERTIS)组织提出了通用的交通管理系统(Universal Traffic Management System,简称UTMS),如图7-3所示。

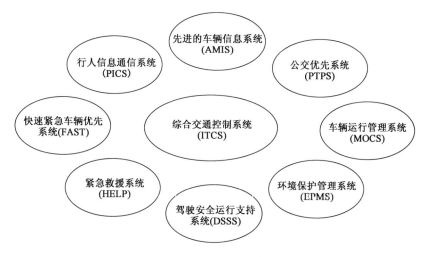

图7-3 UTMS系统结构

UTMS致力于实现"安全、舒适、有利环境的交通社会"。它对交通流进行全面的管理,是以先进的控制系统为中心,以现有的交通控制系统为基础发展而成的。

UTMS的中心目标是在车辆与控制中心之间实现交互式双向通信。通信系统使用红外线信号标杆(光信标),它是系统的关键设施。

UTMS以集成的综合交通控制系统为中心,另外主要包括8个子系统。

(1)综合交通控制系统(Integrated Traffic Control Systems,简称ITCS)

ITCS是在现有的交通控制系统的基础上发展起来的,具有更高的智能。本系统即为交通管制中心,是UTMS的心脏。与车载装置的双向通信而获得信息,对信息进行收集、分析、处理,对交通信号进行控制。

(2)先进的车辆信息系统(Advanced Mobile Information Systems,简称AMIS)

AMIS能向用户提供诸如交通调整、拥挤等信息以及车辆到达目的地以前的实时信息。

先进的交通信息服务(Advanced Traveler Information Systems,简称ATIS)是AMIS的功能之一,它利用现有的移动通信网络,使旅行者出发前在家里或在办公室能用电话查询交通条件,甚至于在途中,也可用车内的移动电话获取实时的交通信息。ATIS已于1994年启用。

道路交通情报通信系统(VICS)是为驾驶员提供实时交通信息的系统,它使用两种通信媒介:红外线车辆检测器(Infrared Vehicle Detectors,简称IRVDS),一般安装在普通道路上;无线电信号标杆,主要安装在高速公路上大区域中的多路频率调制(FM)广播。VICS已于1996年投入正式运营。

(3)公交优先系统(Public Transportation Priority Systems,简称PTPS)

通过控制优先信号和优先路线,保障公共车辆使用道路的优先权,不仅能提高运营效率,而且使公共汽车乘客出行更加方便。

(4)车辆运行管理系统(Mobile Operation Control Systems,简称 MOCS)

通过向车辆行驶管理人员提供公共汽车、出租车、卡车的行车位置等信息,能帮助车辆有效行驶,促进交通畅通无阻。

(5)环境保护管理系统(Environment Protection Management Systems,简称 EPMS)

根据大气污染和气象等情况来提供交通信息,控制交通信号。这样,可减少排气、交通噪声等交通公害,保护环境。

(6)驾驶安全运行支持系统(Driving Safety Support Systems,简称 DSSS)

利用交通管制系统的基础设施及 IC 卡,为驾驶员安全驾驶提供帮助,并保证行人安全。

(7)紧急救援系统(Help system for Emergency Life saving and Public safety,简称 HELP)

在发生事故和车内紧急情况时,能利用自动或手动方式,通过车载(移动式)电话向专门的办事中心通报情况的系统。

(8)快速紧急车辆优先系统(Fast Emergency Vehicle Preemption Systems,简称 FAST)

通过对警车等紧急车辆传送指令、引导道路等,可减少紧急行驶造成的交通事故。同时,利用本系统还可缩短紧急车辆的响应时间,为事件的尽早解决和迅速采取援救活动提供帮助。

(9)行人信息通信系统(Pedestrian Information and Communication Systems,简称 PICS)

采用声音向行人通报红绿灯情况,及延长绿灯时间等方法,为确保行人(特别是老人和视觉残疾人)的安全提供帮助。

由此看出,日本的 UTMS 不仅提供先进的信息采集和信息处理方法,并迅速传递给交通的参与者,不论是车辆驾驶员还是行人,都得以受益。而且系统应用了红外线感应器和光信标等现代传感器,建立起了智能化的交通系统。

7.2.3 欧洲的先进的交通管理系统

ATMS 在欧洲发展已有 30 年的历史,英国、德国等国开发的城市交通控制系统(Urban Traffic Control,简称 UTC)曾风靡世界。目前,专门用于道路车辆安全系统检测与控制的 UTC 系统效果主要表现在减少时间延误和提高速度上。英国的 UTC 系统被称为绿信比相位差优化技术(Split Cycle Offset Optimization Technique,简称 SCOOT)。由于城市交通控制系统(UTC)和车辆管理系统(Vehicle Management System,简称 VMS)使汽车降低了 26% ~ 30% 有害气体(CO、NO_x、HC)的排放,因而使城市的环境得以改善。

7.3 国内典型先进的交通管理系统简介

根据我国特有的大中城市道路交通情况,即人车混行,非机动车(主要是自行车)数量大,路口混乱,通过路口的车速低,并考虑到基础设施建设的渐进性,以及我国交通观念意识不强等特点,ATMS 建设应该分阶段逐步进行,可采用从低级到高级、逐步建设的原则。分阶段建设的步骤和包括的系统如下:

(1)交通网络监视和检测,实时提供道路和交通状况数据。

(2)交通流量分析和预测,交通流量的模型识别、预报与分析,优化交通组织。

(3)城市交通控制的优化,中心管理的动态控制策略,交叉口自适应控制,建立行人、车辆和非机动车控制的模型。

(4)高速公路出入口车辆控制,城市出入口的监控。

(5)运输流量的控制,提高公共交通的效率。

(6)提供交通信息服务,缩短旅行时间。

(7)事故监测与管理,建立快速反应的紧急救援系统。

(8)环境的监测和控制。

我国主要城市都建立了类似的先进智能交通管理系统。

7.3.1 北京市智能交通管理系统

北京市智能交通管理系统包括的应用系统如图7-4所示。

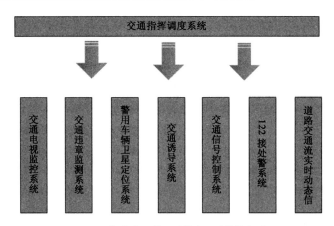

图7-4 智能交通管理系统应用系统构成图

1)交通电视监控系统

提供实时的道路交通运行情况,特别是重要交叉路口和交通干道与快速路等事故多发地的车流路况,使交通管理者及时了解可能发生的交通事故,及时调集警力赶赴事故现场,缩短出警时间,尽快疏导交通,降低交通事故所带来的不良影响。

系统的基本功能是:实现快速路网、城市主干道全程监控,并与北京市公安局治安电视监视系统和高速公路管理部门的电视监视系统实现联网运行(图7-5)。

图7-5 交通监控系统显示屏

2) 交通违章监测系统

该系统主要针对闯红灯、超速、走单、禁行线、走公交车道、走紧急停车带、走导流带和二、三环出入口逆行等7种交通违章行为,利用视频摄像机24h自动监测,定时回传数据,并建立上端数据库对违章数据进行分析和存储。该系统丰富了非现场执法手段,为交通执法提供准确数据。

该系统主要用于解决道路上违章的现场执法,提高执法效率和执法力度,节约警力。

3) 警用车辆卫星定位系统

采用该系统,指挥中心将对巡逻车辆统一指挥调度和管理,对交通事故、故障车、拥堵快速清理,缩短平均出警时间,减少因交通意外事故造成的交通阻塞。该系统能够通过集群通信和GPS等系统,为指挥中心在遇有交通拥堵和意外路面突发事件时,提供越级调度的能力,做到快速反应处置,从而满足特勤警卫工作需求,提高工作效率,为交通警卫方式的改革和确保特勤警卫活动的万无一失提供技术保障。

4) 交通诱导系统

(1) 室外交通诱导信息显示系统

在北京市交通综合数据平台基础上,整合交通信号控制系统、快速路出入口控制系统,快速路、主干路交通信息采集系统数据,旅行时间预测系统数据,视频交通监控系统等数据,建立覆盖全市范围的室外诱导屏显示发布系统,通过"总体协调、区域诱导"控制策略,"总体规划,分步实施"的建设策略,逐步实现全市范围内的交通诱导信息发布,使在途出行者能够最大限度获得所需的交通信息,并能根据交通信息采取有效措施,实现全市范围内总体交通效率的最优化。

根据上述需求分析,并结合项目的近中远期目标,确定系统的总体结构如图7-6所示。

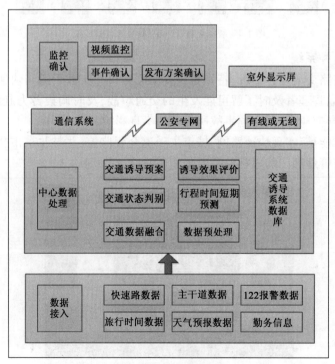

图7-6 系统总体结构图

系统主要由数据接入、中心数据处理、监控确认、通信系统以及室外显示屏等五部分组成，各部分组成和功能如下。

① 数据接入部分。

主要接入来自环路及其联络线的微波检测器数据、主干道线圈检测器数据,牌照识别系统的旅行时间数据、122报警数据、巡逻车报告数据以及勤务、天气等预报数据。

② 中心数据处理部分。

该部分是系统的核心部分,包括了所有的数据存储和处理功能。数据接入部分接入的数据,首先进入数据预处理模块,将该类数据转换为本系统所需的格式(数据格式转换以及数据采样间隔的处理、准确性验证等),之后存入交通诱导系统数据库。数据融合处理模块将该类多元异构数据进行关联性分析以及区域级、决策级融合；交通状态判别模块根据数据融合处理模块处理后数据,利用相关模型确定相关道路的交通状态,在条件具备的条件下,行程时间短时预测模块根据数据融合处理模块以及交通状态判别模块的数据对行程时间进行短时预测。判别、预测后获得的决策参数,将会输入到交通诱导预案模块中,该模块根据相关参数提取相应的诱导预案,在该预案经过监控处理部分的确认之后,进行相应发布。该交通诱导发布过后,诱导方案评价模块将根据前后交通流情况对发布方案进行相应的评估,生成评价报告,并据此优化、改进该预案。

③ 监控确认部分。

该部分首先接受中心系统下发的事件描述信息,通过视频监控设备或者巡逻警车确认的方式,对事件状态进行确认；中心自动生成的发布信息或生成预案后,本部分将进一步确认该方案,并实现数据的回传。

④ 通信系统部分。

本部分主要包括两部分:中心数据处理部分和监控确认部分之间的确认,中心数据处理部分到外场设备之间的通信。

中心数据处理部分与外场设备之间的通信为监控确认部分确认诱导预案信息后,将该信息下发给室外诱导屏,下端设备将定期轮询信息回传给监控确认部分。

⑤ 室外显示屏。

本部分为设备级,主要用于执行上端发布的诱导方案,并定期回传本设备的自检信息(图7-7)。

图7-7 交通诱导信息室外显示屏

（2）停车诱导系统

停车诱导系统建设的意义是缩短驾驶员寻找停车位所需的时间,减少因停车产生的交通拥堵,节约能源消耗,减少交通对环境的污染,改善环境质量;在车辆停车位满时,及时告知驾驶员,驶离繁华场所,减少由于无法停车而产生的无效交通流,从而从交通需求上达到管理的目的。

城市停车诱导系统主要通过室外显示屏向出行者提供目的地附近的停车场信息,引导驾驶员到达停车位置。停车诱导系统由四个部分构成。

①数据采集系统:记录驶入和离开停车设施的车辆数。

②信息发布系统:包括可变信息标志和其他媒体(如手机、广播、电视等)。

③中央控制系统:汇总各停车设施的收集数据,并向信息发布系统发送。

④传输系统:停车设施、中央控制系统、信息发布系统三者之间传递数据。

停车诱导系统的总体框架如图 7-8 所示。

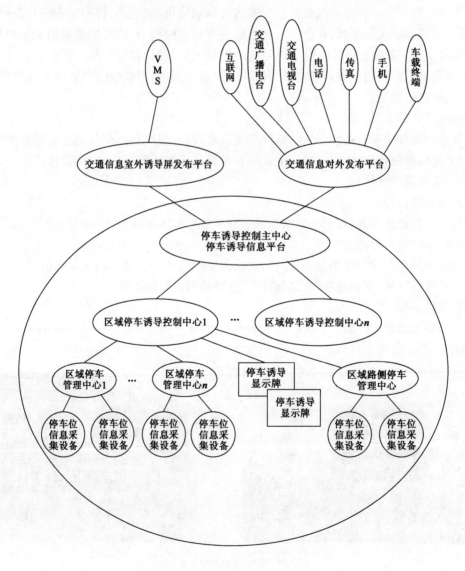

图 7-8　停车诱导系统总体框架示意图

停车诱导系统的总体框架包括停车诱导控制主中心(停车诱导信息平台)、区域停车诱导控制中心、区域停车管理中心和区域路侧停车管理中心、停车位信息采集设备、停车诱导显示标志牌等几部分。各组成部分协调工作,完成停车信息采集、处理分析、诱导信息发布等主要功能。同时,系统还与交通信息室外诱导屏发布平台、交通信息对外发布平台相连接,实现停车诱导信息的社会化服务。

目前国内各城市的区域停车诱导系统主要依靠路侧设施实现诱导,即通过路侧设置的各种道路标志和停车诱导显示标志牌上的信息(图7-9),在驾驶员正确识别和理解后,按照信息提示实现。考虑到停车诱导系统是城市智能运输系统的一个重要组成部分,在设计上应考虑实现与其他系统的连接,实现多种方式的停车诱导信息发布服务。

图7-9　停车诱导显示标志牌

5)交通信号控制系统

在"集中控制、分级管理、协调联动"原则指导下,根据北京交通特点和实际需求,开发和应用实用的、适于北京交通特点的、点线面相结合的智能交通信号控制系统,逐步实现市区交通信号控制系统的智能化。采用数据融合技术,实现相关系统的信息共享,使系统达到:

(1)在控制模式上将实现集中与分散相结合;
(2)在控制方式上将实现协调控制与感应控制相结合;
(3)在控制方法上将实现常规控制与优先控制结合;
(4)在控制范围上将实现市区交叉路口与快速路进出口控制相结合。

从而在整体上协调、优化交通流,提高路网的通行能力。

目前北京市二环以内道路基本上纳入 SCOOT 系统控制,海淀区纳入符合美国 NTCIP 协议标准的 ACTRA 系统控制,并建设了双方进行数据共享与交换的平台。图7-10 为交通信号管理与控制系统界面。

6)122 接处警系统

122 接处警系统通过计算机网络将报警信息自动发布到警情发生地管界所在支队,提高对交通意外事故的接处警能力,加快交通事故的接警处理速度,在一定程度上减少道路拥挤事件的发生,为保证道路的安全畅通提供了有力的技术保障。

7)道路交通流实时动态信息采集、处理/分析、发布系统

该系统作为 ITS 的支撑子系统,向北京市智能化交通管理系统实时动态地提供准确的交通信息,包括车流量、车流速度、道路占有率等交通信息。这些信息可直接用作信息发布与诱

导、信号控制、交通管理、规划、分析决策等子系统的信息源,并能够为合理地分配路网资源、提高车速和车流量、减少交通阻塞和交通事故、改善交通状况、保护环境、节省时间和能源、降低运输成本及城市规划建设提供信息服务、解决方案和决策依据。

图 7-10　交通信号管理与控制系统界面

系统还通过交通电视监控系统、视频检测系统、微波检测系统、基于牌照识别的旅行时间检测、信号控制系统中的检测器(如环形线圈车辆检测器或其他检测器)及 122 接处警系统等科技手段,对环路、联络线、主干道及关键路口、路段等范围进行实时动态交通流信息采集。

图 7-11 为交通流动态实时显示主界面。

图 7-11　交通流动态实时显示主界面

7.3.2　上海市智能交通管理系统

上海是我国城市交通管理智能化方面走在前列的城市,上海市在此智能化过程中有其特点。在交通控制方面,在引进并消化澳大利亚交通信号控制系统(Sydney Coordinated Adaptive

Traffic System,简称 SCATS)的基础上,研制了交通自适应控制系统。结合内环高架、延安路高架和南浦、杨浦大桥,设置闭路电视监控系统、通信系统和计算机控制系统;在交通信息发布方面,上海在全国率先推出广播交通台,发布交通信息,并成立了上海交通信息中心。2000 年底推出上海交通网,为出行者提供交通与地图智能查询、出行指南、交通实时动态等;并在多路公交路线上设置电子站牌。稳步推进上海市交通管理智能化水平,利用现代交通科技成果解决上海的交通问题已成为上海交通现代化的重要内容。

此外,上海全面启动地面道路机动车交通信息采集、处理、发布综合系统。该科研项目是上海市科委下达,上海市公安局交巡警总队牵头承担的。该项目旨在研究、探讨并试验实时综合交通信息系统的信息采集、处理、发布的有关技术与规范,以积累必要的知识经验和技术力量,为上海市智能交通系统一期工程"上海市中心道路交通信息采集系统"的建设打下良好的基础。系统由交通信息采集、处理、发布三大部分组成。采集部分包含"SCATS"信息提取子系统、"舒达"信息提取子系统、微波检测子系统、视频检测子系统以及人工信息采集子系统等五项;处理部分包括实时数据的融合、运算、优化、预测,以及建立相应的各类数据库;发布部分开发了基于 GIS-T 的实时信息显示界面和统计分析软件,通过实时多用户终端或因特网方式,提供给电台、电视台、交通控制中心、控制中心等用户使用,还设置了两块路边可变信息牌,分别显示"交通拥挤状况"及"车辆行程时间"信息。

7.3.3 广州市智能交通管理系统

广州市城市智能交通管理系统总体结构如图 7-12 所示。

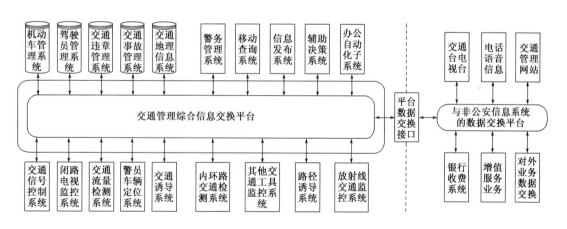

图 7-12 广州市城市智能交通管理系统总体结构

该系统总共计划投资 2.1 亿元。建设内容主要包括:

(1)交通管理综合信息交换平台。

(2)信息基础设施:交通地理信息系统、交通流量检测系统、闭路电视监控系统、交通信号控制系统、警员车辆定位系统、数据通信网络系统。

(3)数据分析处理应用系统:机动车管理系统、驾驶员管理系统、交通违章管理系统、交通事故管理系统、交通诱导系统、移动查询系统、辅助决策系统、警务管理系统、办公自动化系统、信息发布系统。

7.4 高速公路事件管理系统

事件管理系统是高速公路监控系统的一个重要子系统，主要是用来减少事件所造成的影响。它早在20世纪60年代就在美国芝加哥实施，目前世界各地许多的城市高速公路、隧道和收费高速公路的事件管理系统已运行多年，尽管不同事件管理系统的规模与完善性各有千秋，但都包括一些通用的要素或步骤：事件检测、鉴别、反应、清除、现场交通管理以及向驾驶员提供信息。这样，事件管理系统就需要一个包含监视、紧急服务和信息提供功能的广泛的系统。其组成与功能为：

(1) 高速公路系统的监视：采用以下检测和鉴定事件的方法来确定适当的行动，包括车辆检测系统、闭路电视、空中监视、紧急电话系统、民用无线电、警察巡逻和服务巡逻等。

(2) 偶发事件紧急服务：制订管理计划，针对具体情况提供适当和及时的响应，包括将车辆从高速公路系统转移。

系统提供的服务，可分为以下四种基本类型。

警察服务：给予较少的救援，调查事故或驾驶员的犯罪行为，清理车行道，并保证交通流的畅通。

救护车服务：给伤病员提供急救，并把他们安全地送到有医疗护理设施的单位。

消防服务：救火或防止可能的火灾，并在需要时提供救助服务。

车辆修理服务：实施小修，供应燃料或其他普通更换的零配件；当汽车完全不能行驶以及需要费时的大修时，提供拖曳服务。

(3) 驾驶员信息系统：向驾驶员通报道路情况，使其可能采取适当的行动。标志和无线电通信就是通常的信息来源。

7.4.1 概述

1) 我国高速公路运行中存在的问题及原因

按照我国交通部"公路工程技术标准"规定，高等级公路包括高速公路、汽车一级专用公路和汽车二级专用公路。高速公路是指"能适应年平均昼夜小客车交通量为25000辆以上，专供汽车分道高速行驶并全部控制出入的公路"。一般能适应120km/h或者更高的速度，要求路线顺畅，纵坡平缓，路面有4个以上车道的宽度。中间设置分隔带，采用沥青混凝土或水泥混凝土高级路面，为保证行车安全，设置有齐全的标志、标线、信号及照明装置，禁止行人和非机动车在路上行走，与公路或其他公路相交时采用立体交叉，行人跨越则用跨线桥或地道通过。

相对于普通公路而言，高速公路已经取得了巨大成功，带来了巨大的经济与社会效益，服务水平大大提高。但运行过程中仍然存在交通拥挤、交通安全和对环境的污染等问题。特别是近年来交通需求量的持续高速增长，使高峰期的入城和市区高速公路拥挤、阻塞日益严重，而城间高速公路又往往事故频发。本部分对高速公路运行中存在的问题进行讨论，并在此基础上分析问题存在的原因。

（1）交通拥挤

所谓交通拥挤，是指交通需求（一定时间内想要通过道路的车辆数）超过某道路的通行能力时，超过部分的交通滞留在道路上的交通现象。

交通需求很少时，出行者可以快速到达目的地。随着交通需求的增加，道路交通畅通的自由流状态开始变得混乱，到达目的地的时间逐渐变长。随着交通需求的进一步增加，当交通需求超过了行走道路上的交通容量最小地点（瓶颈）的通行能力时，道路的交通状态就会发生变化。来自上游的交通需求中超过容量的那部分，将无法通过瓶颈，在瓶颈处形成等待队列，这种现象即称为交通拥挤。交通拥挤的具体定义各国尚无统一标准，日本道路公团对城市高速公路的交通拥挤定义为：在高速公路上以时速 40km/h 以下低速行驶或反复停车、启动的车列连续 1km 以上并持续 15min 以上的状态为交通拥挤。美国芝加哥将交通拥挤定义为 30% 或更大的 5min 车道占有率。在交通拥挤状态下，交通流变得极其不稳定，交通需求稍微超过了通行能力，就会导致行程时间的大幅度增加。美国运输部联邦公路管理局（Federal Highway Administration，简称 FHWA）所给出的行程时间—流量关系曲线图清楚地说明了这一特性（图 7-13）。

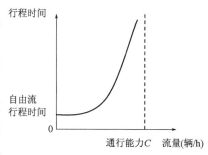

图 7-13　行程时间—交通流量关系曲线

交通拥挤的根本原因是交通供求关系不平衡。在造成交通拥挤的许多因素中，大部分可以归纳为两类：①常发性的过大交通需求；②偶发性暂时通行能力降低，例如各种突发事件、事故和道路养护活动等。

据此可以把交通拥挤分为两类：常发性交通拥挤和偶发性交通拥挤。常发性交通拥挤这一术语用来描述某些特定位置和在某些特定时期经常发生的交通拥挤现象。偶发性交通拥挤这一术语用来描述由于诸如事故或其他特殊情况等随机事件造成道路实际通行能力下降而引起的交通拥挤现象。

①常发性交通拥挤。

引起高速公路常发性拥挤的原因主要分为两类：运行因素和几何因素。与拥挤有关的运行因素主要包括下述几项。

交通需求超过通行能力：拥挤是供应和需求相互作用的一种直接结果，交通量太大的那些高速公路将发生拥挤。图 7-14 给出了引起拥挤的条件。$D(t)$ 代表一段高速公路上某一累积通行能力（累积离去车辆数关于时间 t 的函数），$A(t)$ 代表累积交通需求（累积到达车辆数关于时间 t 的函数）。只要交通需求 q 小于或等于这段路的通行能力 C_a 时，就不会发生拥挤。然而，一旦到达的车流量开始超过道路通行能力时（即为 t_1 时刻），就形成瓶颈。于是车辆开始在上游聚集，排队长度增加，当车流到达量小于离去车流量时，排队车辆开始消散（即为时间 t_2）直到所有聚集的延误车辆通过瓶颈后才恢复自

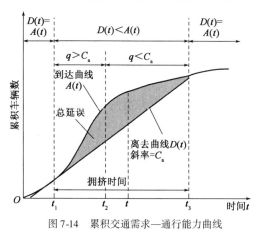

图 7-14　累积交通需求—通行能力曲线

由流运行,即 $A(t)=D(t)$。拥挤持续时间等于需求超过通行能力的那段时间。这些关系说明了需求超过通行能力即使比较小,也能导致长时间的严重拥挤。

不受限制的入口匝道:高速公路的瓶颈和伴随出现的拥挤经常是由于入口匝道不受限制的结果。在这种情况下,匝道上的车辆,加入高速公路上的交通流时,将产生超过通行能力的需求,在高速公路主线上产生交通拥挤,并导致瓶颈上游车辆出现排队现象。这种情况还由于匝道车辆汇合行驶时产生的干扰而进一步复杂化。

出口匝道排队:高速公路主线上的拥挤,有时是由于出口匝道上的车辆排队引起的。当出口匝道上的需求超过了能够处理通过汇合区交通的能力,或超过了匝道下游的一个交叉路口通过交通的能力,或者匝道本身缺乏存贮停车的能力时,最终的结果是车队一直排到高速公路上,引起主线拥挤。

收费站收费:高速公路主线上或匝道上的拥挤经常是由于收取过路费造成的,是由车辆在收费站停下来交费引起的。目前收费方式主要采取人工收费或半自动收费(例如磁卡收费),效率较低。由于收费车道数不可能建得很多(一般少于5个),当交通需求量大于收费站的通行能力时,特别容易在收费站的入口形成排队。收费站是最容易出现常发性拥挤的地方之一。另一种引起常发性交通拥挤的原因是由于道路几何上的缺陷(例如,在直行车道末端车道减少等)造成的通行能力降低。这些称为几何瓶颈路段的通行能力低于高速公路邻近路段的通行能力。当瓶颈上游的交通需求超过瓶颈路段的通行能力时就产生交通拥挤并在高速公路上游车道形成排队现象。这种瓶颈与由于过大交通需求引起的瓶颈有很多相同的特征。

车道减少,交织路段短,道路横断面窄,标志短缺,视线不良,互通式立交不合标准等都是引起几何瓶颈的主要原因。只有重新设计和改建现有道路设施才有望消除这类几何缺陷。

常发性交通拥挤的一个显著特征是:通过反复观察,交通拥挤出现的时间和地点均能完全准确地加以预测。

②偶发性交通拥挤。

随机事件造成道路通行能力下降而引起的延误和危险构成另一类更加难以解决的高速公路交通拥挤问题,这类问题称为高速公路偶发性交通拥挤,它们具有显著不同的特征。凡是引起交通拥挤和延误的任何无法预测的事件都属于这一类,例如交通事故、车辆故障、货物散落、道路维修、恶劣的天气等等。因此在高速公路拥挤研究中有时把这类偶发性交通拥挤也广义称为交通事件。事件是产生交通拥挤和阻塞的主要原因,据估计美国大约有一半以上的交通拥挤是由事件引起的,如图7-15所示,这一比例在2005年将达到70%,与事件相关的拥挤造成的损失在2005年将超过750亿美元(假设以拥挤造成的损失为10美元/h来计算损失的生产力),同时造成84亿加仑的汽油浪费。

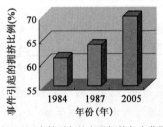

图7-15 事件引起的交通拥挤年变化图

较严重的事件会造成一条或多条车道阻塞,导致这段高速公路的通行能力降低,而轻微的事件,可能暂时不对交通流产生很大影响,却极易引发二次事故。事件造成的延误大小取决于事件处理的过程(事件管理)——发现、反应和处理。发现、反应和处理的时间越短,延误就越小。事实上,交通事件是不可避免的,因而交通阻塞和车辆延误也是客观存在的道路交通现象,事件管理系统通过现有技术的合理应用及各相关单位的有效协调、组织可以有效降低交通延误和交通阻塞。因此对事件的管理(也就是说对偶发性交通拥挤的治理)就成为解决高速公路交通拥挤和安全问题的关键。

总之,随机事件引起的交通拥挤问题发生的位置或时间是无法预测的(特别是对于出行者来说),对高速公路的安全、高速运行影响非常大。

(2) 交通安全问题

高速公路存在的第二大问题是交通安全问题。虽然高速公路被证明比一般公路和城市街道要安全得多,但驾驶员在高速公路上仍易发生事故或受其他事故的影响,并且大部分事故是特大事故。导致交通事故发生的因素是多方面的,它们包括驾驶员的错误判断、车辆故障、驾驶员不熟悉高速公路驾驶方法、恶劣的天气条件和公路几何特征等等。而交通量的增大,特别是交通拥挤现象的出现,也将导致事故的增加;反之,交通事故的发生又会大大加剧交通拥挤状况。一旦发生事故如不及时处理,造成的堵塞比普通公路要严重得多。因此可以得出结论:拥挤是造成交通事故的重要因素之一。

(3) 环境问题

随着汽车数量的大幅度增加,交通运输所引起的主要公害——噪声和空气污染日益严重,破坏了自然界的生态平衡,影响人类的生存。据统计,一些大城市汽车排出的污染物占大气污染总量的60%以上,其影响比工厂更甚。交通噪声是城市和大交通量高速公路的主要声源,约占70%,由此可见交通运输对环境的影响程度。在交通拥挤时,车辆由于要频繁地起动、制动,此时排出的废气量是车辆匀速行驶的7倍或更多,拥挤会使环境污染更加严重。

(4) 能源问题

交通对能源的消耗相当大。据统计,各工业发达国家汽车运输的能源消耗约占各种运输方式能耗的70%~80%,占总能耗的15%~20%,占石油消耗量的40%~70%。我国用于汽车运输的汽油消耗量占总量的90%,柴油消耗量占总量的10%~15%,汽车运输燃料成本占运输成本的30%~35%。

能源消耗高度依赖于公路运输系统的运行状态。在拥挤情况下,由于车辆不得不频繁地加、减速和启动、制动,能源的消耗很大。在拥挤状态下的能耗是最优状态下的两倍。在交通高峰期,这个比例将增加到3.3倍,短期内可达到8.8倍。

从以上讨论可以看出,拥挤是造成出行时间无法预测、运行成本增加、事故率提高、能源浪费和环境污染加剧等的根本原因,造成了巨大的经济损失和社会资源的浪费。因此,在高速公路运行管理中要充分认识到这一点,才能有效解决运行中存在的问题。

(5) 问题存在的原因

我国高速公路(特别是城市内高速公路)上的交通拥挤日趋严重,例如广州北环高速公路某收费站尽管已建设24个收费车道,但在交通高峰期经常出现堵塞几公里的现象;上海内环高架快速干道在1996年下半年日断面流量已达7万多辆,大大超过设计日断面流量5万辆的水平,如此"超量"行车,上了内环线下不去,致使内环线上的"堵车"现象频频出现,每天平均有25辆车在高架桥上"抛锚",1996年11月就发生了1000多起事故(摘自1996年12月13日《文汇报》),造成巨大损失;北京二环、三环的拥挤更加严重,在高峰期,有时竟然能堵车1~2h。图7-16为北京二环部分出、入口所拍摄到的交通拥挤情况。

与城市内高速公路上发生的交通拥挤相比,城市间高速公路上各类事故频发,恶性事故不断,有的导致了严重后果。如1996年11月,沪宁高速公路由于气候原因视线不良引发44辆车连续追尾相撞,导致10人死亡,造成5h交通阻塞的严重交通事故。2000年11月21日,京沈高速公路锦州站七里台大桥上发生一起重大交通事故,13辆车相撞,近百辆车受阻数小时,1人死亡,2人受伤。2001年2月10日上午,在沪宁高速公路上又因大雾发生百余辆车追尾相撞的特大交通事故。2001年2月21日6:30左右,京沈高速公路兴城到葫芦岛路段发生数十辆汽车相撞的特大交通事故,事故中3人死亡,24人受伤,京沈高速公路受阻达6个小时。

图7-16 北京二环部分出、入口实景

因而,如何避免拥挤或减轻拥挤造成的影响,保持高速公路高速、安全、舒适和高效地运行,不仅是发达国家也是我国高速公路管理和运营中要解决的主要问题。经过对我国高速公路运行问题进行分析,把导致上述问题的原因概括为以下几点:

①我国高速公路管理的两个主要政府职能部门,交通部门和公安部门目前正在分灶起草各自的高速公路管理条例。在我国由于国家仍没有专门的高速公路管理体制和法规,部门扯皮、职能交叉、政企不分等问题严重。

②我国的高速公路建设由于受各方面因素的影响,主要集中在道路路面和必要的标线、标志设施上,缺乏高速公路监视、控制和管理设施,相应的监控、管理技术水平低下,造成高速公路通行能力人为降低、突发事件和事故服务效率低等,给理应高速运行的高速公路埋下安全隐患,造成高速公路的低效运行。

③对驾驶员有关高速公路方面知识的培训、考核跟不上。驾驶员缺乏高速公路行车知识,不少驾驶员沿袭在普通公路上行车的习惯,超速行驶,不按规定保持车距,随意停车,违章超车、变道,任意上下乘客等常常酿成重大交通事故。

在上述问题中,①和③是属于人为主观因素,需要随着政府职能的明确和人们交通意识的提高来逐步改进,而②正是我们交通工程研究人员所应着力解决的问题。

2)解决对策

从上面的分析中可以看出交通拥挤是高速公路各种运行问题存在和恶化的直接或间接原因,而高速公路管理设施缺乏和管理技术水平的落后,又使得原本已经拥挤的交通无法得到有效的监视和控制,造成更加混乱的局面。因此下面将从解决交通拥挤和建立高速公路管理系统两个角度来讨论运行问题的解决对策。

(1)交通拥挤控制策略

交通拥挤的本质是交通供求关系不平衡。这种不平衡是由于需求大于供给所造成的(常发性拥挤),或由于某种随机原因造成的道路供给能力临时下降而造成的(偶发性拥挤)。由于拥挤产生的原因不同,所以解决常发性拥挤和偶发性拥挤的对策也就不同。

①常发性拥挤的对策。

常发性拥挤的对策包括两个方面:扩大供给和控制需求,可以用图7-17加以概括。

从图7-17中可以看出,针对常发性拥挤出现的时间和地点均能完全、准确预测的特点,主要采取对路网和道路几何性能的改进来提高高速公路的通行能力。

对现有道路设施上的交通进行各种控制以缓解部分路段的拥挤状况;另外,为驾驶员和出行者提供丰富的实时交通信息,可以使通行能力和交通需求之间达到最佳平衡。

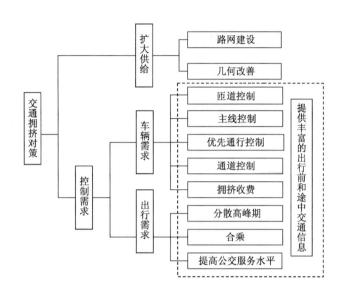

图7-17 常发性交通拥挤的控制策略

②偶发性拥挤的对策。

事件的发生时间和地点是随机的、不可预测的。偶发性拥挤难以采取控制交通需求或提高通行能力等减轻常发性拥挤问题的对策来处理。统计表明,事件在日常的高速公路运行中经常发生,特别是如果发生在交通需求高峰期,就会引起严重的交通拥挤。因此,偶发性拥挤比常发性拥挤更难控制,是高速公路运行管理的难点和重点。

偶发性拥挤控制的关键是尽早地发现事件、确认事件的性质并及时采取救援措施和为其他驾驶员提供相关信息。这也就是要建立一个完善的事件管理系统,对事件实现快速、高效、恰当的处理。

可见,常发性拥挤和偶发性拥挤的控制策略是分别针对不同类型的拥挤提出来的。二者比较起来,偶发性拥挤由于具有高度的随机性和不可预测的破坏性,是高速公路运行管理中的重点;而事件管理所需要的更高理论和技术水平,决定了事件管理一直是高速公路运行管理中的难点,吸引了国内外众多交通工程专家的注意。

(2)高速公路事件管理和智能运输系统

为了实现以上提出的高速公路交通拥挤控制策略,保持高速公路所应具有的高速、安全、舒适和高效的特性,必须建立、健全由监视、通信设备和中央控制计算机等设施所构成的高速公路监控和管理系统,也称为高速公路管理系统。1983年的美国联邦公路管理局的《高速公路管理手册》中指出"高速公路管理是监视、控制、诱导并警示交通,改善高速公路上的人和货物的流动。"这一定义到目前为止仍然是很精确的,但已经扩展到包含高速公路所有设施的管理活动。另外,高速公路管理系统所采用的技术和方法与过去相比有了显著的进步。主要表现在检测和通信系统采用了很多新技术,有了很大的发展;管理部门随着经验的积累也对运营方法进行了改进;随着交通模式的变化,高速公路管理的策略也变成多模式的。这些因素使高速公路管理系统更具动态和面向用户的属性,已经成为智能运输系统的一个重要组成部分。高速公路管理系统的目标可归纳如下:

①精确监视高速公路的运行情况,及时作出恰当的交通控制决策;
②减小高速公路上常发性拥挤的影响和发生频率;
③将偶发性拥挤的严重性和持续时间降低到最小;
④获得最高的高速公路运行效率和公共安全;
⑤向高速公路使用者提供适当的信息,使他们能够选择出行的路径和出行方式。

为了达到上述目标,高速公路管理系统必须能够有效实现以下部分或全部的功能,如图7-18所示。

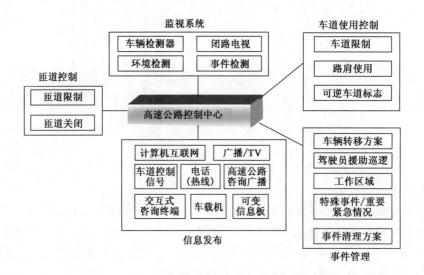

图7-18 高速公路管理功能

①监视和事件检测;
②匝道控制;
③信息发布;
④事件管理;
⑤车道使用控制;
⑥与其他交通和高速公路管理系统以及事件检测系统相协调。

早在20世纪60年代,许多发达国家如美国、日本、意大利等就已经开始研究并建立高速公路管理系统,目前这些系统随着新技术的发展不断完善。在过去的几十年中,高速公路管理系统在提高道路通行能力、行车速度、减少行车时间、降低环境污染等方面效益显著。表7-1是美国运输部对美国的高速公路管理系统所获效益的一个总结。

高速公路管理系统的收益　　　　　　　　　　　　　表 7-1

行程时间	降低 13%～48%
行程速度	提高 16%～62%
通行能力	增加 8%～25%
事故总数	降低 24%～50%
燃油消耗	减少拥挤时的燃油消耗 41%
排放（底特律的研究）	每年减少 CO 排放量 122000t 每年减少 HC 排放量 1400t 每年减少 NO_x 排放量 1200t

从高速公路管理系统的目标和功能中可以看出,对偶发性拥挤(事件)的管理是高速公路管理的重点,同时因为事件管理是伴随着各种高新技术的出现而不断发展的,所以也是其中的技术难点。

ITS 与事件管理密切相关,事实上就是在异常情况下如发生了交通事件和自然灾害时,ITS 更能显现出巨大的效益,因此从某种意义上来说,ITS 的提出是因为它能提高事件管理能力,减少拥挤。很多 ITS 技术不仅为交通部门,也为紧急救援部门,如交通警察、消防等事件管理提供更加快速、安全和高效的工具。

高速公路事件管理最初就是融合了 ITS 的两个部分:先进的交通管理系统(Advanced Traffic Management Systems,简称 ATMS)和先进的出行者信息系统(Advanced Traveler Information Systems,简称 ATIS)。ATMS 的最终目标是通过监控技术、数据处理技术和通信技术提供能够适应现有交通需求的交通控制策略。ATMS 使用感应线圈检测器或视频图像检测器检测事件。基于事件的特征,ATMS 可以选择恰当的响应策略,比如转移事件上游的交通流,调整替代路径的信号配时等。事件信息可以通过 ATIS 提供给出行者,以便于他们能够及时调整出行路线。ITS 的出现为高速公路管理,特别是为事件管理,在获取交通数据,通过交通流动态变化识别交通事件,通过闭路电视分析事件的严重程度等方面提供了崭新的解决策略和技术支持。事件管理也成为智能运输系统中的一个重要研究内容。

在我国,对于高速公路管理和交通事件的管理问题不单单是列在了 ITS 研究领域中,交通部"十五"期间公路交通技术创新重点中就指出"以公路交通智能化管理为目标,提高公路网运营管理技术,开发高速公路交通事故紧急救援和事故预防系统,研究交通事故预测理论和交通仿真技术,完善事故发现和预测系统及调度系统,开发气象检测设备和车载防撞设备,最终建成高速公路网交通事故紧急救援和事故预防系统,在交通事故一旦发生后能紧急求援并能合理疏导交通"。其中明确地提出了事件管理所包括的事件(事故)发现、预测(检测)和事件后现场管理和救援等内容。从中可以看到对高速公路事件管理和检测技术研究的迫切性和重要性。

7.4.2　交通事件管理

1）交通事件管理的含义

在美国《交通事件管理手册》中事件管理定义为"系统地、有计划地、协调地使用人力、法规、救援设备和技术手段来减小事件的持续时间和它的影响,改善驾驶员、事件当事人和事件处理人员的人身安全"。美国的国家ITS框架中把"事件管理"用户服务描述为："事件管理用户服务使用先进的传感设备、数据处理和通信技术提高运输和公共安全部门的事件管理能力。该服务将帮助这些部门快速准确地识别各种事件，并实施一系列的措施把这些事件对人和货物运输的影响降低到最小。另外，该服务还帮助管理部门识别或预测有危险的天气、交通和设施条件，以便提前采取措施，防止事件的发生或将其影响减少到最小"。可见事件管理就是通过有效地减少事件检测和确认的时间，采取恰当的事件响应措施，安全地清除事件，使受到影响的交通流恢复原有的通行能力，以此来提高高速公路的运行效率和安全性。

2）事件管理的目的和目标

事件管理的根本目的是使受到事件干扰的交通流恢复正常。目标是在最短的时间内完成事件管理的各项活动，减小事件的影响。在事件管理实践中，对于不同类型的高速公路、不同的管理要求可以制定相应的事件管理目的和目标，比如在市区高速公路上，特别是交通高峰期，事件管理主要目标是尽快恢复正常的交通流；而城市间高速公路上则更偏重于驾驶员的救援需要。表7-2是事件管理通常的目的和目标。

事件管理通常的目的和目标　　表7-2

目　的	目　标
减少二次事故，保障事件处理人员的安全 积极提供并鼓励使用替代路线 减少事件响应部门的负担	减少事件检测时间，减少事件响应时间 提供更多的驾驶员信息 加快事件清除过程 减少车道关闭数量 减少道路或车道的关闭时间

3）交通事件管理实施技术

ITS技术在事件管理中发挥着重要的作用。尽管ITS技术主要应用于事件检测、确认和驾驶员信息，另外也可以辅助完成事件响应、现场管理和交通管理。因此，下面以ITS技术为基础，对于事件检测、确认、驾驶员信息、响应、现场管理、交通管理和事件清除中涉及的各种实施技术进行讨论，从整体上把握事件管理实施过程中的关键问题。

(1) 事件检测

事件检测即证实某一事件已经发生，是事件管理过程的第一步也是其核心和关键。事件检测是引起交通管理和交通安全部门注意事件的过程。任何事件管理系统的快速反应能力都在很大程度上依赖于高效、可靠的事件检测技术。事件快速检测对于制定恰当的响应策略，控制和引导其他车辆避开事发地点，为驾驶员提供实时的交通信息，从而使事件总的影响降到最低是非常重要的。

事件检测不但对于事件管理本身意义重大，而且对于ITS的其他子系统（如：动态路径诱导系统、先进的交通管理系统、公共交通智能化调度系统等）也有重要作用。事件检测为这些系统提供重要的非周期性交通流状态变化信息（这种信息是无法从历史数据中得到的，也是交通流变化实时性的表现）。为使这些系统能够高效运行也必须建立快速、可靠的事件检测系统。另外，高效的事件检测还可以进一步提高高速公路匝道控制和城市道路信号控制之间的协调，有助于建立真正意义上的集成式高速公路——城市道路控制系统。

①事件监测技术的类型。

事件检测系统自20世纪60年代发展起来以后，形成了各种各样的检测方法和技术，通常包括如下 10 种：

　　a. 驾驶员移动电话呼叫；

　　b. 事件管理人员观看闭路电视(Closed Circuit TV,简称 CCTV)监视图像；

　　c. 结合检测软件的自动车辆识别(Automatic Vehicle Identification,简称 AVI)；

　　d. 交通流电子检测装置(如视频图像、环形线圈或雷达)和检测交通异常的事件检测算法；

　　e. 驾驶员求助电话或路边紧急电话；

　　f. 交通警察巡逻队；

　　g. 道路监控；

　　h. 交通部门或其他单位工作人员通过对讲机的报告；

　　i. 交通状态报告服务；

　　j. 车队(公交车、卡车)报告。

　　总的来说，它们可以概括地分为非自动检测技术和自动检测技术，事件检测技术分类汇总于图 7-19。非自动检测技术是最早的、最容易实施的也是最常用的方法，在日常生活中用来向事件管理中心报告事件信息。非自动检测技术包括市民报告、专职人员报告、民用无线电、闭路电视监视、航空监视等。从整体上看，非自动检测技术的主要优点是方便、直接、经济、效率比较高；缺点是要求当时当地有目击者，事件地点比较难以准确确定，需要专门的人员对报告进行筛选确认，人员工作量和强度都比较大。

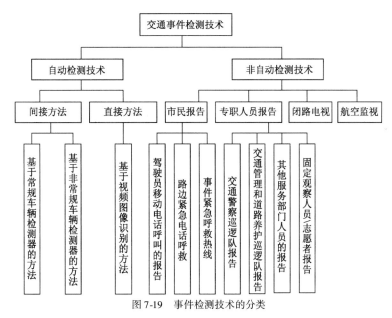

图 7-19　事件检测技术的分类

　　值得注意的是，随着移动电话的普及，它已经逐渐成为大多数城市区域重要的事件检测方法。高速公路巡逻队不但能发现事件，而且能够迅速开始事件响应和清除活动，从事件管理的角度来看，在实际应用中还是很有吸引力的方法。而固定的观察人员更适合于短期的需要(如在有特殊的活动时，高速公路建设、维修期间)。闭路电视在有操作员连续观察时，可以作为一种人工的事件检测方法，它也通常是使用移动电话或自动事件检测方法进行事件检测后的一种事件确认方法。

　　非自动检测技术一般运行成本较高，受时间和天气影响较大，检测时间较长，检测率较低。

因此，各国交通工程专家纷纷积极研究和开发运行成本低、能够全天候、全程地发挥作用，且检测率高的自动事件检测(Automatic Incident Detection，简称 AID)技术。美国早在 1968 年就开始研究以 AID 技术为核心的事件检测系统，30 多年来，大约有 40 多个研究机构在研究开发和改进 AID 方法方面做了大量工作，使 AID 技术日益成为事件检测研究的主流。近年来，伴随着电子、检测、通信以及计算机技术的飞速发展和 ITS 技术的渗透，AID 技术不断推陈出新，形成了一系列适应不同交通流数据采集设施的新方法和新算法，AID 技术展示出巨大潜力，并成为 ITS 研究的一项非常重要的内容。因此，在本章以下内容中如不特别强调，我们所指的事件检测技术即指 AID 技术。

可以从多个角度对 AID 技术进行分类，将其分为间接检测方法和直接检测方法。绝大多数的 AID 方法都属于前一种，它们通过识别由车辆检测器得到的交通流参数的非正常变化来间接地判断交通事件的存在。直接检测方法是指使用图像处理技术来发现停驶车辆的一类方法。这类方法实际上是"看到"发生了交通事件而不是通过交通事件对交通流的影响来检测到它的存在。从潜在的意义上看，直接检测方法在检测速度方面远远胜于间接检测方法，直接检测法在交通量较低的情况下也能有良好的检测效果，但需要更密集地设置检测站(摄像机)，需要较高的资金投入才能保证合理的检测可靠性，而且气象条件对其影响也较大。

② 事件检测技术的选择。

运行中的事件检测系统通常都是综合使用上述多种检测技术，通过不同方法的协调和补充达到最佳的检测效果的。总体来说，事件检测技术的筛选需要考虑检测速度、精度、费用、易维护性、人员、其他系统对数据的可用性、技术实现的速度和效益增长速度等因素。确定这些因素的重要性和优先级比较合理的方法，是由事件管理所涉及的各个部门根据自己的需要，共同商定。对于资金有限的地区，推荐初期采用费用最低的技术，这样可以快速为公众和管理部门带来明显的效益，然后再逐渐改进、升级。例如，利用道路使用者的移动电话、交警和交通管理部门巡逻队报告事件是很多城市所采用的方法，通常也是速度比较快的方法。当然如果能把其他检测方法集成到一起会产生更加显著的效益。对于资金较充裕的城市和地区，可以在道路上安装交通流数据采集设备(或利用已有的交通监控系统中的检测设备)和视频监视设备结合一定的事件检测算法进行自动检测，同时融合人工报告等非自动事件检测方法得到的信息，能够获得良好的事件检测精度和速度，满足事件管理的需要。

(2) 事件确认

事件确认就是要确认一个事件已经发生，确定它的确切位置，获得尽可能多的与事件相关的细节信息。确认还包括收集足够的信息制定第一步的响应措施。事件确认过程通常是伴随着第一个事件处理人员到达事件现场或事件管理中心人员通过监视器看到事件发生而结束。但当事件涉及危险品时，事件的确认过程可能就相当长了。事件确认的方法如下：

① 事件管理人员观看闭路电视(CCTV)监视图像；
② 派遣现场处理人员(交通警察或其他救援服务人员)；
③ 与警用飞机、媒体和信息提供者联系；
④ 综合来自多个移动求救电话的信息。

不论采用什么方式进行事件确认，其共同目标都是尽快确认事件发生的地点，同时搜集尽可能多的信息来确定需要向现场派遣什么样的救援人员和物资。事件一旦得到确认，事件的相关信息就以最快的方式传输给负责响应的部门。信息提供得越早、越精确,恰当的响应就能越快地作出。在事件确认过程中,不同部门之间的高效通信手段是必不可少的。

事件响应和事件检测是紧密相连的。在很多情况下,在进行事件检测的同时就已经确认了事件,不同的事件检测技术对应于不同的事件确认方法。如前所述,CCTV 闭路电视监视虽然是一种事件检测方法,但它在确认事件、监视事件的响应和清除,并在监视道路整体交通状况方面的效率要远远高于事件检测。CCTV 监视可以为快速开展响应提供非常重要的信息,但事件管理部门并不能完全依赖于它。CCTV 虽可以确认事件的存在,但还需要现场处理人员进一步确认事件响应所需要的完整信息。这就需要用视频识别系统与之配套对事件进行鉴别。它是用 CCTV 提供的交通图像信息,用计算机对这些信息自动处理,用人判别事件的方法进行事件的识别(也有的视频检测系统是模仿环形线圈检测功能),而不一定是对拥挤引起的交通流参数变化进行识别。因而该方法能快速准确(已经能在 2s 内)检测事件,确定事件的性质、严重程度,能为及时采用控制手段和警告手段减轻事件带来的后果,或阻止事件引起的交通拥挤与交通事故成为可能。该方法还有一个显著优点是与环形线圈检测功能相比,被检测区域扩大了,灵活性加强了,可不埋入路面之中,可靠性高。

通常自动事件检测技术都使用 CCTV 进行事件确认,在事件检测软件检测到事件征兆后,管理中心操作人员可以很快地把事件地点附近的摄像头调整到适当的监视角度来确认事件。因此,CCTV 的布置应该尽可能提供高速公路沿线的连续图像,能够看到监视地点的全貌。

第一个到达事件现场的救援人员在确认事件的同时,还可以掌握事件的具体位置和事件响应所需的各种资源,因此现场救援人员是一种最可靠、最精确的事件确认方法。

综合来自多个移动求救电话的信息也是一种重要的事件确认方法。在很多地区驾驶员的移动电话呼叫已经成为一种事件检测的重要手段,关于一个事件往往有多个电话呼叫,操作人员要从其中抽取有用的信息,完成对事件的确认。在这种情况下,移动电话呼叫的同时还担当了事件确认的任务。

(3)驾驶员信息

驾驶员信息可以定义为能允许驾驶员做出有信息根据的旅行信息。驾驶员信息不仅包括事件信息,而且还有常发性拥挤信息、特殊事件(运动会、国宾队等)信息、旅行方式选择信息和其他影响旅行决定因素的信息。发布驾驶员信息是很多交通管理中心的一项重要功能,它们通过各种媒体,使出行者获得实时的交通流和事件信息。

信息灵通的驾驶员可做出决定,避开或远离出事现场,推迟或改变旅行时间,甚至改变旅行方式。要做到这些决定,驾驶员必须得到实时信息才能实施。即便是驾驶员不能避开事件而延误,那些实时了解有关事件信息的驾驶员可能更能容忍事件所带来的延误。可变信息标志(固定或便携式)、路侧广播、广播电台等都是驾驶员获得有关事件信息与其他信息的来源。所有这些信息提供装置都有其局限性,综合性驾驶员信息需要对现有信息提供装置加以充分利用。

用于信息发布的技术具体如下:商业广播、交通信息台、可变信息板(Variable Message Signs,简称 VMS)、电话信息系统、车载或手持路径诱导系统、电视交通信息报告、互联网/在线服务、信息服务提供者(Information Service Providers,简称 ISP)所提供的各种信息发布方法。

驾驶员信息需要尽可能快地发布出去,直到交通流恢复正常为止。特别是在高峰期,信息发布可能需要持续好几个小时,影响若干个区域。

图 7-20 说明了用标志进行事件管理的例子。如果匝道关闭是事件响应和接收的策略,则必须给打算使用入口匝道的驾驶员提供信息,这种信息应该有指明该匝道已关闭的信息,更重要的是要给出可替换道路信息。信息的提供可由靠近入口匝道的平面街道上的可变信息标志提供。标志设置位置应使驾驶员做到:

①在必要时可移到其他匝道;

②决定不再使用高速公路而选用一条平行道路。

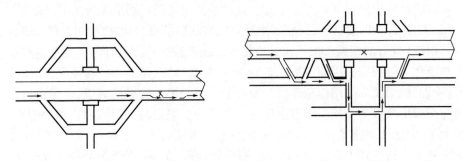

图 7-20 事件管理示例

(4)事件响应

事件响应是一旦确认有事件发生,即启动、协调和管理适当的人员、设备、通信和驾驶员信息媒介。响应需要每个响应部门和服务机构做好充分准备,因此各个部门之间事先要进行协调、计划和训练。高效的事件响应应事先针对不同类型的事件做好各部门的协调和配置,一旦事件发生,就可以很快地组织好恰当的人员和设备。另外,恰当的响应还依赖于对事件特征的了解及为使道路设施恢复到事件前状态所采取的步骤和/或使用的资源。

太少或过分的事件响应都可能延长事件的持续时间,同样也就加重了事件所造成的影响。如果响应队伍缺乏训练或者缺乏让他们为加快清除事件现场所必须的条件背景,那么上乘的设备也是于事无补的。

在城市地段,事件中的80%是小机械故障,如车胎漏气、汽油用完和撞防护栏事故,这些事件的30%~50%是无人报告的。大多数小事件发生在路肩上,即使有些车辆真的出现阻塞车道的情况,驾驶员可以并且愿意把它们推到路肩上。在非高峰期发生的小事件不致引起交通阻塞,然而在高峰期其影响却非常大。小事件之所以要在事件管理系统中涉及的一个原因是,即使是在非高峰期,它们可能就是潜在的大事故,例如,离开车辆的驾驶员或停驶/抛锚车辆被正在行驶的车辆撞击的事故。

小事件的响应策略包括警察巡逻摩托车、警察巡逻车、服务巡逻车等,以及对驾驶员进行高速公路管理条例的教育。

服务巡逻车是事件管理方法中最为有效的一种。因为它不仅缩短了小事件的反应时间,而且也能减少发现事件的时间。服务巡逻可由高速公路管理部门或警察部门管理。

驾驶员在减少事件发生后的损失及影响方面也有着举足轻重的作用,应该有法律条文规定要求驾驶员在遇到非人员伤亡的小事故时应尽快将车辆移出车行道。此法规应广为宣传,而不是像驾驶员通常认为的那样把车停下来等待交警的到来。如果驾驶员没有采取行动,就必须促使其清除车辆。

严重事件,尽管发生次数少,但对交通有重大影响,并要求复杂得多的响应活动。人员伤亡事故、货物散落、翻车和有害物质泄漏等事件都有可能造成独特的挑战,这是因为可能需要大量的有关人员参与,事件管理需要采用协调合作方式。对于这类事件,预先响应规划和准备是必需的。一旦发生严重事件,事件响应人员或机构能够及时相应。响应人员应训练有素,经验丰富。

在重大事故处理中,往往有许多独立的部门、组织、机构参加处理。由于各个机构的优先考虑因素往往不同,要想做到密切的协作可能有些困难。另外,各部门多重管辖权的情况也使得协作进程复杂化。在这种情况下,工作任务难以落实,信息交换不准,协调不周,指挥混乱可能是事件处理过程中一个主要问题,这样会使事件处理时间加倍延长。因而事件处理应在统一指挥领导下,有组织、有秩序、有步骤地进行,需要建立由警察、公路和其他公共部门人员组成的事件管理小组,并由各主要部门和(或)政府授权负责协调指挥事件管理的所有活动。这种组织形式可保证在高速公路管理的运行、维护和改进系统方面做共同的努力,并为训练对系统需要的响应越来越敏感的熟练管理人员提供了机会。

提高事件响应能力的技术多种多样,以下是其中一些典型的技术。

①部门内和部门之间的通信。

高效的事件响应需要相关部门之间能够进行可靠的通信,必须建立的通信连接包括:管理中心到管理中心、管理中心到响应车辆、响应车辆到响应车辆、事件响应的人员和物资供应支持。

事件管理系统需要配备人员列表和联系电话,以及各部门可用资源的列表(包括地方部门职责、广播频率、电话号码和传真号码等)。响应部门和派出人员得到了这些信息就可以加快响应,减少事件持续时间。

②设备存储地点。

设备和物资的存储应接近事件高发区,这样可以减少响应时间。相关的设备包括专门用于事件管理的拖车及交通控制设备(标志、锥形交通路标、旗帜等)。通常,由现场的情况和事件类型确定最初的物资和设备种类、数量。

③部门间的协议。

部门间的协议提供了一种事件响应部门和服务机构建立共同目标和处理程序的机制。通过协议规定,明确不同部门的职责和互相的协作关系,从而加速事件响应速度。

④先进的事件响应车辆。

先进的事件响应车辆可以提供一个移动通信平台,实现车辆间以及车辆和管理中心之间的声频、视频和数据通信。为了提高事件响应速度,响应车辆还可安装 AVL 系统,该系统通常使用 GPS 向调度管理中心提供精确的车辆位置信息。

(5)现场管理

现场管理是精确评估事件,建立适当的处理顺序(优先等级),通知和协调相关部门,维持良好的通信连接,安全、快速、高效地清除事件的工作过程。保证救援人员、事件受害者和其他驾驶员的安全是事件现场管理的首要目标。另外,现场管理还要协调响应人员的活动、降低事件对交通系统的影响,增进部门间的通信联系与协作,使人员和设备的利用效率最大化等。高效现场管理有如下要求:建立一个事件指挥站,指定一个现场管理员或事件指挥员,分段运输紧急救援车辆和设备。

(6)交通事件管理

交通事件管理指在受到事件影响的区域内进行交通控制,使用交通控制设施并动用人员对事件现场及周围交通问题进行管理。

即使是持续时间较短的事件,适当的交通管理也会减少事件的影响,为参与事件响应的队员和与事件有关的驾驶员、乘客提供一个安全的环境。

对于小事件而言,最佳的交通管理策略是给事件响应人员、警察、巡逻车以及救险车装备适用的交通控制工具,并且他们应懂得交通管理的要求。折叠标志、锥形筒以及其他一些手提式装置是初次事件响应的标准装备。

对于严重事件而言,交通管理计划与优化需要时间;需要时间去调度与布置交通管理设施与响应人员;需要时间去确定可替换路线和其他合适的交通管理措施。这些时间可能在事件现场消耗。由公路、警察、消防队、急救中心人员以及其他事件响应人员参加的例会、"实弹"演习等方法能够大大减少事件发生时用于制定合适的交通管理方案以及响应计划的时间。这种例会还有另一个好处:不同事件响应小组的人员可互相了解,并对各自在事件反应时应承担的责任和分工更加了解。同样,在例会上解决不同分歧比到事件现场去解决要好得多,因为到了公路上还不能决定采取的行动是极不利的。

组建严重事件的响应队伍(专职或业余的)、配备合适的设备、预先制定发生不同事件时的交通流分配计划、可移动标志车等这些准备工作,都可大大减少进行适当的交通管理所必需的时间。

交通控制是多数响应人员所要考虑的首要问题,为事件响应人员提供一个安全工作区域的同时尽量减小事件对交通流的干扰是交通事件管理的目标。交通事件管理措施可以分两类,一是为了改善通过事发地点交通流的措施,另一类是为了改善替代路径上的交通流的措施。用于改善通过事发地点交通流的措施包括:事件现场的点控制,管理车道(打开或关闭车道,仅封闭部分需要进入和停靠救援车辆、设备的事件现场,以把事件对交通流的影响降到最低);调遣适当的人员管理交通(如省、市、地方的交警)。

用于改善替代路径上交通流的措施包括:在受事件影响的区域,积极管理交通控制设施(包括匝道控制、车道控制标志和交通信号);提供替代路径。

上述两类控制措施都很重要,相比之下,在事件发生地点尽快建立交通控制对于事件清除更关键,而管理和控制事发地点附近的交通对于减小事件的整体影响作用更显著。事件越严重,所需要采取的控制措施越多,范围也越大。

(7)事件清除

事件清除是清理影响正常交通流或致使车道强制关闭的碰撞车辆残骸、碎片或其他障碍物,并使道路的通行能力恢复到事件前状态的过程。有时,也包括道路交通设施的临时或长期维修。事件清除的进一步目标包括:

①安全、快速地恢复到事件发生前的道路通行能力;

②使驾驶员的延误降到最低;

③有效利用各种事件清除资源;

④提高事件响应人员和事件当事人的安全;

⑤在事件清除过程中避免道路交通设施和个人财产不必要的损失。

在处理严重的事件时,因为清理障碍物、恢复交通流所需的时间比较长,所以事件清除是事件管理活动中最重要的步骤。

事件现场拆除的快慢,对再生事件的影响很大。有记载表明:很多车追尾的大事故都是由于某一单车小事件没得到及时排除而造成的。从宏观上来说,事件现场处理得越快,再生事件的隐患就会相对缩小。

根据我国目前现有的事故情况,表 7-3 给出了不同事故类型要求快速拆除的装备。

事故类型及其相应的快速处理装备需求　　　　　　　表 7-3

事故类型	大货车	小货车	大客车	小客车	摩托车
撞左护栏	AB(C)DFGH	AB(C)DFG	AB(C)FG	AB(C)DFG	
撞右护栏	AB(C)DFG	AB(C)DFG	AB(C)FGH	AB(C)DFGH	AG
驶出路面	AB(C)DFGH	AB(C)FGH	AB(C)FGH	AB(C)DFGH	AG
翻车	AB(C)DFGH	AB(C)DFGH	ABDFGH	AB(C)DFGH	ADG
失火	AB(C)EFGHI	AB(C)EFGHI	AEFG	ABDEFGHI	
追尾行车	AB(C)DFGHI	AB(C)DFGI	AB(C)DFGI	AB(C)DFGHI	
追尾停车	ABCDFGHI	AB(C)DFG	AB(C)DFG	AB(C)DFGHI	
超车侧刮	AB(C)DFGHI	AB(C)DFGHI	A(C)FG	AB(C)DFGHI	
变道侧刮	AFG	AFG	AFG	ADFG	
其他侧刮	AB(C)DFGHI	AB(C)DFG	AFG	AFG	
其他相撞	AB(C)DFG	AB(C)FGHI	AFG	AB(C)DFGHI	
车/行人	ABDF	ABDFG	ABDFG	ABDFG	

注:A-巡逻车,凡是事故发生都需要巡逻车到场;B-事故勘查车,凡是重大事件以上的都应该有它到场;C-事故救援车,在特别请求时,可以前往;D-救护车,有伤亡的事件现场都应该有它到场;E-消防车,凡有失火的事件,应有消防车援助;F-故障车等,凡车辆事件都应使用;G-拖曳车,凡事件车辆达到一般损坏情况时都可用拖曳车拖离现场;H-吊车,凡翻车、报废车等情况都应采用吊车;I-装载车辆,报废车、散落物等情况都要用到装载车。

本部分概括地介绍了事件管理过程中所涉及的各项技术,从中可以看出,事件管理的各项内容是相辅相成、紧密连接的。其中任一步骤进行得好坏都会影响到其他步骤的执行,甚至是事件管理的整体效果。因此,在事件管理中必须注重事件管理技术的研究。只有采用合理、先进的技术才能保证事件管理的顺利完成,使事件对正常交通流的影响降到最低。

与此同时,还要注意到事件管理的各个环节的技术难度又有一定的差异。事件响应、清除和现场管理技术更多依赖于事件管理人员的经验和相关部门的配合,对新技术的引入不是非常敏感,相关研究也更倾向于实际操作方面。驾驶员信息和交通管理与事件管理系统以外的其他系统关系密切,具有接口的作用,相关研究随着这些系统研究的发展而发展。事件检测和确认是紧密相连的,它们是事件管理的出发点和根本点,也是最关键的步骤,一直是事件管理研究的重点和难点。近年来,ITS 技术的飞速发展大大带动了事件检测和确认技术的进步,成为国际 ITS 研究的重要内容。本节对事件管理系统的研究就以事件检测和确认技术为突破口,在跟踪国际研究前沿的同时,提出适合我国道路交通状况和基础设施的方法。

7.4.3 事件管理系统国内外现状

1)国外现状

事件管理系统是高速公路管理系统的一个重要子系统,它早在60年代就在美国芝加哥实施。近年来,ITS的广泛实施改进了交通流监控、通信和出行者信息发布媒介等事件管理的支撑技术,使得事件管理系统也逐步向自动化、智能化迈进。世界许多发达国家的高速公路系统几经改造,形成了各具特色的事件管理系统。在澳大利亚,悉尼市建立了把高速公路网络(有320个CCTV监视器和以500m间隔布置的检测线圈)同城市交通信号系统(SCATS)相结合的具有快速事件检测和响应能力的事件管理系统,昆士兰州建立了具有半自动化事件检测能力的事件管理系统,墨尔本建立了具有全自动事件检测能力的VicRoads事件管理系统,以及珀斯市在市区60km的高速公路上新引进的MRWA(Main Roads Western Australia,简称MRWV)系统。在欧洲,很多国家建立了基于视频检测技术CCATS & CCIDS的事件检测和管理系统,德国建立了集中式的事件预警(COMPANION)系统,瑞典建立了MCS(Motorway Control System)系统。美国的高速公路里程居世界第一,其高速公路管理和事件管理系统遍及全国,如明尼苏达州的DIVERT(During Incident Vehicles Exit to Reduce Time)、马里兰州的CHART、纽约和新泽西区域的TRANSMIT(TRANSCOM's Systems for Managing Incidents and Traffic)、圣地亚哥的智能呼救电话和ADVANCE等。

据美国运输工程师协会(ITE)估计,高速公路使用事件管理后,在交通拥挤期间可以减少10%~15%的行程时间。上述的许多系统在实施后都进行了效益评估,如1997年由于CHART项目的实施,总的延误时间减少1560万车辆·h,燃油消耗大约减少2659万升,潜在的二次事故减少337起,CHART系统的费效比超过7:1。亚特兰大NAVIGATOR系统建成后,事件检测和确认的时间由原来的4.2min减少到1.1min,降低了74%;事件确认和自动产生事件响应之间的平均时间降低50%(从9.5min降低到4.7min);事件确认和车道清除之间的平均时间从40.5min降到了24.9min(降低38%)。事件管理在产生巨大的经济效益的同时还能带来诸多无法估量的社会效益,如缓解事件当事人的紧张心理和减少事件带来的不便,减少延误,减少有害气体的排放,改善公共关系等。

从世界范围来看,事件管理有些是相对独立的系统(特别是在城间高速公路上,如CHART、圣地亚哥智能呼叫电话等),而更多的是注重运用ITS的理念,把事件管理系统与其他系统进行集成,通过通信链路的连接实现信息共享和互相配合,以达到整个交通运输系统的高效、安全运行。上述系统中的ADVANCE、NAVIGATOR和DIVERT等就是把高速公路事件管理系统与城市道路信号控制系统、出行者信息系统、电子收费系统等进行协调和集成的有益尝试。因此,在ITS框架下,充分运用ITS新技术、新策略对事件管理系统进行扩充和改造是未来的发展方向。

2)我国的现状

我国的高速公路建设虽然发展迅猛,但相应的监控和管理基础设施建设远远不够,国家ITS中心主任王笑京曾撰文指出我国"仅有不到半数的公路为安全、通信、监控、收费装备了相对完善的管理系统和服务设施。由于管理原因和相连支路尚未连成完整的网络,这些投资巨大的工程在提高系统容量和服务水平上仍有很大裕量"。

就事件管理系统而言,我国在该领域的研究和实施都处于刚刚起步的阶段,目前见到报道的仅有首都机场高速公路建成的事件快速响应系统。这样的现状虽然是远远落后于发达国家,但是我们已经认识到高速公路管理特别是事件管理是保障高速公路安全、快速、高效、舒适、方便运行的重要手段。在不久的将来,事件管理一定会像高速公路道路建设那样迎来快速发展的新时期。另外,北京、上海等大城市已经开始着手安装现代化的高速公路系统交通流检测、监视设备,这将为事件管理系统的建立打下良好的基础,也为我们对此方面的研究提出了迫切的要求。

由各国应用情况可见,高效的事件管理系统能够产生显著的效益,通常应包括以下几个方面:

(1) 改善高速公路安全(如减少二次事件的数量);
(2) 提高管理部门的工作效率;
(3) 更高效地使用人员和设备;
(4) 丰富出行者信息发布内容;
(5) 减少延误;
(6) 提高货运车辆的机动性;
(7) 减少事件响应时间;
(8) 减少对环境的影响;
(9) 为驾驶员减少运行费用;
(10) 减少事件清除时间;
(11) 改善事件当事人、事件处理人员和其他道路使用者的安全性;
(12) 增进各部门的关系和相互了解。

7.4.4 我国的事件管理系统框架

我国的事件管理研究和建设虽然起步晚,但却为我们超越传统技术,直接建立 ITS 框架下的综合开放式系统创造了契机。依据我国提出的 ITS 框架,作者设计了如图 7-21 所示的事件管理系统框架。

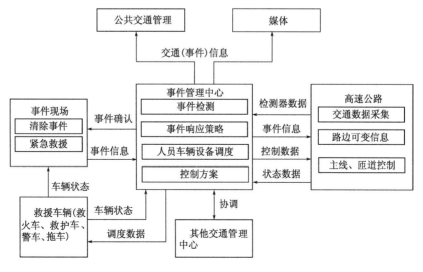

图 7-21 事件管理系统框架

其中高速公路上沿途布置的各类车辆检测器和监视设备获取实时的高速公路运行状态，通过通信链路传输给事件管理中心。事件管理中心承担事件管理的主要工作，负责对原始交通流数据、视频数据以及各种途径的人工报告数据进行处理以判断是否有事件发生，在确定了事件发生后，根据事件的严重程度和需要制定相应策略并派遣事件处理人员和救援设备和车辆，并对相关路段进行控制并向出行者和驾驶员发布相关信息，以避免事件进一步恶化。事件现场和救援车辆接收来自中心的调度指令，并反馈救援现场的情况。

7.5 本章小结

目前，我国各级交通管理部门必须采用先进的技术手段来减少交通"瓶颈"问题。而作为目前世界各国普遍采用的智能运输系统(ITS)重要组成部分的先进的交通管理系统(ATMS)的实现，可以为我国大中城市提供交通管理解决方案，在现有交通设施的基础上，提高通行效率，缓解车辆增加造成的交通需求压力。同时，改善交通秩序，减少事故，提高行车安全。本章还注重于融合ITS先进技术、我国的管理体制以及未来的发展趋势提出了我国事件管理系统框架，为我国该领域的研究奠定了基础，同时也不失为系统建设的良好参照。

【本章练习题】

1. 先进的交通管理系统的定义和目标是什么？
2. 简述ATMS设计的基本原则。
3. 列举2~3例国内外典型的先进的交通管理系统，并作简要说明。
4. 事件管理的实施技术有哪些？
5. 简述我国事件管理系统的框架。

第8章 交通信息服务系统

【学习目的与要求】

通过本章的学习,初步了解交通信息服务系统的构成、分类以及发展历程和趋势;熟悉动态交通流诱导系统的结构框架,在此基础上掌握分布式和中心式两种动态诱导系统的特点以及相应的最短路径选择模型及其算法。

8.1 概 述

随着社会经济的快速增长,人民生活水平的不断提高,道路交通需求旺盛。尽管近年来加大了道路基础设施建设的步伐,道路网已初具规模,形成了快速道路交通网络,但由于车流、流量的迅猛增长,交通矛盾依然十分突出,进入21世纪以来,中国汽车需求量和保有量出现了加速增长的趋势。截至2018年底,我国汽车保有量已达2.4亿辆,是2008年汽车保有量的3.7倍。全国已有61个城市汽车数量超过100万辆,27个城市汽车数量超过200万辆,其中北京、成都、重庆、上海、苏州、郑州、深圳、西安8个城市汽车数量超过300万辆,北京市汽车保有量已达608万辆。相应地,交通流量也以平均15%左右速度递增。以私人小汽车为标志的城市交通需求的不断增长,使城市土地资源容量和城市环境容量都受到了极大的挑战。如何应对城市现代化带来的交通问题,是城市交通管理者面对的需要解决的十分迫切的问题。

多年来，国内外实践经验证明，解决城市交通问题单纯依靠修建道路基础设施是不能奏效的，除了要有相应的宏观交通政策予以支持，现代化的交通管理是十分重要的一环。电子技术、通信技术、计算机技术等高新技术的发展，为交通管理提供了解决交通问题的新思路和新手段，为提高交通的机动性、安全性、有序化，最大限度地发挥现有道路系统的交通效率提供了技术支持。发达国家交通发展实践表明，采用城市交通流诱导系统是解决交通拥堵、减少交通事故、防止交通污染、减少车辆在道路上的逗留时间，最终实现交通流在路网上的最优分配，提高交通管理水平的最有效的方法和手段。

城市交通流诱导系统利用全球定位系统（GPS）、交通电子地图、计算机和先进的通信技术，使得车载诱导信息装置能够自动显示车辆位置、交通网络图和道路交通状况，为驾驶员找到从当前位置到目的地的最优行驶路线，并协助出行者方便到达未知路线的目的地。

面对城市建设的快速发展和交通需求高速增长的双重压力，机动化步伐加快和混合交通相互融合的矛盾，现代交通文明与落后的交通意识和道德的碰撞，我国作为一个发展中国家面临前所未有的机遇和挑战。特别是随着人均 GDP 的提高，我国将进入中等发达国家水平，人们对交通出行质和量的要求将达到前所未有的高度，这一切都要求今后几年对城市交通拥堵问题的解决必须要有大的飞跃。城市交通流诱导系统为解决这一问题起到了重要的作用。

在信息化社会中，拥有信息的多少和信息利用的程度决定了生产力的高低和财富的多少，而交通流实时动态信息系统恰恰是通过信息的充分利用和共享来达到提高路网通行能力的目的。如果说城市交通流诱导系统将成为 21 世纪现代化交通主要发展方向，显著地改善交通环境和拥堵问题，那么作为城市交通流诱导系统的一个重要前提，交通流实时动态信息系统将是使道路交通实现"货畅其流，人便其行"，实现城市交通流诱导系统的关键和基础。

从当前和今后一段时间城市交通发展情况看，建立交通流实时动态信息系统也是十分必要的。一是城市建设，特别是交通基础设施建设在今后几年将是一个大发展时期，这必然对整个市区路网交通流的布局带来很大影响，可以说由于市政道路建设频繁，交通流在路网中的运行分布极不稳定；二是交通正面临高速起飞时期，私人小汽车的大量出现，其在市民出行中所占的份额不断增长，道路路网交通负荷不断增加，因此这一时期交通变化较大；三是城市建设规模的扩大，环路附近的居民区的出现，市民从城区大量外迁，不仅使人们出行平均距离增加，而且市民出行源流分布会发生很大变化，导致这一时期人们出行的分布不断变化调整。这三点集中反映了今后几年交通流在路网中的分布极不稳定，人们对出行交通规律很难予以预测和把握（这也是与发达国家大城市交通特点显著区别之一）。市民掌握和了解实时动态信息对于方便市民出行，提高人民生活质量将起到十分重要的作用。它尤其是城市交通流诱导系统的研究与开发的前提要求，只有动态交通流系统不断地提供信息服务，才能使城市交通流诱导系统正常运作，否则城市交通流诱导系统将无法运作与开展进一步地深入研究。

8.2　先进的出行者交通信息服务系统

8.2.1　交通信息服务系统构成

交通信息服务系统是城市智能运输系统的重要组成部分，综合运用多种高新技术，通过有线、无线通信手段以及文字、语音、图形、视频等多媒体形式实时动态地提供与出行者相关的各类交通信息,使出行者从出发前、出行过程中直至到达目的地的整个过程随时能够获得道路交通状态、所需时间、最佳换乘方式、所需费用以及目的地等各种相关信息,从而指导出行者选择合适的交通方式(私家车、火车、公交车等)、出行路线和出行时间,以最高的效率和最佳的方式完成出行过程。交通信息服务系统依托动态道路交通信息资源及其他道路施工、交通管制、环境等相关信息资源,通过互联网、呼叫中心、手机和 PDA 等移动终端、交通广播、路侧广播、图文电视、车载终端、可变情报板、警示标志、车载滚动显示屏、分布在公共场所内的大屏幕、触摸屏等显示装置,为出行者提供较为完善的出行信息服务,为驾车出行者提供路况、突发事件、施工、沿途、气象、环境等信息,为采用公共交通方式的出行者提供票务、营运、站务、转乘、沿途等信息。出行者可提前安排出行计划,变更出行路线,使出行更安全、更便捷、更可靠。同时,将铁路、民航、旅游、气象等相关的各类信息进行整合,与广播、电视结合,提供更全面、更多方式的服务,让公众切身感受交通信息服务的便利。

交通信息服务系统大致可分为 4 个领域,包括信息采集、信息传输、信息处理、信息发布。其中,交通信息发布是交通信息服务中的关键环节。其目的是将交通信息服务系统中经过处理的有效信息采用合适的交通信息发布手段发布给交通信息需求者,从而使出行者参与到交通管理中,提高交通运行效率。

交通信息服务系统的构成可分为交通信息采集系统、交通信息传输系统、交通信息处理系统和交通信息发布系统四大子系统。

(1)交通信息采集系统。通过各类交通检测器采集动态道路交通流信息的信息采集系统,主要有移动型交通信息采集系统(基于 GPS 的浮动车信息采集、基于电子标签的交通信息采集、基于汽车牌照识别的信息采集等)和固定型交通检测器系统(红外线检测器、线圈检测器、微波检测器、视频检测器等)。另一方面,与出行相关的其他信息(如道路信息系统、客运信息系统、公共交通信息系统、停车场信息系统等)也可以通过网络连接方式,获取相关信息。

(2)交通信息传输系统。交通信息传输系统包括各种信息传输介质,连接着其余 3 个系统,贯穿于信息流动的全过程。信息传输包括电缆、光纤、微波、无线电波等信息传输方式。从信息的流向来看,它一般包括单向传输和交互传输两种方式。

(3)交通信息处理系统。对从信息采集系统获取的交通信息进行加工处理,使其成为对公众出行切实有用的信息。交通信息处理包括静态信息处理和动态信息处理。静态交通信息处理主要对获取的静态信息进行分类、统计处理,对其不同表示格式进行规范化处理等。由于直接采集的动态交通信息具有多变性和片面性,需进行一定处理,从中找出规律,有效指导公众出行,其处理过程有行程时间估计、交通状态判别、动态路径诱导、动态交通数据统计分析等。

(4)交通信息发布系统。交通信息经处理后到达信息发布系统,由此将交通状况相关信息发布给出行者。采用的信息发布方式有公众出行服务网站、呼叫中心系统、短信服务系统、交通广播、可变信息板、触摸屏、车载终端系统等。

8.2.2　交通信息服务系统分类

交通信息服务系统的服务内容多种多样,服务方式也各有不同,按照不同的分类标准,交通信息服务系统可分为各具特点的不同类型。

1) 按照向交通参与者提供信息服务的时间进行分类

(1) 出行前信息服务

出行前信息服务可使出行者在家里、单位、车内或其他出发地点访问出行前信息服务系统,以获取当前道路交通系统和公共交通系统的相关信息,为确定出行路线、出行方式和出行时间提供支持。该服务可随时提供公交时刻表和公交线路、换乘站点、票价以及合乘匹配等实时信息,以鼓励人们采用公交或合乘出行;还可以提供包括交通事故、道路施工、绕行路线、个别路段车速、特殊活动安排以及气候条件等信息,出行者可以据此制定出行方式、出行路线和出发时间等。

(2) 行驶中驾驶员信息服务

通过视频或音频向驾驶员提供道路信息、交通信息和各种警告信息,帮助驾驶员修改出行路线,并为不熟悉地形的驾驶员提供向导服务。其中,道路信息包括预先向驾驶员提供收费站、交叉口、隧道、纵坡、路宽、道路养护施工等前方道路条件,交通信息包括路网交通拥挤信息、交通事故信息、平均车速与行程事件等动态信息,警告信息包括冰雪风霜等气象信息和特殊事件信息。这些信息可以帮助在途驾驶员顺利到达出行终点。

(3) 途中公共交通信息服务

利用先进的电子、通信、多媒体和网络技术,使已经开始出行的公交用户在路边、公交车站或公交车辆上,通过多种方式获取实时公交出行服务信息,以便乘客在出行中能够对其出行路线、方式和时间进行选择和修正。

2) 按照信息系统所提供信息内容的不同进行分类

(1) 路径诱导服务

利用先进的信息、通信等技术,为驾驶员提供丰富的行驶信息,引导其行驶在优化的路径上,以此减少车辆在路网中的滞留时间,从而缓解交通压力,减少交通阻塞和延误。这种服务主要针对城市路网的个体车辆。

(2) 交通流诱导系统

以交通流预测和实时动态交通分配为基础,应用现代通信技术、电子技术、计算机技术等为路网上的出行者提供必要的交通信息,为其当前出行决策和路线选择提供信息参考,从而避免盲目出行造成的交通阻塞,达到路网畅通、高效运行的目的。这种服务面向的是路网上行驶的所有车辆。

(3) 停车场信息诱导服务

给停车者提供一定区域内所有停车场的位置信息以及其车位利用信息,从而有利于驾驶员做出合理的停车选择,减少迂回驾驶和由此产生的无谓交通量及环境污染。

(4) 个性化信息服务

个性化信息是指满足特定出行者个体需要的信息,通常涉及交通信息、公交信息和黄页信息(例如旅游目的地、住宿)等,出行者可在任何地方通过交互式咨询终端获得这类信息,从而制定合适的出行计划,选择合适的路径。

3) 按照信息流的集成程度以及系统功能分配的不同进行分类

(1) 自动导航服务

自动导航系统融信息流三要素于一体,能对行驶中的车辆进行实时导航。它是一个静态系统,在独立的车辆上装备有定位设备和历史地图数据库,车辆不与信息中心进行通信,使用一个单独记录过去交通状况、路网信息的数据库。信息采集、分析处理以及传送都在车上独立完成，与交通信息中心无任何联系，这样它既不能提供基于实时动态交通信息的自动导航，也不能向交通控制中心报告实时交通状态。

(2) 中心式单向通信导航服务

由交通信息中心单方面向交通参与者提供实时动态交通信息，交通信息中心将通过各种渠道采集的道路交通信息经处理后定时发送给路网上行驶的车辆。驾乘人员借助车载信息接收设备获取实时交通路况来动态调整行驶路线。

(3) 中心式双向通信导航服务

车辆和交通参与者不再是被动的信息接收者，同时也是交通信息采集者。不仅可以给出车辆通过某一路段的行程时间、车速，还可以通过一定规模的探测车辆获取交通流量和行程时间等交通信息。

8.2.3 交通信息服务系统发展历程与趋势

20世纪70年代以来，欧美、日本等发达地区和国家在寻求缓解交通拥挤的研究中，出现了以个体出行者为服务对象的综合交通信息服务系统。从总体上来说，针对个体出行者的综合交通信息服务系统的发展又可划分为两个阶段。

第一代称为出行者信息系统(Traveler Information System，简称TIS)，是在20世纪70年代出现的计算机技术和交通监控系统基础上发展起来的，反映了人们用通信技术进行信息发布的最初愿望。这些系统主要用于提高路网局部的通行能力，例如严重拥堵的交叉口，或者由于交通事故引起阻塞的路段等。公路顾问广播(Highway Advisory Radio，简称HAR)和可变信息标志(Variable Message Signal，简称VMS)是这一代出行者信息系统的代表。

第二代称为先进的出行者信息系统(Advanced Traveler Information System，简称ATIS)，它采用信息采集、传输、处理和发布方面的最新技术成果，可以为更广泛的交通参与者提供多种方式的实时交通信息和动态路径诱导功能。车载路径诱导系统、移动电话、有线电话、有线电视、大型显示屏和互联网是第二代出行者信息系统的主要表现形式。

交通信息服务一直是智能运输领域的研究热点问题，美、日、欧等发达的国家政府和企业投入了大量精力和资源进行交通信息服务的研究与应用，将其作为解决大城市交通困境的有效手段。国际间通过不断的产业合作和广泛联盟，动态交通信息服务在向集成化、平台化方向发展的同时，已经在相关设施建设、终端设备销售、各类服务应用方面形成了规模巨大的产业市场。典型的交通信息服务系统有美国的511系统、欧洲的UTMC系统以及日本的VICS系统。

美国的交通信息服务系统已经覆盖全国，实现了不同交通运输方式之间的信息共享，具有代表性的是511出行信息服务系统。1999年美国交通运输部向美国联邦通信委员会申请使用511这三位数电话作为全美通用的交通信息服务电话，并于2001年获得正式批准。511出行信息服务系统的服务内容包括道路信息、公共交通信息、天气信息、预警信息、出行信息等，此外，511系统还与航空公司和铁路客运公司的服务电话相连接。此外，511出行信息服务系统的大多数信息如国家公路交通信息、天气信息等可通过手机拨打511来获取，并且在一般情况下拨打511服务是免费的。最初，511出行信息服务系统是通过手机来访问实时的交通信息，目前，在一些发达城市如福罗里达州可使用免费的语音识别实现自动化服务，并且可使用互动网站下载相应的应用程序。在2010年,511出行信息服务系统已基本在美国全境各州开通,全国90%以上的人口知道和了解511系统,年呼入量达到4000多万次。

欧盟最典型的信息系统是英国的城市交通管理与控制(Urban Traffic Management and Control,简称UTMC)系统。UTMC系统将来自不同设备的信息如车牌识别摄像机、可变信息标志(VMS)、停车场、交通信号,空气质量监测站和气象站合并成一个中央控制台或数据库,能够为出行者提供高效、实时的综合交通管理与控制信息,以最大限度地开发道路网络的潜力。

日本的道路交通情报通信系统(Vehicle Information and Communication System,简称VICS)系统是目前实际运营最好、规模最大、影响最深的交通信息服务系统。该系统是日本道路交通信息处理、发布中心,由道路上的交通流检测器和车辆上的发射天线将动态交通信息传输给信息中心,信息中心将警察部门和高速公路管理部门提供的交通堵塞信息、旅行时间、交通事故、道路施工信息、车速和车道限制以及停车场位置和空位情况等信息经过规范化编辑处理后及时传输给道路用户,可以在汽车导航仪上以文字、图形的方式显示。

交通信息采用3种方法由VICS中心发送到给驾驶员的车载装置。这三种方法分别是道路管理者设置运用的无线电信标、公安委员会设置运用的光(红外线)信标及FM多频广播。在高速公路上每隔2～4km设置一个无线电信标,一般公路上的光(红外线)信标安装10000多台。采用广域信息的FM多频广播方式的信息传播则由NHK的电波传播。目前销售的汽车导航系统中几乎所有机型都具备与VICS相对应的系统扩展功能,只要将所选设备与天线、感光器接通就可接收信号。VICS的信息传输流程见图8-1。

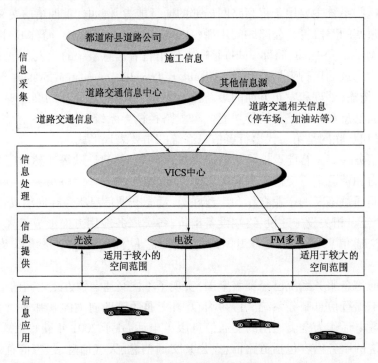

图8-1 VICS的信息传输流程

该系统已覆盖日本全国80%的地区,所有高速公路及主干道均能收到VICS信息报道。在日本,VICS系统的服务是免费的,使用者只需购买带有VICS系统的车载导航器,便可享受VICS系统提供的无偿服务,之后的日常使用中不再需要交其他的费用。据报道,在日本首都高速公路网上 VICS 的普及率达到 20%的水平,首都高速路上的阻塞率降低了 10%。此外据相关研究部门预测,若 VICS 在日本全国的普及率达 30%,则总拥挤损失率可降低 6%。因此,日本正在加速 VICS 的普及。

随着计算机技术和通信技术的发展,交通信息服务系统主要存在以下发展趋势:

(1)用户范围更广,要求更高。以前的交通信息服务系统实际是路径诱导系统,为驾驶员提供实时的路况信息和诱导信息。随着计算机和通信技术的发展,交通信息服务系统的用户群逐步扩大,不仅包含了交通管理者、在途用户,而且要为计划出行的用户提供出行前的路线选择、出行方式的选择、换乘选择及停车诱导等。

(2)信息发布形式越来越丰富。除了利用传统的无线电广播、电话咨询等技术发布语音交通信息外,还普遍运用了网络技术、通信技术、交互电视、车载单元显示屏及各种移动终端来为出行者提供信息。

(3)实时性增强。随着信息采集、处理、传输等技术的不断进步,交通信息服务系统对信息的处理和发布的实时性要求越来越高。

(4)双向通信技术被广泛应用。传统的交通信息服务系统多数采用单向通信方式,只能由信息中心利用广播、电视、VMS 等向用户发布信息,用户不能进行信息反馈。随着红外通信、微波通信及无线通信技术的发展,交通信息服务系统将越来越多地采用双向通信方式。

(5)信息的复杂程度日益增强。由于 GIS、GPS 和移动通信技术等的应用,交通信息服务系统所能提供的信息越来越复杂,对整个交通运输系统产生的影响也越来越大,不仅能提供交通流信息、紧急事件信息和交通诱导信息,同时也能提供个性化的出行线路规划信息、公交查询信息和停车诱导信息。

8.3 动态交通流诱导系统

8.3.1 动态交通流诱导系统结构框架

交通流诱导系统,国外称之为路线引导系统(Route Guidance System,简称 RGS)。吉林大学杨兆升教授从诱导条件下驾驶员行为特性、交通流的分布特征、诱导服从率等角度出发,定义为交通流诱导系统(Traffic Flow Guidance System,简称 TFGS)。1999 年在加拿大多伦多举办的第 6 届 ITS 国际会议上,杨兆升教授宣读的学术论文阐述了交通流诱导系统的相关定义及理论,得到了国际同行的广泛认可。

交通流诱导系统经历了从静态诱导系统到动态诱导系统的发展过程。

静态诱导系统研究始于 20 世纪 70 年代,使用记录交通状况的历史数据库或地理信息系统(数字地图)进行路线引导。目前安装在车载终端、智能手机上的导航系统大多是静态的路径诱导系统,但在功能上和人机界面方面都显示了高科技的特征。

动态诱导系统利用全球定位系统(GPS)、电子交通图(Electronic Map of Traffic Network)、计算机和先进的通信技术,基于实时的道路交通信息,使得车载计算机能够自动显示车辆位置、交通网络图和道路交通状况,为驾驶员找到从当前位置到目的地的最优行驶路径,并协助出行者方便地到达未知路线的目的地。使用这种系统,能够有效地防止交通阻塞的发生,减少车辆在道路上的逗留时间,并最终实现交通流量在网络中各路段上的最优分配。

根据诱导信息作用的范围,TFGS可以分为车内诱导系统和车外诱导系统两大类。在车内诱导系统中,实时交通信息传输于个别车辆和信息中心之间,车辆上安装有定位装置、信息接收装置和路径优化装置。由于诱导对象是单个车辆,因而也称为个别车辆诱导系统。这类系统的诱导机理比较明确,容易达到诱导目的。对于这种诱导方式,高精度车辆定位技术和实时动态车载信息装置的开发是其应用实施的关键。目前各发达国家研究的大部分是这种系统,形成多个较为成熟的车内诱导系统,如美国的TravTek系统、德国的Ali-Scout系统和日本的VICS。但其对车内设施和信息传输技术要求较高,造价相对昂贵。相比之下,车外诱导系统的交通信息是在车流检测器、信息中心和可变标牌之间传输,诱导对象是车流群,因而也称为群体车辆诱导系统。对于这种诱导方式,大规模路网下中心端动态路径优化技术,以及区域交通诱导系统与区域交通信号控制系统的协调优化是其实施的关键和难点。目前,群体车辆诱导系统还不成熟,其涉及的关键理论和方法正处于不断研究探索中。

根据诱导信息发布的方式,动态交通诱导系统分为分布式诱导和中心式诱导两种方式。所谓分布式诱导是交通信息中心通过无线通信网络向车载用户提供路网动态交通信息,由车载导航装置自行计算最佳行驶路线,这是目前国内外普遍采用的交通诱导方式。但存在通信量大、交通信息更新不及时、没有交通拥挤转移预防机制等问题。美国的实验测试资料表明,当路网中超过1/3的车辆采用分布式诱导方式时,容易导致被诱导车辆都驶向不拥挤路线,造成新的交通拥挤,即交通拥挤转移。

中心式诱导是交通信息中心根据路网实时的交通信息,从路网全局的角度,为每位车载用户计算最佳行驶路线,并通过无线通信网络下发给车载导航装置,由车载导航装置引导驾驶员选择最佳行驶路线,能够有效克服分布式诱导所带来的交通拥挤转移问题,是国际公认解决交通拥挤最有效的诱导方式。

交通流诱导系统的研究在发达国家起步较早,并取得了一些比较有影响的成果。特别是美国、德国和日本开发出了各具特点的交通流诱导系统的雏形。虽然与大面积应用尚有一定的差距,但初步试验表明,该系统在加强交通管理与控制功能方面的作用是不可低估的。

在我国,特别是在大中城市中,交通拥挤日趋严重。如何解决这个问题,充分发挥交通设施的效能,已成为摆在我们面前的重要课题。从交通运输的未来发展趋势看,为我国的大中城市建立交通流诱导系统是必要的。但既不能照抄照搬发达国家的研究成果,也不能完全迁就国内大部分城市的交通设施及交通管理设施的现状。需要考虑国情和国际发展趋势的同时,在借鉴国内外研究成果的基础上,根据其主持完成国家"863"计划、国家科技攻关课题以及国家自然科学基金重点项目,吉林大学杨兆升教授提出了我国的城市动态交通流诱导系统的框架结构,如图8-2所示。

该系统主要由交通信息中心、导航装置和通信设备等组成,能够基于实时动态交通信息,采用中心式、分布式等诱导方式,引导驾驶员避开拥挤,选择最佳行驶路线,从而有效缓解交通拥挤。城市动态交通流诱导系统包括:交通流信息采集与处理子系统、车辆定位子系统、交通信息服务子系统以及行车路线优化子系统。

1)交通流信息采集与处理子系统

交通流信息的采集主要是通过交通控制系统实现的。所以,城市安装交通流量检测系统是实现交通流诱导的前提条件。这个子系统涉及4个方面内容。

(1)交通信息检测:可以利用交通信号控制系统的交通流量检测信息。
(2)交通流信息的转换与传送:把从交通控制系统获得的网络交通流信息进行处理并传送到交通流诱导主机。
(3)滚动式预测网络中各路段的交通流量和运行时间。
(4)建立能够综合反映多种因素的路阻函数,确定各路段的出行费用,为诱导提供依据。

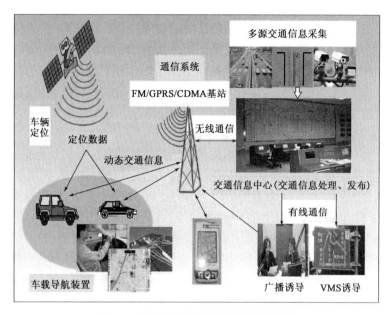

图8-2 我国城市动态交通流诱导系统结构图

2)车辆定位子系统

车辆定位子系统的功能是确定车辆在路网中的确切位置,其主要研究内容有:

(1)建立一套差分的理论模型和应用技术,即讨论如何根据基准台所测出的误差来修正车载台的误差,从而达到提高定位精度的目的。

(2)设计系统的通信网络,其中包括信号的编码、发射和接收以及信号的调制和调解等问题。

(3)研究系统的电子地图制作方法以及在光盘上的实现技术。

(4)建立一套故障自诊断体系,以保证在系统发生故障或信号在传输中出现较大误差时,也能准确地确定车辆的位置。

3)交通信息服务子系统

交通信息服务子系统是交通流诱导系统的主要组成部分,它可以把主机运算出来的动态交通信息(包括预测的交通信息),通过各种传播媒介及时地传送给公众。这些媒介包括有线电视、联网的计算机、收音机、电话亭、路边的可变标牌和车载的接收装置等,使出行者在家中、在路上都可以得到交通诱导信息。

4)行车路线优化子系统

行车路线优化子系统是交通流诱导系统的重要组成部分。它的作用是依据车辆定位子系统所确定的车辆在网络中的位置和出行者输入的目的地,结合交通信息采集与处理子系统传输的路网交通信息,为出行者提供能够避免拥挤、减少延误、快速到达终点的行车路线,在车载终端、智能手机的屏幕上显示出车辆行驶前方的交通状况,并以箭头线标示所建议的最佳行驶路线。

8.3.2 大规模路网下中心式诱导最优路径规划技术

最优路径计算方法是大规模路网下中心式动态交通诱导路径优化的核心和主要难点,最短路径算法好坏和可并行化程度直接影响路径优化的并行计算速度。目前,大多数研究都是通过寻找可同时处理的节点数量对最短路径算法的可并行化程度进行挖掘,本节依托吉林大学 ITS 研发中心完成的国家高技术研究发展计划("863"计划)课题"基于动态信息的智能导航与位置服务应用系统研发",基于多级递阶网络分解方法和双端队列最短路径计算方法,提出了一种能够在短时间内完成大规模路网中所有起讫点之间最短路径优化的 MLHND-TQQ 路径优化并行计算方法。

1) 网络数据存储

网络数据主要包括节点和弧的属性数据和拓扑关系数据,其中,属性数据主要包括编号和权重数据,拓扑关系数据主要包括节点和节点、节点和边之间的连接关系,而边由两个节点所确定,因此,可以认为网络拓扑关系最终表现为节点之间的连接关系,城市道路网络通常为稀疏网络,传统的矩阵存储方法占用内存空间大,对网络分解和最短路径计算速度影响较大,因此,本节采用一种稀疏矩阵的存储方式实现数据的有效压缩存储,以节省内存空间的使用,主要通过建立 4 个一维数组 $vwgt[n]$、$edgwgt[2m]$、$adjncy[2m]$ 和 $xadj[2n+1]$,用于存储网络数据,其中,$vwgt[n]$ 和 $edgwgt[2m]$ 分别用于存储节点和弧的权重数据,$adjncy[2m]$ 用于存储网络中所有节点的邻接节点编号,令 $i=1,2,\cdots,n$,则 $edgwgt[i]$ 和 $adjncy[i]$ 一一对应,$xadj[i]$ 和 $xadj[i+1]$ 分别存储节点 i 的邻接节点在 $adjncy$ 中的起始位置和结束位置。图 8-3a) 为一个由 12 个节点、18 个弧构成的图,图 8-3b) 为网络数据的稀疏矩阵存储格式。

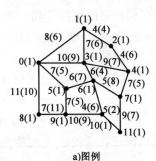

a) 图例

$vwgt[n]$ = {1 1 1 1 1 1 1 1 1 1 1 1}
$edgwgt[2m]$ = {8 10 7 11 6 4 7 4 4 9 6 9 6 6 7 7 5 6 7 4 7 5 4 5 8 9 10 7 5 11 10 6 9 5 2 7}
$adjncy[2m]$ = {1 3 5 8 0 2 3 1 4 0 1 4 6 2 3 7 0 6 9 3 5 7 10 4 6 11 0 9 5 8 10 6 9 11 7 10}
$xadj[2n+1]$ = {0 3 6 8 12 15 18 22 25 27 30 33 35}

b) 稀疏矩阵存储格式

图 8-3 网络拓扑结构数据存储方法

2) 多级递阶网络分解方法

根据城市道路网络交叉口和路段之间的拓扑关系,将交叉口定义为节点,相邻交叉口之间的路段定义为弧,定义图 $G=(V,E)$,其中,V 为节点集合,$|V|=n$,**vwgt** 为节点的权重向

量,E 为弧集合,$|E|=m$,**edgwgt** 为弧的权重向量,则对于任意 $l \in E$ 有且仅有两个节点 $i,j \in V(i \neq j)$ 与其相对应。网络分解就是将图 $G=(V,E)$ 均衡地分解成 p 个部分 $g_1(v_1,e_1)$, $g_2(v_2,e_2),\cdots,g_p(v_p,e_p)$,即 $\frac{n}{p}-|\delta| \leq |v_i| \leq \frac{n}{p}+|\delta|$($\delta$ 为最大非均衡度),$v_i \cap v_j = \phi(i \neq j)$,$\sum_{i=1}^{p} v_i = V$,且使被切割弧最少。多级递阶网络分解(Multi-Level Hierarchical Network Decomposition,简称 MLHND)方法主要包括网络粗化处理、粗化网络递阶对分及网络细化还原 3 个部分。图 8-4 为多级递阶网络分解过程的示意图。

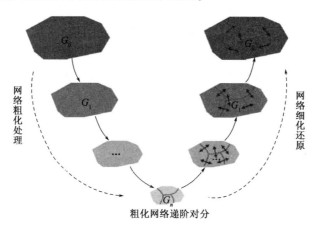

图 8-4 多级递阶网络分解过程示意图

(1)网络粗化处理

网络粗化处理就是将原始网络 $G=(V,E)$ 逐级粗化为网络规模越来越小的网络 $G_1=(V_1,E_1)$,$G_2=(V_2,E_2),\cdots,G_k=(V_k,E_k)$,且 $|V_1|>|V_2|>\cdots>|V_k|$。计算步骤如下。

步骤1:确定网络 $G=(V,E)$ 为初级网络 $G_0=(V_0,E_0)$。

步骤2:将网络 $G_i=(V_i,E_i)(i=0,1,2,\cdots)$ 中的所有节点通过一定的匹配方法划分成几个集合 $s_1,s_2,\cdots,s_j,\cdots$。

匹配方法包括随机匹配、最大(最小)邻接弧权重匹配等方法。其中,随机匹配方法是首先将网络节点进行随机排序,再随机选取未匹配节点 u 的一个未匹配的邻接节点 v 与其匹配成集合 V_i^s,如果未匹配节点 u 没有未匹配的邻接节点,则 u 自己构成一个单节点集合 V_i^s,直到所有节点均被匹配,适合于不提供节点和弧权重信息的情况;最大(最小)邻接弧权重匹配方法是在随机匹配过程中,选取与未匹配节点 u 之间连接弧权重最大(最小)的节点 v 与其匹配成集合 V_i^s,适合于提供弧权重信息的情况。

步骤3:将每个节点集合 V_i^s 作为网络 $G_{i+1}=(V_{i+1},E_{i+1})$ 中的一个节点 V_{i+1}^j 来实现节点粗化处理,将网络 $G_i=(V_i,E_i)(i=0,1,2,\cdots)$ 中连接节点集合 V_i^g、V_i^h 的所有弧集合 E_i^l 合并成网络 $G_{i+1}=(V_{i+1},E_{i+1})$ 中的一条弧 E_{i+1}^j 来实现弧的粗化处理,并分别计算节点 V_{i+1}^j 的权重 $w_{i+1}^j=\sum_{k \in s} w_i^k$,弧 E_{i+1}^j 的权重 $w_{i+1}^j=\sum_{k \in l} w_i^k$。

步骤4:当网络中 $|V_{i+1}|<cp|$(c 为常数,p 为进程数)或 $\frac{|V_i|-|V_{i+1}|}{|V_i|}<0.8$ 时,结束结算,否则转步骤2。

(2) 粗化网络递阶对分

递阶对分方法能够较好地把网络分解成几个子网络,当分解数较小时,分解的网络均衡度较高,且能够产生光滑连续连接区域。因此,采用递阶对分方法对粗化处理后的网络进行初始网络分解,目前常用的对分法主要包括区域增长法、普对分法及 KL 法等方法。区域增长法算法简单且容易实现,本节主要采用区域增长法对粗化网络进行递阶对分。同时,为了提高网络分解的精度,在一次网络对分之后,采用 FM 方法对边界节点通过移动互换进行微调,进一步减少被切割弧的数量(权重之和)。

假设网络粗化结果为 $G_l = (V_l, E_l)$,则区域增长法计算步骤如下。

步骤 1:令 edgcutmin = +∞, edgcutsum = 0。

步骤 2:随机选取一个节点 $i(i \in V_l)$,令 first = i, $S = \{i\}$,搜索 first 的所有邻接节点,再搜索这些邻接节点的所有邻接节点,直到搜索到的节点权重之和为网络节点总数(权重之和)的一半,计算被切割弧的总数(权重之和)edgcutsum,如果 edgcutsum < edgcutmin,则 edgcutmin = edgcutsum。

步骤 3:令 first = j, $S = \{i,j\}$,从 $\bar{S}$ 中随机选取节点中随机选取一个节点 $j(j \in \bar{S})$,转步骤 2,直到 $|S| = c (c \leq n)$,则网络对分结果为 edgcutmin 所对应的网络分解结果,记为 $g_0(V_0, E_0)$ 和 $g_1(V_1, E_1)$。

步骤 4:基于 FM 法对 $g_0(V_0, E_0)$ 和 $g_1(V_1, E_1)$ 进行微调,计算步骤如下。

步骤 4.1:令

$$\text{edgcutgwtsum} = \sum_{l_{ij}, i \in g_0, j \in g_1} \text{edgwgt}[l_{ij}]$$

$$\text{ed}[i] = \sum_{l_{ij}, j \in g_1} \text{edgwgt}[l_{ij}]$$

$$\text{id} = \sum_{l_{ij}, j \in g_0} \text{edgwgt}[l_{ij}]$$

$$\text{dd}[i] = \text{ed}[i] - \text{id}[i]$$

$$\text{gain}[i] = \text{dd}[i]$$

$$\text{gain}[i][j] = \text{dd}[j] + \text{dd}[i] - 2 \times \text{edgwgt}[l_{ij}]$$

步骤 4.2:判断节点移动方向,令 vwgtsumg0 和 vwgtsumg1 分别为 $g_0(V_0, E_0)$ 和 $g_1(V_1, E_1)$ 的节点权重之和,如果 vwgtsumg0 > vwgtsumg1,则边界节点将从 $g_0(V_0, E_0)$ 移向 $g_1(V_1, E_1)$,在确保 $g_1(V_1, E_1)$ 和 $g_0(V_0, E_0)$ 节点权重均衡范围内,通过移动或互换边界节点,优化 edgcutgwtsum,获取 $g_0(V_0, E_0)$ 和 $g_1(V_1, E_1)$ 的优化网络 $g_0^*(V_0, E_0)$ 和 $g_1^*(V_1, E_1)$。

步骤 5:如果网络分解份数满足需要,则停止,否则继续对步骤 4 中所获得网络 $g_0^*(V_0, E_0)$ 和 $g_1^*(V_1, E_1)$ 分别进行步骤 1 ~ 步骤 4 的对分计算。

(3) 网络细化还原

网络还原是将网络 $G_l = (V_l, E_l)$ 按 $G_l = (V_l, E_l), G_{l-1} = (V_{l-1}, E_{l-1}), \cdots, G_0 = (V_0, E_0)$ 顺序逐级映射回原始网络,由于第 $i+1$ 级网络中的单个节点 v 通常是第 i 级网络中的一个节点集合 V_{i+1}^i,所以,节点可直接进行映射。但是对于分解后的网络,节点集合被还原之后,第 $i+1$ 级网络的分解结果对第 i 级网络分解可能不是局部最优的,利用第 i 级网络中节点自由度的增加,通过 FM 法对边界节点进行移动互换处理,优化第 i 级网络的弧切割量,减少被切割弧的总数或权重之和。

3）双端队列最短路径计算方法

在最优路径计算过程中，首先将城市道路网络定义为由节点集 N 和弧集 E 构成的有向图 $G=(N,E)$，每条弧 $l\{l\in E\}$ 对应着一个有序的节点对 $(s,t)\{s,t\in N\}$ 和权重 $w_{s,t}$（距离、行程时间及广义费用等），节点和弧之间的拓扑关系由城市道路网络结构决定。本节将城市交叉口作为节点，相邻交叉口之间的路段作为弧，重点研究单源最优路径和多源最优路径的并行化计算方法。

单源最优路径就是根据图中节点和弧之间的拓扑关系以及弧的权重数据对图中从一个节点到其他所有节点之间的一个一对多（one to all）的最优路径树的求解。目前的最优路径计算方法主要有标号设定的 LS 算法（如 Dijkstra 算法）和标号校正的 LC 算法（如 Pallottino 算法或称为 TQQ 算法）。近年一些研究表明，对于一些复杂的路网最优路径计算，TQQ 算法的运行效率优于 Dijkstra 算法。本节将 TQQ 算法进行并行化处理。

在最优路径计算过程中，标号算法为每个节点定义了 3 个标号 $(d(i),p(i),S(i))$：标号 $d(i)$ 是长度标号，用于存储从节点 s 到节点 i 的累计距离；$p(i)$ 是前驱节点标号，用于存储 i 的父节点，即从 s 到 i 的最优路径上 i 前面一个邻点；$S(i)$ 是当前节点状态标号，包括未访问、暂时标号和永久标号 3 种，当节点从未被扫描过时，状态为未访问，长度标号为无穷大，当到达节点 i 的当前最优路径为绝对最优路径时，状态为永久标号，长度标号即从 s 到节点 i 的最优路径长度，当节点 i 能够通过进一步迭代得到更新时，状态为暂时标号。

TQQ 算法在最优路径计算过程中，将所有被标号的节点存放在一个预先设置的队列 Q，并根据节点是否曾经被扫描区分节点优先级，将 Q 划分成两个先进先出队列 Q_1 和 Q_2，曾经被扫描过的节点具有高优先级，将其插入 Q_2 尾端，未被扫描过的节点具有低优先级，将其插入 Q_1 尾端，进而实现了一个基于双端队列结构的最优路径搜索机制。

输入：图的拓扑关系和权重数据以及源点 s。

输出：从源点 s 到其他所有节点的单源最优路径。

TQQ 串行算法计算步骤如下。

步骤1：双端队列结构初始化。

步骤2：判断队列 Q 是否为空；如果是空，则转步骤 3。

步骤3：存储最优路径。

步骤4：计算结束。

4）基于 MLHND-TQQ 的路径优化并行计算方法

基于 MLHND-TQQ 的路径优化并行计算主要包括两个部分：单源最短路径并行计算、多源最短路径并行计算。

（1）单源最短路径并行计算方法

对于单源最短路径并行计算问题，目前，大多数并行化算法都集中在对节点可同时处理的并行度的挖掘。

输入：图的拓扑关系、权重数据、源点 s 及进程数。

输出：从源点 s 到其他所有节点的单源最短路径。

TQQ 单源最短路径并行计算步骤如下。

步骤1：每个进程分别判断当前处理器进程编号是否为 0，如果是则转步骤 2，否则转步骤 3。

步骤 2：根据进程数对网络实施递解分解，获取 part[n]，并将网络分解信息广播出。
步骤 3：其他处理器接受网络分解结果及相关数据信息。
步骤 4：初始化两个队列 queue0 和 queue1。
步骤 5：判断队列 queue0 和 queue1 是否为空，如果是则转步骤 7，否则，转步骤 6。
步骤 6：令 $s=i$，sendflag $=0$，在每个进程内进行局部最小值计算。

if $d(j) > d(s) + \text{edgwgt}(i,j)$，则：

$d(j) = d(s) + \text{edgwgt}(i,j)$；

if j 从未被访问，则：

将 j 插入 queue0 的尾端；

elseif j 曾经被访问过，则：

将 j 插入 queue1 的尾端；

endif

endif

步骤 7：判断 i 在当前子网的每个邻接子网内的各邻接节点 k 是否为最短路。
步骤 8：判断消息队列是否为空，如果是，则转步骤 10，否则转步骤 9。
步骤 9：每个邻接子网发送消息队列给其他邻接子网，并接受其他子网发送过来的消息，并对每个接收到的节点 t 的邻接节点在当前进程的做如下计算。

if $d(b) > d(b) + \text{edgwgt}(t,b)$，则：

$d(b) = d(b) + \text{edgwgt}(t,b)$；

if n 从未被访问，则：

将 n 插入 queue0 的尾端；

elseif n 曾经被访问过，则：

将 n 插入 queue1 的尾端；

endif

endif

步骤 10：各处理器将最短路径计算结果发送给处理器 0，计算结束。

（2）多源最短路径并行计算方法

输入：图的拓扑关系、权重数据、源点集合 $S = \{(s_i \mid i = 1,2,\cdots,k)\}$ 及进程数。

输出：从源点集合 S 中各源点到其他所有节点的多源最短路径。

TQQ 多源最短路径并行计算步骤如下。

步骤 1：每个进程分别判断当前处理器进程编号是否为 0，如果是则转步骤 2，否则转步骤 3。
步骤 2：根据进程数对网络实施递解分解，获取 part[n]，并将网络分解信息广播出。
步骤 3：其他处理器接受网络分解结果及相关数据信息。
步骤 4：多源最短路径并行计算。
步骤 5：各处理器将多源最短路径计算结果发送给处理器 0，计算结束。

5）实例验证

大规模路网路径优化速度主要取决于网络分解效果和最短路径并行计算效率。吉林大学 ITS 研发中心基于消息传递的方式，联合 C++ 语言和 MPI 并行程序设计方法进行了大规模路网最短路径并行计算程序开发,采用客户端/服务器(C/S)模式搭建了3个机群架构并行计算试验平台,并以长沙、长春、广州(一个区)3个城市的真实路网数据为基础,对本章网络分解算法和最短路径并行算法进行试验测试。测试结果表明,长沙市路网2000乘2000共4000000条路径最快计算时间为46s,长春市路网3421乘3421共11703241条路径最快计算时间为72s,广州市一个区路网3174乘3174共10074276条路径最快计算时间为100s。以上结果是采用8台计算机(基本配置Intel Core2 Duo CPU E8600@3.33GHz双核处理器、内存2GB、各节点采用千兆交换机互联)工作站组成的机群完成的。而即使在4台普通PC机(基本配置Intel Celeron CPU@3.06GHz、内存512MB、各节点采用千兆交换机互联)组成的机群上,计算结果长沙市路网85s、长春市路网160s、广州市路网(一个区)268s也满足实时性要求(小于5min)。

8.3.3 分布式诱导最优路径规划技术

在通常情况下,不论是以出行距离最短或出行时间最短为目标,动态车辆导航系统向驾驶员提供的最优路径都是唯一的。这极易引起出行者的过度反应或集聚反应,进而导致拥挤漂移的产生。拥挤漂移使得路网中的交通流处于失衡状态,无论是对导航用户还是对整个交通系统都是有害无益的。

当车载导航系统用户较多时,通过不加区分地提供 $K(K \geq 3)$ 条具有足够差异度的替代路径供驾驶员进行选择(其中包含最短路、次最短路、第三最短路等备选路径),可以最大程度均衡路网上的交通流,有效避免拥挤漂移现象的产生。

本节依托吉林大学ITS研发中心完成的国家高技术研究发展计划("863"计划)课题"基于动态信息的智能导航与位置服务应用系统研发"研发成果,将重点介绍动态限制搜索区域的带约束K则最优路径规划算法。

1)算法流程

(1)动态限制搜索区域的定义

步骤1:载入路网、程序运行环境初始化(在此步骤设置 K 值,缺省值为3)。

步骤2:设置路径计算的源节点、目的节点。

步骤3:构造以源节点、目的节点间连线为对角线的矩形为路径计算的限制搜索区域,设置状态变量 $I=1$,转步骤5。

步骤4:构造以源节点、目的节点为焦点的椭圆的最小外接矩形为路径计算的限制搜索区域,设置状态变量 $I=2$,转步骤5。

(2)K则最优路径算法的初始化

步骤5:定义 $S_{0,1}$ 为动态限制搜索区域内连接源节点、目的节点的所有路径的集合。

步骤6:调用Dijkstra算法计算集合 $S_{0,1}$ 中的最短路径,并定义其为 $P(S_{0,1})$,赋值 $m=1$。

步骤7:依据划分准则,将 $S_{0,1} - P(S_{0,1})$ 划分为 $q(1)$ 个互相独立的子集,分别定义为:$S_{1,1}, S_{1,2}, \cdots, S_{1,q(1)}$,转步骤9。

(3)K条最优路径的计算

步骤8:定义 $S_{a,j}$ 为包含第 $(m+1)$ 条最短路径的路径集,依据划分准则,将 $S_{a,j} - P(S_{a,j})$ 划分为 $q(m+1)$ 个互相独立的子集,分别定义为:$S_{m+1,1}, S_{m+1,2}, \cdots, S_{m+1,q(m+1)}$。

步骤9:计算各子集 $S_{m,1}, S_{m,2}, \cdots, S_{m,q(m)}$ 的最短路径,分别定义这些路径为 $P(S_{m,1})$,$P(S_{m,2}), \cdots, P(S_{m,q(m)})$。

步骤10：在算法当前已定义的路径集 $\{P(S_{1,1}),\cdots,P(S_{1,q(1)}),\cdots,P(S_{m,1}),\cdots,P(S_{m,q(m)})\}$ 中寻找第 $m+1$ 条最短路径。

步骤11：检查第 $m+1$ 条最优路径中的各条路段，是否满足绕行约束和重复度约束，若满足转步骤(14)，若不满足，在集合 $\{P(S_{1,1}),\cdots,P(S_{1,q(1)}),\cdots,P(S_{m,1}),\cdots,P(S_{m,q(m)})\}$ 中删除所有包含这些路段的路径，之后转步骤12。

步骤12：判断集合 $\{P(S_{1,1}),\cdots,P(S_{1,q(1)}),\cdots,P(S_{m,1}),\cdots,P(S_{m,q(m)})\}$ 是否为空，若为空转步骤13，若不为空转步骤10。

步骤13：判断状态变量 I 是否等于1，若满足转步骤4，若不满足转步骤16。

步骤14：将满足约束的路径纳入 K 则最优路径集，赋值 $m=m+1$。

步骤15：判断 m 是否等于 K，若满足转步骤16，若不满足转步骤8。

步骤16：终止算法，将 K 则最优路径集中的所有路径输出给驾驶员。

图 8-5 为动态限制搜索区域的带约束 K 则最优路径算法流程。

2) 搜索限制

带约束 K 则最优路径算法以 Dijkstra 算法为内核去计算单源最优路径，由于 Dijkstra 算法是遍历的，为了提高算法运行效率，在大规模路网下需要对算法的搜索区域进行有效的限制。

通过对道路网络空间分布特性的统计性分析，确定了以源节点、目的节点间连线为对角线的矩形及以源节点、目的节点为焦点的椭圆的最小外接矩形这两个区域，对最短路径计算的搜索区域进行限制。

(1) 以源节点、目的节点间连线为对角线的矩形限制为搜索区域

将最短路径计算的搜索区域限制在以源节点、目的节点间连线为对角线的矩形内。矩形的4个顶点的坐标为：

$(x_O,y_D),(x_O,y_D),(x_D,y_O),(x_D,y_D)$

其中，$(x_O,y_O),(x_D,y_D)$ 代表源节点、目的节点的坐标。

当该区域内计算出的满足绕行约束和重复度约束的替代路径的数目无法满足预设值 K 时，将搜索区域切换到以源节点、目的节点为焦点的椭圆的最小外接矩形限制搜索区域，继续进行之后的计算。

(2) 以源节点、目的节点为焦点的椭圆的最小外接矩形限制为搜索区域

椭圆上一点到两焦点的距离和等于定长。由此在对城市交通网络空间分布特性进行统计性分析，首先针对具体的源节点、目的节点，设计合理的椭圆限制搜索区域。

$$A = \frac{P_{OD}}{2L_{OD}}\sqrt{(y_D - y_s)^2 + (x_D - x_s)^2} \qquad B = \sqrt{A^2 - \frac{(y_D - y_s)^2 + (x_D - x_s)^2}{2}}$$

$$R_{OD} = \frac{P_{OD}}{L_{OD}} \qquad R_{95\%} = \tau$$

式中：A,B——椭圆的长短轴的长度；

L_{OD}——源节点、目的节点之间的欧氏距离；

P_{OD}——95%置信条件下的源节点、目的节点之间的最短路径的长度，对由 R_{OD} 构成的集合 R 进行统计；

τ——集合 R 在95%的置信水平下的取值。

为了避免路径计算过程中大量的乘方、开方运算，将上述椭圆区域扩展成为其最小外接矩形。

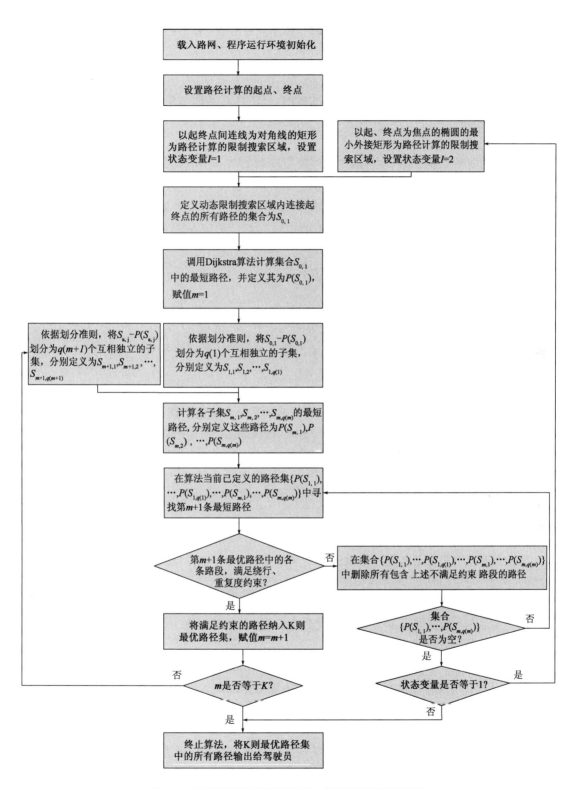

图8-5 动态限制搜索区域的带约束K则最优路径算法流程图

$$x = \frac{x_O + x_D}{2} \pm \sqrt{A^2\cos^2\theta + B^2\sin^2\theta} \qquad y = \frac{y_O + y_D}{2} \pm \sqrt{A^2\sin^2\theta + B^2\cos^2\theta}$$

其中,$\theta = \arctan\left(\dfrac{y_D - y_O}{x_D - x_O}\right)$;$x,y$ 极值所对应的切线构成椭圆的最小外接矩形。由此对于新扩展出的节点,判断其是否落在限制搜索区域内,只需将其坐标与矩形边界进行比较即可,不需要其他复杂运算。

3) 划分准则

定义 S 为源节点至目的节点,最先经过路段序列 $L^{\text{initial}} = \{b_1,b_2,\cdots,b_G\}$,此后不经过路段序列 $L^{\text{exclude}} = \{c_1,c_2,\cdots,c_H\}$ 的所有无环路径的集合。定义 $P(S)$ 为由路段序列 $\{\{L^{\text{initial}}\},a_1,a_2,\cdots,a_q\}$ 构成的最优路径。依据本节所提出的算法,将 $S-P(S)$ 划分为 q 个互相独立子集 $S_1,S_2,\cdots,S_q$,其中 S_i 为最先经过路段序列 $L_i^{\text{initial}} = \{\{L^{\text{initial}}\},a_1,a_2,\cdots,a_{i-1}\}$,此后不经过路段序列 $L_i^{\text{exclude}} = \{\{L^{\text{exclude}}\},a_i\}$ 的无环路径集。

显然,$S-P(S)$ 被划分为 q 个互相独立子集:

$$\bigcup_{i=1}^{q} S_i = S - P(S) \text{ 且 } S_i \cap S_j = \varnothing \quad \forall i \neq j$$

要求出子集 S_i 的最短路径,只需计算由序列 $L_i^{\text{initial}} = \{\{L^{\text{initial}}\},a_1,a_2,\cdots,a_{i-1}\}$ 的终点 a_{i-1} 出发,此后不经过序列 $L_i^{\text{exclude}} = \{\{L^{\text{exclude}}\},a_i\}$,最后到达终点的路径即可。

4) 约束条件

在设计约束条件之前,首先给出几个定义,假定某一路径由节点序列 $(i,j,k,m,\cdots)$ 表示。定义:某条路径内,由各条不相重复的路段所构成的集合为不完全路段集,表示为:$S_A = \{i-j, j-k, k-m,\cdots\}$;定义某条路径内,经各节点全排列后形成的路段所构成的集合为完全路段集,表示为:$S_B = \{i-j, i-k, i-m,\cdots, j-k, j-m,\cdots, k-m,\cdots\}$,定义由节点 i 出发,沿节点序列最终到达到节点 j 的路段长度为 $l(i-j)$,其中,$i-j$ 代表路段 ID。

接下来,设计两个约束条件,在算法执行过程中删除绕行距离过长的路径及重叠度过高的路径。

(1) 绕行约束

在一条路径内存在某些绕行路段的长度大于指标 $\phi^{\max}$,包含该绕行路段的所有路径都需要删除。

在第 m 条最优路径的寻优过程中,将已得到的待选路径 $P(S_{i,q(j)})$ 扩展成完全路段集 $S_{B(i,q(j))}$,同第一条最优路径($K=1$)的完全路段集 $S_{B(0,1)}$ 做比较。对于 ID 值相同的两路段,进一步比较两条路段所代表的路段长度。

当路径 $P(S_{i,j})$ 满足 $l_{i,j}(s-t) > \phi^{\max} L(s-t)$ 时,则该路径被认为是不合理的。

其中,$\phi^{\max}$ 代表绕行约束系数;$l_{i,j}(s-t)$ 代表完全路段集 $S_{B(i,q(j))}$ 中,ID 值相同路段的长度值;$L(s-t)$ 代表完全路段集 $S_{B(0,1)}$ 中,ID 值相同路段的长度值。

(2) 重复度约束

为保证各替代路径较好的区分度,当某一路径内重复路段长度大于指标 $\varphi^{\min}$,包含该绕行路段的所有路径都需要删除。

在第 m 条最短路径的寻优过程中,将已得到的待选路径 $P(S_{i,q(j)})$ 扩展为不完全路段集 $S_{A(i,q(j))}$,同前 $m-1$ 条最优路径($K=1,\cdots,m-1$)的不完全路段集 $S_{A(0,1)}$,$S_{A(1,1)}$,$\cdots$,

$S_{A(m-1,1)}$ 分别做比较。对于 ID 值相同的两路段,将 $S_{A(i,q(j))}$ 内对应路段的长度值做累加。

当路径 $P(S_{i,q(j)})$ 满足:$\sum l_{i,j}^r(s-t) > \varphi^{\min} L_{K=1}$ 时,则该路径被认为是不合理的。

式中:$\varphi^{\min}$——重复度约束系数;

$l_{i,j}^r(s-t)$——$P(S_{i,q(j)})$ 的不完全路段集 $S_{A(i,q(j))}$,在同第 r 条最优路径的不完全路段集 $S_{A(r,1)}$ 相比时,ID 值相同路段的长度值;

$L_{K=1}$——第一条最优路径($K=1$)的路径总长。

5)数据组织

输入数据:路网中各条路段的正向、反向路段的行程时间数据。

输出数据:以不同的颜色显示输出由不同路段序列构成的 K 条最优路径。

图 8-6 为分布式最优路径计算的数据组织流程。

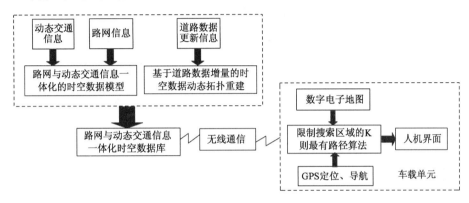

图 8-6　分布式最优路径计算的数据组织流程

6)算法复杂度

K 则最优路径算法的复杂度为 $O(k \times n \times c(spt))$,其中 n 代表限制搜索区域内的节点数,$c(spt)$ 代表单源最优路径算法的复杂度。

7)算法的实现

(1)算法参数的取值

①两约束参数的取值。

德国的 Schnabel 和 Lohse 于 1997 年发表的一篇文章中指出,为了更好地剔除路径计算中明显的不合理路径,关于绕行路段的长度,城市道路网中不应超过原路段的 40%,在高速公路网不应超过原路段的 25%;同时,关于所推荐重复路径的重复度,当两条路径的重复度超过 50% 时,它们将不再被认作为是独立的两条路径。

针对到我国城市交通的实际特点,本节中将对绕行约束系数取值 $\phi^{\max}=1.25$,对重复度约束系数取值 $\varphi^{\min}=0.5$。

②95% 置信水平下的限制搜索域的比值系数。

首先,在交通网络节点集合中抽取具有代表性的一定数目的节点,构造两个节点集合 A 和 B,其笛卡尔乘积为:

$$C = A \times B = \{(O,D) \mid (O \in A) \wedge (D \in B)\}$$

C 中的每个元素可以看作待求最优路径的源节点和目的节点,其欧式距离为 E_{OD},最优路径的对应长度为 P_{OD},则可设比值系数 $R_{OD} = P_{OD}/E_{OD}$。对于所抽取样本,可以得到比值系数集

合 R，对 R 中元素进行统计分析，可以得到某一特定值 τ，使得 R 中总数为满足一定置信水平的元素，其值不大于 τ。由此，可以根据 τ 的取值及车辆导航的起终点坐标构造带约束 K 则最优路径计算的动态限制搜索区域。

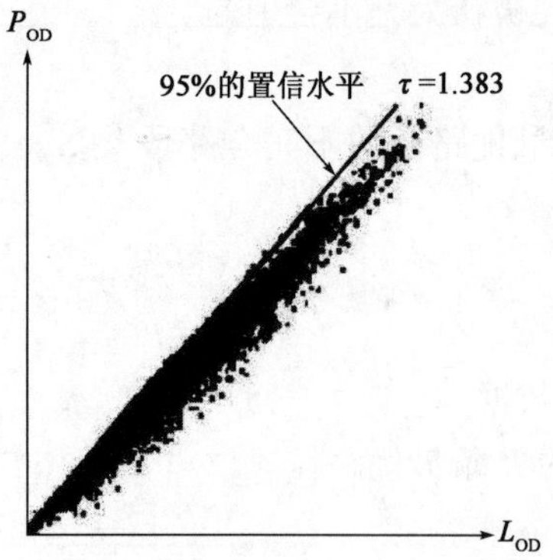

以长春市为例，在长春市路网随机抽取 400 个节点，构成集合 A 和 B（每个集合各 200 个节点）。则 C 中共包括 40000 个元素，对 C 中的每个元素分别求解 E_{OD}、P_{OD} 和 R_{OD} 的值，然后对 R_{OD} 组成的集合 R 进行统计，得到 95% 的置信水平下，τ 约为 1.383。图 8-7 为 C 中元素所对应的最优路径长度 P_{OD} 和欧氏距离 E_{OD} 的比值分布图。可以看出，P_{OD} 和 E_{OD} 之间具有较好的相关性。

图8-7　长春市样本元素比值系数分布

由此，带约束 K 则最优路径计算的两个动态限制搜索区域就可以确定。

以源节点、目的节点间连线为对角线的矩形限制搜索区域的 4 个节点坐标为：(x_O, y_O)，(x_O, y_D)，(x_D, y_O)，(x_D, y_D)。

以源节点、目的节点为焦点的椭圆的最小外接矩形限制搜索区域的 4 个节点坐标为：

$$\left(x = \frac{x_O + x_D}{2} - \sqrt{A^2\cos^2\theta + B^2\sin^2\theta}, y = \frac{y_O + y_D}{2} - \sqrt{A^2\sin^2\theta + B^2\cos^2\theta}\right)$$

$$\left(x = \frac{x_O + x_D}{2} - \sqrt{A^2\cos^2\theta + B^2\sin^2\theta}, y = \frac{y_O + y_D}{2} + \sqrt{A^2\sin^2\theta + B^2\cos^2\theta}\right)$$

$$\left(x = \frac{x_O + x_D}{2} + \sqrt{A^2\cos^2\theta + B^2\sin^2\theta}, y = \frac{y_O + y_D}{2} - \sqrt{A^2\sin^2\theta + B^2\cos^2\theta}\right)$$

$$\left(x = \frac{x_O + x_D}{2} + \sqrt{A^2\cos^2\theta + B^2\sin^2\theta}, y = \frac{y_O + y_D}{2} + \sqrt{A^2\sin^2\theta + B^2\cos^2\theta}\right)$$

其中：

$$A = \frac{\tau}{2}\sqrt{(y_D - y_O)^2 + (x_D - x_O)^2} = 0.692\sqrt{(y_D - y_O)^2 + (x_D - x_O)^2},$$

$$B = \sqrt{A^2 - \frac{(y_D - y_O)^2 + (x_D - x_O)^2}{2}}, \theta = \arctan\left(\frac{y_D - y_O}{x_D - x_O}\right).$$

为动态限制搜索区域的构造结束。

(2) 算法的程序实现

①MapX 控件简介。

MapX 是 MapInfo 公司提供给编程人员的一个应用程序开发的 ActiveX 控件。它提供了一个最简单和最节约成本的方法，用来将地图化的功能嵌入新的和现有的应用中。MapX 是一个基于 Windows 操作系统的 OCX 标准组件，可以被迅速集成到绝大多数标准的可视化开发环境，如 Visual C++、Visual Basic、Delphi、PowerBuilder 等。编程人员在开发过程中可以选用自己最熟悉的开发语言，轻松地将地图功能嵌入应用中，并且可以脱离 MapInfo 的软件平台运行。

②基于 MapX 控件的程序实现。

基于 MapX 控件,采用 Visual Basic 6.0 语言,对动态限制搜索区域的带约束 K 则最优路径算法编制程序。

程序初始化界面如图 8-8 所示。

图 8-8　程序初始化界面

依据所设定的参数计算出从节点 2618 到节点 97 的 3 条最优路径,如图 8-9 中的曲线 1、2、3 所示。

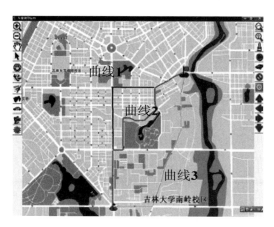

图 8-9　算法执行效果示意图

在 CPU 主频 2.2GHz,物理内存 2GB 的 HP xw4600 工作站上运行该程序,计算从节点 2618 到节点 97 的 3 条最优路径,CPU 运行时间为 0.58s,与不加任何搜索区域限制的带约束 K 则最优路径算法相比较,算法运行效率提高了约 92%。该算法合理限制了路网的搜索规模、显著提高了路径优化算法的执行效率。

图 8-10 为动态限制搜索区域的带约束 K 则最优路径算法的 CPU 运行时间示意图。图 8-11 为两种算法搜索区域的对比。

(3)算法的性能分析

①两约束参数的敏感性分析。

针对不同规模的路网($N = 100, 200, 400$)及不同大小的解空间($K = 5, 10, 15, 20$),按 80%、100%、120% 的比例对 ϕ^{max} 和 φ^{min} 取值(基准值 $\phi_{100\%}^{max} = 1.25, \varphi_{100\%}^{min} = 0.5$),对绕行约束系数 ϕ^{max}、重复度约束系数 φ^{min} 这两个参数作敏感性分析,结果如表 8-1 所示。

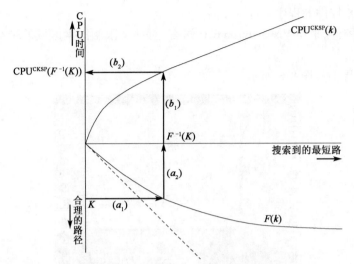

图 8-10　算法的 CPU 运行时间示意图

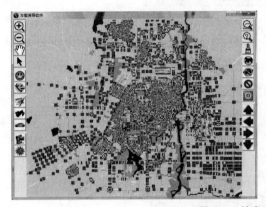

图 8-11　搜索区域对比示意图

两约束参数的敏感性分析　　　　　　　　　　　　　　　　　　　　　表 8-1

N	K	$\varphi^{min}=100\%$ $\phi^{max}=100\%$	$\varphi^{min}=80\%$ $\phi^{max}=100\%$	$\varphi^{min}=120\%$ $\phi^{max}=100\%$	$\varphi^{min}=100\%$ $\phi^{max}=80\%$	$\varphi^{min}=100\%$ $\phi^{max}=120\%$
100	50	4	3(78%)	4(113%)	3(81%)	4(97%)
…	100	7	6(78%)	8(116%)	6(83%)	7(103%)
…	150	11	8(75%)	13(123%)	9(82%)	11(105%)
…	200	14	11(75%)	19(130%)	12(84%)	16(111%)
200	50	11	9(82%)	17(146%)	11(96%)	13(114%)
…	100	25	20(19%)	35(138%)	24(93%)	26(104%)
…	150	41	32(78%)	57(137%)	41(99%)	42(101%)
…	200	59	44(74%)	77(131%)	58(97%)	60(101%)
400	50	27	3(11%)	30(114%)	25(92%)	26(98%)
…	100	56	46(82%)	67(121%)	53(94%)	26(101%)
…	150	86	70(82%)	104(122%)	82(96%)	87(101%)
…	200	115	96(84%)	141(122%)	112(97%)	116(101%)

可以得出结论:

维持 φ^{min} 取值不变,ϕ^{max} 取值越大,不满足绕行约束的路径越多,CPU 运行时间越长。

维持 ϕ^{max} 取值不变,φ^{min} 取值越大,不满足重复度约束的路径越多,CPU 运行时间越长。

当绕行约束系数取值 $\phi^{max} = 1.25$,重复度约束系数调整到 $\varphi^{min} = 0.4$ 时,重复度约束变成了紧约束,不满足重复度约束条件的路径变得更多,将有更多的路径在路网删减这个步骤被剔除。由于路段删减所带来的影响远远超过了问题复杂度的增加所带来的影响,搜索区域会扩大,CPU 运行时间反而得到了削减。针对前面所提到的算例,当重复度约束系数调整到 $\varphi^{min} = 0.4$ 时,该算法的 CPU 运行时间为 0.41s,以源节点、目的节点间连线为对角线的矩形区域已无法满足 $K = 3$ 的计算需求,状态变 I 量被赋值为 2,搜索区域自动切换到椭圆的最小外接矩形,如图 8-12 所示。

图 8-12　限制搜索区域的动态切换

②搜索空间对比分析。

采用大路网(广州市)对算法的搜索空间做测试,算法的执行效果见图 8-13。

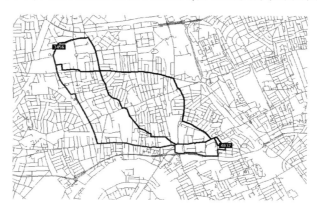

图 8-13　广州市路网的算法执行效果

搜索空间的对比分析结果见表 8-2,路网的搜索规模得到了合理的限制,算法的执行效率提高了约 89.6%。

8)算法的测试

(1)VISSIM 仿真软件简介

VISSIM 是由德国 PTV 公司开发的交通微观随机仿真工具,车辆的纵向运动采用了心理—生理跟车模型(Psycho-Physical Car-Following),横向运动采用基于规则(Rule-Based)的算法。它采用面向对象的图形用户界面,可以向用户直观显示车辆的运动。可以对不同的信号控制逻辑的改变过程进行分析,它可以考虑各种不同类型的车辆,比如小客车、大客车、货车、公交车、有轨电车和自行车等,甚至可以模拟行人的通行。可以比较真实地反映道路交通运行状况,是目前比较理想的微观模拟软件之一。

广州市路网搜索空间的对比分析　　　　　　　　　　　　　　表 8-2

O	D	$t_1(s)$	$t_2(s)$	N_1	N_2
171	10839	15.015	1.062	21658	4576
356	658	17.910	1.921	24338	4064
555	10839	17.343	2.031	26160	8021
666	10912	2.225	0.370	2562	623
8520	777	5.980	0.901	6737	2215
332	8520	15.895	1.140	21139	2481
298	12	12.110	0.686	16554	1515
298	999	15.640	1.484	24116	3185

VISSIM 由两部分组成:一是交通流模型,它是 VISSIM 的内核;二是信号控制模型。VISSIM 主程序实时将检测数据传送给信号控制模块,控制模块通过这些数据来确定交叉口的信号控制信息,并决定下一个循环的交通流在何时开始运动。VISSIM 仿真是微观的、基于时间间隔和驾驶行为的仿真建模工具,并将仿真结果形成评价报告。

(2)模拟路网试验方案

测试工具采用 VISSIM 4.2 仿真软件,针对导航地图上部分路段制作模拟路网,如图 8-14 所示。

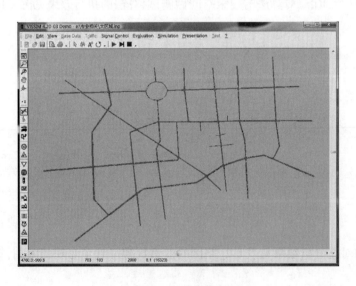

图 8-14　仿真路网示意图

设计相应的试验方案,对动态限制搜索区域的带约束 K 则最优路径算法的实施效果进行模拟和测试。

模拟时间设定为3600s,通过OD矩阵文件构建交通需求模型,将各OD对间的交通量全部加载至路网中,利用VISSIM的动态分配功能将这些交通量分配至各条路径上;通过设置减速区和停车标志相结合的方式来制造事件,事件自第600s开始,一直持续到模拟结束。在模拟过程中,采集与诱导效果评价相关的交通参数,主要包括:各个交叉口进口引道处的平均排队长度和最大排队长度,事件点处的平均排队长度和最大排队长度,所有路段的行程时间以及路段流量,采样间隔为100s。

(3)模拟路网改善效益测试与分析

以路网总体出行费用作为路网效益评价指标。在未实施任何措施之前,整个路网所有路段的出行费用总和为35903950s,采用了动态限制搜索区域的带约束K则最优路径算法以后,原始拥挤得到消除,模拟过程中未发现明显的拥挤漂移现象,整个路网所有路段的出行费用总和下降到24397420s。由此可见,动态限制搜索区域的带约束K则最优路径算法可以有效预防拥挤漂移现象的发生,为个体出行者和整个交通系统带来效益。

8.4 本章小结

本章首先对交通信息服务系统的构成和分类进行了阐述,并对其发展历程与趋势进行了介绍。然后重点介绍了动态交通流诱导系统,对其系统结构框架进行了阐述,并分别讲解了中心式诱导最优路径规划技术和分布式诱导最优路径规划技术。

【本章练习题】

1. 交通信息服务系统由哪几个子系统构成?
2. 交通信息服务系统分为哪几类?
3. 目前应用比较成熟的交通信息服务系统有哪些?有何发展趋势?
4. 动态车辆诱导系统由哪几个系统构成?

第9章 先进的公共交通系统

【学习目的与要求】

本章阐述了先进的公共交通系统的特点、国内外研究现状以及体系结构,目的是使学习者比较清楚地了解其发展现状;同时熟悉智能化调度系统、公交信号优化系统以及互联网环境下的公共出行模式。

9.1 概　　述

20世纪80年代,随着我国经济体制改革的深入,经济建设迅速发展,城市社会、经济结构发生了巨大变化,社会经济文化活动空前繁荣,居民出行成倍增长,随着人民生活水平的不断提高,对公交服务水平的要求也越来越高。到20世纪90年代,公交的发展速度、发展水平已经不能满足城市人口、经济的发展需求,公交系统内部矛盾日益严重。公交线路和车辆的发展水平落后于居民需求日益增长的需要。公交失去吸引力的原因主要有:

(1)乘公交车不方便

乘公交车不方便是使公交失去吸引力的主要原因。乘公交车不方便主要表现在公交线网与站点布设不合理、发车间隔长,使乘公交车出行的居民在车外步行时间长、车站等车时间长、换乘次数多,使乘客感到乘车不便。

(2) 乘公交车准时性不能得到保证

乘坐公交车的大部分人群为上班、上学出行,而上班、上学出行对到达目的地的准时性要求很高,但公交车在高峰小时常常因交叉口阻塞和车流过多而产生延误,准时性很难保证,使一部分出行量分流到准时性较高的其他出行方式。

(3) 公交车服务质量低

随着市民生活水平的提高,对出行舒适度提出了更高的要求,公交车车况差,座位率低,运行速度慢,不能满足人们对舒适度的要求。

以上公交失去吸引力的原因正指明了当前公交的症结所在——公交运营技术含量太低,致使服务水平低下,无法吸引客流,造成公交企业亏损严重,政府负担过重。因此,必须依靠现代科技,对传统的公交运营模式进行改造,建立起先进的公共交通系统,从根本上解决上述问题。

先进的公共交通系统(Advanced Public Transportation System,简称 APTS),就是在公交网络分配、公交调度等关键基础理论研究的前提下,利用系统工程的理论和方法,将现代通信、信息、电子、控制、计算机、网络、GPS、GIS 等高新科技集成应用于公共交通系统,并通过建立公共交通智能化调度系统、公共交通信息服务系统、公交电子收费系统等,实现公共交通调度、运营、管理的信息化、现代化和智能化,为出行者提供更加安全、舒适、便捷的公共交通服务,从而吸引公交出行,缓解城市交通拥挤,有效解决城市交通问题,创造更大的社会和经济效益。

作为 ITS 研究的一项重要内容,APTS 主要以出行者和公交车辆为服务对象。对于出行者而言,APTS 通过采集与处理动态交通信息(客流量、交通流量、车辆位置、紧急事件的地点等)和静态交通信息(交通法规、道路管制措施、大型公交出行生成地的位置等),通过多种媒体为出行者提供动态和静态公共交通信息(发车时刻表、换乘路线、出行最佳路径等),从而达到规划出行、最优路线选择、避免交通拥挤、节约出行时间的目的。对于公交车辆而言,APTS 主要实现对其动态监控、实时调度、科学管理等功能,从而达到提高公交服务水平的目的。

9.1.1 城市公共交通的地位和特点

城市公共交通是指在城市及其近郊范围内为方便居民和公众的出行,使用各种客运工具的旅客运输体系。城市公共交通是国家综合运输网中的枢纽和节点,是城市客运交通体系的主体,是城市建设和发展的重要基础之一,是生产和生活必不可少的社会公共设施,也是城市投资环境和社会生产的基本物质条件,同时又是展示城市精神文明,反映城市国民经济、社会发展水平和市民道德思想风貌的窗口。

公共交通是城市发展的必然产物,也是城市赖以生存的重要基础设施之一。它作为城市动态大系统中的一个重要组成部分,是城市整体发展中不可缺少的物质条件和基础产业,也是联系社会生产、流通和人民生活的纽带。它在城市的经济建设和社会生活中具有至关重要的作用,没有城市公共交通的高速运转,就没有城市的现代化。

公共交通系统具有运载量大、运送效率高、能源消耗低、相对污染少、运输成本低等优点。据有关资料表明,公共汽车占用道路和停车用地最为经济,以每平方米每小时通行人数多少为标准衡量道路的使用效率,公共汽车是小汽车的 10~15 倍。运送同样数量乘客,公共交通(包括公共电汽车、地铁、轻轨等)与私人小汽车相比,分别节省土地资源 3/4、建筑材料 4/5,投资

5/6；私人小汽车产生的废气是公共汽车的 10 倍，耗油量是公共汽车的 2～3 倍，交通事故比公共汽车高出 100 倍。

因此，要解决大、中城市目前存在的交通拥挤、交通事故频繁和环境污染严重等问题，应特别重视优先发展城市公共交通。优先发展公共交通已经被世界各国公认为是解决大、中城市交通问题的最佳策略，它是城市可持续发展的必由之路。

9.1.2　先进的公共交通系统研究现状

美国、日本、加拿大、英国、法国、韩国等国家都投入了较大的人力和物力从事先进的公共交通系统研究，在国际上处于领先地位，并已取得了显著的成果。

自 20 世纪 80 年代以来，许多国家公共交通部门开始应用先进的信息与通信技术进行公交车辆定位、车辆监控、自动驾驶、计算机辅助调度及提供各种公共交通信息以提高公交服务水平。美国城市公共交通管理局（Urban Mass Transportation Administration，简称 UMTA）已经启动了先进的公共交通系统（Advanced Public Transportation System）项目，即 APTS 项目。经过现场试验，UMTA 关于 APTS 的评价是："APTS 可以显著提高公共交通服务水平，吸引更多乘客采用公交和合伙乘车的出行模式，从而带来了减少交通拥挤、空气污染和能源消耗等一系列社会效益"。根据 1998 年美国运输部的联邦公共交通管理局（Federal Transit Administration，简称 FTA）出版的《APTS 发展现状》，美国的 APTS 主要研究基于动态公共交通信息的实时调度理论和实时信息发布理论，以及使用先进的电子、通信技术，以提高公交效率和服务水平的实施技术。具体包括车队管理、出行者信息、电子收费和交通需求管理等几方面的研究。其中车队管理主要研究通信系统、地理信息系统、自动车辆定位系统、自动乘客计数、公交运营软件和交通信号优先。出行者信息主要研究出行前、在途信息服务系统和多种出行方式接驳信息服务系统。

日本城市公共交通智能化的发展经历了 3 个阶段：20 世纪 70 年代末开始应用公共汽车定位系统——公共汽车接近显示系统；80 年代初开始应用公共交通运行管理系统，其中包括乘客自动统计，运行监视和运行控制；进入 90 年代，由于机动车数量的增长和严重交通拥挤的影响，要保持正常的行车速度十分困难，由此引起的公共交通的不便性和不可靠性导致乘客数量急剧减少。东京都交通局开发了城市公共交通综合运输控制系统（Centralized Transit Control System，简称 CTCS），旨在改进公共汽车服务，重新赢得乘客。在 CTCS 中，公共交通运营管理系统是一个基本的框架，其目的是通过掌握运行情况以及积累乘客数据，实现精确平稳的公共交通运营服务。它在运营中的公共汽车和控制室之间建立信息交换，并利用诱导和双向通信的方法，将服务信息提供给公共汽车运营人员和驾驶人员，同时这些信息也通过进站汽车指示系统和公交与铁路接驳信息系统提供给乘客。公共交通综合管理系统具有累积运营数据、乘客计数、监视与控制公共汽车运营和乘客服务等功能，其中乘客服务功能中包括进站汽车指示、信息查询和公共交通与铁路接驳信息提示。公共交通综合管理系统的硬件包括公交主控中心、区域中心以及路边、车库和车载设备等。

欧洲许多国家与中国一样具有悠久的历史，城市街道一般都比较狭窄。但是，它们通过实施公交优先政策，设立公交专用道，为公交车提供优先通行信号，布设智能公交监控与调度系统等措施，提高公交车辆运行速度和公交服务质量，以吸引公众乘坐公交车出行，从而有效缓解了城市交通压力，解决了城市交通问题，并取得了明显的社会经济效益，这些经验值得我国许多大、中城市借鉴。

与欧美等国家相比,我国的公共交通事业还比较落后。然而,面临着大中城市日益严重的交通拥挤和环境污染等问题,只有大力发展公共交通才是城市交通可持续发展的根本途径。各级政府一直高度重视公交事业的发展,每年都对公交给予巨额财政投入,以改善目前落后的公共交通状况。

我国政府积极实施公交优先发展政策,对于先进技术的引入给予了大力支持。这些都为先进的公共交通系统在我国的实施提供了有利条件。我国已经在杭州、上海、北京等地安装了电子站牌,车载 GPS 定位设备,实现了车辆的实时跟踪、定位、公交车与调度室的双向通信,以及电子站牌上实时显示下班车位置信息等功能。由于上述功能,使得调度过程有据可依,并实现了计算机辅助管理,节约了劳动力,减轻了劳动负担,同时,提高了车辆运行的正点率和服务水平,吸引了大量客流。这些系统使中国城市交通迈入了公交智能化时代。

9.1.3 先进的公共交通系统体系结构

本章参考吉林大学杨兆升教授的著作《城市智能公共交通系统理论与方法》,以吉林大学杨兆升教授支持完成的国家自然科学基金项目和吉林省科委重点科技攻关招标项目等研究成果为基础,结合国内外 APTS 的研究现状,设计了先进的公共交通系统,包括以下研究内容。

(1) 公交系统优化与设计

对公交线网布局、线路公交方式配置、站点布置、发车间隔确定、票价的制定等进行优化和设计,从规划方面提高公交服务水平。

(2) 公交智能化调度系统

包括公交车辆定位系统、电子站牌和主控中心的监视与通信系统,其主要功能是实现公交车辆的自动调度和指挥,保证车辆的准点运行,并使出行者能够通过电子站牌了解车辆的到达时刻,从而节约出行者的等车时间。

(3) 公交信息服务系统

通过媒体(可变信息牌、信息台、互联网等)将公交信息(出行线路、换乘点、票价、车型等)发布出去,使公交出行者可以很方便地获得这些信息,从而吸引公共交通出行。

(4) 公交信号优先系统

公交优先在具体发展策略上包括两方面内容:对公交车辆在通行空间、通行时间上给予优先。在具体的技术层面上,通过设置公交专用道、专用路或各类专用进口道,建设高架公交专用道等给予公交车辆提供"空间优先"。

公交信号优先在公交优先技术上属于"时间优先",它是指在交叉口为公交车辆(优先车辆)提供优先通行信号,公交信号优先实施的理念是在保证不对整个交叉口或干线车辆运行产生严重影响的前提下,减少公交车辆的延误(使公交车辆顺利通过交叉口),降低公交车辆的路线行程时间,提高公交准点率,提高公交车辆的运行效率。

(5) 公交服务水平评价

建立一套科学评价公交系统服务水平的指标体系。这套指标体系既是公交系统的评价标准,又是公交系统建设的依据。利用它对公交系统的经济效益、社会效益、服务质量等方面进行评价。

9.2 智能化调度系统

9.2.1 研究现状

公交车辆调度是公交企业最基础、最重要的运营工作,包括公交线路的发车间隔和发车方式。

目前,我国绝大部分城市公共交通调度工作还是采用传统的调度方法。一般模式是:首先根据客流调查基础数据、时间、季节等因素,凭借调度人员的经验,划定客流高峰、平峰和低峰期,在各个时间段内,采用定点发车的方法调度车辆。每天每辆车有一份小路单,车辆在始发站和终点站由调度人员人工签单,记录发车、到达、晚点、司乘人员、维修等数据。当天营运结束后,由统计员统计成大路单交给车队,例如:长春市306路公交线路目前的调度方式是高峰期间每2min发一班车,平峰期间每3min发一班车。这种模式主要凭借调度人员的经验进行调度,不仅工作任务繁重,而且由于没有充分考虑实时客流情况,经常出现乘客等车时间过长(发车间隔过大)或车辆满载率过低(发车间隔过小)等情况,从而造成公交服务水平低下,客流日益减少。仔细分析传统的调度方法,我们不难得出造成这种状态的根本原因就是信息不畅这个结论。公交车辆(主要指地面公交车辆如公共汽车,小公共汽车、无轨电车等)与调度部门之间没有必要的信息沟通,一旦车辆从始发站发出,便与调度部门失去联系,调度员也无法知道车辆在道路上的运行信息(如车辆位置、承载情况等),如果想考察车辆的正点率,只能在主要站点派驻记录人员,按照车辆在始发站的发车时间和车辆到达主要站点的既定时间进行计算,在规定的误差范围内,就认为是正点运行。但是这样做不仅要花费大量的人力、物力,而且记录结果难免有主观因素在内,很难保证其准确性。当车辆在行驶过程中出现如交通阻塞、事故、交通需求突然增加等紧急情况时,无法与调度部门取得联系,致使某些公交车辆超员行驶,某些车辆利用率不足,这都会造成正点率下降。因而,没有实时的交通信息,实时调度也就无从谈起。

公共交通智能调度系统就是利用先进的技术手段,动态地获取实时交通信息,实现对车辆的实时监控和调度,它是公交车辆调度的发展模式,是公共交通实现科学化、现代化、智能化管理的重要标志。公共交通智能化调度系统可以描述如下:

公共交通智能化调度系统是智能公共交通系统的核心子系统。它是在对公交车辆实时调度理论和方法研究的基础上,综合运用通信、信息、控制、计算机网络、GPS/GIS等现代高新技术,根据实时的客流信息、车辆位置信息、交通状态信息等通过对公交车辆的实时监控、调度指挥,实现对公交车辆的智能化管理,并通过电子站牌及时准确地向乘客提供下班车的预计到达时间,从而使公交车辆运行有序、平稳、高效、协调,提高公交系统总体服务水平,实现资源的合理配置,提高公交企业的经济效益和社会效益。

我国一些大城市已经注意到城市公共交通智能化调度系统的重要性,开始逐步开发和实施类似系统。杭州市公交总公司在公交线路上安装有电子站牌,相应地在公交车上安装有定位设备,实现了车辆的实时跟踪、定位、公交车与调度室的双向通信,以及电子站牌上实时显示下班车位置信息等功能,使调度过程有据可依,并实现了计算机辅助管理,节约了劳动力,减轻了劳动负担,提高了车辆运行正点率和服务水平,吸引了大量客流,取得了可观的经济效益。北京市也在开展此项工作,目前,示范线路已经安装了 GPS 接收设备。上海、大连、宁波等城市的部分线路上也安装有电子站牌,实现了智能化调度。这些系统使中国迈入了公交调度智能化时代。

9.2.2 系统构成

公交智能化调度系统主要由公交调度中心、分调度中心、车载移动站和电子站牌等部分构成。

(1) 公交调度中心

公交调度中心主要由信息服务系统、地理信息系统、大屏幕显示系统、协调调度系统和紧急情况处理系统组成。信息服务系统负责向用户提供公交信息,如:出行前乘车信息、换乘信息、行车时刻表信息、票价信息。地理信息系统接收定位数据,完成车辆信息的地图映射。其功能包括地理信息和数据信息的输入输出、地图的显示与编辑、车辆道路等信息查询、数据库维护、GPS 数据的接收与处理、GPS 数据的地图匹配、车辆状态信息的处理显示、车辆运行数据的保存及管理等。大屏幕显示系统主要是实时显示车辆运行状况。当出现紧急情况时,协调调度系统向分调度中心发出指令,合理调配车辆。紧急情况处理系统接收到分调度中心发来的紧急情况信息时,及时与交通管控中心和紧急救援中心联系,完成紧急情况处理任务。公交调度中心组成如图 9-1 所示。

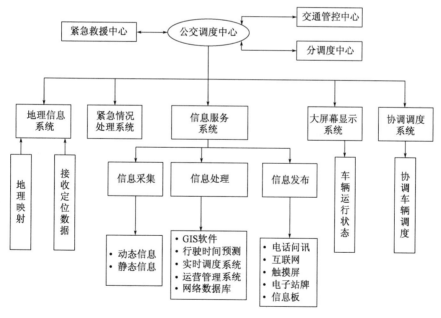

图 9-1 公交调度中心框图

(2) 分调度中心

分调度中心由车辆定位与调度系统、地理信息系统两部分组成。车辆定位系统负责完成本调度中心所辖车辆的定位与监控,与车辆间的双向通信,向车辆发送调度指令,向电子站牌发送数据等功能。地理信息系统与调度中心中地理信息系统功能相同,只是范围要小些。分调度中心框图如图 9-2 所示。

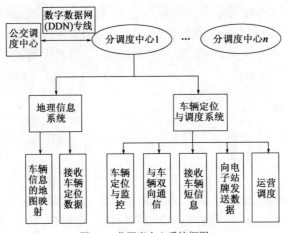

图 9-2 分调度中心系统框图

(3) 车载移动站

采用差分 GPS 定位技术,车载专用终端机[包括 GPS 接收机、单片机、无线调制解调器(MODEM)、数据/语音通信电台等设备,如图 9-3 所示]安装在移动的公交车辆上,可以在无人干预的情况下自动完成运动车辆的定位和定位信息的回传。必要时,可以向分调度中心提供短信息。如果需要可以留出接口用于外接车载显示设备。

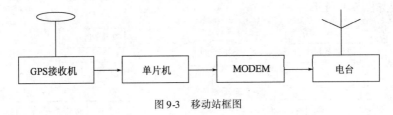

图 9-3 移动站框图

(4) 电子站牌

电子站牌负责接收和显示下班车到站信息和服务信息,由一套 MODEM/电台、单片机、电子显示站牌组成,如图 9-4 所示。单片机的作用是接收信息,将其处理后送到电子站牌上显示。电子站牌采用滚动信息工作方式,除了可以显示车辆运行信息外,还可以显示其他信息,如日期与时间、气象预报以及广告等。

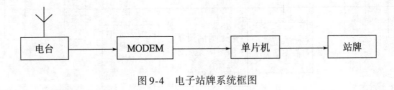

图 9-4 电子站牌系统框图

9.2.3 智能化调度方法

智能化调度方法是相对于传统调度方法而言的,二者的区别在于智能化调度方法是根据实时客流信息和交通状态,在无人参与的情况下自动给出发车间隔和调度形式的全新的调度方法。而传统调度方法是调度人员根据公交线路客流到达规律,凭借经验确定发车间隔和发车形式的调度方法。

1) 车辆调度形式

车辆调度形式是指营运调度措施计划中所采取的运输组织形式,基本上可有两种分类方法。

(1) 按车辆工作时间的长短与类型,分为正班车、加班车与夜班车。

① 正班车:主要是指车辆在日间营业时间内连续工作相当于两个工作班的一种基本调度形式,所以又称为双班车、大班车。

② 加班车:是指车辆仅在某段营业时间内(客流早晚高峰时间)上线工作,并且一日内累计工作时间相当于一个工作班的一种辅助调度形式,所以又称为单班车。

③ 夜班车:是指车辆在夜间上线工作的一种调度形式,常与日间加班车相兼组织,夜班车连续工作时间相当于一个工作班。

(2) 按车辆运行与停站方式,可分为全程车、区间车、快车、定班车、跨线车等。

① 全程车:是指车辆从线路起点发车直到终点站为止,必须在沿线按固定停车站依次停靠,并驶满全程的一种基本调度形式,因此又称为慢车。

② 区间车:是指车辆仅行驶线路上某一客流量高的路段或区段的一种辅助调度形式。

③ 快车:是为适应沿线长乘距乘车需要,采取的一种越站快速运行的调度形式,包括大站(快)车与直达(快)车两种形式,分别指车辆仅在沿线乘客集散量较大的站点停靠和在其间直接运行的调度形式。

④ 定班车:是为接送有关单位职工上下班或学生上下学而组织的一种专线调度形式。车辆按规定时间、定路线、定班次和定站点的原则运行。

⑤ 跨线车:是为平衡相邻线路之间客流负荷,减少乘客转乘而组织的一种车辆跨线运行的调度形式。

2) 实时放车调度

实时放车调度问题(Real-Time Deadheading Problem,简称 RTDP)是目前国际上调度理论方面研究的热点。实时放车调度问题是指车辆空车从始发站出发,经过数个公交站点后,开始按站点次序依次停车的调度形式。放车调度形式主要是解决停靠车站的乘客拥挤问题。当一辆公交车被放车调度时,可以减少在停靠站点的发车间隔。前面介绍的快车调度形式也是越过一些站点,但快车可以在任意站点开始越站。实时空车调度就是在给定的时间内决定车辆是否应当放车调度,每辆空车应当越过多少站,以极小化乘客费用。空车调度开始于终点站,当所有乘客都已下车,且在车辆离开始发站之前发布放车调度指令。这里始发站可以是全线路的始发站或是返程的始发站。采取放车调度形式的根本出发点就是减少停靠站点上候车乘客的等车时间,但放车调度形式延长了车辆所越过的站点上乘客的等车时间。同时,放车调度也损失了被越过路段上的客流量。因此,确定是否采取放车调度形式需要权衡利弊,这就需要建立实时放车调度模型的目标函数。

3) 紧急情况实时调度

当公交车在运营过程中遇到交通事故、重大事件等紧急情况时,会出现客流突然增加的情况,致使某班公交车出现拥挤而产生延误。如图 9-5 所示,第 i 辆公交车由于客流突然增加造成初始延误。在传统调度方式下,调度人员无法知道紧急情况的出现,其他车辆仍然按照固定的发车间隔运行。这样,一方面使得这班公交车出现晚点,特别是由于该车车内乘客明显多于其他车辆,到达后面站点的停靠时间也会多于其他车辆,这样到达终点站时,实际延误会更长;

另一方面,由于这班公交车的晚点运行,使得整个车队运行不平稳,导致从第 i 个站点开始的剩余站点上的公交乘客平均等车时间延长。

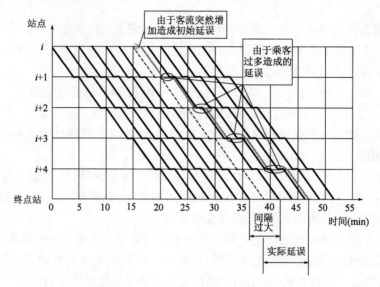

图9-5　由于某站点客流突然增加造成延误的公交车运行图

面对这种情况,可以采取以下几种调度方案。

方案1:前车加大站点停靠时间法。当出现紧急情况时,调度中心会接收到延误车辆的信息。调度人员可以根据实际情况,调度前两班车加大站点停靠时间。这样不但可以解决后面站点乘客等车时间延长的问题,而且可以使整个车队运行趋于平稳。

方案2:前车减速方法。调度人员同样可以通知前几班车减速,这样也可以使后面站点乘客等车时间缩短,而且到达终点站时,间隔趋于平稳。

方案3:后车加速方法。与方案2效果相同。

方案4:后车缩短站点停车时间方法。与方案1效果相同。

方案5:放车调度方法。如果紧急事件发生地点与始发站距离很近,可以临时调度一班空车,直接行驶到事件发生地点,缓解客流拥挤的情况。

9.3　公交信号优先系统

9.3.1　公交信号优先系统组成

公交信号优先系统贯穿于公交车辆、公交车辆调度与管理系统、交通管理与控制系统,并与之有紧密的联系,通过在这几个模块之间进行信息交互,实现对公交车辆的优先信号控制。这几个子系统在以下组成元素之间实现信息通信和交互:公交车辆检测系统、优先请求发生器、优先请求服务装置和公交信号优先控制器。通信系统是这些装置进行数据传输的纽带。

(1)公交车辆检测系统(Bus Detector System):在特定的交叉口路段范围内,实时、精确检测公交车辆的到达或驶离交叉口,并将车辆的信息(位置、时间、方向等)传送到下一个逻辑单元。

(2) 优先请求发生器 (Priority Request Generator,简称 PRG):一旦检测到公交车辆,PRG 按事先定义的标准数据格式产生一个优先请求信号。基于系统的设计框架及实施技术,可以将优先信号发生器设置在公交车上、公交调度指挥中心、交通管理中心、交通信号控制器中。

(3) 优先请求服务器 (Priority Request Server,简称 PRS):负责接收和处理交叉口的公交优先请求,一般与交通信号控制系统连接。

(4) 通信系统 (Communication System):系统将检测器的输出信号传送到本地交叉口的信号控制系统或区域交通管理中心,并作为信号控制决策的输入参数;同时将控制策略从本地或交通管理中心下发到信号控制器,以控制信号灯色显示。

(5) 交通信号控制器 (Traffic Controller):根据交通流的通行权,负责提供各种公交信号优先策略,调整信号以提供优先信号,具有冲突检测和绿灯时间约束,保证行人过街安全,具有系统控制、无电缆协调控制、感应控制、优先控制、紧急情况控制、手动控制等工作方式。具有灯泡损坏监测、检测器错误监测、通信状态监测等检测功能。

(6) 交通信号控制软件 (Traffic Software):根据系统提供的信息,基于交通控制模型,对交叉口交通状态进行预测,以综合目标函数最小为目标,优化交叉口信号配时参数,下发信号控制优先策略,同时提供策略下发时间和信号调整方案。

(7) 公交优先管理系统 (Bus Priority Management System):在公交调度与管理和交通管理与控制各系统的统一协调下,监控公交信号优先的实施频率和时间,进行合理的干预与撤销,消除对整个交叉口或干线的严重影响。同时并对系统的配置、事件进行详细记录,并提供报表等功能。

9.3.2 公交信号优先控制策略

信号优先策略是指交通信号绿灯延长或比预定方案启动提前,以便某些特定车辆迅速通过交叉口。对于处理紧急事件的车辆,这种技术已经使用很多年。对于公共交通来说,给予公共汽车和轻轨信号优先,有助于它们按时运行和避免拥堵。

公共交通信号优先策略有其自己特定的内容。有许多交通运输专家关注街道交叉口的堵塞问题,在 20 世纪 70 年代,曾经在公共交通领域尝试过很多优先策略。在 90 年代,该技术进展迅速,现代交通信号优先策略通常作为自动车辆定位系统的一部分,这样就可以做到进行有选择的信号优先,只给那些晚点的公交车辆以信号优先。

1) 被动优先控制策略

被动优先控制策略的实施不依靠检测器获取公交车辆到达的数据,而是根据公交车辆的发车频率、行车速度等历史数据设计和协调路网内交叉口的信号配时,同时缩短交叉口信号周期时长以减少公交车辆的停车和延误。由于被动优先控制策略的实施以公交车辆的历史数据为依据,比较适合于公交发车频率高,交通量小,乘客出行需求稳定的线路。被动优先控制策略一般包括:

(1) 网络化配时规划

网络化信号配时规划是根据公交车辆通过时路网的运行情况对交叉口信号配时方案进行设计。方案设计一般有以下两种形式。

第一种是根据通过路网的乘客出行量而不是车辆数分配绿信比,由于公交车辆的单车载客量明显大于社会车辆的单车载客量,因此这种相位绿灯时间分配方式有利于公交车辆较多的方向,从而体现"以人为本"的交通理念。但是对于乘客流量小的相位,计算的绿灯时间有可能小于最短绿灯时间,因此还必须对相位绿灯时间进行条件约束。

第二种是根据公交车辆的运行速度或行程时间协调公交线网内的信号配时,使公交车辆在路网内遇到的红灯数最少。由于公交站点公交车停靠时间的不稳定性,这种技术实施的效率在很大程度上取决于公交车辆交叉口之间行程时间预测精度。

(2)信号周期调整

在公交线路上减少信号周期时长意味着降低公交车辆的交叉口等待时间,获得更高频率的信号服务。但是信号周期时长减少,交叉口的通行能力也随之降低。因此,在实际应用中必须权衡公交车辆的出行效益与交叉口的通行能力损失之间的关系。

(3)增加相位时间

增加公交线路上相位绿灯时间,以增加公交车辆通过信号控制交叉口的可能性,减少公交车辆的交叉口信号等待时间。

(4)相位分割

在同一个信号周期内,将公交车辆的优先相位分割多个相位。从而在不减少信号周期时长的条件下增加公交车辆的信号服务频率。但是由于相位数的增加,信号损失时间也随之增加,从而降低了交叉口的通行能力。

(5)限制转弯

通过信号控制限制车辆进入指定的道路,从而降低下游瓶颈路段的交通流量。但该信号不对公交车辆进行限制。

2)主动优先控制策略

相对于被动优先,主动优先控制策略具有更强的适应性,当检测到公交车辆时,根据特定的公交信息、当时的交通状态以及信号控制逻辑,为公交车辆提供相应的服务。主动优先控制策略一般有以下几种控制形式:

(1)绿灯延长

绿灯延长(Green Extension),即延长相位绿灯时间。当公交车辆到达交叉口时,若该相位的绿灯信号即将结束,这时延长该相位的绿灯时间,以使公交车辆有足够的时间通过交叉口。公交车辆通过交叉口后,控制系统将恢复原有的信号配时。

(2)绿灯提前/红灯早断

绿灯提前/红灯早断(Early Green/Red Truncation),即缩短车辆等待的红灯时间。当公交车辆到达交叉口时,如果公交车辆通行方向所在的相位处于红灯状态,这时通过缩短交叉口当前相位的绿灯执行时间,使公交车辆到达交叉口时,能顺利通过交叉口。在周期时长不变的情况下,可以在后续执行相位相序方案中对前一相位进行绿灯补偿。

(3)相位插入

相位插入(Phase Insertion),即在正常的相位相序中为公交车辆增加一个特定的相位。当公交车辆到达交叉口时,公交车辆通行方向为红灯信号,且交叉口当前相位的下一个执行相位仍不允许公交车辆通过,这时要为公交车辆提供信号优先,必须在当前相位和下一相位之间插入一个公交专用相位。在这种控制策略下,公交专用相位的前一相位和下一相位进行调整,必要时可以对后续相位进行调整。

(4) 跳跃相位

跳跃相位(Phase Skipping)，即忽略某一相位的绿灯信号。当公交车辆到达交叉口时，公交车辆通行方向是红灯信号，且交叉口当前相位的执行绿灯时间即将结束，而下一个执行相位仍不是公交车辆通行方向的相位，只有等到该相位执行完毕后，才能允许公交车辆通过。由于交叉口下一个执行相位等待通行的社会车辆较少，在权衡效益的基础上，跳过下一个执行相位，直接执行公交车辆通行方向的相位绿灯，从而使公交车辆以绿灯信号顺利通过交叉口。

(5) 相位倒转

相位倒转(Phase Rotation)：即改变信号周期的相位相序。当公交车辆到达交叉口时，交叉口即将执行的相位并非公交车辆通行方向的相位，为使公交车辆能够顺利通过交叉口，可以通过调整即将执行的相位相序，将公交车辆通行方向的相位提到最前执行，将原本即将执行的相位置于公交车辆通行相位之后，它与跳跃相位不同的是，跳跃相位不执行相位，而相位倒转则将相位置后执行。

(6) 专用相位

专用相位(Actuated Transit Phase)，即专为公交车辆提供的信号相位。只有在检测到公交车辆时，才会启动该专用信号相位。对需要左转的公交车辆，在正常的信号配时方案中，不存在左转专用信号。只有当检测到公交车辆进入车道时，才启动左转专用相位，以保证公交车辆顺利安全通过交叉口。该策略与相位插入相似，区别在于只允许公交车辆通行。

9.3.3 基于优先权重的公交信号优先算法研究

1) 模型思想

由于公交车辆的单车载客量明显大于社会车辆的单车载客量，为了满足交叉口各进口方向的交通参与者交通需求，在模型中根据公交车辆当前的运行状态在信号配时中为公交车辆赋予一定的优先权重，以最小的车辆延误增大为代价获得人均延误降低的目标，对交叉口信号配时方案进行优化计算。

2) 条件假设

利用先进的公交车辆信息检测系统，能够实时获取公交车辆的运行状态信息、公交车辆路线信息、公交车辆乘客数以及车辆的时刻表信息，在交叉口上游设置公交车辆检测器，以提前告知公交车辆的到达，公交站点位置设置在交叉口出口处。

交叉口渠化方案明确，车辆直、左、右通行方向明了，从而明确各进口方向各通行方向的最大允许排队长度。公交站点位置设置在交叉口出口端。

3) 模型构建

(1) 实时公交权重分配

当检测到公交车辆接近交叉口时，公交信息检测系统开始获取公交车辆的运行状态，并为每一辆到达并即将停车等待的公交车分配一定的权重：

$$\omega_i = p_i \cdot [1 + \psi(d_i)] \tag{9-1}$$

$$\psi(d_i) = \begin{cases} 0 & d_i < \beta \\ \kappa(t) \cdot d_i & d_i \geq \beta \end{cases} \tag{9-2}$$

式中：ω_i——第 i 辆公交车的权重；

p_i——第 i 辆公交车的乘客数；

$\psi(d_i)$——公交车辆运行状态对应的权重函数；

$\kappa(t)$——t 时刻，公交车辆的权重补偿系数；

d_i——第 i 辆公交车与公交车辆运行时刻表的偏离值；

β——公交运行时刻偏离状态权重补偿临界值。

(2) 交叉口饱和度计算

在传统的信号配时计算中，交叉口绿灯时间是按相位流量比进行分配的，这种方法可以确保各进口道方向具有相同的饱和度，但不利于公交车辆的通行。信号交叉口公交优先的最终目的是在于减少人的延误，为使系统的效益得到优化，因此交叉口相位绿信比的确定应由乘客流量比和机动车饱和度来共同决定。

$$y_{jk}^p = \frac{q_{jk}^{car} \cdot \bar{p}_{car} + (\sum_{i=1}^{n}\omega_i)_{jk}}{S_{jk} \cdot \bar{p}_{veh}} \tag{9-3}$$

式中：y_{jk}^p——j 相位 k 车道的乘客流量比；

q_{jk}^{car}——j 相位 k 车道车辆到达率；

S_{jk}——j 相位 k 车道的饱和流量；

$\bar{p}_{car}$——社会车辆平均乘客数；

$\bar{p}_{veh}$——车辆平均乘客数。

则以乘客流量比为主的交叉口饱和度计算公式为：

$$x_p = \sum_{j=1}^{j} \max[y_j^p, y_j^c] \tag{9-4}$$

$$y_j^p = \max[y_{j1}^p, \cdots, y_{jk}^p] \tag{9-5}$$

式中：x_p——以乘客流量比为主的交叉口饱和度；

y_j^p——j 相位关键车到乘客流量比；

y_j^c——j 相位关键车道车流量比。

(3) 绿灯时间约束

按乘客流量比计算出的绿灯时间可能出现绿灯信号时间过短或绿灯时间过长的现象。过短或过长的信号绿灯时间都对整个交叉口的运行不利，绿灯时间过短，不能保证车辆和行人安全通过交叉口；绿灯时间过长，交通参与者在红灯等待时失去耐心，出现违章通行的行为。因而必须对相位绿灯时间进行约束，以保证交叉口通行的安全。

红灯时间约束：

$$r_{jd} = \frac{l_{jd} \cdot n_{jd}}{q_{jd} \cdot \bar{l}_{veh}} + \varepsilon(t) \tag{9-6}$$

式中：r_{jd}——j 相位 d 方向的允许最大红灯时间；

l_{jd}——j 相位 d 方向的最大排队长度；

n_{jd}——j 相位 d 方向的车道数；

q_{jd}——j 相位 d 方向的车辆到达率；

$\bar{l}_{veh}$——车辆平均长度；

$\varepsilon(t)$——高峰时间修正系数。

绿灯时间约束：

$$g_{jd} = 7 + \frac{W_{jd}}{\overline{v}_r} - Y \tag{9-7}$$

式中：g_{jd}——j 相位 d 方向的最短行人过街时间；

W_{jd}——j 相位 d 方向的人行横道宽度；

$\overline{v}_r$——行人平均步速。

相位最短绿灯时间：

$$g_j^{\min} = \max(C - r_j, g_j) \tag{9-8}$$

$$r_j = \min(r_{j1}, \cdots, r_{jd}) \tag{9-9}$$

$$g_j = \max(g_{j1}, \cdots, g_{jd}) \tag{9-10}$$

式中：C——交叉口信号周期时长；

r_j——j 相位最长红灯时长；

g_j——j 相位最短绿灯长度。

(4) 周期时长优化

公交优先信号控制必须满足优先相位获得的效益不小于非优先相位的效益,而延误是最为常用的衡量这一效益的指标,同时考虑公交车辆当前状态与公交时刻表的偏移值,构造指标函数 PI。

$$\Delta d = \overline{d}_{\text{veh}} - \overline{d}_{\text{p}} \tag{9-11}$$

$$\overline{d}_{\text{veh}} = D_{\text{veh}} \Big/ \sum_{j=1}^{j} v_j \tag{9-12}$$

$$d_{\text{p}} = \frac{\sum_{i=1}^{i}\sum_{j=1}^{j}(q_{ij}^{\text{car}} \cdot \overline{p}_{\text{car}} + (\sum_{k=1}^{k}\omega_i)_{ij})}{\sum_{j=1}^{j} v_j} \tag{9-13}$$

式中：Δd——交叉口车辆平均延误与人均延误差；

$\overline{d}_{\text{veh}}$——交叉口车辆平均延误；

$\overline{d}_{\text{p}}$——交叉口人均延误；

D_{veh}——交叉口总延误,采用 D. B. Webster 延误计算模型；

v_j——j 相位交通流量。

$$\max \text{PI} = \varphi(t)\Delta d + \mu(t)\Delta T_{\text{sche}} \tag{9-14}$$

$$s.\ t \begin{cases} C_{\min} < C \leqslant C_{\max} \\ g_j^{\min} \leqslant g_j \leqslant \max(r_{j1}, \cdots, r_{jd}) \\ x = \sum_{j=1}^{j} g_j / C \leqslant 0.9 \end{cases}$$

式中：$\varphi(t)$——车均延误与人均延误差指标权重；

$\mu(t)$——公交时刻表偏移植权重；

ΔT_{sche}——公交运行与时刻表偏移值；

C_{min}、C_{max}——D. B. Webster 周期计算公式的最小和最长信号周期长度。

4)模型验证

假定公交车辆的平均乘客数为 30 人,小轿车的平均载客数为 1.5 人,交叉口车辆的平均载客数为 2 人,以一个由主干道和次干道相交的十字形交叉口为例进行模拟验证,交叉口采用两相位信号控制形式,右转车辆不受限制,黄灯为 3s,交叉口清除时间,即全红时间为 2s,信号总损失时间为 10s,车辆停车时平均占用车道长度 6m。交叉口各向流量及车道数见表 9-1,采用 MATLAB 7 对基于优先权重的公交信号优先算法进行优化求解,固定配时方案采用 Webster 信号配时计算公式进行计算求解。配时方案对比结果见表 9-2。

模拟交叉口的交通特性 表 9-1

相位	第一相位	第二相位
社会车辆到达率(pcu/h)	800	250
公交车辆到达率(辆/h)	20	6
饱和流量(pcu/h)	1500	1200
进口车道数	3	2
流量比	0.53	0.21
乘客流量比	0.60	0.23
允许最大排队长度(m)	250	150

两种配时方法优化效果比较 表 9-2

配时方法	周期(s)	绿灯时长(s)		车均延误(s)	人均延误(s)
		第一相位	第二相位		
Webster 算法	80	58	22	28	24.7
优先权重算法	48	32	16	15.7	12.3

计算结果表明,基于优先权重的优先算法所得的信号配时周期时长远小于固定配时方案的周期时长,主要是由于允许排队长度的限制,信号周期缩短可以减少公交车辆在信号控制交叉口的红灯等待时间,同时增加公交车辆在绿灯相位通过交叉口的概率。优先权重算法的周期强度比 Webster 算法周期长度降低 1.67 倍,为了对两种信号配时方案进行比较,将两种方案周期及延误参数等量转化成相同信号周期长度下对车均延误比和人均延误比,优先权重算法的车均延误比 Webster 算法降低 6.36%,人均延误降低 16.84%。模拟验证模型有效,但基于优先权重的公交优先算法在车辆能在交叉口通行能力还有富余,在一定的信号时段内,交叉口排队不严重的情况效果较好。当交叉口出现严重拥堵,公交车辆处在允许排队长度之外时,该算法对于实施公交就无明显作用。

9.4 互联网环境下的公共出行模式

随着中国经济社会的快速发展,社会公众的消费理念、消费内容和消费层次不断升级,人民群众的出行结构、出行需求和出行方式也在发生深刻变化。而互联网技术的广泛应用,既为适应消费升级、满足消费需求提供了新引擎,也为优化出行服务、改善出行体验注入了新动能,互联网与交通运输特别是公众出行服务正在深度融合、协同发展。

9.4.1 互联网环境下的公共出行特点

（1）发展势头迅猛

在大众创业、万众创新的大潮中,受资本驱动、市场需求旺盛等多种因素影响,"互联网+出行"服务领域各种新业态,呈现出爆发式增长态势,短短几年时间,从事出行服务新业态的企业迅速发展壮大,经营规模快速增长,业务网络加速拓展,服务链条快速延伸。

（2）服务模式多样

能够适应和满足社会公众个性化、高品质出行需求的服务模式蓬勃发展,旅客联程运输平台、网络预约出租汽车、汽车分时租赁、定制客运、定制公交等类型众多、形态各异的出行服务模式不断涌现,呈现出百花齐放的发展局面。

（3）新旧业态融合

以互联网、云计算、大数据等先进信息技术为依托,新兴企业打破传统业务边界,向传统客运服务领域加速渗透,倒逼传统企业创新组织模式、加速转型升级,而关联企业之间在竞争中逐步走向联盟合作,新业态与传统业态呈现出交互渗透、竞争融合的发展态势。

（4）社会普遍认同

通过移动互联网技术与运输服务的融合发展和模式创新,为社会公众提供交通资讯、在线购票、线路选择、费用结算、导航换乘、旅行定制等全方位服务,使社会公众切身切实感受到了出行的方便快捷、服务的准时高效,受到人民群众的普遍认同。

随着"互联网+"与"共享经济"等观念的深入人心,传统的公共出行方式发生了极大的改变,焕发出了新鲜的活力。并且,新兴的公共出行方式也在积极涌现出来。

9.4.2 网络预约出租汽车

网络预约出租汽车(简称网约车):基于移动互联网、以手机 App 为主要服务平台、为具有出行需求的顾客和具有出行服务资格与能力的驾驶员提供有保障、连接服务的新型服务模式。这一新型服务模式除了提供预约租车服务之外,还可以通过创新性地利用信息技术、大数据分析技术和管理优化技术来开发、整合一系列综合服务,例如:驾驶员服务质量与信用评价,服务事前、事中和事后全程追溯,导航,拼车,交通自动化调度,城市交通拥堵治理,乃至区域、城市竞争力评价等。

说到网络预约出租汽车服务,我们不得不提到当下的一个热门词语:共享经济。"共享经济"是一个早在 1978 年由美国得克萨斯州立大学社会学教授马科斯·费尔逊和伊利诺伊大学社会学教授琼·斯潘思提出的术语。当前,在互联网技术发展成熟之后,"共享经济"的概念获得了突破性的影响力,其主要特点是通过一个由第三方创建的、以信息技术为基础的市场平台为最终的需求方和供给方提供服务连接。

共享经济正在对我们的生活产生着革命性的影响。在很多本质上可以归结为 C2C(Customer to Customer,个人对个人)供需服务的服务中,互联网正在消除一切中间渠道,包括公司和供应链。例如,大部分医疗服务(本质上是医生—病人型的 C2C 服务)、教育培训服务(本质上是教师—学生型的 C2C 服务)、出行服务(本质上是驾驶员+车—出行者型的 C2C 服务),等等。共享经济的真谛就在于为需求提供了直接的、无限的供给。换言之,在共享经济时代,供给唾手可得、无处不在。

1) 信息技术

网络预约出租汽车服务是一种全新的 O2O (Online to Offline,线上到线下)出行服务,基于信息技术的公共服务平台无疑是推动服务创新的引擎。实际上,服务平台的最大价值来自基于大数据分析的集中式管理与决策,以及由此带来的服务创新。随着 4G 网络的大规模商用,通过 GPS、RFID、传感器、图像采集等装置,公共服务平台对一切合法的交通出行数据可采可控。这些数据具有实时性和多态性,有结构化数据,也有非结构化数据,例如发起时间、出行者身份、驾驶员信息、起讫点、车辆行驶路线、出行者交互信息等。

一是实时导航。采集车辆起讫点信息、实时行驶信息及路段实时交通信息,基于实时预测、全城与全局优化,为车辆提供个性化、实时的导航服务,为拥堵情形提供局部交通疏导与行驶方案,达到缓解交通拥堵的目的。

二是服务供给实时调度。借助云平台超强的计算和存储能力,识别供给能力在不同区域与时段上的不平衡分布,预测不必要的供给短缺与过剩,将闲置的碎片化交通服务供给进行整合,并实施动态调度,为交通网转变为增值服务网奠定基础。

三是出行者互动互助。服务平台有助于交通网和社交网的融合,为乘客提供"出行前、出行中、出行后"全过程的人性化服务。以拼车为例,在动态的叫车过程中,服务平台集中调度并优化司乘适配方案,达到最优化状态。另外,社交媒体的兴起,为乘客分享体验和发表意见提供场所。通过文本分析,有针对性地识别用户偏好,在此基础上,设计推荐算法,为合理选择出行方案提供便利。

四是服务监管。服务平台能够对出行服务实现全程路线的监管,为评估司机信用与服务质量提供量化的依据。多源异构数据采集与融合技术,能够多维度、全生命周期地展示司乘人员的状态,是实现资质认证的基础。此外,基于大数据分析,可以实现反作弊监控。例如,针对驾驶员与乘客刷单等一系列恶意行为,通过数据挖掘,甄别交易信息的真伪,设计出误伤率低的智能化反作弊算法,从而提高乘客的出行体验。

五是移动支付。基于相对成熟的数字加密和安全交易技术,通过完善行业标准,建立移动支付生态环境。与服务平台的计费系统衔接,可以实现基于远程 ID 的线上支付,包括微信支付、支付宝、百度钱包。

六是服务可达性。鉴于我国数字鸿沟指数居高不下,网络约租亟待考虑弱势群体在信息技术使用方面存在的差距。为此,可以借助可穿戴设备、语音识别或可视化等技术,改进软件的功能与性能,提高系统在各种情境和环境下的可用性及易用性。

2) 公共服务平台

网络预约出租汽车公共服务平台有利于政府监管,保证出行者利益,也能够促进出租车市场的健康有序发展,实现公平有效的竞争环境。

首先,作为"看得见的手",公共服务平台能从行政、市场和技术手段上对出租车的运营情况做到全面了解和把控,防止危害消费者利益的事件出现,比如,消费者的出行安全以及消费者个人信息的保护,同时也能保护某些公司采取不正当的手段进行竞争。

其次,公共服务平台还发挥"看不见的手"的作用,通过设置合理的市场规则,建设公平的竞争环境,促进出租车公司不断改进,持续提高运营效率,促进整体水平的提高。

具体来说,公共服务平台运行过程中,需要关注以下管控流程。

信息管控流程:确保信息安全以及信息的有效流动。由公共服务平台承担用户的个人隐私信息及安全等问题。同时,还要确保各家公司及个人在信息使用上的公平。

出租汽车服务公司管控流程:鉴于目前的市场状况,网络约租服务公司可以是独立法人,也可以是松散组织。政府部门针对市场的成熟度,在不同阶段,制定服务公司的准入条件,并控制相应的资格审核。

车辆及驾驶员管控流程:车辆的准入,驾驶员的加盟,每家公司的车辆限额,以及准入车辆及驾驶员的审核、检验以及登记等流程。

车辆调度与需求分配流程:服务平台并不直接调度具体车辆对顾客的响应,而是确定不同时段应该有多少类型的车辆投入运营,对其运营的时段、区域和响应方式进行调度,总之在总量和应招方式上进行调度。

资金流动及管控:对每家公司的资金流动进行掌控,确保相关税收以及税收政策的顺利实施及执行。

突发事件管控流程:突发或异常情境下(自然灾害、重特大事故、系统瘫痪等),与城市应急大系统衔接,及时启动移动出行的应急预案。

3)网约车的影响

(1)对利益相关者的影响

①民众。毫无疑问,民众的出行需求将能得到较好满足、成本降低,服务质量个性化并得到显著提高。如前所述,网络预约出租汽车服务,让出行服务无处不在、唾手可得。由于闲置的社会车辆得到了一定的释放和利用,参与到出行服务市场的车辆总量会有显著的增长。这有助于缓解打车难问题,提高社会满意度。同时,竞争车辆的增加将促使完全竞争出租车市场的形成,民众出行成本将进一步降低。另一方面,隐忧同样存在:如果网络预约出租汽车服务下的市场不能得到恰当的监管,则民众的出行安全和隐私权等将无法得到保障。这将是网络预约出租汽车服务乃至共享经济发展的关键要素。

②出租车驾驶员(包括专车以及其他互联网租车驾驶员)。司机可以分为三类,第一类是原来的出租车驾驶员,第二类是车辆租赁公司的驾驶员,第三类是私家车车主。对于第一、二类驾驶员而言,在放开网络预约出租汽车服务之后,他们可以自由从事互联网租车服务,有理由相信其收入短期内不会降低只可能上升,而长期来看则由市场需求与服务供给竞争共同决定。对于第三类私家车驾驶员而言,则意味着其从原来的"黑车"获得了营运许可、合法身份。

③出租车公司和车辆租赁公司。在原体系中,这两类公司属于获得营运许可、对出租服务开展垄断经营的利益相关者,由于其垄断地位的倾覆,将受到最大的冲击。他们可以通过积极向网络预约出租汽车服务平台转变来提高自身竞争力。

④社会与环境。由于网络预约出租汽车服务是一种基于呼叫响应的服务需求拉动模式,因此服务车辆无须在道路上兜圈子,空驶率将大为下降,并能够有效缓解交通拥堵和能源浪费问题。与此同时,巨量潜在社会运力资源得到释放,民众的出行需求得到了更便捷和个性化的满足,社会满意度提高。

当然,我们也需要看到,随着更多的私家车涌上街头,可能会形成新的交通拥堵源。另一方面,乘车安全、事故责任等监管问题将成为一个必须高度重视的问题,如果没有建立健全恰当的管理与监管机制,网络预约出租汽车服务可能会带来很多新的社会问题。

⑤政府管理部门。发展网络预约出租汽车服务,并保证新的出租车市场健康有序的运作、发挥其正能量,抑制潜在的风险,将对政府的治理能力提出严峻的挑战。这是一个硬币的两个方面,做好了,社会、环境、经济等层面的满意度都会有提升。而从问题的难度来看,做好比做不好的可能性要大得多。

(2)对城市发展的深远影响与价值

与出租车公司和车辆租赁公司相反,新的网络预约出租汽车服务模式催生了一批互联网服务平台,它们代表了新经济、新商业模式的发展方向。在共享经济时代,互联网服务平台将通过创建与互联网经济相适应的新的商业与管理模式,推动时代的进步。

实际上,对于网络预约出租汽车服务,我们很有必要从出租车的话题中跳出来,因为作为"互联网+"时代分享经济模式的创新代表,网络预约出租汽车服务的创新意义远远大于代替出租车。在"互联网+"时代,万物互联带给消费者的一个根本影响是"去渠道化":通过互联网,消费者可以与其需求的最终供给方直接连接并进行交易,而交易的内容不外乎实物、信息与服务,其连接渠道不外乎线上与线下两种。这意味着就线下渠道而言,网络预约出租汽车服务为我们打开了一扇具有无限可能的大门:除了参与公共交通载客服务之外,物流、快递、配送等所有涉及人或物传递的服务,网络预约出租汽车服务都可以作为线下载体承担相应的服务。

从这个意义上说,开启共享经济思维,开启网络预约出租汽车服务,将其与智慧城市建设相结合,让城市中闲置的、浪费的运力资源开动起来,无疑将大大提高城市的人员、物资流动效率,大幅度降低运营成本和社会与环境成本,为现代城市文明添上浓墨重彩的一笔。

9.4.3 互联网租赁自行车

互联网租赁自行车,也称为共享单车,是指企业在校园、地铁站点、公交站点、居民区、商业区、公共服务区等提供自行车单车共享服务,是一种分时租赁模式。共享单车是一种新型共享经济,通过App+单车+智能锁实现扫码开锁、GPS定位、预约用车、远程寻车、实时计费等功能,如图9-6所示。

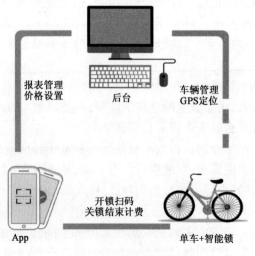

图9-6 共享单车使用图

1）互联网租赁自行车的市场机会

我国本身是一个非常大的自行车王国。但是，在互联网租赁自行车出现之前年轻人群中用自行车的占比越来越小。与此同时，研究者们发现在所有出行的人群中，一到五公里的出行比例可以占到30%。设想一个场景：一个年轻人，去挤地铁上班，从家到地铁这个距离可能是一公里到两公里，这个距离如果是打车的话，相对比较贵，骑自行车应该是最好的选择。

这种需求与供给不对等的原因是传统自行车的两个痛点：第一个痛点是不方便，自行车丢失率非常高，由于担心丢失，停放自行车给用户带来诸多不便；此外，传统自行车需要日常维护，比如经常掉链子等带来的麻烦。第二个痛点是价格因素。传统自行车售价一般在百元以上，稍好些的山地自行车可达上千元，考虑到易丢失和后期维护，使用成本阻碍了人们选择传统自行车出行。

实际上互联网租赁自行车的出现就是针对城市出行系统中的最后一公里。它解决了以上传统自行车的痛点。第一点免维护，第二点随时可以获取，第三点不怕丢失，第四点很便宜，第五点高颜值，第六点不用停车桩。增加这些优势以后，互联网租赁自行车有望解决我国三分之一人群短距离的交通问题，同时也非常符合国家环保政策。

2）互联网租赁自行车打通公共交通的最后一公里

如今在不少城市的街头，停放在路边的小黄车、小橙车已不再新鲜。自2016年下半年开始，互联网租赁自行车成为一种公共出行新时尚强势进入公众视野，现在，共享单车、共享经济等名词正炙手可热，成为业界、学界、公众共同关注的话题。

以摩拜单车和哈罗单车为代表的互联网租赁自行车的确在很大程度上方便了公众出行，可以说打通了公共交通的最后一公里。同时简单快捷的使用方式也让通勤族们省心省力。正是这些优势，其一问世，便迅速得到市场的积极反应。如今，不仅小黄车、小橙车遍布街头，其他同类的品牌也在迅速抢占市场。以北京为例，截至2018年，已经进入北京市场的共享单车品牌就已有ofo、摩拜、小蓝、永安行、酷骑、由你、海淀智享等9个品牌，截至2018年8月，北京市共享单车运营车辆总数在191万辆左右。

除了北京这样的特大城市，互联网租赁自行车也在全国乃至世界掀起扩张热潮。以摩拜单车为例，目前其已在24个城市运营，北京、上海、广州、深圳、成都5个城市投放量均已超10万辆。截至2017年6月，摩拜单车拥有大约1亿注册用户，每天在约500万辆智能单车上完成共2500万次骑行。2017年10月，摩拜单车已进入全球9个国家的超过180个城市，运营着超过700万辆智能共享单车，全球用户超过2亿。此外，刚刚入场的酷骑单车投放城市也已包括北京、天津、长沙、西安、太原、石家庄、郑州等地。在北京，酷骑则避开城内的争夺，把目标定位在了通州和顺义城区。从各个品牌不断扩张的商业版图来看，互联网租赁自行车的市场预期良好。用户规模的攀升预示着市场需求的不断释放，也让商家看到了行业盈利的可能。

然而与这种几何式增长同步而来的还有不少问题，如偷盗、损毁互联网租赁自行车现象，一些人在互联网租赁自行车上加私锁、乱涂乱喷漆，将自行车据为己有，等等。

此外，随着加入市场的品牌越来越多，投放到市场上的互联网租赁自行车数量也越来越多，目前在不少地方尤其人流量密集的区域，出现了互联网租赁自行车停放无序等现象，给城市管理者和公众带来很大困扰。2018年9月，一组上海4000辆互联网租赁自行车挤爆"扣罚车辆"停车场的照片在网上刷屏。自2018年底以来,包括南京在内的众多城市都发生过共享单车被城管部门清拖的情况。正如有评论称,互联网租赁自行车不仅是公众素质的"照妖镜",也是公共管理素质的"显微镜"。

互联网租赁自行车是一种模式创新,应积极鼓励支持。各地要因地制宜、因城施策,加强管理。政府要有作为,规范加强管理;企业要遵纪守法,改善服务;广大使用者也要文明出行。

3)互联网租赁自行车应用程序(App)的主要技术

(1)智能锁

智能锁技术主要包括卫星定位、远程开锁等。锁内集成带有独立号码的SIM卡,通过3G、4G网络,与云端保持通信能力,及时将车辆所在位置(GPS信息)和车辆当前状态(锁定状态或使用状态)报送云端。

(2)太阳能充电

互联网租赁自行车的供电主要通过两种渠道来完成。首先,它设计有一个小型发电机,通过你的体力踩动单车,获得能量转化为电能。这其实也是部分品牌的互联网租赁自行车踩起来比较费劲的原因之一。其次就是太阳能充电,通过单车车篮里面的太阳能电板充电传送给共享单车锁。

(3)开锁技术

用户使用App扫描车辆上的二维码,即可打开车锁,这不只是互联网租赁自行车的某个具体硬件功能,而是结合云端的一系列运行结果。当我们使用共享App扫描车辆二维码时,App将会把这个二维码信息通过手机的网络传送给云端,云端收到后识别该车辆,并通知该车辆的开锁。

严格来说,互联网租赁自行车正如很多成功的科技产品,其实并没有那么多"黑科技",而是恰到好处地将某一两项"黑科技"用好,结合良好的用户体验,设计出完善的系统,获得广阔发展前景,获得社会用户群体的认可。

4)互联网租赁自行车运营面临的问题

互联网租赁自行车已经从一二线城市的"战场"中,逐渐渗透到了三四线城市的大街小巷。然而在互联网租赁自行车使用方便的同时,也造成很多的不方便,阻碍了其发展。下面对部分阻碍互联网租赁自行车未来发展的因素进行分析。

(1)道德阻碍

无论是把车藏起来搬到家里,还是破坏互联网租赁自行车二维码、上私锁的行为,归根结底其实就是道德问题。

(2)管制阻碍

虽然突出"共享经济、低碳减排"的主题,但是还是不得不面对一个事实,就是互联网租赁自行车随意停放对城市管理、市容建设造成麻烦的问题,这种随意停放必然是与城管部门是对立的,所以一定是有一个平衡点。目前相对而言比较可取的方式:一是由政府出面,在不影响市容的情况下,大力建设足够多的专用停靠位,保证停靠相对"方便"。二是采取"负面清单"的方式,即采取电子围栏等方式对禁止停车的地点加以约束。互联网租赁自行车企业可采取扣除信用分、提高违停成本等方式进行管理。

(3)法律责任阻碍

骑互联网租赁自行车也好,开互联网租赁汽车也罢,由于车辆自身的质量问题或其他原因,一旦出现交通事故,与人的财产、生命搭上关系,法律责任一定会成为"共享经济"类产品的困扰话题。

至于那些自行车耗损、养护成本控制、定位不准确、没有避震器等体验问题,都会随着行业的推动及技术的发展逐渐解决。

9.4.4 互联网+公交

在城市交通运输领域,公交车具有容量大、效率高、能耗少、污染小、公益性服务强等优势,近年来受到了越来越多的重视。公交服务与移动互联网、云计算、大数据广泛对接和深度融合,为城市公交插上"互联网+"的翅膀,为百姓提供更加便捷、人性化、个性化、高品质的交通出行服务。目前主要从移动支付、实时公交信息服务两方面进行了相关建设。

1)公交移动支付(以杭州公交为例)

(1)公交移动支付的背景

城市公共交通是城市的主要窗口,更是一个城市发展的形象缩影,全国城市交通年出行总量已超过1200亿人次,公众趋于多元化、个性化出行需求,迫切需要科学合理的城市公共交通体系的支撑。

以杭州为例,杭州作为国内乃至全球典型的互联网之都,杭州公交将移动互联网、云计算、大数据等技术赋能移动支付环节,改变传统单一化的现金支付方式,方便乘客一键享受多元化、去现金化的支付体验;并且融入信用数据,探索"信用+公交"公共出行模式。

借助地域的优势,杭州公交与蚂蚁金服(支付宝)、中国银联浙江分公司强强合作,为乘客提供支付宝扫码支付、银联云闪付等移动支付方式。一体化公交移动支付,方便乘客出行。特别是外来旅游、务工的人员不再需要兑换零钞投币乘车,降低了清点零钱的成本。且杭州公交通过移动支付实现了客流数据实时化和乘客信息实名制,为辅助公共交通的智能调度和线网优化打下数据基础。这也加速科学配置运力与运能,提高运营效率,提升公交分担率,减缓城市交通压力。

(2)杭州公交移动支付推进情况简介

自2016年3月起,杭州公交集团与蚂蚁金服、中国银联浙江分公司、数梦工场和国朗科技公司等企业,在充分分析公交应用需求的基础上,结合各方的资源优势和技术优势,边开发边试点,开发并应用了支付宝双离线(机具离线、手机离线)二维码和公交全支付一体机。

2016年8月11日,杭州公交506路成为第一条移动支付公交线路。G20峰会期间,便捷的移动支付功能、开放融合的服务获得来自全球重量级嘉宾的点赞。2017年5月23日杭州公交全面推广应用移动支付,并逐步实现全市覆盖。8月底,杭州市所有公交车均安装了移动支付一体机,750条公交线路8000余辆公交车均可实现支付宝二维码扫码和银联云闪付乘车,移动支付日均交易量达到17万人次。

(3)公交一体化移动支付的特点

①友好的交互设计,增强一体化移动支付体验感。杭州公交推行的移动支付不仅可实现二维码扫码支付,还可以兼容银联云闪付、NFC等功能。此外为了提高乘客办理过程操作使用便利性,不再需要输入个人信息或到服务点充值,可直接凭手机、银行卡扫码或刷卡乘车。

②技术驱动流程再造,降低运营成本,提高公交企业运营效率。移动支付不仅能减少假币、残币,而且可以降低零钞兑换、清点成本,提高票款安全性等。同时,通过全支付一体机采集客流 OD 和 GPS 定位数据,有利于实时优化运力配置和调度措施,提高日常运营效率。

③提供云和大数据服务。借助移动支付的推广应用和地域优势,杭州公交集团与数梦工场合作成立了杭州市公共交通云科技股份有限公司,根据公交的业务需求,融合高德地图、阿里云、支付宝、数梦工场等先进的云计算、大数据、移动互联网、物联网等新一代信息化技术,着力开发公交云和大数据平台,建立动态数据模型,为公交运营企业提供移动支付、云调度、云管理、数据可视化等丰富软件即服务(SaaS)应用和智能公交数据大脑平台即服务(PaaS)平台,辅助公交线路规划和公交线网优化,提升公交整体服务能力。

④保障数据安全可靠。杭州公交构建了物联网专网,实现交易数据上云,并开发全支付监管平台,以实时监控每一辆公交车移动支付和 IC 卡等的交易情况,保障移动支付交易的可靠性、确保用户和租户数据安全性。

2) 实时公交信息服务

乘坐公交车的痛点就在于等车的问题,每个经常坐公交车的人都有这样的体验。公交车的准点率一直难以保障,尤其在早晚通勤高峰时,很多市民经常会遇到这种情况。

针对以上问题,近年来百度地图以及高德地图等软件都推出了"实时公交信息服务"功能,并逐步拓展覆盖城市,让更多用户能够随时随地查询公交实时信息,每条线路上有几辆在路上、预计几点到达某站等信息一目了然,极大方便用户掌握出行时间,提高出行效率。此前,市面上有"车来了""掌上公交"等实时公交类 App 上线提供服务,但是由于其能力掣肘,仅能覆盖数量较少的城市。

以高德地图实时公交业务为例,用户可以通过手机 App 实时了解想乘坐的公交车目前在哪,有几站路距离。高德凭借多年积累的交通大数据和路况事件,通过智慧算法,为用户提供公交到站时间的分钟级精准预测。掌握了到站时间,用户可以更从容、更加合理地安排自己的出行方式及时间计划。用户只需在高德地图 App 首页,点选"公交雷达"图标,即可开启实时公交查询功能,地图中就会直观地显示所在位置附近的公交站点信息。用户选择某一站点,可以查看途经该站点有哪些公交路线。任一公交路线也均可以查看该路公交车目前的实时位置、距离几站以及预计到站时间。截至 2018 年 7 月高德地图已在北京、上海、广州、深圳、杭州、重庆等 60 多个城市推出了实时公交业务,在业内覆盖率第一。

9.5 本章小结

本章首先对目前国内外的公共交通系统现状和发展趋势进行简要介绍,并在此基础上阐述了先进的公共交通系统的体系结构。然后分别对智能化调度系统、公交信息服务系统及互联网环境下的公共出行模式进行了详细介绍。

【本章练习题】

1. 公交失去吸引力的主要原因是什么？
2. 为什么大力发展公交优先？
3. 简述公交信号优先控制策略内容，并简述无公交专用道算法。
4. 互联网环境下的公共出行模式有哪些？并简述其特点。
5. 简述一下共享单车的优缺点以及未来发展趋势。

第10章 电子收费系统

【学习目的与要求】

通过本章的学习,了解收费系统的演变和分类、电子收费系统的关键技术和实现原理,掌握电子收费系统的技术归类,并重点关注现今广泛采用的射频识别技术的应用和原理,同时熟悉电子收费系统的三大构成部分及其相关概念,以加深对电子收费系统的认识。

10.1 概 述

公路收费在世界上已有相当长的历史了,早在几个世纪之前,欧洲一些国家就有收费桥梁和收费渡口。在1663年,英国制定了收费道路法,根据收费道路法修建的收费道路到19世纪初就已约有3500km。这一阶段的收费道路主要供马车通行。第二阶段始于汽车工业的发展。1924年世界上第一条供汽车通行的收费道路——意大利米拉诺至湖水地方间高速公路的开通,标志着现代收费道路的开始。20世纪50年代后,收费道路随着各国高速公路的建设进入大规模发展时期。

高速公路投入运营之初,计算机应用水平还不是很高,所以在这个阶段收费完全采用人工计费方式。人工收费方式是以纸质收费收据存根为收费员收款依据,完全依靠人工进行收费操作和收费数据统计管理的收费方式。在早期的封闭式收费路段,许多收费公路基本采用人口收费、出口验票的收费管理方案。随着技术发展进步和管理要求提高,人工收费方式基本退出了历史舞台。

随着科学技术的发展,计算机也逐步应用于各行各业,高速公路收费系统也开始实行计算机管理,实现收费系统自动化。严格来讲,这一阶段虽然使用了计算机计费系统,但仍需要收费人员根据车辆通行卡信息和车型,在计算机操作终端输入车型以及进入路口信息,并借助计算机进行自动计费、分类统计以及报表生成等功能。该阶段收费人员已逐渐从繁重的计算费额以及统计费额工作中解脱出来,因而这种收费方式称为半自动收费方式。

当交通量达到一定水平,半自动收费方式已经不适用于交通发展的需要。扩大收费站规模、增加收费车道以缩短车辆滞留时间,也只是权宜之计,而且这种方式还会带来征地与建设方面的诸多问题。在这种情况下,采用无现金支付通行费方式,利用先进的电子手段,使车辆不需要停车就可以交付通行费的不停车自动收费方式,就成为社会发展的迫切需要。

电子收费系统(Electronic Toll Collection,简称 ETC)也称为电子不停车自动收费系统。它描述了这样一个场景:一辆车不需停车直接通过收费广场,通过专门安装在车辆上的电子标签与收费站的计算机系统进行通信,收费站路侧计算机识别这辆车并从标签对应的账号中划取本次通行的钱款。而在这之前驾驶员需要去标签充值点,预先给账户充值。

ETC 收费方式能自动识别车辆并扣除通行费,是一种高效的高速公路以及交通繁忙的桥梁隧道环境下车辆收费的解决方案。ETC 系统可以有效解决交通拥堵、收费舞弊以及交通拥堵引起的能源消耗和环境污染等问题,是目前人工收费和半自动收费最理想的替代方案。

根据地区发展水平及收费系统的需要,目前存在人工收费、半自动收费、电子收费,以及混合收费等四种收费方式。其中,混合收费方式是人工半自动收费方式和全自动不停车收费方式的有机结合和集成。其中 ETC 车道可以根据实际需要进行逐步扩展,最终过渡到全部采用 ETC 收费方式。这一收费方式使电子不停车收费系统的建设和实施更为灵活,不但减少了ETC 系统实施时一次性资金投入,还大大提高了整个不停车收费系统的可靠性,方便不同的用户群体进行缴费选择。

收费凭证,也称为通行券,一般用于记录车辆在出入口的信息,包括时间、收费站代码、车型(普通车、大货车、军车、公务车等)、收费员编号和车道号等,方便人工收费和电子不停车收费。收费凭证的变化最能体现新技术在高速公路收费中的应用。技术的发展促进了收费方式的转变,同时也推动收费凭证的更新换代:人工收费期间主要采用人工撕纸质通行券的方式;半自动收费则采用磁卡以及后来发展的 IC 卡(Integrated Card,简称 IC 卡)结算,即通过"刷卡"方式结算;电子收费方式下采用了电子标签,通过远距离、不接触方式收费。

10.2 电子收费系统的原理和构成

电子收费系统作为取代人工操作的信息化系统,采用了现代的高新技术,尤其是电子方面的技术,涉及无线电通信、计算机技术、自动控制等多个领域。不停车、无人工操作、无现金交易是电子收费过程的三个主要特征。电子收费系统的作用在于将人眼识别车型、手动计算费款、口头传达费率调整等操作转变为机器运作的自动化、智能化处理,同时解决了人工收费效率缓慢以及由于停车造成的油耗和污染,实现了车辆有效、安全、经济地通过收费站。本节首先对电子收费技术的发展进行介绍,接着以现有先进的 DSRC 技术的电子收费系统为例,针对电子收费系统的实现过程和能体现其自动化和智能化的系统模块进行具体介绍。

10.2.1 电子收费技术的发展

1) 国内外应用现状

自从挪威在 1987 年第一次把电子收费技术(ETC)从实验室应用到实际工程项目以来,ETC 技术在国外已有近 30 年的发展历史。最近十几年来,世界各国的政府和企业都非常重视 ETC 技术,纷纷研发并采用 ETC 系统以取代原来的人工或半人工收费方式。美国、欧洲、日本等许多国家和地区针对不停车收费系统中的研发技术、工程实施、标准规范进行了深入研究,其电子收费系统已经局部联网并逐步形成规模效益,形成了三大主要流派,包括以挪威厂商 Q-free 和瑞典公司康比特为代表的欧洲技术,以日本公司丰田电装、三菱为代表的日本技术,以及以无线局域网技术为基础的美国技术。几种技术各有千秋,其中欧洲和日本的技术相对比较成熟,并已向国际标准化组织提交了有关不停车收费标准的草案,获得了较广泛的厂商支持并得到了大规模的应用。

欧洲国家在 20 世纪 80 年代中期就开始实施电子收费系统(Telepass)。这期间的电子收费系统一般采用第一代只读车载电子标签,有电子收费系统总处理中心且采用后付款(先消费,月底结账)方式。挪威于 1987 年开通的 ETC 系统以及 1990 年在其首都奥斯陆采用的 ETC 系统,称为"Q-free"自动不停车系统。还有的系统如葡萄牙的 BRISA 开放式电子收费系统和意大利 Autostrade S. P. A 公司的 Telepass。从 1990—1995 年底,欧洲国家主要实施第二代电子收费系统,其特征是采用欧盟推荐的 5.8GHz 频率和可读/可写电子标签。电子收费系统在欧洲国家也存在难以被社会民众普遍接受的问题,人们主要是担心隐私问题和车辆所有者可能增加的额外负担。

美国是世界上拥有高速公路最多的国家,拥有 8.8 万 km 的高速公路,约占世界高速公路总里程的一半。在这种情况下,电子不停车收费方式已经成为美国各州解决道路堵塞、回收公路投资和养护费用的高效率手段。第一个不停车收费的应用实验是 20 世纪 70 年代末在纽约和新泽西试行的,借助于车辆自动识别的不停车收费系统,交费者既可向收费公司预付款,也可采用信用卡付账方式。1997 年,纽约等地区采用的 E-Zpass 系统是美国国内最著名的联网运行电子不停车收费系统。E-Zpass 系统采用了专用车道、混合车道两种模式,都有收费员值班。专用车道采用 ETC 技术用于不停车收费。图 10-1 所示为新罕布什尔州的一个收费站,这个收费站中既包括 E-Zpass 系统也包括现金收费方式。

目前,日本已经建立起了全世界最大规模的联网电子不停车收费系统,由其国内的四大民营道路集团运营管理。1993 年 8 月日本政府制定"道路技术五年规划",明确指出大力支持研发 ETC 技术及推进其应用,次年进行了 ETC 的野外试验和全国范围内的电磁场测试。1999 年开始真正实施全国性的 ETC 网络建设,首先建成的是东京附近的首都圈 ETC 工程。2001 年 3 月起实施全国大规模的 ETC 网络建设。现在日本已经在全国范围内的所有高速公路收费站点开通 ETC 系统,收费站点总数超过 2000 个,用户数量达到 4000 万辆,ETC 车道(图 10-2)的利用率已经达到 86%。

图 10-1　E-Zpass 系统收费站

图 10-2　日本 ETC 车道

我国从 20 世纪 90 年代中期开始引入电子不停车收费系统,陆续开展了许多小规模的试点应用。最初大都是与国外设备生产商合作进行试验,如北京首都机场高速公路采用了美国 Amtech 公司的系统,江苏沪宁高速公路采用的挪威 Q-free 系统等。但从 20 世纪 90 年代中后期到 2004 年全国各地近 20 个 ETC 技术试点项目来看,引进的国外系统并不适合我国高速公路收费站现状,因此大多数都没有正式进行大规模运营。从 2002 年开始,全国智能运输系统标准化技术委员会组织众多的企业和专家参与中国 ETC 系列标准的讨论和制定工作,依据标准草案和国家科技项目的成果,在各地尤其是"北上广"这些经济发达地区进行了相关的研究部署。其中,广东省在 2004 年年底建成了覆盖 2000 多公里高速公路的联网不停车收费系统,并从 2005 年开始,将联网收费从高速公路推广到普通公路,实施更大范围的电子收费。此外在京津冀和长江三角洲地区,原交通部从 2007 年开始组织进行国家高速公路联网不停车收费系统示范工程。其中 2010 年 9 月 28 日,京津冀区域高速公路实现联网不停车收费,并于 2013 年 12 月将山东、山西全省高速公路并入京津冀联网结算体系。长三角地区(上海、江苏、浙江)依据该标准建设的跨区域高速公路 ETC 系统已于 2008 年年底开通运营。2020 年 1 月 1 日,全国高速公路联网新系统正式启用,实现了全国高速"一张网"运行。

2)技术发展现状

ETC 作为一种智能运输系统技术应用于提升交通运输效率的典型方式,集通信技术、传感器技术、视频技术、信息技术等新科技于一身,所以 ETC 技术是伴随着上述技术的发展而不断进步。考虑到发展 ETC 技术目的在于自动识别车辆并自动收费来减少收费员和提升出行效率,所以本书着重关注其在车辆识别和信息通信技术的发展过程。

所有现在的 ETC 技术通过三个步骤来完成通信和识别过程:①截取车辆标签发出的经调制的电磁信号;②还原包含在信号中的信息;③利用电脑从数据库中匹配并识别出该标签。各种技术的不同之处就在于处理这些过程的方式的差异。大致的技术发展可归为以下几种。

(1) 感应线圈技术

感应线圈使用非常低的频率(200kHz 以下),通过嵌入道路表面的感应天线与安装在车辆的标签通信。路侧电感天线利用电感耦合实现数据传送,即路侧天线发送询问信号,然后标签感应后将储存的信息响应给天线单元。感应线圈方式是 ETC 技术中最古老的技术。

(2) 光学技术

光学技术可分为可见光和近可见光(红外),它们的频率处在(30GHz ~ 1000GHz 之间)。前者可见光技术主要指基于视频的车牌照识别技术。当车辆通过收费站时,视频录像器采集车辆图片,然后数字化图像并提取出车牌号码。后者红外技术则利用条形码标签,通过激光不停地扫描标签可能出现的区域,被反射回的信号用于提取出条码。当然红外技术要比车牌照识别技术简单容易,因为红外技术仅处理反射回的条码的一维图像信号,而后者却要处理二维视频图像。

(3) 射频和微波技术

微波处于可见光频率之下(大概 500MHz ~ 30GHz)。射频和微波技术是目前被广泛接受的技术。它利用微波通信技术实现数据代码的传送,如专用短距离通信(Dedicated Short Range Communication,简称 DSRC)技术(频率主要采用为 5.8GHz),因为频率较高不仅能用于射频识别,还可进行双向数据传送,是比较理想的 ETC 技术。当车辆进入通信区域后,车道天线通过 DSRC 通信技术与车载标签通信,经过相互认证,标签能可靠地发送车辆信息,进而收费系统在数据库中与之匹配,进行安全的扣费。DSRC 技术的优点就是可靠、安全、有一套统一的标准体系。因此本书将着重介绍基于 DSRC 技术的高速公路收费系统框架结构。

3) ETC 效率量化评价

ETC 作为信息、通信、控制等技术成功运用于交通运输领域的典型案例,它对于高速公路效率的提升显而易见。尤其是在高速公路交通量比较大的情况下,收费站成为交通"瓶颈"时。由于车辆通过 ETC 专用车道时不需停车,一般以限速 30km/h 通过收费站,服务时间仅仅是车辆不停车通过收费站的时间,相对于传统的人工收费和半自动收费存在停车缴费或刷卡的时间,服务时间大大减少,因而传统的收费站经过合理的 ETC 改建后,收费站通行能力可得到显著提升。另外车辆在 ETC 收费车道不停车通行,显著减少了停车延误、排队等待时间等,延误时间的降低意味着车辆尾气排放的下降,因而车辆能更加快捷、经济、节能地通过收费站。

在高速公路收费系统中,随机到达收费站的车辆排队后通过收费站的过程,即是数理统计中的排队问题。相继到达并按一定排队规则排队等候服务的车辆、正在收费车道接受服务的车辆和收费设施一起组成一个"车辆收费排队系统"。本节大致讨论收费站车辆排队模型,进而计算人工收费车道和 ETC 专用收费车道的相关指标,如排队长度、每车停留时间。

首先需要明确排队系统模型的表示方法,通常为:

$$X/Y/Z/A/B/C$$

其中，X 表示顾客到达的时间分布类型，一般有泊松分布到达（M）、定长均匀分布（D）、爱尔朗分布（E_R）等；Y 表示服务时间分布类型，一般有负指数分布（M）、定长时间分布（D）等；Z 表示服务通道的数量；A 表示系统的容量；B 表示顾客源数目；C 表示服务规则，分为等待制、损失制、混合制。由于收费服务的规则是等待制中的先到先服务，故本节只讨论先到先服务的情形。

现根据收费站的排队系统情况，简单考虑 $M/M/N/\infty/\infty$，即车辆到达服从泊松分布、服务时间服从负指数分布、收费站有 N 个收费车道、车辆源无限、排队不受限制、先到先服务的排队系统。在这种系统中，服务通道为 N 个，故称为"多通道服务"系统。由于排队方式不同，又分为单路排队多通道服务和多路排队多通道服务两种。

单路排队多通道服务，如图 10-3a) 所示，车辆到达后排成一队，等待数个收费通道服务，排队中第一个车辆可视任何一个通道有空，便前去接受服务，这就是正常通行时 ETC 收费广场前排队车辆等候缴费通行时的模型。此时车流量不大，收费车道前排队不长，车辆可以自由选择收费车道。

多路排队多通道服务，如图 10-3b) 所示，车辆到达后于每个通道前排成一个队，每个队伍只能接受其对应的一个通道提供的服务，而不能任意换队伍。这种情况 N 个单通道服务系统并联。本节利用它作为高峰时间在收费广场车辆通过 ETC 车道或人工收费车道时的模型。

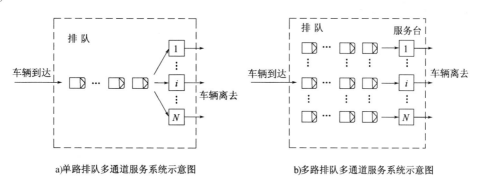

a) 单路排队多通道服务系统示意图　　b) 多路排队多通道服务系统示意图

图 10-3　$M/M/C/\infty/\infty$ 排队系统

当采用多路排队多通道服务时，其相当于 N 个单路排队单通道服务系统并联，故计算可按 $M/M/1/\infty/\infty$ 模型计算公式进行，该模型表示车辆到达服从泊松分布、服务时间服从负指数分布、单通道服务、系统容量无限、车辆源无限、先到先服务的排队系统，如图 10-4 所示。

$M/M/1/\infty/\infty$ 排队系统示意图

图 10-4　$M/M/1/\infty/\infty$ 排队系统示意图

设车辆平均到达率为 λ，平均服务率为 μ，二者的比率 $\rho = \lambda/\mu$ 称为系统的服务强度或利用率，以此可确定不同顾客数的服务系统的状态。若 $\rho<1$，则排队系统稳定，时间充分长的情况下，排队状态会循环出现；若 $\rho \geqslant 1$，排队长度会越来越长，系统出现崩溃。因此，要保持这一单通道服务系统的稳定状态，只有 $\rho<1$ 才可保证排队能够消散。

根据稳定状态概率的差分微分方程可推导出一系列计算式如下。

系统中有 n 个车辆的概率：

$$P(n) = (1-\rho)\rho^n \tag{10-1}$$

系统中的平均车辆数：

$$L_s = \frac{\lambda}{\mu - \lambda} = \frac{\rho}{1-\rho} \tag{10-2}$$

平均排队长度：

$$L_q = \frac{\lambda^2}{\mu(\mu-\lambda)} = \frac{\rho^2}{1-\rho} \tag{10-3}$$

平均每车停留时间：

$$W_s = \frac{L_s}{\lambda} = \frac{1}{\mu - \lambda} \tag{10-4}$$

当采用单路排队多通道服务时，设车辆平均到达率为 λ，各服务车道的服务是相互独立的，且假设平均服务率相同（$\mu_1 = \mu_2 = \cdots = \mu_N = \mu$），则整个系统的平均服务率为 μN（$n \geqslant N$，n 为系统中的车辆数）。令 $\rho = \lambda/(\mu N)$，则称 ρ 为系统的服务强度。很显然，对多通道服务系统排队能够消散的条件为 $\rho = \frac{\lambda}{\mu N} < 1$。

单路排队多通道服务系统中，各项指标的计算公式如下。

系统中没有车辆的概率：

$$P(0) = \frac{1}{\sum_{n=0}^{N-1}\frac{1}{n!}\left(\frac{\lambda}{\mu}\right)^n + \frac{1}{N!}\frac{1}{(1-\rho)}\left(\frac{\lambda}{\mu}\right)^N} \tag{10-5}$$

系统中有 n 个车辆的概率：

$$P(n) = \begin{cases} \frac{(\lambda/\mu)^n}{n!}P(0) & (0 \leqslant n \leqslant N) \\ \frac{(\lambda/\mu)^n}{N! N^{n-N}}P(0) & (n > N) \end{cases} \tag{10-6}$$

系统中的平均车辆数：

$$L_s = \frac{(\lambda/\mu)^N \rho}{N!(1-\rho)^2}P(0) + \frac{\lambda}{\mu} \tag{10-7}$$

平均排队长度：

$$L_q = L_s - \frac{\lambda}{\mu} = \frac{(\lambda/\mu)^N \rho}{N!(1-\rho)^2}P(0) \tag{10-8}$$

平均每车停留时间：

$$W_s = \frac{L_s}{\lambda} \tag{10-9}$$

为了比较两种排队情况下的特性，下面计算一个实例。

【例】 假定现有 2400 辆/h 的车流量分别通过一个 4 条收费车道的人工收费站和 4 车道的 ETC 收费站，平均每条人工收费车道可服务 720 辆/h，同时每条 ETC 收费车道可平均服务 1500 辆/h，所有车辆必须通过收费站，试分别计算人工收费车道和 ETC 收费车道的指标。

解：(1) 人工收费车道（多路排队多通道系统，4个平行的 $M/M/1/\infty/\infty$）

当服务通道改为4路时，则车流量可分为4等分，于是 $\lambda = 2400/4 = 600$[辆/(h·车道)]，$\mu = 720$ 辆/h，$\rho = \dfrac{\lambda}{\mu} = 5/6 < 1$，此种服务机构相当于4个单通道，则各计算指标值如下。

系统中的平均车辆数：

$$L_s = N \times \frac{\rho}{1-\rho} = 4 \times \frac{5/6}{1-5/6} = 20 \text{（辆）}$$

平均排队长度：

$$L_q = \frac{\rho^2}{1-\rho} = \frac{(5/6)^2}{1-5/6} = 4.17 \text{（辆）}$$

平均每车停留时间：

$$W_s = \frac{L_s}{\lambda N} = \frac{20}{4 \times 600/3600} = 30 \text{（s/辆）}$$

(2) ETC 收费车道（单路排队多通道系统）

已知 $\lambda = 2400$ 辆/h，$\mu = 1500$ 辆/h，$N = 4$，则：

$$\rho = \frac{\lambda}{\mu N} = \frac{2400}{1500 \times 4} = 0.4 < 1$$

系统中没有车辆的概率：

$$P(0) = \frac{1}{\sum_{n=0}^{3} \dfrac{1}{n!}\left(\dfrac{\lambda}{\mu}\right)^n + \dfrac{1}{4!}\dfrac{1}{(1-\rho)}\left(\dfrac{\lambda}{\mu}\right)^4} = 0.1993$$

系统中的平均车辆数：

$$L_s = \frac{(\lambda/\mu)^N \rho}{N!(1-\rho)^2} P(0) + \frac{\lambda}{\mu} = \frac{1.6^4 \times 0.4}{4! \; 0.6^2} \times 0.1993 + 1.6 = 1.66 \text{（辆）}$$

平均排队长度：

$$L_q = L_s - \frac{\lambda}{\mu} = \frac{(\lambda/\mu)^N \rho}{N!(1-\rho)^2} P(0) = 0.06 \text{（辆）}$$

平均每车停留时间：

$$W_s = \frac{L_s}{\lambda} = \frac{1.66}{2400/3600} = 2.49 \text{（s/辆）}$$

因而，在车流量较大时，人工收费车道与 ETC 收费车道相关指标计算见表10-1。

人工收费与 ETC 收费车道运行指标的参数对比　　　　表10-1

运行指标	人工收费车道	ETC 专用车道
平均车辆数 L_s（辆）	20	1.66
平均排队长度 L_q（辆）	4.17	0.06
平均每车停留时间 W_s（s/辆）	30	2.49

从表10-1可以看出，根据假定的条件和理论模型计算出的指标值显示，在收费车道数相同的条件下，采用 ETC 专用车道作为高速公路收费方式将显著降低车流量大时排队车辆数和延误时间。上述 ETC 收费排队模型是在到达车辆全部安装标签的情况下，且车道读写器足以支撑高速连接和大批量交易。但在实际情况中，ETC 车道的服务时间取决于系统采用的通信

技术和识别器,通信技术方面主要是指数据通信连接是否支持车辆高速通行,同时识别器接触方式和处理速度也会影响车辆的服务时间,为车辆安全所采取的限速措施都将影响收费站的通行能力。另外,考虑到车辆安装的支付卡的普及程度、收费车道设施建设成本效益以及总体效率,当 ETC 车道的利用率不高时人工收费车道的缩减会使得人工收费车道的延误增加;若 ETC 车道的使用率过高,但车道配置没有相应调整,可能导致 ETC 车道的延误高于人工收费车道,因此一般采取合理的人工收费方式和 ETC 收费方式相结合的收费策略。

10.2.2 电子收费系统工作流程

根据收费站收费中的检测、识别、扣费操作,将收费过程按先后次序简单划分为检测模块、通信认证模块、交易核实模块、监控放行、结算模块。

(1)检测模块

当车辆驶近收费站时收费站车道控制系统开始工作,交通信号及标志引导用户正确驶入收费车道。当车辆进入 ETC 车道,安装在车道路面的车辆检测器将检测到车辆的信号传输给路侧设备,以便对车辆进行通信准备。

(2)通信认证模块

激活的路侧设备(Road Side Unit,简称 RSU)通过广播信息搜寻电子标签;电子标签在接收到信息后被唤醒并自己初始化,并基于特定通信碰撞机制向路侧设备发送自身相关配置信息;接着路侧设备 RSU 向车载单元(On Board Unit,简称 OBU)的电子标签发送车辆信息读取指令,电子标签收到后读出所记载的信息并发往路侧设备,其中对于敏感数据信息需要双向安全认证控制,认证的目的在于确定通信双方的有效性、完整性、合法性,以便下一步进行有效安全的收费操作。

(3)交易核实模块

认证后,路侧设备通过 DSRC(专用短程通信)通信技术对安装在车辆上的电子标签进行读写操作以获得电子标签中存储的道路使用者信息、既定车型和余额查询,如果账户无效或余额不足,则向显示设备发出命令,通过显示设备告诉驾驶员由 MTC 车道通过。如果账户和余额都没有问题,则自动车型分类系统对当前车辆类型进行自动判别,并与电子标签内置的车型数据进行核对。如果一切正常,根据车型分类库模块提供的收费标准对车辆实施收费,并确认交易是否成功。如果交易不成功,则通知硬件设备再次进行收费操作。当车辆已经通过通信区仍然没有完成交易,则将收费不成功信息发送给中心服务器,将在下一个收费站或者出口收费。如果交易成功,则报告给账户管理模块,由账户管理模块向中心服务器报告此次收费操作细节。整个过程全部自动完成,ETC 用户通过收费口时,不需要停车收费。

(4)监控放行

交易成功后,升降栏杆升起让车辆驶出收费车道,此次收费交易完成。如果交易不成功或车辆出现违规如闯卡,则监控摄像头进行抓拍,提取车牌号以备追缴。

(5)结算模块

在系统设定时刻,专营公司的收费管理计算机系统与结算中心开始进行数据传输,结算中心根据专营公司上传的电子收费用户消费记录进行结算操作,最终在用户的 ETC 账户上生成前一日的消费记录,专营公司也得到结算中心的资金划拨。专营公司的服务中心可根据结算中心的用户账户内容为用户提供资金使用查询服务和通行费扣款的明细清单。当用户的 ETC

账户资金余额不足时,需及时补充。

我国典型组合收费站设计图如图 10-5 所示。

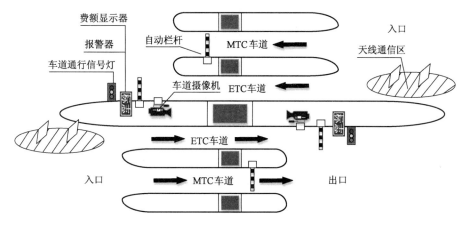

图 10-5　我国典型组合收费站设计图

10.2.3　电子收费系统构成

对于整个收费服务,服务方和服务对象是两大参与主体,另外还包括沟通手段。从这点出发,电子收费系统的组成中服务对象可以认为是驾驶员,但在电子收费系统中车载系统代替了驾驶员的行为,完成一系列交易行为。服务方是指收费站系统(车道系统和收费系统),它通过确认车载系统的信息并收取通行费为车辆放行服务,这个过程中也包括后台结算系统(银行或发卡方)。沟通手段则促成了整个不接触收费的过程,在本章中主要介绍 DSRC 通信手段,它对服务双方的应答行为提供通信支持,传输相关服务交易信息。根据上述收费原理的论述,电子收费系统可大致分为车载系统、车道系统和收费系统 3 大部分。

1) 车载系统(OBU)

OBU(现在即指电子标签)中存有车辆的识别信息,如车牌号、汽车 ID 号,一般安装于车辆前面的挡风玻璃上,它允许车辆在高速行驶状态下与路旁的读写设备进行单向或双向通信。它是一种具有微波通信功能和信息存储功能的移动设备识别装置,是公路联网收费电子不停车收费专用设备。

按是否带 IC 卡接口进行分类,OBU 可以分为单片式电子标签(无 IC 卡接口)和双片式电子标签(带 IC 卡接口),此外我国还研发了一种"组合式标签"。

(1) 单片式电子标签

单片式电子标签按读写形式分为只读型和读写型。

只读型属于第一代电子标签。一般来说,储存在电子标签内的信息是只能读取,不能改写的,而且电子标签也基本不具备数据处理能力,无中央处理器。每一个电子标签都有唯一的 ID 号,当标签读写器访问时,电子标签就将 ID 号传送给读写器。第一代电子标签存储容量较小且通信速率低,主要使用于类似美国的收费系统中,也可用于桥梁、隧道或固定费率的收费站。

可读写智能电子标签属于第二代电子标签。具有只读区和可读/写区两个数据区。只读区用于存放电子标签标识码、车牌号和车型数据等强制性固定信息,可读/写区用于存放可更改的临时信息,如出入口编号和出入时间、账户资金余额、个人 ETC 用户信息等。它带有微处理器,属于智能型,且存储的容量较大,可达到 16kB 到 64kB。

对于单片式收费方式,在欧洲应用相对广泛,其特点是车载电子标签既作为车辆标识也作为支付介质,整个系统中不使用 IC 卡,同时也就要求所有高速公路出入口都配备电子标签读写天线。但这些设施在中国联网收费的大环境下,会导致 ETC 系统的投资难以控制,也大大提高了 ETC 系统建设的门槛。另一方面,从安全性上讲,欧洲所应用的 ETC 将 OBU 作为支付介质,其安全机制由 OBU 内部实现,并没有使用安全访问模块或者其他具有类似安全等级的芯片,这使得针对 OBU 的造价、作弊等行为相对容易实现,因而当系统规模逐渐扩大时,这将给整个应用系统的安全性带来很大威胁。

(2) 双片式电子标签

双片式电子标签就是带有一张 IC 卡的电子标签,它属于第三代电子标签,是读/写型的。与单片式 OBU 不同的是它将 IC 卡插在电子标签内,IC 卡不直接与路侧识别器交换信息,而是通过电子标签读取 IC 卡上的信息,然后由路边识别器对电子标签进行读写。电子标签与 IC 卡相对独立,电子标签可与车道天线进行通信,内部存有用户识别信息和车型数据,而 IC 卡则负责存储用户账户信息,作为支付介质。另外,这种电子标签具有与外围设备通信的端口,允许电子标签与其他设备进行通信,除可以通过液晶(LCD)或发光二极管(LED)向用户显示卡上信息外,还可以接入各种部件(键盘、显示器、智能卡阅读机等)。

双片式 ETC 技术是日本在吸收了欧美经验基础上,按照自身的需求开发的,在日本获得了成功。日本 ETC 系统中的 OBU 采用了主动式技术,通信速率更高,通信距离也更远,最远可以达到 1000m。相对于欧洲,日本的 ETC 技术更为完善,安全性也更好,双片式电子标签更有利于控制 ETC 系统投资规模。但也因为主动式电子标签功耗较高,需要车载取电,同时成本较高,故推广存在难度。

(3) 组合式电子标签

组合式电子标签(图 10-6)是一种基于双片式电子标签的组合式收费车载装置。它是主要采用带有双界面(接触式和非接触式)IC 卡的双片式电子标签,其中接触式界面用于人工半自动收费的"刷卡"操作,非接触式界面则用于不停车电子划账的电子收费。

该技术具有兼容人工半自动收费(MTC)和电子不停车收费(ETC)的优点,适用于已经建立起的 ETC 收费系统和 MTC 收费系统。

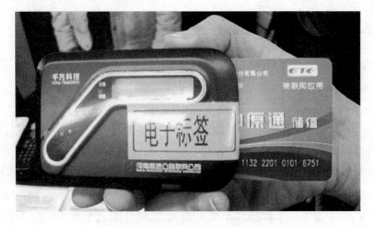

图 10-6 组合式电子标签

组合式电子标签是由我国交通运输部公路科学研究院在充分吸收发达国家 ETC 技术、设备和应用经验的基础上,基于国内高速公路收费模式(大部分收费站采用 IC 卡交易方式)和应用环境对 ETC 的要求提出来的设计方案。"两片式电子标签 + 双界面 CPU 卡"的技术方案实现了人工半自动收费方式和电子不停车收费方式的有机结合和集成,通过双界面 CPU 卡作为非现金支付卡(包括储值卡和记账卡)实现电子支付,通过两片式电子标签实现不停车收费,从而实现 ETC 系统与人工半自动收费的兼容。系统实施中,在交通流量较大的收费站建设电子不停车收费车道实现不停车收费;在交通流量相对较小的收费站,只需设置人工非现金支付车道,配备读卡器车主借助双界面 CPU 卡即可实现电子收费。这一创新性方案使电子不停车收费系统的建设和实施更为灵活,不但减少了 ETC 系统实施时一次性资金投入,还大大提高了整个不停车收费系统的可靠性。

按采用的通信方式分类,OBU 可分为被动式、主动式和半主动式。

① 被动通信方式。

被动式标签主要是在欧美被广泛采用,采用所谓的"后向散射"技术。在工作时,由路侧天线发射微波信号,电子标签被电磁波激活后进入通信状态。电子标签发射的能量来自路侧天线发射来的电磁波。被动式电子标签既可以是有源的,也可以是无源的。有源的被动式电子标签,其电源是供存储数据和处理数据用的。被动式通信方式下,电子标签不自己产生载波,而仅仅依靠反射下行载波的能量,因此工作距离较近,而且交易过程中交互的信息量通常设计的比较小,故被动式通信方式不适于构筑通信平台。另外,在有障碍的工作环境下信号往往需要两次穿越障碍,因此在此环境下一般不选择被动式通信方式的系统。总体上看,被动式通信的电子标签功能比较简单,能耗小,且造价相对主动式的要低。

② 主动式通信方式。

在主动通信方式中,当路侧天线向电子标签发送询问信号后,电子标签利用自身的电池或外接电源的能量发射载波及数据给路侧天线,标签将要发送的数据调制在该载波上。由于主动式通信方式的电子标签可以主动地发射微波信号,故其工作距离可以较远。采用主动通信方式的系统,交易过程复杂度和信息交互量允许设计的大些。在有障碍的工作环境中,一般会选择主动式设备。日本的全国 ETC 系统采用主动式通信方式,其出发点是车载电子标签除用于 ETC 收费外,还能在 ITS 其他领域发挥作用,其制定的主动式通信协议较为复杂,电子标签成本也较昂贵。

③ 半主动式通信方式。

半主动式充分结合了被动式和主动式的优点。当路侧天线向电子标签发送询问信号时,标签可以根据天线的询问方式,既可以利用自身的能量发射载波及数据给天线,又可以仅靠反射下行载波的能量发送载波及数据给天线。即标签的通信方式可以根据当前应用系统的特点,自动切换为主动方式,或是自动切换为被动方式。主被动兼容的半主动通信方式,可以提高系统使用的灵活性。

在我国"两片式电子标签 + 双界面 CPU 卡"的技术方案中,OBU 采用半主动工作方式,载波由 OBU 自身产生,既便于通信速率的提高,也利于在某些应用场景下延长通信距离。同时 OBU 也采用休眠和唤醒机制,进入通信区域时路侧天线发射的唤醒信号将车上 OBU 唤醒,进入正常工作状态;交易结束后恢复到休眠状态,以最大程度节约功耗,保证在电池供电的方式下,OBU 正常使用寿命可以达到 3 年以上。

2) 车道系统

实际上,在 ETC 业务流程所涉及的各环节中,ETC 车道系统对于整个 ETC 系统的正常运行起着至关重要的作用,ETC 车道软硬件系统的稳定性和可靠性几乎决定了整个 ETC 系统的稳定性和可靠性。它的作用在于实现征收路费和采集实时数据两大功能。

ETC 车道系统从应用形式上来分,可大致分为专用 ETC 车道系统和自由流车道系统。其中,自由流车道系统是指在道路主线上每隔一定里程设置一个横跨道路上空的龙门架,架上安装不停车收费设备,在与标签读写器完成交易的过程中车辆可以保持正常行驶,也可以超车、变线,交易过程对其行驶状态没有任何特殊要求。它们的明显区别就在于:专用 ETC 车道系统建有收费岛,车辆通过时车速低;而自由流车道系统则仅在道路上方建有两个龙门架,车辆不受行驶车道和行驶速度的限制,因而被称为"不减速的 ETC"。

(1) 专用 ETC 车道系统

专用 ETC 车道一般由硬件部分和软件系统组成。

① 硬件部分。

国内专用 ETC 车道系统的典型构成如图 10-7 所示。车道系统需要一个车道控制器,用以运行车道控制管理软件,实现对车道设备及车道数据的控制和管理。所有其他附属外设都通过各自的控制和通信端口与车道控制器相连接。除了核心的车道控制器外,其他所必需的硬件设备有:电子标签读写设备(包括天线)、车辆检测器、视频摄像机、金额显示屏、自动栏杆及网络集线器等。大致过程为:车道控制器通过 RSU 实现车辆识别信息验证、支付信息验证等数据交互,并控制整个 ETC 车道的电子设施,包括自动控制栏杆、视频摄像系统、交通灯等。各主要外设功能简单描述如下。

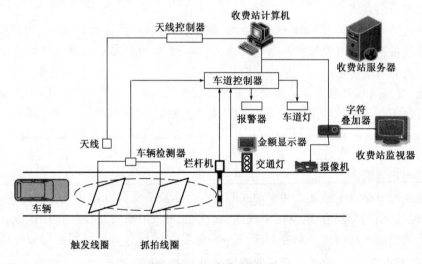

图 10-7　ETC 车道系统构成

电子标签读写器:一般设置在车道龙门架上,一直发送广播信号,当车辆通过收费站口时对 RSU 广播信号做出响应,从而建立与电子标签的专用通信链路并进行双向通信和数据交换,并且在车道控制器控制下完成与电子标签的无线交易;

车辆检测器:安装在收费站前的车道路面下,用于检测车辆的到来。

视频摄像机:安装于收费站前部和后部,用于抓拍和识别交易未成功的到来车辆,并将抓

拍的图片和识别出的车牌信息以网络接口或串口方式传入车道控制器;

金额显示器:用于向驾驶员发布收费金额及剩余金额等信息。

自动栏杆:车道控制器一般用 I/O 接口信号控制自动栏杆的开启与关闭,到来车辆合法时栏杆自动开启,否则栏杆自动关闭。

网络集线器:连接所有通过网络接口与车道控制器相连接的外设,以及实现车道控制器与管理中心服务器的连接。

②软件系统。

从软件系统结构的合理性、可扩展性和易于用户维护等方面综合考虑,在软件设计时,通常将 ETC 车道软件系统划分为两大功能模块:车道业务逻辑控制模块和车道数据信息传输功能模块,如图 10-8 所示。数据传输中间件原则上应独立于车道业务逻辑控制模块,并负责安全准确地完成车道与管理中心的数据交互。

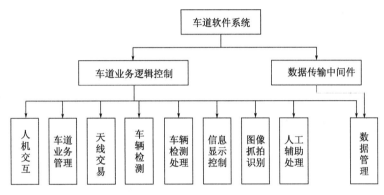

图 10-8　车道系统组成结构

车道业务管理功能:用于管理车道应用软件系统的初始化,并综合其他各功能块的运行状态及所产生的数据,集中管理车道逻辑,控制车道状态并管理数据。

天线交易控制功能:用以控制电子标签读写器完成与标签的信息交易。

图像抓拍识别功能:实现对到达车辆的图像抓拍和识别,包括数据流的接收、解析及存储等。

车辆检测及车辆检测处理功能:检测并判定是否有车辆进入或是离开车道。

信息显示控制功能:生成并发布当前进入车道的车辆信息,可以包括应收取的通行费金额、账户余额及其他提示信息。

人工辅助处理及人机交互功能:通知操作员系统当前状态的功能,并具备可由人工协助处理的功能,比如对误入车辆的界面提示及处理功能等。

数据管理:收集车道过车信息,进行整合,并存入硬盘。同时能自动定期对本地存储的数据进行管理和维护。

(2) 自由流 ETC 车道系统

早在 1998 年,自由流收费系统就应用于新加坡城区道路收费,以控制车辆通行,分散高峰期车流,缓解交通拥堵,这是自由流收费技术的首次试水。2011 年,武汉市在国内率先启动城市自由流智慧交通系统建设。自由流是继传统 ETC 技术后,交通信息化领域的又一新宠,不仅应用于城市道路拥挤收费,还可延伸到高速公路收费、停车场收费等众多场所,应用潜力不可估量。

①系统组成。

自由流 ETC 车道系统主要由硬件部分和软件系统组成。硬件结构上相对专用 ETC 车道系统简单,但技术上却相对复杂。自由流收费系统组成如图 10-9 所示。

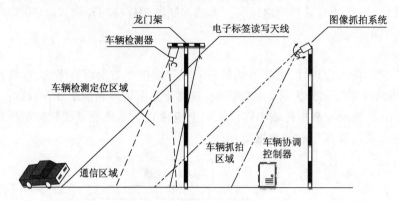

图 10-9　自由流收费系统组成

其硬件部分包括龙门架,电子标签读写天线和视频摄像机。后两者均设置在龙门架上,功能和专用 ETC 收费系统的硬件部分相同。

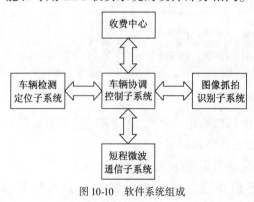

图 10-10　软件系统组成

图 10-10 所示为软件系统组成,其中车道协调控制系统是整个系统的核心设备和指挥中心。它负责控制协调各个子系统的运行,信息交流,处理其他子系统的输入信息,以完成现场的收费交易过程。

短程通信系统:基于专用短程通信(DSRC)协议,可以进行车路之间的通信,读取车载电子标签,获取车辆及入口信息,完成收费交易的数据交换过程;同时,该系统还应具备车载电子标签准确定位功能。

车辆检测定位系统:负责检测车辆在各车道上的存在状况,并实时确定车辆所处的位置。

图像抓拍识别系统:由车辆检测定位系统出发,负责对非法通行的车辆进行图像抓拍(包括车牌照),然后利用图像处理及光学字符识别(Optical Character Recognition,简称 OCR)等手段对抓拍到的车辆牌照图片进行处理,并自动识别出车辆号码。

②自由流车道车辆位置判定。

在自由流多车道中,车辆存在换道、超车、跨线等行为,不同车道的车辆不断地交织运行。在这种复杂的情况下,需要进行大量实时位置解算和一次收费结算,为避免出现重复收费和漏收费,车辆检测定位系统和通信系统必须协调高效地运行。

自由流前端系统车辆位置判定思路简单描述如下。

步骤 1:视频车辆检测跟踪系统判定出当前通过收费区域所有车辆的分布情况。

步骤 2:DSRC 通信判定出装有电子标签的车辆在收费区域的分布情况。

步骤 3:通过对上述两套车辆分布信息的比对,来判定收费区域内行驶车辆的非法性和合法性。

3）收费系统

收费系统一般划分为封闭式系统、开放式系统和区域联网收费系统。封闭式收费主要用于高速公路，开放式收费主要用于非封闭公路收费站，如桥梁、隧道和专用路等。封闭式系统有出入口划分和校核问题，按行驶里程分车型收费。而开放式系统上下行车道的设备完全相同，两者之间没有联系，这种系统按车辆通过次数分车型征收固定费额。所以开放式系统是技术上、管理上都比较简单的系统，在系统性能上与复杂的封闭式系统有本质的区别。区域联网收费系统是指路网形成后，多个收费系统联成一个网络后的收费系统。

（1）封闭式

封闭式系统包括前台的车道级计算机系统和收费站级计算机系统，以及包括后台收费中心/分中心计算机系统。

①车道计算机系统。

封闭式收费系统中的车道有入口车道和出口车道之分。车辆在入口和出口车道进行不同的收费操作。入口车道负责对进入本站的车辆判别，并将车辆信息和本站信息上传到后台系统。出口车道主要校核车型并根据收费区间收取通行费。硬件方面在车道系统一节已经论述，这里主要介绍软件方面。入口车道的软件主要保证硬件的正常运行，而收费操作则通过网络提交给收费中心系统。因而入口车道自成一个软件模块，主要包括：入口正常运行设计、设备故障处理设计、设备状态轮询设计、特殊事件处理设计、CCTV（Closed Circuit Television）监控系统接口设计等。

出口车道在软件设计方面，主要增加了车型比较、费率判断、字符叠加、费额显示、语音报价的设计，特殊事件处理类型比入口分类要细，对收费数据的管理和与交通量数据的校核设计等都有独特的地方。

②收费站计算机系统。

收费站主要是对本站的车道进行监督管理，对数据做初步的处理，执行上级中心/分中心的指令。收费站管理计算机与收费车道计算机通常组成局域网，因此硬件上要具备：一台高性能的计算机做服务器、CCTV图像监控设备、对讲设备、打印机、大容量外存储器等共享资源。软件设计主要有：车道数据上载设计、本站数据上传设计、本站局域网管理设计、设备状态检测与故障处理设计等。目前配备CCTV监控设备的收费系统，均要求系统能自动或手动捕捉特殊情况时的车辆图像，并在每辆车通过出口收费时，实时将该车的车型、所收费额显示在监控屏幕上。这成为监控系统设计的特点与难点。

③收费中心/分中心计算机系统。

收费中心/分中心计算机系统主要负责全线统一的营运、财务、人事管理，包括对收费数据、交通量数据进行统计、整理；对监控系统捕捉的图像进行查询、打印；对车道记录的员工班次信息进行分析、管理；对全线的开通状况、时钟校对、费率发布进行统一协调等。收费中心/分中心计算机系统的硬件设备主要以高性能的计算机为主，必要时配备双机备份系统以保证网络的正常运行和数据安全。收费中心/分中心计算机系统软件设计主要是以财务管理、营运管理、监控图像管理、通行介质管理的设计为主。由于目前收费系统广泛采用分布式的客户机/服务器模式，使软件设计又分为前端和后端两部分。前端软件主要是操作界面的设计，后台软件则是实现各项功能时操作的具体设计。

(2) 开放式

开放式计算机收费系统只在入口进行一次性车型判别和费额征收,而不管车辆是从哪里来或到哪里去。由于不存在出、入口之间的联系,就不需要通行介质传输信息,也不需要收费站之间互通信息。相对于封闭式系统来说,这种收费方式无论从技术上来说,还是从管理上来说,都是相当简单的。开放式计算机收费系统设计的重点是各个收费站,对于车道与收费站之间,通常不考虑计算机网络的互联。这是因为开放式计算机收费系统主要用于隧道、桥梁和互通立交少,距离短的高速公路路段,类似于均一制收费,一般只有一两个收费站(隧道、桥梁只有一个)并独立核算,没有必要进行联网。所以,可以认为开放式计算机收费系统主要采用"车道—收费站"的二级结构。

① 车道级计算机系统。

在软件设计方面,与封闭式收费系统的出口车道软件模块相似,减少了通行介质方面的读写识别工作和对出入口数据的比较、费率计算等工作,另外还附加了一些校核设计,如根据车型判别的结果抓取并保存不一致车辆的图像等。

② 收费站级计算机系统。

在站道二级结构中,开放式收费系统的收费站综合了封闭式收费系统中站级、中心/分中心级的功能,硬件方面仍要求高性能的计算机、监控设备和网络管理设备等,尤其对图像监控的要求更加严格。软件设计主要包括:车道数据上载设计、数据处理(检查校正、滤波存储、统计、查询、报表等)、班次管理设计、局域网管理设计、设备状态检测和故障处理设计、图像管理设计、报警管理、车道开通设计等。

开放式计算机收费系统可以由封闭式计算机收费系统简化而来,也可以改装发展为封闭式收费系统,它们之间的这一联系对于我国高速公路边设计、边施工、边运营的实际情况是非常有利的。总的来看,封闭式计算机收费系统是高速公路收费系统的发展趋势。

(3) 区域联网收费系统

当一个公司同时拥有几个路段的所有权时,为了管理上的方便及提高服务水平的需要,往往需要把所辖区域内的高速公路及其他公路收费站联成网络,统一管理。由于我国高速公路发展的实际情况,短期内无法实现全国或省级公路收费系统联网,所以这种网络一开始只是区域性的,称为区域收费系统工程或区域性收费系统网络。

区域收费系统是将正在运行的开放式及封闭式收费系统的管理站或收费总中心连在一起,形成一个公司级或区域级收费分中心。其开放式收费站子系统及封闭式子系统的营运和管理没有变化,与原系统的区别为在所有的收费中心(或站)的服务器或专用通信计算机上运行同样的通信软件,如图10-11所示。由于各子系统可能由不同的收费承包商建设,这个软件从原有系统的中心数据库中读取数据,再采用统一的格式发往区域收费中心计算机。在区域收费中心,计算机主要负责形成需要的各种报表,记录各收费站的数据传送状态等等,并将公司的通知、文件传送到各子系统。在使用预付卡及不停车收费的情况下,区域收费中心的初步功能是每日汇总各子系统的过往车辆记录,将预付卡和车载卡的使用情况汇总并与银行的相应程序交换,然后将各卡新的账目情况发往各子系统。一般这种数据交换和更新操作发生在夜间车辆较少时。在使用先进网络系统的情况下,卡内数据的验证和更新是实时的,各子系统将卡的内容先与本地数据库比较,决定是否合法车辆,然后将要查询的数据发往区域收费中心,收费中心在收到这些信息后立即转发给各子系统,由各子系统实时转往各个收费车道,供比较用。由于这种操作的全部时间为若干秒钟,可以认为过往车辆的记录被实时更新(一辆车从路过一个收费站到路过另一个收费站的时间要远大于通信时间),所以,前一种方式为初期方式,后一种方式为未来的先进区域收费方式。

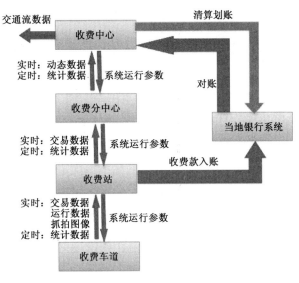

图 10-11　区域收费系统组成

在实现区域联网时,推荐在银行设立专用账号,所有收费站的收入均先存入该账号,再由银行启动划账程序,依据收费记录中的起始点和中途信息以及交通厅有关划账规定进行划账。其程序是:所有收费站首先与银行联网,在银行服务器内开设收费专用数据库,收费站定时(每小时或每两小时)将过往车辆数据发往银行数据库,作为银行划账的依据。

在联网过程中,车辆从起点到目的地中间会存在多条路径选择,产生二义性路线,即高速公路收费中"多路径识别"问题。为解决这个问题,多采用路径识别优化算法,如考虑驾驶员习惯选择最短路的"最短路径法"、基于概率统计分布的布瑞尔交通分配法和分型统计法;另外,也可以在条件允许的情况下采用更为精确的标记方法,在一些关键道路的交叉口设置记录点或无线收发器,可以进一步记录车辆行驶的路径,为划账提供依据。

10.3　电子收费系统的关键技术

根据第二节收费系统原理所讲,应用于实际的基于 DSRC 技术的 ETC 系统中,车道系统通常由自动车辆识别系统(Automatic Vehicle Identification,简称 AVI)、自动车辆分类系统(Automatic Vehicle Classification System,简称 AVCS)、车辆抓拍系统(Vehicle Enforcement System,简称 VES)等构成。

10.3.1　自动车辆识别系统

基于射频/微波识别技术是收费系统中自动车辆识别的主流技术,因而本节主要论述射频识别技术的相关技术。其基本原理是利用射频信号和空间耦合(电感或电磁耦合)的传输特性，通过耦合原件实现电子标签和标签读写器间射频/微波信号的耦合，并在耦合通道内，根据时序关系，实现能量的传递和数据的变换，达到对物体识别的目的。在车辆的射频/微波识别技术中，车辆的编号及相关信息均以一定顺序存储在电子标签内部存储空间中，当电子标签进入路侧天线的通信区域时，天线对标签内存储的内容进行读写操作，从而识别出当前通行车辆。

射频/微波电子标签的通信距离可达几十米，能识别高速运动的物体。该技术除了应用在路桥隧收费管理、铁路车号识别、停车场收费管理等环境下的车辆出入管理与控制外，也可以用于车路通信，甚至允许路侧设备向配备有显示器的车载设备发送交通管理信息，从而使该技术在城市交通管理和控制方面具有应用潜能。

自动车辆识别系统由电子标签、路侧识别器及标签信息管理系统3大部分组成，通过识别器读取电子标签的信息获得车辆的信息，初步识别车辆。

(1) 电子标签

电子标签是用于记录与车辆相关信息，并在收费区域以微波通信的方式与路侧标签读写器完成信息交互的一种车载设备。本节概述一下电子标签的大致结构组成。它通常由电源单元、处理单元、通信单元和人机接口单元组成，其结构见图10-12。

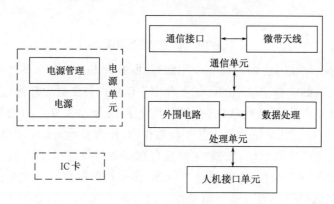

图10-12 电子标签结构

标签工作过程中，处理单元送出的数据，经通信单元的编码、调制、放大等信号处理过程后，由微带天线发射，并由人机接口单元显示有关交易的执行情况（成功或失败），以及账户余额、电池电压等信息。最常见的显示单元由 LED 指示灯和蜂鸣器组成；在功能复杂的一些电子标签上，液晶显示器是常见的显示单元。

(2) 路侧识别器

路侧识别器也称收发器或询问器，由车道天线、天线控制器和电源等组成。天线和天线控制器通常安装在路侧或门架上，受车道计算机控制，以微波通信的方式同过往车辆上的电子标签进行通信及数据交换。天线控制器从车道控制计算机系统接受通信请求，形成符合某种标准通信协议的信号，信号经调制和功率放大后，由天线发送给电子标签；车道天线接收从电子标签返回的数据，再经天线控制器上传给车道控制计算机系统，完成收费交易过程。

天线控制器通常由 PC 通信接口单元、双端口存储器（DPRAM）、通信协议处理单元、天线接口单元构成。PC 通信接口单元负责天线控制模块与车道控制计算机的数据通信，它可以是 PC 总线接口、RS232 接口，也可以是 10/100BASET 以太网接口。天线控制器通常内置多块控制模块,每个控制模块可以控制一个车道天线。因此,一个天线控制器通常可以控制多个天线。车道天线通常由电源单元、通信接口、振荡器、发射单元、接收单元、数据处理单元、外部信号指示器、喇叭天线或微带天线构成,负责发送和接收询问和应答信号。

(3)标签信息管理系统

标签信息管理系统是车辆识别系统的关键功能组件,只有在信息系统注册的标签才对应合法通行车辆,也即达到识别车辆的作用。该系统对电子标签管理信息、发行电子标签和采集的标签信息进行集中存储和管理,具体管理已发行电子标签的序列号、型号规格以及对应车辆的车型和车主信息等,完成系统数据库内所有电子标签的信息更新,并对系统内的数据进行统计分析,生成相应的报告,同时对识别器采集到的信息进行存储和管理。

标签信息管理系统直接与路侧识别器进行通信,将识别器发送来的标签信息和标签信息数据库内的使用者资料进行比对,验证身份,匹配发行注册时的车辆信息,并进行所有的数据处理工作,这其中包括通行费的计算、交易时间、地点、流水号等信息。

10.3.2 自动车型分类系统

在初步识别车辆后,还需要进行车型的确认以防车主混乱车型的作弊行为,因而需要自动车型分类系统的帮助。自动车型分类系统利用安装在收费车道上自动检测设备,检测出通过收费站车辆的特征参数,然后系统对各种参数进行处理、比较后,自动判别车辆类型。

1)自动车型分类的标准

车型分类的准确性不仅与采用的设备有关,也与车型的分类方法和标准有很大关系。欧美国家多采用按车辆外廓几何参数车型分类的方法,这种方法简单、明确,人工和自动判别车型均较易实现。目前,我国部分省份(如广东)的车型分类标准是按照车辆轴数、轮数、车高、轴距进行分类,车型分类标准如表10-2所示。

收费公路车辆通行费车型分类标准　　　表10-2

类　别	分 类 标 准				主要车型车种
	轴数	轮数	车头高(m)	轮距(m)	
第一类	2	2~4	<1.3	<3.2	小轿车、吉普车、的士头小货车、摩托车
第二类	2	4	≥1.3	≥3.2	面包车、小型货车、轻型货车、小型客车
第三类	2	6	≥1.3	≥3.2	中型客车、大型客车、中型货车
第四类	3	6~10	≥1.3	≥3.2	大型客车、大型客车、大型拖(挂)车、20ft集装箱车
第五类	>3	>10	≥1.3	≥3.2	重型货车、重型拖(挂)车、40ft集装箱车

注:1ft=0.3048m。

由于车辆额定载质量或客车座位数与车辆几何外形参数具有很强的相关性,因此按车辆外形特征如车辆轮数、轮距、轴数、轴距、车头高、车头侧面形状等进行车型分类的分类标准,在很大程度上兼顾了公平合理性和简单明确性原则。

2)自动车辆分类的方法

(1)基于红外线车辆分离和压力感应技术结合

该系统主要由埋置在车道地面下以一定形状分布的感应线圈和一对垂直于地面的红外线

探测器构成。当车辆在线圈上移动时，电感参数将发生变化，而不同的车辆，感应线圈中的电感参数发生变化将不同，所以通过对电感参数变化的分析可以对车辆进行分类。当车辆在感应线圈上停止不动时，此时的电感参数和没有车辆时是一样的，红外线探测器的作用就是用来判别这种情况并且起到车辆分离的作用。该系统在收到由感应线圈出来的车辆信号后，通过预处理，利用模板匹配、统计模式识别等方法，根据采集的大量车型数据，实时判别通过车辆的类型。这种方式遇到的主要问题是车辆在线圈上停止和改变速度时，将会对识别准确率产生很大的影响。因此，这种方法的识别准确率不高，约为85%以下，不能满足实际的需要。

(2) 基于红外检测自动车型分类方法

采用红外检测的系统可以利用布置在车道两侧的红外阵列检测器，取得车辆侧面的几何轮廓特征，再通过计算机处理得出车辆类型。该方法中，采用一对水平和垂直的红外探测检测杆，采集车辆的侧面几何数据，然后通过这些数据与车型数据库的数据比较后判断出车型，从而实现车型的自动分类。由于该系统采用的激光管非常多，可以采集到大量的数据，除轴数、轮距、车长等特征数据外，还有其他大量的信息，能够比较完整、细致地描绘出车辆的外轮廓及局部典型特征，因而系统的识别率达到了98.3%。但该系统也存在一些缺点：垂直检测杆的长度达到了3m，水平检测杆的长度达到了10.5m，系统的水平检测杆的长度过长，使系统的调试和安装都比较困难；该系统不能检测轮胎的数量，易产生误判。

(3) 基于红外线检测和光纤传感器相结合的自动车型分类方法

该方法主要由红外线检测通过收费站的车辆的侧轮廓，得到车辆的车头高、轴距、轴数。其次，利用轮压式光纤传感器获得车辆的轮数。最后将获得的车辆参数与数据库中参数进行比较，可以准确地对车辆进行分类。

(4) 基于视频图像匹配自动车型分类方法

该方法利用摄像机摄取获得车辆的侧面图像或其他角度的图像，并将图像进行一系列预处理以后（如采取图像平滑、图像增强、图像分割、边缘检测等手段），得到通过收费站车辆的外形尺寸及各项指标，最后将其同模板库中的车辆进行模板匹配，从而达到自动车型分类的效果。但这种方法的缺点有：车顶尤其是敞篷车顶形状的不规则会影响分类的准确性；恶劣气候条件下，难以获得清晰图像进行有效的识别；对于大车和小车很难以一致的角度进行取景，影响其实用性。

10.3.3 车辆抓拍系统

车辆抓拍系统是ETC车道中颇具特色的一个子系统，因为在真正的不停车收费环境下，车道前方是不应该有自动栏杆的，但没有栏杆的车道会误导车辆故意冲卡逃费，所以需要一套高速摄像系统来抓拍逃费车辆的车牌照。

车辆抓拍系统是指利用收费系统的各种硬件和处理程序对未付或未按正确费率付费的通过车辆进行车辆信息抓拍的系统。在ETC系统中，它用于抓拍没有装备有效ETC电子标签但使用了ETC车道的通过车辆的车牌照图像。这些图像用于事后查阅该车车牌号码，车型，隶属省、市、地区及单位等信息，以便对注册车主进行搜寻和处理。大多数公司征收的逃费车辆补收费要比正常费用高得多以示惩罚和用于补偿处理逃费事件的费用，同时也对逃费现象的再次发生起威慑作用。

在不同的车道系统，车辆抓拍系统具有不同的特点：

(1) 专用车道电子收费系统

专用车道电子收费具有通过的车辆车速低的特点,利用原有自动栏杆、交通信号灯等车道控制设施可以控制车辆的行为。一旦车辆识别系统发现来车为非 ETC 车,车道控制子系统将锁住自动栏杆和红色交通信号灯,并同时发出声光报警信号,稽查人员将截住违章车辆,进行现场处理。一般可不设置自动取证系统。如果需要捕捉冲卡逃费的车辆牌照,可在自动栏杆附近安装摄像机,对冲卡车辆前部或后端车牌照抓拍或录像。

(2) 自由流电子收费系统

自由流电子收费的特点是通过的车辆车速很高,而且没有专用的收费车道及其控制设施,无法勒令违章车辆停车受罚。目前普遍采用一套高速摄像系统记录违章车辆的车牌照号码作为逃费证据和寻找肇事者的依据。

早期抓拍系统采用视频磁带摄像装置,拍摄的录像带除有逃费车牌照外,还记录有站号、车道编号、日期和时间信息。事后重放录像带时,根据对应关系检索和核实逃费车辆。自由流收费抓拍目前大都采用数字图像抓拍存储视频系统,其特点是能将图像数字化,并能自行存储或传输给远端存储单元。自由流收费在公路主线收费站进行,车速高,交通量大,而且是多车道同时进行。在连续抓拍车辆的情况下,如何在抓拍的众多车辆图像中(车辆形状和车辆牌照号码),将无效卡的逃费车辆挑选出来,是一个有关视频图像识别的技术问题,涉及图像预处理、车辆特征提取、神经网络等相关技术方法。

10.4 电子收费系统的新发展和新应用

10.4.1 基于 GPS 和移动通信网络的虚拟收费系统

目前 DSRC 作为电子自动收费的主要技术已被广泛接受,不过也存在一些缺点,比如 DSRC 电子收费系统必须在联网高速公路的每个出入口建设 ETC 车道系统或龙门架,收费系统只能采用简单划一的按分区收费,联网收费中存在多路径问题等。但近些年迅速发展的 VPS 技术能解决这些收费问题。

车辆定位系统 VPS(Vehicle Positioning System)是近几年不停车收费系统关注的技术。它利用卫星定位系统 GPS 及全球移动通信系统 GSM,通过与车载装置的通信,进行不停车收费。它通过卫星定位记录车辆行驶的路线和距离,自动计算和扣除道路通行费用,最终通过 GSM 将缴费数据发送至监控中心。

目前,全球真正采用 VPS 电子收费技术的国家,只有德国"Toll Collection"系统。它于 2005 年 1 月 1 日正式运营,是对高速公路上超过 12t 的大卡车进行电子收费。我国香港地区早在 1997 年就开始了电子道路收费(Electronic Road Pricing,简称 ERP)可行性研究,VPS 电子收费技术是研究之一,并被评为是香港 ERP 的上上选。我国在"十一五"国家科技支撑计划 "国家高速公路联网不停车收费和服务系统"中,交通部公路科学研究院承担的"基于卫星定位和无线接入技术的电子不停车收费系统开发"课题,针对新一代电子不停车收费系统进行研究、开发和试验应用,形成了具有自主知识产权的中国卫星定位收费技术。

VPS 电子收费系统包括前端系统和后台系统组成。前端系统包括 OBU 车载单元、GPS 全球定位系统、数字移动通信系统 GSM 以及执法系统 VES,后台系统主要实现车辆通行费的结算、清分等功能。VPS 电子收费系统结构如图 10-13 所示。

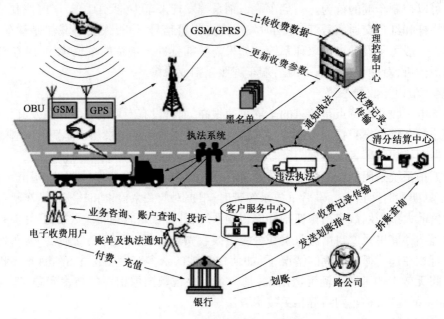

图 10-13　VPS 电子收费系统结构

这一技术实际上是在已有不停车收费技术基础上,引入新的收费技术概念,通过在收费网络中设置虚拟收费节点(即收费站)替代当前规模宏大的收费站。这一全新的收费系统的收费过程可以简单描述如下:行驶在高速公路上的车辆,进入收费路段后开始利用全球卫星定位系统自动记录车辆行驶的位置和里程;当驶出收费道路时,按照车辆类型和收费道路网的费率表自动计算车辆的通行费,并由无线传输网络将数据传输到收费管理中心,根据相关公路收费政策,对车辆收取一定费额的通行费。

整个收费系统可以分为 3 个部分:卫星定位车载设备、逃费稽查系统及后台管理系统。当前正在全国实施的电子不停车收费系统车主需要在车上安装一个电子标签。同样基于卫星定位的收费系统也需要在车辆上安装一个类似的电子装置。只不过这一装置不需要安装在前挡风玻璃上,只要能有效接收卫星信号就可以,既可以是常用的美国 GPS 全球卫星定位系统,也可以是我国的北斗卫星定位系统,还可以是今后的伽利略卫星定位系统。卫星定位车载设备将自动完成收费数据存储、路径匹配、费用计算、数据传输、自动识别等任务,并且还可以扩展到动态交通信息接收功能。

随着基于 GPS 的电子收费技术不断发展和完善,伴随着其灵活的收费区域和费用价方式定义,解决联网收费中多路径问题等优点,以及其与 ITS 中其他系统更好的兼容性。相信不久将来,基于 GPS 的电子收费技术将广泛应用于我国甚至世界范围的道路收费领域。

10.4.2　基于物联网技术在电子收费系统应用

自 1990 年物联网概念提出以来,受到发达国家政府如美国、欧盟、韩国、日本等国家和地区的重视,在投资、媒体、企业、教育界得到普遍关注,被称为继计算机、互联网之后世界信息产业发展的第三次浪潮。物联网是基于普适计算、智能传感、网络技术等融合在一起的新的概念,突出强调了除人与人互联之外的任何物品之间通过互联网连接起来的理念,即通过射频识别(RFID)、红外感应器、全球定位系统、激光扫描器等信息传感设备,按约定的协议,把任何物品与互联网连接起来,进行信息交换和通信,以实现智能化识别、定位、跟踪、监控和管理的一种网络。简而言之,物联网就是"物物相连的互联网"。物联网用途广泛,遍及智能交通、环境保护、政府工作、公共安全、平安家居、智能消防、工业监测、环境监测、路灯照明管控、食品溯源和情报搜集等多个领域。

电子收费系统作为实施智能运输系统的典型技术,伴随着物联网的兴起,也融入了新的技术。最明显的就是作为物联网终端传感技术的 RFID 技术在电子收费系统中的应用。RFID 技术是在移动物体与固定地点或多个移动物体之间进行数字信息交流的短程射频技术。它通常有一个天线单元和两个终端部分:天线通信一端的简单设备和另一端的复杂设备。简单设备通常称为标签或应答器,内部保存着物体的关键数据,每一个标签具有唯一的电子编码,一般很小成本较低,有些仅 10~20 元,能够大量地安装在物体上并自动运行;复杂设备称为识别器,用于读写标签信息,它更为稳定,通常连接到计算机或网络上。标签通过电池供电或借助识别器发射的射频信号的感应能量被动唤醒运行。而天线单元是在标签和识别器间传递射频信号。

RFID 射频识别是一种非接触式的自动识别技术,它通过射频信号自动识别目标对象并获取相关数据,识别工作无须人工干预,可工作于各种恶劣环境。此外,由于射频识别技术受外界的干扰较小,其识别准确率也比传统的基于视频图像处理技术高,能够满足高速公路汽车自动识别的需要。在电子收费系统中,射频标签可以直接安装在汽车牌照或者安装在汽车的挡风玻璃上。针对这一需求,采用含有记录车辆牌照号码、车辆型号等固定信息的电子标签作为新型汽车电子牌照,应用于车辆识别系统。这样,车辆除了拥有可以运用视频图像处理技术进行识别的牌照之外,又多了一个可以运用无线射频识别技术进行识别的电子牌照。

RFID 系统的工作原理:标签进入磁场后,接收解读器发出的射频信号,凭借感应电流所获得的能量发送出存储在芯片中的产品信息(Passive Tag,无源标签或被动标签),或者主动发送某一频率的信号(Active Tag,有源标签或主动标签);解读器读取信息并解码后,送至中央信息系统进行有关数据处理。基于 RFID 技术的车辆识别系统主要由车载标签、识别器、天线、数据处理系统组成,其中数据处理系统由数据库、中央处理机、PC 终端等组成。当载有标签的车辆进入天线识别磁场范围时,通过 RFID 技术识别器获取通过车辆的牌照号、车型、所属用户和银行专用账户等数据,并由车道实时控制子系统将车道摄像机获取的车辆图像,经数字化处理后核对实际牌照号与车载信息卡的牌照号是否相符。若相符且为合法车辆,则车道实时控制子系统控制指挥车辆通行,其通行费通过计算机网络,从用户在银行开设的专用账户中自动交纳,从而实现不停车自动收费。

同时在高速公路的联网收费中,在多路径的情况下如何根据车辆的行驶路径及实际行驶里程进行收费,是联网收费的技术难点之一。目前大多数采用的方法是采用最短路径法等方法,但不能做到精确收费,而采用带有电子标签的汽车牌照之后,只要在有可能产生多路径的交叉口设置读卡器和天线进行检测,就可将车辆选择的路径信息写入数据库,收费完成之后,产生收费账单写入收费信息库备查。

除了作为标识和车辆识别之外,RFID 还可用于车辆的定位、跟踪以及车流量的统计,甚至随着 RFID 技术的发展和物联网传感和通信网络设施的完善,RFID 将在高速公路服务区消费、停车管理和信息服务等领域得到应用。由此可见"智能交通物联网"正在成为智能交通领域的热点和交通运输现代化的突破点。

10.4.3 基于5.8GHz专用短程通信技术(DSRC)多义性路径识别电子收费系统

近年来,我国高速公路蓬勃发展,通车里程迅速跃居世界第一。随着路网规模的不断扩大,网络化程度和通达深度不断提升,各省高速公路形成了环环相扣、路路相通的交通格局。如何实现对自由车流多义性路径的识别,精准的计算车辆高速公路上的实际路程,成为高速公路不停车自动收费管理系统应用的技术关键。由于高速公路车辆在出口和入口之间存在多种行车路径,如车主选择不同路径时,收费系统的计费标准和通行费的拆分均不相同,这样就需要在现有的联网收费系统的基础上增加多义性路径识别系统,以对车辆在高速公路上的行驶路径进行精准识别,从而保证整个联网收费系统费用计算的准确性和可靠性。

基于5.8GHz DSRC 的高速公路自由流多义性路径识别系统核心设备布设如图 10-14 所示,其工作原理如图 10-15 所示,在高速公路关键节点的道路断面架设路径标识站点,当车辆行驶通过 5.8GHz 专用短程通信路径标识站点时,路侧标识基站(RSU)通过 5.8GHz DSRC 技术将路径标识编码写入电子收费车辆电子标签(OBU)或人工收费车辆 CPC 卡中。车辆到达出口时,出口设备读取 OBU 或 CPC 卡中入口信息和路径信息,准确还原车辆的行驶路径与计算通行费,实现通行费的精确拆分和增值税发票打印。

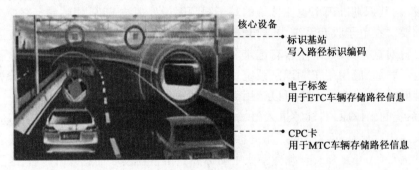

图 10-14 基于 5.8GHz DSRC 多义性路径识别系统核心设备

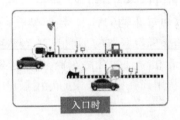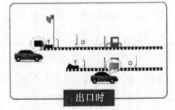

图 10-15 基于 5.8GHz DSRC 多义性路径识别系统原理

广东省作为全国首个将 5.8GHz DSRC 自由流多义性路径识别收费系统大规模投入应用的省份,系统运营以来,电子收费自由流标识成功率达到了 98.26% 以上,实现了良好的应用效果。2018年10月24日正式通车的集桥梁、隧道和人工岛于一体,被业界誉为桥梁界的"珠穆朗玛峰",被英国《卫报》评为"新的世界七大奇迹"之一,创造了多项"世界之最"的港珠澳大桥,即采用了包括5.8GHz DSRC自由流多义性路径识别系统的综合收费系统。

基于5.8GHz自由流的高速公路多义性路径识别系统,除了能解决车辆路径标识需求,还可以实现标识点与车辆间的车路信息交换,进而将标识点采集的车辆信息与收费系统内其他传感器采集到的车辆图像、车辆地理位置、天气、路况等信息深度融合,结合"互联网+"的应用,为交通主管部门、运营单位及车主提供多元化的应用及服务。

综合来看,建设基于5.8GHz自由流的高速公路多义性路径识别系统,一方面将带动ETC产业的发展壮大,另一方面也将开启高速公路领域更广泛的大数据应用。届时,该系统将发挥更加良好的社会效益和经济效益,进一步促进高速公路的蓬勃发展。

10.5 本章小结

通过研究不停车收费系统技术,不但可以提高我国公路收费的技术水平,同时还可以提升我国公路的通行能力。收费系统的电子化也是降低收费管理成本、提高车辆营运效益的一项有效措施,同时可以大大降低收费站的噪声水平和废气排放。

另外,不停车收费系统对于城市来说,就不仅仅是一项先进的收费技术,它还是一种通过经济杠杆进行交通流调节的切实有效的交通管理手段。对于交通繁忙的大桥、隧道,不停车收费系统可以避免月票制度和人工收费的众多弱点,有效提高市政设施的资金回收能力。因此,对电子不停车收费系统的研究无论从技术上、经济上、环保等方面来衡量都是一项非常值得深入研究的课题。

从现在信息化、数字化趋势来看,以电子收费技术为代表,将先进的信息技术、数据通信传输技术、电子控制技术以及计算机处理技术有效综合运用于交通运输管理系统,将成为21世纪现代化运输体系的基本模式和发展方向,也是交通运输现代化的一个重要标志。

【本章练习题】

1. 目前为止,收费系统按收费方式可分为哪几类?简述各自的特点。
2. 简述电子收费系统的关键技术和实现原理。
3. 电子收费系统的三大系统和通信系统如何协调运作以实现不停车收费?它们各自所起的作用是什么?

第11章 应急指挥调度系统

【学习目的与要求】

通过本章的学习,了解应急指挥调度系统的国内外研究现状,在明确应急指挥调度系统需求的基础上,重点掌握应急指挥调度系统的运行机制、工作流程和体系架构,理解应急交通管制区域确定方法的基本原理。

11.1 概述

交通事故、天气灾害、大型公共事件等突发事件对道路交通的影响包括通行能力陡降和交通需求激增两个方面,极易引发大面积的交通拥堵甚至交通瘫痪,导致应急工作无法有效展开,造成巨大的人员伤亡和经济损失。

道路交通是最广泛的交通保障形式,具有显著的事件易损性,常常成为疏散和救援的薄弱环节。疏散与救援交通的安全、畅通是抢险救灾的重要前提,快速、有效的应急交通组织可以显著减少生命与财产损失,可将事件的损失降低到最小。因此,世界各国都积极开展应急救援理论与技术的研究,建立了包括道路交通应急指挥功能在内的突发公共事件应急系统。发达国家的统计表明,合理的交通组织可以达到快速疏散交通的目的,有效的应急系统可将损失降低到无应急系统的6%。

11.2 国内外研究现状

11.2.1 国外研究现状

在应急指挥调度方面,发达国家针对道路交通突发事件管理的研究起步较早,各大城市普遍建立了道路交通突发事件管理机构,出现了一批适用于高速公路和城市道路的突发交通事件检测、救援响应、现场交通组织等方面的技术方法。随着突发事件的不断增多以及突发事件影响日益严重,发达国家逐渐开始对各类突发事件的综合处置方法进行研究,并形成了比较完善的紧急事件应急体系和相应的技术支撑。其中,美国、欧盟在该领域取得了比较显著的进展,具有相对优势。

1) 美国

美国是世界上最重视应急管理的国家之一,在突发交通事件管理和防灾救灾方面居于世界领先地位,取得了举世瞩目的成果。在美国国家应急计划(NRP)的应急支持职能中,交通支持职能被排在第一位。其应急管理的特点是组织机构完备、职责明确,且非常重视基础信息系统和预警系统的建设。

在20世纪60年代,针对道路交通事故快速检测与救援的需要,美国密歇根州建成了智能运输系统中心(Michigan Intelligent Transportation Systems center,简称MITS)。该系统使用了148个电视监控镜头、54幅可变交通信息情报板、2419个检测线圈、2070个不同类型的信号控制机,并由9座通信塔及64mile(1mile=1609.34m)的高速光纤形成通信系统。MITS可以使交通警察实时监控高速公路的运行状况,提醒监控人员潜在的事故并能够自动提供一系列的处理方案,显著提高了紧急救援的效率和效果,充分显示出先进的信息技术在道路交通管理中的优越性。洛杉矶随后建成了自动交通监视和控制系统,在1170个交叉口安装了4509个固定型检测器,该系统在提高交通交通系统应急能力的同时,使行程时间减少了18%,速度提高了16%,交叉口延误减少了44%,发挥了巨大的作用。

1991年美国运输部对包括ADVANCE、NAVIGATOR、FAST-TRAC、TRANSGUIDE在内的9个突发交通事件管理与交通流引导系统进行了实地测试与对比分析,这些试验项目运用交通探测车、线圈检测器、蜂窝式移动电话、航空摄像监视系统、超豪华摄像机等交通检测器及语音报告等手段对高速公路、城市道路进行实时交通参数数据采集,进而完成交通拥挤与交通事故的检测以及分流方案的制定。实践表明,交通事故的检测、确认和反应时间总体上降低了20%;项目采用的交通信号、可变信息板、车载信息装置等分流手段,有助于缓解事件地点的交通压力,加快恢复正常交通状态;相关地区的政府部门、救援部门、交通管理与控制部门以及公共交通部门之间的信息共享,可以提高突发事件的救援效率。

由于突发事件是一种典型的小概率事件,试验成本高昂,因此,以突发事件下的交通行为特点与交通需求估计方法、事件影响快速评估方法、应急交通组织指挥及其决策支持技术为基础,开发事件条件下应急交通模拟分析系统,对突发事件下大范围的交通组织指挥方案进行快速评价与优化,成为事件条件下应急交通研究的重要途径。美国的橡树岭国家实验室、得克萨斯州大学的地理信息科学中心、阿拉巴马州立大学的交通中心、弗吉尼亚理工大学的先进制造中心以及 KLD 公司等先后开发了各具特色的紧急疏散模拟系统,能够对事件条件下的疏散方案、疏散路径、疏散时间等进行仿真分析。

目前,美国公共突发事件下道路交通研究的重点是基于模拟分析和决策支持技术制定紧急事件条件下的大范围交通疏散预案,如华盛顿地区及周边区域的紧急事件交通疏散方案、曼哈顿市区人口紧急疏散应急交通方案、迈阿密中心区人口紧急疏散应急交通方案等,并对目前的道路网络及其附属设施的布局规划与设计提出改善建议,以提高事件条件下道路交通的保障能力。

2) 欧盟

欧盟交通事件管理研究的最大特点是具有跨地域特性,各主要国家除进行独立研究外,还联合投资共同开发大型应用系统。20 世纪 80 年代,启动了由十多个国家共同投资 50 亿美元的欧洲汽车安全专用道路设施计划(Dedicated Road Infrastructure for Vehicle Safety in Europe,简称 DRIVE)和由民间资金为主导的欧洲高效安全道路交通计划(Programmer for European Traffic with Highest Efficiency and Unprecedented Safety,简称 PROMETHEUS),涉及交通需求管理、交通信息系统、城市综合交通管理、城市间综合交通管理、辅助驾驶等,其中公路和城市道路突发事件的识别与分类是重要研究内容之一。2000 年德国、英国、西班牙、希腊等投资开展了 PRIME 项目,该项目的英文全称是 Prediction of Congestion and Incidents in Real Time for Intelligent Incident Management and Emergency Management,即交通事件和紧急事件智能化管理中的交通拥挤和交通事件实时预测,其总体目标是开发新方法,从而提高道路交通事件管理策略的有效性和道路交通的安全性。其研究内容包括开发用于实时估计交通事件或拥挤概率的方法,改善交通事件检测和确认系统,采用信号相位调整、进出匝道控制、可变信息板(Variable Message Signs,简称 VMS)和无线电广播发布信息对交通流进行组织指挥,并将高速公路和城市道路交通事件管理策略进行整合等。实地测试表明,交通事件的判别率达到 60%,误判率为 0.25%,平均判别时间为 180s,基于 VMS 和无线电广播的信息发布能够减轻交通事件对出行者和路网交通流产生的影响。

在公共突发事件管理方面,英国最具特色。英国建立突发事件应急机制已有很长的历史,采用的是地方政府为主、中央政府为辅的形式,由于应急体制、应急计划等准备工作比较充分,在紧急事件发生时能够快速做出反应,集结各方力量进行有效处置。英国的应急管理体制规定:紧急事件的处置以地方政府为主,实行属地化管理。各级地方政府设立专门的"突发事件计划官",负责制定各自的突发事件应急计划、联系辖区内应急系统下的各相关部门、统筹协调应急基础设施建设和应急处置工作。在重大事件的处置过程中,根据当地政府的要求,中央政府负责帮助确定牵头部门,由其对相关工作和所涉及部门进行协调。

英国于 2001 年出台了最新的"国内突发事件应急计划",主要内容包括:在事件发生之前,对可能引发突发事件的各种潜在因素进行经常性的风险评估,制定相应的预防措施,进行应急处置方法的规划、培训和演习;在事件发生后,快速做出处置响应,加强各部门之间的合作和垂直部门之间的协调;突发事件结束后,使社会及公众从政治、经济、文化以及心理、生理的反常状态中迅速恢复到平常状态,并及时总结应急处理过程中的经验教训,完善基础信息库。

综上所述,尽管发达国家普遍建立了比较完善的紧急事件应急体系,在突发交通事件管理方面具有良好的法律、机制和信息基础,但由于突发事件对道路交通影响的复杂性,国外在应急交通疏散与救援研究方面的技术成果还远不能满足突发事件处置的需求。

11.2.2 国内研究现状

我国是一个人口众多、人均资源较为缺乏和自然事件多发的发展中国家,不仅道路基础设施薄弱、交通供需矛盾日益严重,而且道路交通技术水平相对落后。发生重大事件时,道路交通不但自身陷入困境,而且往往成为抢险救灾的瓶颈,极易导致事件的进一步恶化。2008年的南方雨雪冰冻灾害等重大事件凸显了我国道路基础设施薄弱、交通保障能力不足的缺陷,特别是交通信息采集和应急指挥方面受到了严重的制约,主要表现为缺乏事件影响快速评估、应急交通需求估计、应急救援资源配置、应急交通动态组织方案制定与调整、疏散时间估算等技术方法指导,缺乏应急交通组织与指挥的决策信息基础和决策支持技术,使得道路交通常常成为抢险救灾的瓶颈之一。

我国没有独立和常设的应急管理组织机构,采取分部门、分灾种的单一应急模式,通常根据紧急事件的类别由相应部门进行垂直管理。遇到突发事件时,国务院成立临时性指挥部,对各部门进行协调和指挥。总体上看,我国应急管理的部门垂直体系较为完备,但横向职责不够明确,存在职责交叉和脱节并存、信息缺乏且不畅等问题,加上应急管理的法律基础较为薄弱,特别是对于分属不同主管部门的城市道路和公共交通,进一步加大了应急交通指挥的难度。

从整体上看,我国对交通突发事件及其事件管理方面的研究起步较晚,在应急交通管理中主要采用的是行政命令、部门联动督促救援等行政管理方式,除了管理机制、法律基础方面的不足外,还严重缺乏量化分析的基础和组织实施的可操作性。曾经设立的相关项目,主要侧重单个技术的突破,缺乏相关技术的集成,难以满足应急交通需求。

对此,吉林大学 ITS 研发中心以完成的国家"863"计划、国家自然基金重点项目为基础,针对紧急事件发生时疏散与救援应急交通的时效性需要,重点对应急交通管制区域确定方法、大规模疏散与救援专用通道优化方法、应急交通优先通行路权确定方法、应急交通信号控制方法、应急交通信息诱导方法和应急交通组织指挥保障系统模型进行了研究,以满足应急交通组织预案制定和动态调整的需要。

11.3 应急指挥调度系统框架设计

11.3.1 应急指挥调度系统需求分析

1)用户主体

系统的建设需要有明确的目的性,即要实现什么样的功能,为谁提供服务等。以用户需求为中心进行系统建设可使系统开发更具实用性和高效性。应急指挥调度系统是为各类用户主体提供服务的,包括驾驶员、行人、医疗救助机构、抢险救援单位、应急车辆、指挥决策者等,详细划分如表 11-1 所示。

2)服务主体

应急指挥调度系统是一个多部门、多系统协调运作的平台,该系统的服务主体应包含道路管理部门、交通管理部门、交通运营部门、交通信息服务商以及政府部门等,详细划分如表 11-2 所示。

应急交通保障系统用户需求分析 表 11-1

用户主体		需求分析
普通民众	驾驶员	获取突发事件影响范围、道路交通状态、疏散目的地以及疏散路线等
	行人	
医疗救助机构	医院	获取突发事件发生地点、事件影响程度、受灾人员分布及数量等
	社会救助团体	
抢险救援部门	消防	及时获取突发事件发生地点及发展态势,以派遣救援车辆及人员
	路政	获取突发事件发生地点、严重程度,道路设施受损状况等
	民防	获取突发事件发展态势及影响范围,以疏散民众至安全地段
应急车辆	急救车	获取突发事件最新发展态势、道路交通状况及最佳行驶路线
	消防车	
	运输车	
交通管理部门	交警	获取交通管制方案,使应急车辆优先通行以及受灾地区人员交通快速疏散等
交通运营部门	公共交通	获取调度信息及行车路线,快速疏导救治受灾人员
政府部门	指挥决策者	综合获取突发事件各种相关信息以及系统提供的各种交通决策方案
	上级政府机关	及时获取突发事件发展态势及救治情况,以便统筹安排事件救助方案及资源调度

应急指挥调度系统服务主体需求分析 表 11-2

服务主体	需求分析
道路管理部门	提供路网质量评估与态势估计,突发事件发生前、发生中、发生后路网维护方案等
交通管理部门	提供当前交通管理与控制方案以及交通流状态
交通运营部门	提供应急车辆资源布置及运营路线
交通信息服务商	提供出行前、出行中交通信息服务,出行前出行规划,在途路径引导,停车诱导等
政府部门	提供应急资源的辅助决策、应急救援方案规划以及对系统进行维护等

3)信息需求

突发事件下,各种环境条件发生变化,为了保证及时有效的抢险救援,必须获得快速、准确、全面的事件相关信息。应急指挥调度需要的信息主要有事件自身信息、周边环境信息、区域交通流状况、交通管控信息、救援资源信息等,详细划分如表 11-3 所示。

应急指挥调度系统信息需求分析 表 11-3

事件自身信息	事件类型	区域交通流状况	路口有无交通事件
	事件发生地点		路口交通事件类型
	事件发生时间		路口交通事件位置
	事件严重程度		路口通行能力
	事件影响范围		路段交通拥挤指数
	事件发展态势		路段交通状态
周边环境信息	周边交通状况		路段拥挤持续时间
	周边人文地理分布		路口交通拥挤指数
	周边经济状况		路口交通状态
	周边气候状况		路口拥挤持续时间

续上表

区域交通流状况	路段平均行程时间	区域交通流状况	路径行程时间
	路段平均行程速度		路径出行费用
	路段平均行程延误		路径综合出行费用
	路段排队长度		路径行程时间可靠性
	路段交通饱和度		路径连通可靠性
	路段有无交通事件		路段事件影响范围
	路段交通事件类型		路口事件影响范围
	路段交通事件位置		区域交通状态
	路段连通可靠性		区域交通饱和度
	路段行程时间可靠性		区域网络通行能力
	路段有无优先请求	救援资源信息	医院位置分布
	路段优先车辆类型		医院设施规模
	路口各进口道流量		医护人员数量
	路口各进口道排队		应急资源类型
	路口各进口饱和流率		应急资源分布
	路口交通饱和度		应急资源数量
	路口平均延误		避难所位置
	路口信号周期		避难所类型
	路口各相位绿信比		避难所容量
	路口各相位绿灯时间	交通管控信息	各路口管控状态
	路口相位差		各路段管控状态

4) 功能需求

应急指挥调度系统应能够利用各种监控感应设施检测到在区域开放交通环境中发生的各类突发事件,包括一般的交通事故、恐怖袭击、火灾、地震、飓风等,并在检测到事件后,迅速做出针对性的应急交通响应预案决策,并判定应急交通疏散的必要性、可行性以及制定实施具体的疏散方案。

进行应急指挥调度系统功能需求分析,是要明确系统的服务功能与性能要求,也是建设完善且可操作性强的系统的基础与先决条件。不同情况下的交通应急对系统建设有不同的需求,应从不同角度分析、识别用户的真实需求情况,识别用户对系统功能的基础需求,明确用户显在与潜在的需求,从而明确系统的功能定位。

所建立的应急指挥调度系统应具备以下功能。

(1) 信息采集与处理功能

①检测数据的接入功能:

能够实现从检测器直接接入实时检测数据;

能够从其他数据库中通过数据调用等方式获得相应的检测数据;

能够接收用户导入历史数据;

能够接收用户输入数据。

②检测数据的融合处理功能：

能够对异常数据进行相应的平滑处理；

能够对缺失数据进行补充；

能够对错误数据进行剔除和替代。

（2）事件分析及其发展态势评估功能

①准确判断事件自身的相关参数，包括判断事件的类型、地点、严重程度、伤亡情况等。

②事件对道路交通影响的量化分析，包括：事件对道路、桥梁、房屋以及其他相关设施的损坏状况：

事件对道路网络的影响范围估计；

事件对道路网络影响的持续时间估计；

事件对道路的应急通行能力折算。

③对路网交通状态实时监控。

④事件条件下道路交通运行态势快速评估，包括：

突发性交通异常状态空间扩散范围估计；

突发性交通异常状态持续时间估计。

（3）事件应急响应及疏散

在各类突发事件发生后，应急指挥调度系统在应急抢险救援中扮演着至关重要的角色。系统中的事件应急响应、疏散及评价功能应能够针对各类事件，制定相应的应急交通响应预案和应急疏散预案。应对事件性突发事件时，多部门间的紧密协作是至关重要的。当事件发生后，应急交通事件决策功能能够协调各应急管理、执法及其他相关部门执行相应的突发事件应急交通响应预案和应急疏散预案。因此，对于应急指挥调度系统所应具备的事件应急响应及疏散功能主要包括下面3个部分。

①针对特定突发事件，启动国家专项应急预案。

应急预案是针对具体设备、设施、场所和环境，在安全评价的基础上，为降低事故造成的人身、财产与环境损失，就事故发生后的应急救援机构和人员，应急救援的设备、设施、条件和环境，行动的步骤和纲领，控制事故发展的方法和程序等，预先做出的科学而有效的计划和安排。针对特定的突发事件，本系统能够自动调用并启动专项应急预案。

②进行应急救援资源的配置与调度。

应急资源是指在发生重大事件时，抢险救灾必需的基本资料及其所在场所，可分为应急服务和救灾资源两大类。在重大事件条件下，应急资源的配置模式和组织调度模式是决定抢险救灾效果的重要因素之一。

③跨区域路网交通协调组织与指挥。

在重大事件条件下，道路交通的通行能力会受到较大损失，同时道路交通的需求也会激增，而且疏散和救援的应急交通要求高度的时限性，因此大范围应急交通的协调组织与指挥水平很大程度上决定了抢险救灾的效果。

（4）应急车辆管理

应急车辆管理的主要任务是缩短应急车辆的响应时间，即从应急车辆调度中心接到警报到各类应急车辆赶往事发地点的时间。通过各种信息传递方式实现应急车辆管理部门及时获取事件相关信息，准确调度派遣各类应急车辆赶往突发事件地点。

应急车辆管理主要包括以下3个功能。

①应急车队管理功能。

该功能为应急车辆调度人员迅速提供距离突发事件地点最近的可用应急车辆地点信息，并将该信息结合 GIS 地图展示给应急车辆调度人员，帮助他们优化应急车辆调度，使应急车辆能够快速到达事发地点。应急车队管理主要包括公安、消防、医疗救护3种车辆以及其他辅助应急车种。

②应急车辆路径导航功能。

应急车辆路径导航功能主要帮助调度派出的车辆选择最短的行驶路径以缩短到达事发地点的时间。该应急车辆路径导航功能与常态私家车路径导航不同的是，它能够完成实时多目标导航。

③信号优先控制功能。

信号优先控制功能是指在应急车辆被调度派遣到突发事件地点的路径上，对其实施信号优先策略，使得应急车辆在赶往事发地点的信号控制延误最低，从而达到缩短应急车辆行驶时间的目的，提高应急车辆的运行效率。

应急车辆管理涉及事件发生后所有可能调用的车辆类型，包括：警车、消防车、医疗救护车、工程抢险车、特种车辆等。应急车辆管理功能主要向3类对象提供服务：城市各执法部门、应急医疗救援部门和消防部门。

（5）用户管理

用户管理功能应至少包括用户的添加、删除与修改。

①用户添加。

此功能是为了使系统管理员能够对各类用户进行添加，由用户输入界面所需的各类信息，将输入信息存储到相应数据库中，并建立相应的用户。

②用户修改。

此功能是为了使系统管理员能够对各类用户进行修改。可以用"用户 ID""登录名""工作号"来进行查询。输入某一信息后，单击"查询"后显示对应用户的全部信息，修改其中某些信息后可进行保存。

③用户权限管理。

系统针对不同级别的用户会提供不同的功能，本系统中主要分为两级用户。普通用户：进行系统的浏览和一般功能的使用。系统管理员：系统管理、用户管理、模型更新、数据库维护、GIS 数据维护等功能。

11.3.2 系统运行机制及其工作流程

应急事件的组织与指挥水平在很大程度上决定了抢险救灾的效果，其中交通组织的保障是应急指挥调度系统的核心。根据上述应急指挥调度系统的需求分析特点及建设要求，应急指挥调度系统的处理流程概述如下。

交通应急指挥中心接到突发事件报警后，立即记录事故信息，包括时间、地点、事故类型、事故描述等，对事故信息做出初步的综合分析和判断确认，根据事件的类型、事发地点和严重程度，初步判定事故等级。同时启动监控系统、GPS 系统、GIS 系统等进行事故定位，启动相应应急预案并生成事故应急需求。突发事故基本信息经过标准化处理后输入突发事件知识库，在先前输入的预案方法库、专家库、知识库的支持下生成辅助决策。再由专家、领导与辅助决策系统进行充分的人—机交互后形成最终决策,由应急指挥调度系统下达指挥命令,交给相应的抢险救援部门执行。应急指挥调度系统为相关抢险救援部门提供事发地点及周边环境信息,并不断通过应急指挥调度系统下达救援指令,通过信息发布系统发送事故信息和相应的交通管制或引导信息。对超出处置范围的重大事故应及时上报上级部门,并接受上级部门的指挥控制命令。各有关部门接获事故通报后根据分工立即在应急指挥调度系统的统一协调下,各司其职,组织救援和事故处理,并将事故现场情况及时反馈给应急指挥调度系统,以便应急指挥调度系统能够及时修正救援方案;在事故处理完毕后,应急救援指挥中心下达处理结束命令,路网交通恢复正常。同时,应急指挥调度系统记录详细的事故救援处理报告,分析评价处理结果。其应急指挥调度流程如图 11-1 所示。

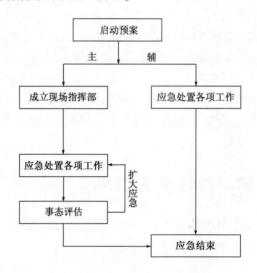

图 11-1　应急指挥调度流程示意图

11.3.3　应急指挥调度系统体系架构

为应对大型突发事件频发的救援疏散需求情况,各国都加紧了对城市突发公共事件应急管理体系的研发,应急指挥调度系统更是其中的关键因素,本书参照发达国家应急管理标准化过程,研究和设计了适合我国国情的协调高效的应急指挥调度系统的逻辑与物理框架。

1) 系统逻辑框架

逻辑框架(Logical Architecture):为了满足系统用户需求,确定应急指挥调度系统所必须提供的功能,它定义了服务于各项用户所必须拥有的功能和必须遵从的(技术)规范,以及各功能之间互相交换的数据和信息流,即完成服务的组织化。主要完成以下两方面的工作:

(1) 确定功能性(Functionality),即确定系统所应具有的功能,规定其功能处理的信息与流动方向。

(2) 确定构成要素(What),即确定系统具有哪些功能模块。

本书根据突发事件下应急指挥调度系统用户主体的服务需求和服务主体的功能需求,建立了系统逻辑框架(图 11-2),对该系统中各功能模块之间的相互关系及数据流进行了描述。

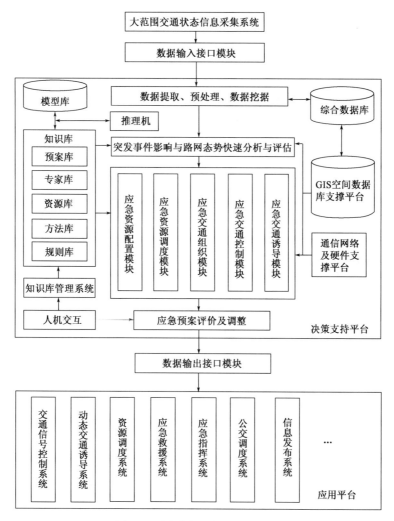

图 11-2　应急指挥调度系统逻辑框架

2）系统物理框架

应急指挥调度系统功能主要包括对于道路交通设施的破坏状况的评估，分析事件对交通运输体系的影响，寻找可以替代的交通服务来缓解事件的运力不足，协助清理和修复交通设施，统一指导救灾物资的调拨配置与运输供应。

结合国内外应急指挥调度系统的诸多功能，以信息采集、信息处理、功能实现、信息发布为主线，确定了重大事件条件下应急指挥调度系统的实现功能及信息流程；本书以协调高效为原则，设计了重大事件条件下应急指挥调度系统的结构框架（图11-3），通过结构框架（数据层、通信层、功能层、服务层、应用层）明确了系统的工作流程。

(1) 数据层

及时准确地获取全面的道路交通信息是提供应急救援指挥决策决定的前提依据，这些信息主要由路基型、车基型、空基型检测器获取，并经过通信层传输给功能层。

(2) 通信层

通信层是应急信息传输的平台，是指挥中心完成指挥调度、信息传递、信息共享等决策功能的基础。应急指挥调度系统的建设需要一个安全、可靠、高效、实用以及具有良好接入性、扩展性的规范通信网络做基础保证。

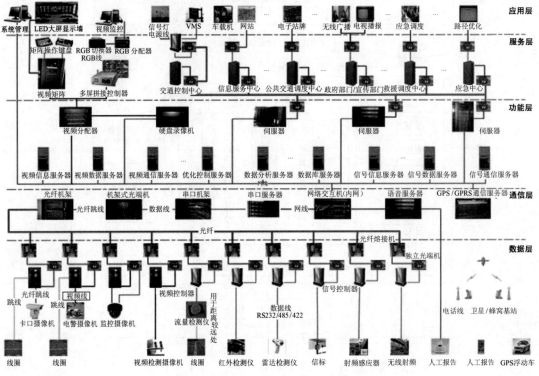

图 11-3　应急指挥调度系统物理框架

(3) 功能层

接受通过通信层传输过来的检测器采集数据,对各种数据进行融合处理、存储,并接收服务层的反馈,建立信息库、知识库、预案库、统计库、评估库等。

(4) 服务层

该层包括交通控制中心、信息服务中心、应急中心、调度中心、政府宣传部门等一系列决策指挥部门,主要负责将决策信息提供给应用层用户,同时向功能层提供反馈信息,建立各类系统对数据库进行存储。

(5) 应用层

应用层是决策信息的用户执行运用层,用户通过该层的多种方式,如交叉口信号灯、VMS 显示屏、车载机、无线等获得应急决策信息。

3) 系统模块设计

系统功能模块划分与设计如下。

(1) 交通信息采集模块

该模块主要负责接收存储区域交通流信息,并将处理后的数据存入综合数据库。

(2) GIS 地图处理模块

该模块主要显示事件发生地点与影响范围、区域路网实时交通状态、应急资源分布状况、应急疏散与救援路径等。

(3)知识库管理模块

用于对知识库的管理与维护,包括预案库、专家库、资源库、方法库和规则库。

(4)模型库管理模块

用于对模型库的管理与维护。

(5)区域交通状态监控模块

通过选用一定的交通状态判别模型,对区域交通状态进行判别,实时监控事件影响区域的交通流状况,并以GIS地图辅助显示。

(6)突发事件接报模块

通过各种有线、无线通信手段以及人工报告等方式自动获取事件信息,判断事件类别及严重程度,并自动启动事件应急响应模块。

(7)事件应急响应模块

①事件评估模块。

事件信息确认模块:包括事件发生地点、发生时间;事件类型;事件严重程度;影响范围(危险区域、缓冲区域、安全区域)。

事件影响发展态势评估模块:对事件发展趋势进行评估,对其周边区域影响程度进行分级评价。

区域交通状态判断和预测模块:通过路基、车基、空基等手段获取事件相关区域道路损坏情况和实时判别交通状态,并预测未来一段时间交通状态的变化趋势。

②应急救援物资配置与调度模块。

应急资源配置模块:根据不同的事件类型和等级,实现疏散资源选择与配置,包括避难场所、医院、交通警察、消防单位等。

应急资源调度模块:为保证抢险救灾资源的及时、有效供应,实现大范围路网区域内的多个资源需求点与多个资源供应点的调度优化问题。

③跨区域交通协调组织与应急指挥模块。

应急交通疏散模块:确定待疏散人群的范围与规模,根据基础理论研究得出的路径优化模型进行疏散路径计算并显示,根据事故地点及应急资源位置,自动生成最短路径,并实现高亮显示。

公交调度模块:为配合大规模人群的快速疏散,解决公交车的调度问题。

应急交通管制模块:对特定路网区域,运用应急交通隔离区、控制区和缓冲区等交通管制措施,确保应急疏散与救援车辆的安全性、畅通性。

交通信号控制模块:采用一定的交通信号控制策略,使得不同的车辆或不同的流向具有不同的优先通行权,以保证应急车辆和应急流向车流延误最小。

特勤执行模块:针对某些特殊车辆实行绿波控制,使其快速到达目的地。

车辆诱导模块:通过车载导航系统或其他方式引导应急车辆按预计路径行驶,同时使社会车辆撤离或避开事发区域。

交通信息发布模块:通过电视、广播、VMS、手机和Internet等方式发布事件信息、区域交通状态以及一些临时交通管制方案等信息。

④应急疏散方案评价模块。

此模块主要依据评价方法,利用评价指标对疏散预案进行综合评价,并对关键性指标进行图形化输出,为疏散决策提供依据支持。

11.4 应急交通管制区域确定方法研究

应急指挥调度系统涉及的关键技术有应急交通管制区域确定方法、应急交通信号控制方法以及应急交通信息诱导方法等。其中,应急交通管制区域的划分方法是其他关键技术得以实现的基本保证。突发事件对路网的冲击具有明显的层次性特征,即以事件发生地点为中心,路网受损害程度与应急交通组织难度随距离渐次降低。因此,对于特定路网区域,针对潜在的易发事件类型与位置,研究应急交通隔离区、控制区和缓冲区的划分方法,对于制定有针对性的应急交通协调组织指挥预案是非常必要的。

11.4.1 基于路网可靠性态势估计下交通管制区域划分方法

1) 基于 Rough 集理论的事件区域分析方法研究

突发事件条件下城市道路交通网络可靠性及其可靠度的度量标准并不是严格精确的、确定的,具有不精确性和不确定性,需要采用不确定推理对其进行处理。而 Rough 集理论是一种研究不完整、不确定知识和数据的归纳、学习、表达的理论方法,能够有效地处理复杂系统中模糊的、不精确、不完整的数据和信息,它的显著优点在于无须提供所处理数据之外的任何先验信息。因此非常适用于紧急事件条件下道路交通网络的可靠性态势分析。

本书采用 Rough 集理论,结合城市道路交通状态判别、预测的知识,对基于突发事件下城市道路交通网络可靠性的交通管制区域的划分进行分析。

2) 基于 Rough 集理论的路网可靠性知识获取

由于突发事件的多样性以及突发事件在时空分布的不确定性,同时存在信息记录和数据积累方面的严重不足,很难形成专门的知识模型对道路交通网络的交通需求、路网可靠性的发布、发生、运行规律进行分析。突发事件下路网可靠性知识获取就是要在突发事件下从大量的道路交通网络动、静态信息中分析、发现有用的规律信息,识别出路网交通流运行过程中道路交通网络可靠性的变化过程和潜在的运行态势。

对于一个给定的城市道路交通网络,一般通过给定一组道路交通数据(包含动态、静态的道路交通信息) U 以及 U 所描述的路网元素(节点、连线、子区、区域等)定量、定性的状态/趋势的集合 S。路网元素不同的状态/趋势对应着不同的道路交通数据,即不同状态/趋势下对交通数据 U 的划分,称为知识 $U/R, R \in S$。对道路交通数据不同状态/趋势下的划分,称为关于论域 U 的一个知识库或近似空间 $K = (U, S)$。因此,任一时刻给定任一组道路交通数据 $X \subseteq U$,必然存在一个描述路网元素状态/趋势的等价关系 $R \in \text{IND}(K)$。

一组道路交通数据 X 对路网元素状态/趋势 R 的描述,存在下近似和上近似,分别表示为:

$$\underline{R}(X) = \{x \mid (\forall x \in U) \wedge ([x]_R \subseteq X)\} \tag{11-1}$$

$$\overline{R}(X) = \{x \mid (\forall x \in U) \wedge ([x]_R \cap X \neq \varnothing)\} \tag{11-2}$$

式中: $[x]_R$——包含某交通参数数据 x 的路网元素的某一个状态/趋势 $R, x \in U$;

$\underline{R}(X)$——判断路网元素状态/趋势为 R 时,肯定属于交通参数组成的集合 X;

$\overline{R}(X)$——判断路网元素状态/趋势为 R 时,肯定或可能属于交通参数组成的集合 X。

如果 $\overline{R}(X) = \underline{R}(X)$，则交通数据集合 X 精确地表示路网元素状态/趋势 R，称集合 X 是关于论域 U 的相对于知识 R 的 R-精确集或 R-可定义集；

如果 $\overline{R}(X) \neq \underline{R}(X)$，则交通数据集合 X 不能完全精确地表示路网元素状态/趋势 R，称集合 X 是关于论域 U 的相对于知识 R 的 R-粗糙集或 R-不可定义集。

同时，用路网元素状态/趋势 R 描述一组道路交通数据 X 的近似精度和粗糙度分别表示为：

$$\alpha_R = \left| \frac{\underline{R}(X)}{\overline{R}(X)} \right| \tag{11-3}$$

$$\rho_R = 1 - \alpha_R \tag{11-4}$$

而一组道路交通数据 X 关于路网元素状态/趋势 R，这一参数的重要度定义为：

$$\mathrm{sig}_R(X) = \frac{|U - \mathrm{bn}_R(X)|}{|U|} \tag{11-5}$$

$$\mathrm{bn}_R(X) = \overline{R}(X) - \underline{R}(X) \tag{11-6}$$

式中：$\mathrm{bn}_R(X)$——X 的 R 边界域。

3) 基于 Rough 集理论的路网可靠性知识构造

Rough 集通过一个多值属性集合描述一个对象集合，对于每个对象及其属性，都有一个值作为其描述符号。对象、属性、描述符号则构成了表达决策问题（知识）的 3 个基本要素。基于 Rough 集的知识发现，主要借助信息表的方式实现对知识的表达，这种表达方式可以看作一个二维表格。表格的行与对象相对应，表格的列对应对象的属性，各行包含了表示相应对象信息的描述符，还有关于对象的类别成员的信息。这种信息表的知识表达方式实际上是对客观对象的描述和罗列，表达的是一种说明性的知识。但是，当信息表包含的数据足以反映论域 U 时，通过属性所对应的等价关系 R，就可以体现论域中的过程知识 U/R，从而形成概念之间的逻辑关系或知识规则 $K = (U, S)$。

在城市道路交通网络中，路网对象路段、路口、区域（子区）的多值属性可以从微观、中观、宏观 3 个层次进行描述。

路网中路段（连线）所具有的属性包括：路段类别、路段重要度、路段拥挤程度等级、路段平均行程时间、路段平均行程速度、路段交通饱和度、路段平均行程延误、路段排队长度、路段有无交通事件、路段交通事件类型、路段拥挤持续时间。

路网中路口（节点）所具有的属性包括：路口类别、路口关键度、路口拥挤程度等级、路口有无交通事件、路口交通事件类型、路口各进口道流量、路口各进口道排队长度、路口平均延误、路口交通饱和度、路口拥挤持续时间。

路网中子区或区域所具有的属性包括：不同拥挤程度的各类道路的里程、不同拥挤程度的各类道路里程占该类道路总里程的比例、不同拥挤程度的各类道路里程占该拥挤程度道路总里程的比例、不同拥挤程度的各类路口拥挤持续时间、不同拥挤程度的各类路口数量、不同拥挤程度的各类路口数量占该类路口总数的比例、不同拥挤程度的各类路口数量占该拥挤程度路口总数的比例、各类交通事件的数量等。

因此，可以把突发事件下城市道路交通网络可靠性知识表达系统描述为一个决策表：

$$T = \langle U, R = C \cup D, V, f \rangle \tag{11-7}$$

式中：U——论域，$U = \{x_1, x_2, \cdots, x_n\}$ 表示城市道路网络元素的非空有限集合；

R——属性集合,$R = C \cup D$,且 $C \cap D = \varnothing$,$C \neq \varnothing$,$D \neq \varnothing$;

C——条件属性,$C = \{a \mid a \in C\}$ 表示城市道路网络元素的具体交通参数的属性集合;

D——决策属性,$D = \{d \mid d \in D\}$ 表示城市道路网络元素可靠性状态或趋势的属性集合;

f——信息函数,$f: U \times R \rightarrow V$,指定 U 中每个对象 x 的属性值;

V——值域,$V = \bigcup_{r \in R} V_r$ 为属性值的集合,V_r 表示属性 $r \in R$ 的属性范围,即属性 r 的值域。

当 $\text{card}(D) = 1$ 时,决策表 T 为单一决策表;当 $\text{card}(D) \geq 2$ 时,决策表 T 为多决策表。通常情况下,为了有利于问题的简化和求解,将多决策表简化为多个单一决策问题进行求解。式(11-7)可以重新构造为:

$$T' = \langle U, R' = C \cup \{d_i\}, V', f' \rangle \tag{11-8}$$

4) 路网元素属性数值的离散化处理

由于检测器自身的电气性能以及同一检测器对不同交通参数的获取方式不尽相同,同时在数据采集过程中可能会出现测量误差、检测器故障、通信系统故障、异常交通事件、天气突发,这些因素均能导致检测器数据缺失、失真、重复、溢出等异常现象出现,因此所采集的原始交通信息经常是不完整的、存在异常的、不确定的。在突发事件条件下,这种不完整性、不确定性表现得更加明显。因此,在进入知识表达系统之前,需要对原始数据进行预处理。

在异常交通数据的界定、度量、识别、滤波、消噪、修复等交通数据预处理环节,已有文献进行了较为体系的研究和总结,且本书直接从 GIS 数据库中获取已经过数据预处理的路网元素属性数据。由于 Rough 集研究的元素对象只能是属性值为离散型的对象,本书仅对交通参数数据在知识表达系统中的离散化处理方法展开研究。

传统的知识表达系统中,论域中对象属性值的确定具有统一的度量标准。在道路交通网络系统中,由于每个路网元素所处的道路交通条件、地理位置以及在路网中所处的地位各不相同,不同交通参数数值对于不同的元素具有不同的意义,需要根据元素的条件在统一的评价体系和度量准则下对其进行离散化处理。而突发事件时空分布的随机性和相对低发性决定了用于离散分析的样本数据的有限性。支持向量机(Support Vector Machine,简称 SVM)是近几年发展起来的新型的通用知识发现方法,在分类方面具有良好的性能,以统计学习理论和结构风险最小化原理为基础的一种机器学习方法,能较好地解决小样本学习问题,同时具有很好的泛化能力。本书采用二叉树 SVM 多分类算法对道路网络的属性值进行离散化处理,其优点在于可以有效避免传统方法的不可分情况,并且只需构造 $k-1$ 个 SVM 分类器,测试时并不一定需要计算所有的分类器判别函数,从而可以大大节省测试时间,同时提高训练和测试速度,具体步骤如下。

步骤 1:准备训练数据集 T。

$$T = \{(x_1, y_1), \cdots, (x_l, y_l)\} \in (X \times Y)^l \tag{11-9}$$

步骤 2:构造一个二叉树节点,引入松弛变量 $C > 0$ 和核函数 $K(x, x_i)$,确定最优化函数。

$$\max_a L(a) = \sum_{i=1}^{l} a_i - \frac{1}{2} \sum_{i=1}^{l} \sum_{j=1}^{l} y_i y_j a_i a_j (x_i \cdot x_j) K(x_i, x_j) \tag{11-10}$$

$$\text{s.t.} \begin{cases} \sum_{i=1}^{l} y_i a_i = 0 \\ 0 \leq a_i \leq C, \quad \forall i = 1, \cdots, l \end{cases} \tag{11-11}$$

求解最优解：
$$a^* = (a_1^*, \cdots, a_l^*)^T \quad (11\text{-}12)$$

步骤3：计算 $w^* = \sum_{i=1}^{l} y_i a_i^* K(x_i, x_j)$。选择 a^* 的一个小于 C 的正分量，并据此计算。
$$b^* = y_j - \sum_{i=1}^{l} y_i a_i^* x_i K(x_i, x_j) \quad (11\text{-}13)$$

步骤4：构造分划超平面。
$$(w^* \cdot x) + b^* = 0 \quad (11\text{-}14)$$

求得决策函数：
$$f(x) = \text{sgn}(w^* \cdot x + b^*) \quad (11\text{-}15)$$

步骤5：由此训练得出分类器 SVM_1，判断是否满足分类需求，如果是则分类结束，否则步骤6。

步骤6：分别以上一层 SVM_i 分类出的正样本训练集和负样本训练集为原始训练数据集，引入松弛变量 $C^m > 0$ 和核函数 $K^m(x, x_i)$，确定最优化函数。

$$\max_{a^m} L^m(a^m) = \sum_{i=1}^{l^m} a_i^m - \frac{1}{2} \sum_{i=1}^{l^m} \sum_{j=1}^{l^m} y_i y_j a_i^m a_j^m (x_i \cdot x_j) K^m(x_i, x_j) \quad (11\text{-}16)$$

$$\text{s.t.} \begin{cases} \sum_{i=1}^{l^m} y_i a_i^m = 0 \\ 0 \leq a_i^m \leq C^m, \quad \forall i = 1, \cdots, l^m \end{cases} \quad (11\text{-}17)$$

求解最优解：
$$a_m^* = (a_1^*, \cdots, a_l^*)_m^T \quad (11\text{-}18)$$

步骤由此训练得出两个分类器 $\text{SVM}_{i,1}$、$\text{SVM}_{i,2}$，以此类推，直到满足分离需求。

5）路网可靠性决策表的属性约简

在城市道路交通网络中，评价道路交通网络元素运行状态的技术指标，即条件属性之间，存在必然的、内在的联系。在进行路网可靠性评价中，各技术指标在进行状态/趋势决策中的地位不尽相同，即知识库中的知识并不同等重要。甚至其中某些知识是不必要的、冗余的。决策表属性约简的目的就是在保持分类能力不变的前提下，求出条件属性和决策属性之间的最小或近似最小的一种关系。本书所采用的属性约简算法在谢颖（2009）基于量子粒子群的属性约简算法基础上进行了改进，具体步骤如下。

步骤1：按 Hu X. 和 N. Cercone(1995)定义的差别矩阵求和。
$$\text{CODE}_D(C) = \{a \in C \mid m_{ij} = \{a\}, 1 \leq i, j \leq n\} \quad (11\text{-}19)$$

$$m_{ij} = \begin{cases} \{a \mid a \in C \land a(x_i) \neq a(x_j)\}, & D(x_i) \neq D(x_j) \\ \varnothing, & \text{其他} \end{cases} \quad x_i, x_j \in U \quad (11\text{-}20)$$

步骤2：令 $B = \text{CODE}_D(C)$。

步骤3：如果 $I(B;D) = I(C;D)$，则转到步骤5，否则转到步骤4。
$$I(B;D) = H(D) - H(D \mid B) \quad (11\text{-}21)$$
$$I(C;D) = H(D) - H(D \mid C) \quad (11\text{-}22)$$
$$H(D) = -\sum_{i=1}^{k} p(d_i) \lg(p(d_i)) \quad (11\text{-}23)$$
$$H(D \mid B) = -\sum_{i=1}^{n} p(b_i) \sum_{j=1}^{k} p(d_j \mid b_i) \lg p(d_j \mid b_i) \quad (11\text{-}24)$$

$$H(D|C) = -\sum_{i=1}^{m} p(a_i) \sum_{j=1}^{k} p(d_j|a_i) \lg p(d_j|a_i) \tag{11-25}$$

$$p(Y_i) = \frac{|Y_j|}{|U|} \quad \forall i = 1, 2, \cdots, n; Y \in \{C \cup D\} \tag{11-26}$$

步骤4:采用粒子群算法进行属性约简优化计算。
①初始化粒子群;
②计算除核属性之外的每个属性 $c_i \in C \cup D$ 的权重:

$$w_i = \gamma_{\text{CORE}(C) \cup R_i} - \gamma_{\text{CORE}(C)} \tag{11-27}$$

③属性的归一化处理:

$$w_i = \frac{w_i - w_{\min}}{w_{\max} - w_{\min}} \tag{11-28}$$

④随机确定粒子 $\text{pso} = \rho_i c_i$ 是否产生:

$$\rho_i = \begin{cases} 0 & \text{rand} \geq w_i \\ 1 & \text{rand} < w_i \end{cases} \quad 0 < \text{rand} < 1 \tag{11-29}$$

⑤计算各粒子的适应度值,初始化 pbest_i、gbest、$t = 1$:

$$fit(\text{pso}) = k_1 \cdot \frac{\gamma_{\text{pso}}}{\gamma_C} + k_2 \frac{|C - \text{pso}|}{|C|} \tag{11-30}$$

⑥更新粒子位置:

$$\begin{cases} x_i^{t+1} = \text{pso} + \beta \cdot |\text{best}_{\text{mid}} - x_i^t| \cdot \ln(1/u) & \text{rand} \geq 0.5 \\ x_i^{t+1} = \text{pso} - \beta \cdot |\text{best}_{\text{mid}} - x_i^t| \cdot \ln(1/u) & \text{rand} < 0.5 \end{cases} \tag{11-31}$$

其中,$0 \leq u = \text{rand} \leq 1$。

$$\text{pso} = \frac{\varepsilon_1 \cdot \text{pbest} + \varepsilon_2 \cdot \text{gbest}}{\varepsilon_1 + \varepsilon_2} \quad 0 < \varepsilon_1, \varepsilon_2 = \text{rand} < 1 \tag{11-32}$$

$$\text{best}_{\text{mid}} = \frac{1}{m} \sum_{i=1}^{m} \text{pbest}_i \tag{11-33}$$

⑦更新局部最优值和全局最优值:

$$\text{pbest}_i = \max(\text{pbest}_i, fit(\text{pso}_i)) \tag{11-34}$$

$$\text{gbest} = \max(\text{pbest}_i, \text{gbest}) \tag{11-35}$$

⑧如果 $n = N_{\text{time}}$ 且 gbest 不是变量,或 $n \geq N_{\max}$,则终止计算,转到⑥。
步骤5:输出 $B \in RED_D(C)$ 即为所求,算法结束。
则约简后的决策表为:

$$T(B) = \langle U_B, B \cup D, V, f \rangle \tag{11-36}$$

6) 路网可靠性决策表属性值约简
在进行城市道路交通网络可靠性状态/趋势的知识获取过程中,特别是对由多个道路交通网络基本单元组成的子区或区域,在进行可靠性状态/趋势判断过程中,并不一定需要所有的基本单元参与其中。虽然属性约简在一定程度上去掉了决策表中的冗余属性,但是还没有充分去掉决策表中的冗余信息。属性值约简则是在属性约简的基础上,对决策表进一步进行约简。本书采用基于规则综合质量评价方法对属性值进行约简,具体步骤如下。

步骤1:计算约简后的决策表 $T(B) = \langle U_B, B \cup D, V, f \rangle$,每条规则的综合质量为:

$$\mathrm{SQ}(X,B,D) = \alpha \cdot \mathrm{Con}(X,B,D) + \beta \cdot \mathrm{Cov}(X,B,D) + \gamma \cdot \mathrm{Sup}(X,B,D) \quad (11\text{-}37)$$

$$\mathrm{s.\,t.} \begin{cases} 0 \leqslant \alpha, \beta, \gamma \leqslant 1 \\ \alpha + \beta + \gamma = 1 \end{cases} \quad (11\text{-}38)$$

式中:$\mathrm{Con}(X,B,D)$——决策规则 X 的置信度:

$$\mathrm{Con}(X,B,D) = \frac{|B(X) \cap D(X)|}{|B(X)|} \quad (11\text{-}39)$$

$$\sum_{y \in B(X)} \mathrm{Con}(X,B,D) = 1 \quad (11\text{-}40)$$

$\mathrm{Cov}(X,B,D)$——决策规则 X 的覆盖度:

$$\mathrm{Cov}(X,B,D) = \frac{|B(X) \cap D(X)|}{|D(X)|} \quad (11\text{-}41)$$

$$\sum_{y \in B(X)} \mathrm{Cov}(X,B,D) = 1 \quad (11\text{-}42)$$

$\mathrm{Sup}(X,B,D)$——决策规则 X 的支持度:

$$\mathrm{Sup}(X,B,D) = \frac{|B(X) \cap D(X)|}{|U|} \quad (11\text{-}43)$$

步骤2:按顺序从约简属性集 $B \in \mathrm{RED}_D(C)$ 中依次取元素 $b_i, \forall i = 1, 2 \cdots, n$,依次计算删除该属性所对应的规则前件后的综合质量 $\mathrm{SQ}(X, B - \{b_i\}, D)$。

步骤3:如果 $\mathrm{SQ}(X, B - \{b_i\}, D) < \mathrm{SQ}(X, B, D)$,则保留该属性所对应的属性值作为这条规则的前件。

步骤4:输出完全简化后的规则集 $R \in \mathrm{RED}_{T(B)}(D)$。

7) 路网可靠性运行态势逻辑推理

构建突发事件下城市道路交通网络可靠性知识表达系统的最终目标就是要通过道路交通信息的实时获取,利用知识表达系统中得到的知识进行逻辑推理,获得突发事件下城市道路网络可靠度的运行态势。在经过上述一系列的数据预处理、属性及属性值的约简后,使得知识表达方式与决策规则实现了对应。根据约简决策表,系统可以直接采用 Bayesian 函数对决策规则进行推理:

设 $\{\varphi \rightarrow \psi\}_R$ 是 T 中得决策规则集,它使得所有条件 φ_i 都是互相排斥的,即对 $\forall i, 1 \leqslant i \leqslant n$ 有:

$$\sum_{i=1}^{n} p(\psi | \varphi_i) = 1 \quad (11\text{-}44)$$

则存在:

(1) 如果 $|\varphi|_T = \underline{R}(|\varphi|_T)$,则公式 φ 将被称作公式 ψ 的 R 下近似,记成 $\underline{R}(\psi)$。

(2) 如果 $|\varphi|_T = \overline{R}(|\varphi|_T)$,则公式 φ 将被称作公式 ψ 的 R 上近似,记成 $\overline{R}(\psi)$。

(3) 如果 $|\varphi|_T = BN_R(|\varphi|_T)$,则公式 φ 将被称作公式 ψ 的 R 边界近似,记成 $BN_R(\psi)$。

从而得到下面的规则：

$$\underline{R}(\psi) \to \psi \tag{11-45}$$

$$\overline{R}(\psi) \to \psi \tag{11-46}$$

$$BN_R(\psi) \to \psi \tag{11-47}$$

11.4.2 模拟验证

本节截取某城市南北高架上的某路段进行模拟验证,该路段全长 6.6km,单向四车道双向八车道,中途横跨 3 个主干道,4 个次干道。获取 2008 年 4 月至 5 月连续 5 个星期一连续 24h 线圈数据,线圈数据采集间隔为 5min,采集的交通参数包括流量、速度、占有率。

首先,以常态下的路段实际交通数据为基础,分析路段的可靠性运行规律。本书随机抽取其中一个星期一的 24h 交通流数据,以自由流行驶速度通过路段的行程时间 μ 值,分析路段 24h 的可靠度运行曲线,如图 11-4 所示。

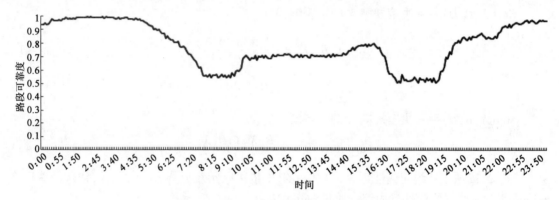

图 11-4 某城市南北高架某路段可靠度运行曲线

从图 11-4 可以看出,在交通高峰期间,路段的可靠度处于低谷状态;在平峰期间,路段的可靠度波动范围较小;在深夜至凌晨期间,路段上车辆基本以自由流速度行驶,路段处于高可靠性状态。为了获取突发事件条件下的路段内交通流的运行状态,分别截取常态下路段交通流饱和度处于 0.8(± 0.5)、1.0(± 0.5)、1.2(± 0.5)内的流量数据作为仿真过程中路段的流量输入、输出,分别获取路段上游、中部、下游分别出现 1 条、2 条、3 条车道损毁情况下的交通流运行状态。采用 Paramics V6.0 进行 3^3 次的仿真试验,每次运行仿真时间为 8h,仿真步长为 2,随机数为 20,数据检测周期为 5min。

以常态下路段交通饱和度处于 0.8(± 0.5)下的交通流运行参数的均值作为 μ 值,在路段流量输入为常态下 $V/C = 0.8$ 时,对上游、中部、下游分别出现 1 条、2 条、3 条车道损毁情况下进行可靠性分析,各随机提取 15 组数据进行对比分析,如图 11-5 所示。

对 $V/C = 0.8$ 时突发事件下路段不同损毁位置不同损毁程度的可靠度进行对比。

对比发现,在上游路段 1 条车道和 2 条车道损毁的情况下,其路段可靠度偏高于中部和下游位置。仿真过程中发现,在上游车道出现损坏情况下,车队在瓶颈地段出现排队,排队车辆溢出检测器检测的位置,溢出车辆的延误时间没有被计算。因此,其可靠度相对比较高,但随着损毁程度的提高,上游、中部、下游之间的这种差异性降低,可靠度的波动性也明显降低,其主要原因是路段内已出现大量的滞留车辆,路段内的交通流运行情况基本一致。

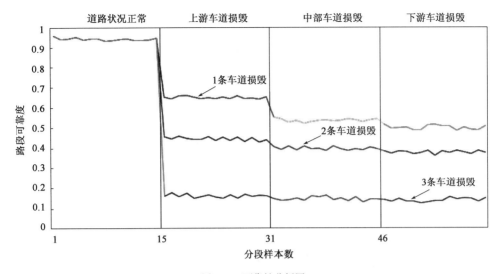

图 11-5 可靠性分析图

以常态下路段交通饱和度处于 1.0(±0.5)下的交通流运行参数的均值作为 μ 值,在路段流量输入为常态下 $V/C = 1.0$ 时,对上游、中部、下游分别出现 1 条、2 条、3 条车道损毁情况下进行可靠性分析,各随机提取 15 组数据进行对比分析,如图 11-6 所示。

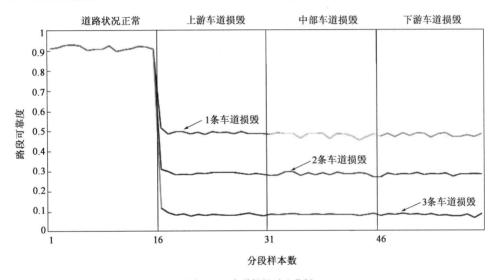

图 11-6 车道损毁对比分析

对 $V/C = 1.0$ 时突发事件下路段不同损毁位置、不同损毁程度的可靠度进行对比。

与 $V/C = 0.8$ 的情况相比,常态下的道路可靠度波动性明显加大,非常态下的道路可靠度波动性减少,可靠度的下降幅度呈增大趋势。同时,上游、中部、下游之间的可靠度差异性较小,且随着损毁程度的提高,可靠度的波动性也明显降低。

以常态下路段交通饱和度处于 1.2(±0.5)下的交通流运行参数的均值作为 μ 值,在路段流量输入为常态下 $V/C = 1.2$ 时,对上游、中部、下游分别出现 1 条、2 条、3 条车道损毁情况下进行可靠性分析,各随机提取 15 组数据进行对比分析,如图 11-7 所示。

对 $V/C = 1.2$ 时突发事件下路段不同损毁位置不同损毁程度的可靠度进行对比。

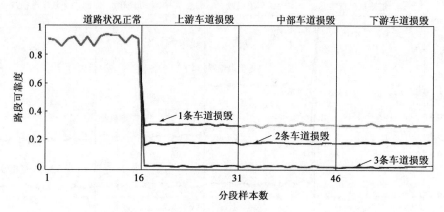

图 11-7　车道损毁可靠性分析

从图 11-7 可以看出,其路段可靠度的运行趋势和特性与在 $V/C=1.0$ 中出现的情况类似。在 $V/C=1.2$ 的流量输入条件下,一旦发生突发事件,路段将处于低可靠度运行状态,特别是在 3 条车道出现损毁的情况下,基本上处于无法通行状态。

同时,本书采用 Delphi 7.0 + Oracle 9i 对交通路网可靠性态势分析的知识表达系统进行编程。由于无法获取突发事件下的实际交通流运行数据,本书仅将前 4 个星期一的 24h 路段交通流数据导入 Oracle 数据库,通过知识获取、构造、处理等步骤形成知识,以第 5 个星期一作为实时的交通数据,进行路段的可靠性分析,如图 11-8 所示。

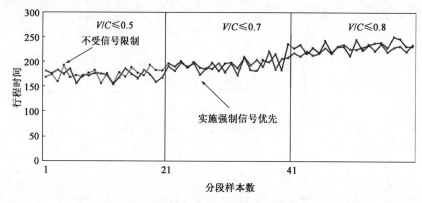

图 11-8　$V/C \leqslant 0.8$ 下应急车辆行程时间对比分析

从图 11-8 可以看出,随着路段饱和度的增加,应急车辆通过应急通道的行程时间有递增的趋势。在 $V/C \leqslant 0.5$ 情况下,不同控制环境下应急车辆的行程时间基本一致,其主要原因在于这段时间处于深夜至凌晨期间,路段上交通流较少,应急车辆的通行基本不受交通流的影响,处于自由流状态,采用信号控制和不受信号限制对应急车辆的影响不大。随着路段上车流量的增多,应急车辆的路段行程时间逐渐受到交通流的影响,但受信号控制环境的影响较弱,两种控制环境下,应急车辆的行程时间差别不大。在 $V/C \leqslant 0.8$ 下,不受信号限制情况下,应急车辆行程时间的样本均值为 200.41,样本标准偏差为 25.17。采用强制优先信号控制情况下,应急车辆行程时间的样本均值为 198.14,样本标准偏差为 22.43。

在仿真过程中,将公交车辆发车频率设置为 15min,每辆公交车输送的乘客数为 30 人/辆。

对应急通道内公交车辆、社会车辆的运行效果进行分析,如表 11-4 所示[在表中,以 SCATS 系统的配时方案为仿真环境的仿真结果简称为 SCATS,以本书的控制逻辑进行仿真的结果简称为 EVP,对比结果为(EVP – SCATS) ×100/SCATS%]。

$V/C \leqslant 0.8$ 下公交车辆与社会车辆的运行效果对比分析　　　　表 11-4

饱和度	控制逻辑	公交车辆 行程时间	行程时间 标准偏差	社会车辆通道 平均延误	交叉路 平均延误	交叉口 车均延误	人均延误
≤0.5	SCATS	362.25	20.73	4.54	7.79	6.38	5.84
	EVP	357.78	19.64	4.16	8.26	6.46	5.92
	对比(%)	-1.23	-5.26	-8.37	6.03	1.25	1.37
≤0.7	SCATS	391.74	19.74	10.19	13.59	12.69	12.07
	EVP	380.69	19.18	9.87	14.27	12.87	11.32
	对比(%)	-2.82	-2.84	-3.14	5	1.42	-6.21
≤0.8	SCATS	412.37	20.37	10.87	23.32	17	16.43
	EVP	405.89	19.14	11.23	23.6	17.12	16.05
	对比(%)	-1.57	-6.04	3.31	1.2	0.71	-2.31

注:除饱和度、对比以外,其余数据单位为 s。

从表 11-4 中可以看出,公交车辆的行程时间、社会车辆的延误随着饱和度的增加呈递增趋势。但在低饱和度下,公交车辆及社会车辆的运行效率受信号控制逻辑的影响较小。

将 $0.8 < V/C \leqslant 1.0$ 的仿真结果进一步细分为 $0.8 < V/C \leqslant 0.9, 0.9 < V/C \leqslant 0.1$ 的情况,分别对应急车辆、公交车辆、社会车辆运行效果进行分析。随机提取 30 组应急车辆在应急通道处、高负荷状态下的运行效果分析,如图 11-9 所示。

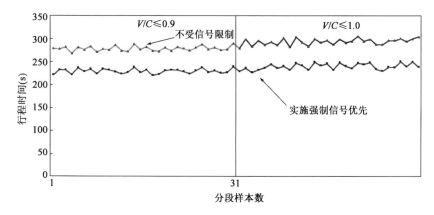

图 11-9 $0.8 < V/C \leqslant 1.0$ 下应急车辆行程时间对比分析

从图 11-9 可以明显看出,$0.8 < V/C \leqslant 1.0$ 时,实施强制信号优先,同时进行干线绿波协调控制,能够有效降低应急车辆的行程时间,但是由于受到路段上其他车辆的影响,应急车辆的行驶速度受到限制,行程时间有所增加。$0.8 < V/C \leqslant 1.0$ 时,采用强制优先信号控制情况下,应急车辆行程时间的样本均值为 249.24s,样本标准偏差为 15.82s。不受信号限制情况下,应急车辆行程时间的样本均值为 286.72s,样本标准偏差为 27.98s。公交车辆、社会车辆的运行效果对比如表 11-5 所示。

$0.8 < V/C \leq 1.0$ 下公交车辆与社会车辆的运行效果对比分析 表11-5

饱和度	控制逻辑	公交车辆		社会车辆		交叉口	
		行程时间	行程时间标准偏差	通道	行程时间	行程时间标准偏差	通道
≤0.9	SCATS	462.9	26.96	19.6	28.46	26.96	24.8
	EVP	432.79	20.32	16.9	31.69	24.65	22.4
	对比(%)	-6.5	-24.63	-13.78	11.35	-8.57	-9.68
≤1.0	SCATS	518.97	30.13	28.94	37.8	36.02	33.2
	EVP	480.69	22.39	25.81	38.9	33.71	29.9
	对比(%)	-7.38	-25.69	-10.82	2.91	-6.41	-9.94

注:除饱和度、对比以外,其余数据单位为s。

从 $V/C > 1.0$ 时的仿真运行数据来看,主要发生在早高峰和晚高峰期间,应急通道处于拥挤、拥堵状态,应急车辆很难穿过拥挤车流顺利通过交叉口。应急车辆在通道处于高负荷条件下的运行效果如图11-10所示。

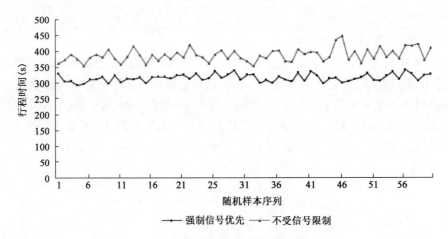

图11-10 $V/C > 1.0$ 下应急车辆行程时间对比分析

应急车辆行程时间的总体样本均值为315.77s,样本标准偏差为13.74s。不受信号限制情况下,应急车辆的行程时间的总体样本均值为387.69s,样本标准偏差为20.28s。公交车辆、社会车辆的运行效果对比如表11-6所示。

$V/C > 1.0$ 下公交车辆与社会车辆的运行效果对比分析 表11-6

饱和度	控制逻辑	公交车辆		社会车辆		交叉口	
		行程时间	行程时间标准偏差	通道平均延误	交叉路平均延误	车均延误	人均延误
>1.0	SCATS	629.47	20.36	50.6	63.96	57.2	61.74
	EVP	591.09	21.57	48.3	66.23	53.6	59.85
	对比(%)	-6.1	5.94	-4.55	3.55	-6.29	-3.06
	SCATS	518.97	30.13	28.94	37.8	36.02	33.2

注:除饱和度、对比以外,其余数据单位为s。

11.5 本章小结

本章首先对应急指挥调度系统国内外研究现状进行了概述,其次在重点分析应急指挥调度系统功能需求的基础上,设计了系统的工作流程和体系架构,最后结合 Rough 理论对应急交通管制区域划分方法进行了研究。此外,本章还对路网可靠性决策表进行了约简,并采用 Bayesian 函数对决策规则进行了推理。

【本章练习题】

1. 试述我国应急指挥调度系统的研究内容与应用现状。
2. 应急指挥调度系统的需求有哪些?
3. 试述应急指挥调度系统的工作机理。
4. 试阐述应急交通管制区域确定方法的基本原理。

第 12 章
智能车辆与自动驾驶系统

【学习目的与要求】

本章介绍了智能车辆的概念、研究目的、意义、应用状况,当前世界上智能车辆的研究方向、研究范围以及车联网技术的发展和关键技术。通过本章的学习,应对智能汽车和车联网技术的产生、发展、研究方向、研究范围等有一定的了解,并重点理解几个典型的智能车辆自主驾驶与驾驶辅助系统、车联网系统。

12.1 概　　述

驾驶汽车的驾驶员朋友可能都会有如下的幻想:如果能有一种高性能的汽车,可以自动发现前方的障碍物,并能自动避让;在陌生的地区可以自动导航引路;甚至在特殊情况下能够自动驾驶,那该是多么方便和美妙啊! 随着 ITS 的发展,这一幻想离实现已为时不远了。ITS 是将先进的信息处理技术、计算机技术、数据通信技术、传感器技术、电子控制技术、全球卫星定位技术和自动控制理论、运筹学、人工智能等高新技术和理论,综合运用于交通运输、服务控制和汽车智能化等方面。通过对各种交通信息的实时采集、传输和处理,借助各种先进的技术和设备,ITS 可以对交通进行协调处理,从而使道路变得"聪明"起来,车辆有了一定的"头脑",最终达到使人、车、路密切配合,和谐统一。智能汽车能在道路上自由行驶;智能公路能使交通流达到最佳状态;两者结合能使驾驶员对周围环境了如指掌,使交通管理人员对交通状况和所有车辆的行踪一清二楚;两者互相通信,共同减少交通阻塞。

与此同时,当今世界随着汽车保有量的不断增加,道路通行能力逐渐饱和,驾驶环境日益恶化,交通事故的发生率也在不断地增长。国内外已有研究成果表明:只有在交通事故出现的1.5s之前,凭借驾驶员的正确操纵,才有可能避免90%的交通事故发生。但科学家已经证明:一个正常人的生理反应再迅速也往往难以超越瞬间事变的突发速度,如果只依靠驾驶员的心理警觉和生理反应来操纵车辆以避免或降低交通事故的发生,是一件极不可靠的事情。

因此,人们开始了对汽车智能化的追求,只有依靠汽车所具备的安全智能技术,才能真正从科学意义上解决车辆行驶当中的不安全因素,使汽车真正成为舒适、便捷、安全的交通工具。

美国汽车工程师学会(SAE)在智能化方面对智能网联汽车进行了分级,可以概括为以下5个等级:等级Ⅰ(驾驶辅助 DA);等级Ⅱ(部分自动驾驶 PA);等级Ⅲ(有条件自动驾驶 CA);等级Ⅳ(高度自动驾驶 HA);等级Ⅴ(完全自动驾驶 FA/无人驾驶)。

汽车辅助驾驶系统是辅助驾驶员完成各项驾驶任务的系统。主要通过各类感知技术采集汽车、驾驶员和周围环境的动态信息并进行分析处理,将经过处理的结果告知驾驶员,并在必要时刻代替驾驶员完成操作。汽车辅助驾驶系统是多种新技术的集合体,在不同结构运用多种技术,并通过系统界面展现给驾驶员。

对于很多开车的朋友来说虽然整天听别人说起"车联网",但"车联网"到底是什么却不知所以然。车联网通过车内网、车载移动互联网和车际网,建立车与人、车与路、车与车、车与外部世界之间的连接,实现智能动态信息服务、车辆智能化控制和智能交通管理。当前,我国正在大力发展车载互联网,并向着车际网迈进。马路上,我们已经开始借助各种技术实现智能辅助驾驶。在未来黑科技的支持下,自动驾驶和智能交通将变成现实。

那么车联网究竟能给我们带来什么好处?

(1)畅通无阻更便利

你是否有过这样的经历:路上出点小事故,交通就堵成一片。但在车联网时代,每辆汽车都具备 GPS 定位和一颗"眼睛",汽车就可以将路况上传给交通管理部门,由云端控制车流,进行路线规划,避免交通拥堵。

(2)放心驾驶更安全

行车安全是我们最关心的事情。车联网到来后,汽车能够通过自身传感器主动探索周边环境。能连接城市各类红绿灯和其他管制信号,实现自动提示,并规避危险。随着车联网的发展,未来实现零交通事故率不是梦。

(3)低碳出行更环保

在低碳社会的进程中,车联网带来的智能交通将成为节能降耗的重要推手。它可以承担20%的节能减排任务,人、车、路三者构成的流畅交通网络将大幅减少额外的燃油消耗和污染。

12.2　世界智能车辆的研究与发展

当今社会,一方面,随着城市化的进展及汽车的普及,交通环境日趋恶劣,交通拥挤加剧,交通事故频发,交通问题已经成为全球范围令人困扰的严重问题;另一方面,20 世纪 90 年代以来,计算机、电子、图像处理等技术飞速发展。在这种背景下,将各种先进技术运用到汽车工程中,减少交通事故,提高运输效率,减轻驾驶员劳动负荷的思想就应运而生,从而产生了智能车辆系统(Intelligent Vehicle System,简称IVS)。智能车辆系统,因其从轮式移动机器人(Wheeled Mobile Robot,简称WMR)的研究中吸取了大量的营养,所以,也有许多研究者将智能车辆与轮式移动机器人等同。

12.2.1 智能车辆的产生与发展

智能车辆的研究,追根溯源,应该说起始于20世纪50年代初美国Barrett Electronics公司研究开发出的世界上第一台自动引导车辆系统(Automated Guided Vehicle System,简称AGVS)。

早期研制AGVS的目的是为了提高仓库运输的自动化水平,当时人们还没有意识到AGVS在工业生产组织变革中将产生巨大的影响。AGVS的应用领域仅局限于仓库内的物品运输。在20世纪六七十年代,AGVS的研究在西欧许多国家得到了迅速的发展,并将AGVS的应用扩展到工业生产领域。1974年,瑞典的Volvo Kalmar轿车装配工厂为了提高运输系统的灵活性,以便向装配工人机动地提供各种零配件,通过与Schiindler-Digitron公司合作,开发研制出一种可装载轿车车体的AGVS,并由多台该种AGVS组成了汽车装配线,从而取消了传统应用的拖车及叉车等运输工具。由于Kalmar工厂从采用AGVS获得了明显的经济效益,许多西欧国家纷纷效仿Volvo公司,并逐步使AGVS在装配作业中成为一种流行的运输手段。

进入20世纪80年代,随着与机器人技术密切相关的计算机、电子、通信技术的飞速发展,国外掀起了智能机器人研究热潮,其中各种具有广阔应用前景和军事价值的移动式机器人受到西方各国的普遍关注。

12.2.2 智能车辆的研究方向

从世界各国相关研究成果来看,目前智能车辆的研究方向主要有以下几个方面。

(1)驾驶员行为分析(Driver Behavior Analysis)

主要研究驾驶员的行为方式、精神状态与车辆行驶之间的内在联系,目的是建立各种辅助驾驶模型,为智能车辆安全辅助驾驶或自动驾驶提供必要的数据,如对驾驶员面部表情的归类分析,能够判定驾驶员是否处于疲劳状态、是否困倦瞌睡等。

(2)环境感知(Environmental Perception)

包括智能视感技术(Intellectual Visual Perception,简称IVP),主要是运用传感器融合等技术,来获得车辆行驶环境的有用信息,如车流信息、车道状况信息、周边车辆的速度信息、行车标志信息等。

(3)极端情况下的自主驾驶(Autonomous Driving on Extreme courses)

主要研究在某些极端情况下,如驾驶员的反应极限、车辆失控等情况下的车辆自主驾驶。

(4)规范环境下的自主导航(Autonomous Navigation on Normal Environment)

主要研究在某些规范条件下,如有人为设置的路标或道路环境条件较好,智能车辆根据环境感知所获得的环境数据,结合车辆的控制模型,在无人干预下,自主地完成车辆的驾驶行为。

(5)车辆运动控制系统(Vehicle Motion Control Systems)

主要研究车辆控制的运动学、动力学建模、车体控制等问题。

(6)主动安全系统(Active Safety Systems)

和被动安全相对比,主动安全系统主要是以防为主,如研究各种情况下的避障、防撞安全保障系统等。

(7)交通监控、车辆导航及协作(Traffic Monitoring,Vehicle Navigation,and Coordination)

主要研究交通流诱导等问题。

(8)车辆交互通信(Inter-Vehicle Communications)

研究车联网环境下车辆之间有效的信息交流,主要是各种车辆间的无线通信问题。

(9)军事应用(Military Applications)

研究智能车辆系统在军事上的应用,主要体现为移动机器人。

(10)系统结构(System Architectures)

研究智能车辆系统的结构组织等问题。

(11)先进的安全车辆(Advanced Safety Vehicles)

研究更安全、具有更高智能化特征的车辆系统。

上述方面基本覆盖了智能车辆系统研究所涉及的安全监控、智能防撞、辅助驾驶、自动驾驶、行为规划与决策、系统体系结构、综合集成等主要研究方向。如果从驾驶员对车辆的控制方式及自主程度来分,上述各研究方向也可概括地划分为以下3大研究方向。

(1)控、警告系统

此部分研究前方碰撞警告、盲点警告、行车道偏离警告、换道警告、十字路口防撞警告、行人检测、倒车警告等方面的问题。

(2)半自主式车辆控制系统

与上一部分相比,此部分具有更高级的车辆自动化。如当驾驶员对警告来不及反应时,系统接管车辆的控制,通过控制车辆的转向、制动、转矩等使车辆恢复到安全状态。

(3)自主车辆控制系统

此部分具有完全的车辆自动化,研究包括车辆自适应巡航、道路保持低速等距行驶、排队行驶等方面的问题。

12.2.3 智能车辆的研究范围

智能车辆的研究涉及计算机测量与控制、计算机视觉、传感器数据融合、车辆工程等诸多领域,可以说,智能车辆的研究是计算机视觉与计算机控制研究在车辆工程上的综合。

1)计算机视觉

在自动高速公路系统的研究中,最初计划采用地下埋电缆的方式,通过电磁感应进行智能车辆导航。由于可测量的电磁感应的范围太小(dm级),而且此种方法不能提供车辆需要的方位信息及障碍物信息,因此该种导航方式在智能车辆的研究中基本已经被抛弃。

在美国和日本,20世纪90年代中期的时候,提出在道路中间铺设磁块的方式来进行导航,美国及日本还分别在1997年及1996年在公路上做过试验。但此方案的造价过于高昂,缺乏推广应用价值。

事实上当驾车时,我们所接收的信息几乎全部来自视觉。交通信号、交通标志、道路标识等均可以看作环境对驾驶员的视觉通信语言。很显然,人们自然考虑到应用计算机视觉来解释这些环境语言。

一个真正具有应用价值的智能车辆系统必须具备实时性、鲁棒性、实用性这三方面技术特点。实时性是指系统的数据处理必须与车辆的高速行驶同步进行；鲁棒性是指智能车辆对不同的道路环境，如高速公路、市区标准公路、普通公路等，复杂的路面环境，如路面及车道线的宽度、颜色、纹理、动态随机障碍与车流等，以及变化的气候条件，如日照及景物阴影、黄昏与夜晚、阴天与雨雪等均具有良好的适应性；实用性是指要求智能车辆在体积与成本等方面能够为普通汽车用户所接受。要使车载计算机视觉导航系统实际应用成为可能，必须首先解决计算机及电荷耦合器件(Charge-Coupled Device, 简称 CCD)在体积及价格上的问题，即计算机在体积越来越小的前提下要有越来越强的计算能力，且价格与车辆总体的价格相比所占比重很小。同样, CCD 及图像卡在价格低廉的前提下的图像采集速度及图像前处理能力要强。随着计算机及电子技术行业迅猛的发展，在硬件条件上，这已经成为可能。

视觉系统在智能车辆研究中主要起到环境探测和辨识的作用。与其他传感器相比，机器视觉具有检测信息量大、能够遥测等优点。缺点是复杂环境下，要将探测的目标与背景提取出来，所需的图像计算量很大，单纯以当前的硬件条件出发解决，容易导致系统实时性较差。这可以通过一些特殊图像处理方式来解决，如使用 Hough 变换从图像中提取直线形式的道路边界，与车辆内部存储的电子地图相结合，采用合适的路径曲率预测算法，可以大大提高车辆行驶道路标线的识别速度及鲁棒性；也可将环境图像分解为多种类型，然后针对不同的类型采用不同的环境表示方法和导航方式，从而避免无用信息的运算；由于通过单帧图像信息来判断障碍物的距离和速度是很不准确的，因此在实际应用中，可使用多个摄像机，或者利用高速摄像机的多幅连续图像序列来计算目标的距离和速度，还可根据一个摄像机的连续画面来计算车辆与目标的相对位移，并用自适应滤波对测量数据进行处理，以减小环境的不稳定性造成的测量误差。

总之，将计算机图像信息与其他背景知识及其他传感器相结合，能快速提取复杂环境中的有用信息，进而产生合理的行为规划与决策。在行车道路检测、车辆跟随、障碍物检测等方面，机器视觉都起着非常重要的作用，是智能车辆研究中最重要的一种传感器。

2) 传感器数据融合

一个智能车辆系统正确、可靠运行的前提是通过各种传感器准确地捕捉环境信息，然后加以分析处理。因此，研究如何将通过传感器得到的信息加以有效处理、分析，并准确无误地了解环境的技术是重要的。然而迄今为止，没有任何一种传感器能保证在任何时刻提供完全可靠的信息，但采用多传感器融合技术，即将多个传感器采集的信息进行合成，形成对环境特征综合描述的方法，能够充分利用多传感器数据间的冗余和互补特性，获得我们需要的、充分的信息。

目前，在智能车辆领域，除视觉传感外，常用的还有雷达、激光、GPS 等传感器。

雷达系统可以得到计算机视觉技术比较难以解决的检测对象的距离信息，能准确发现车辆行驶环境中存在的物体。此外雷达不受雨、雪、雾等自然条件的影响，在恶劣环境条件下具有独特的优势。

激光系统可以得到车辆的瞬时车辆速度信息及车辆与前方车辆精确的距离信息，被广泛应用于避障、超车、防碰撞系统中。

德国大众公司研究的智能车辆系统，是一个典型的数据融合系统。将雷达、计算机视觉、激光扫描器等传感器集中到一个系统中，利用传感器之间数据的互补及冗余得到可靠稳定的车辆所需要的信息。

3) 控制理论尤其是智能控制在智能车辆上的应用

为实现智能车辆对路径的稳定跟踪,性能优良的控制器是智能车辆必不可少的部分,所以控制理论在智能车辆上的应用是十分重要的。

智能控制代表着自动控制的最新发展阶段,也是应用计算机模拟人类智能,实现人类脑力劳动和体力劳动自动化的一个重要领域。智能控制是一门新兴学科,目前认为其包括递阶控制系统、专家控制系统、模糊控制系统、神经控制系统、学习控制系统 5 个方面。

总体来讲,智能控制具有以知识表示的非数学广义模型和以数学模型表示的混合控制过程,也往往是那些含有复杂性、不完全性、模糊性或不确定性以及不存在已知算法的非数字过程,并以知识进行推理,以启发来引导求解过程等特点,其本质与智能车辆的本质相一致,故在智能车辆上取得了广泛的应用。目前美国及日本已经有应用专家控制系统知识建立的车辆辅助驾驶器产品,该产品能够提供合理的驾驶策略,如是否可超车、换道等;给出环境危险性警告,如前后车的安全距离等信息;监督驾驶员的精神状态,如驾驶员是否困倦等。

模糊逻辑控制和专家控制在一点上是相同的,即两者都想要建立人类经验和决策行为模型,但模糊逻辑控制的模型大多数基于规则系统,源于控制工程而不是人工智能,是由模糊逻辑控制的设计者构造的。以上特点非常符合人类驾驶的特点,许多研究者往往根据某一特定的研究对象,按传统的控制工程理论设计车辆驾驶控制器,然后按照一定规则形成模糊控制驾驶控制器,推广到车辆控制中。

神经网络因其本质上的并行机制,有较强的信息融合能力和系统容错功能,所以被广泛应用于车辆控制器实现、车辆模型辨识、优化控制及故障诊断、容错控制、车辆行驶环境数据处理等方面。

由以上阐述可见,真正的人类意义上的智能车辆只有在计算机技术和智能控制技术充分发展的基础上才能成为可能,这是世界各地智能车辆研究者们的共识及努力方向。

12.2.4 智能车辆系统结构

智能车辆集多种传感器数据融合、视觉信息处理、环境建模、导航、避障等功能于一体。为完成如此复杂、如此众多的功能,历史上曾有几种系统结构,如水平型结构、垂直型结构和综合型结构。按照智能控制理论,智能车辆系统是一个分层递阶的集散型控制系统,系统一般分为智能级、协调级和执行级。图 12-1 为一种典型的智能车辆系统结构。

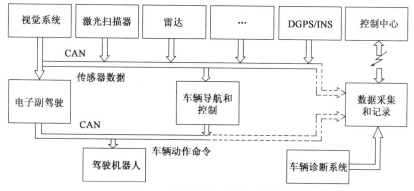

图 12-1 一种典型的智能车辆系统结构

另外，由于智能车辆系统复杂程度高、综合性强，一般需要一组研究人员共同研究与开发。为了使系统能够在有限的时间内执行，计算时经常需要一定的并行性，由此会产生这样的问题——将计算有效地分布在一组处理器上需要什么样的系统结构？这就是智能车辆控制系统结构所研究的问题。目前，从智能车辆控制算法的处理方式来看，可分为串行、并行两种结构。

（1）串行处理结构是指智能车辆的控制算法是由串行机来处理，一般分为以下两种：

①单CPU结构、集中控制方式，即用一台功能较强的计算机实现全部控制功能。

②多CPU结构、分布式控制方式，即上、下位机二级分布式结构。上位机负责整个系统的管理及复杂的计算、处理等功能，而下位机由多个CPU组成，每个CPU具体负责某一特定的功能。

（2）并行处理计算技术是提高计算速度的一个重要而有效的手段，能充分满足智能车辆控制的实时性要求。构造并行处理结构的智能车辆计算机系统一般采用如下方式：

①用通用的微处理器，构成并行处理结构，支持计算，实现复杂控制策略在线实时计算。

②智能车辆控制专用VLSI，能充分利用智能车辆控制算法的并行性，依靠芯片内的并行系统结构易于解决智能车辆控制算法中大量出现的计算，能大大提高计算速度。

由于芯片是根据具体的算法开发设计的，当算法改变时，芯片则不能使用，因此采用这种方式构造的控制器不能通用，更不利于系统的维护和开发。

③用并行处理能力的芯片式计算机（如Transputer、DSP等），构成并行处理网络（如VaMoRs-P系统），其下位机由大约60个Transputer构成。

12.2.5 智能车辆技术的应用

目前，许多智能车辆的研究成果已经广泛应用于各种车辆（轿车、货车、特种车辆、军事车辆）。轿车方面，因需要产品具有极高的可靠性，所以相对来说新技术应用较慢，但包括沃尔沃、宝马、日产等公司已经逐步在各自旗下中高端车型配置了一系列用于轿车的防碰撞报警产品。在辅助驾驶方面，自调节巡航控制系统在欧洲及日本有一定范围的应用，美国也在逐步引入该类产品（ACC主要作用为当前方有车辆行驶且行驶速度很低时，自动调节本车速度，保持本车与前车在安全距离内）。自动驾驶能提供更高的安全性、更高的交通效率、更高的驾驶舒适性。目前，世界上有许多国家在开发研究这方面的项目，如韩国大学（University of Korea）、意大利的帕维亚大学（University of Pavia）、美国的俄亥俄州立大学（Ohio State University）和加利福尼亚大学（University of California）等。世界各国智能车辆研究平台，见表12-1。从近期来看，低速自动驾驶技术有望被广泛应用于交通拥挤情况下的车辆自动驾驶。当交通拥挤时，车辆频繁起、停使驾驶员总是处于紧张状态，导致驾驶员烦躁，容易造成事故发生。此时采用自动驾驶技术，可减轻驾驶员负荷并可避免车辆频繁起、停。

世界各国智能车辆研究平台　　　　　　表12-1

国家	研究单位	主要性能
美国	Carnegie Mellon University	该研究由美国著名的Delco Electronics公司捐资赞助。从1986年至1995年相继研究了Navlab~Navlab 5型智能车辆。其中Navlab 5是由1990年问世的Pontiac运动跑车改造的，视觉系统为一台Sony DXC-151A彩色摄像机，其自主驾驶主要指控制转向轮。Navlab 5的自主驾驶的平均速度为88.5km/h，还首次进行了横穿美国大陆的长途驾驶试验

续上表

国家	研究单位	主要性能
日本	丰田(Toyota)汽车公司	该研究由日本丰田公司进行,实验车辆由丰田轿车改造。视觉系统为紧凑型2/3 in.而成CCD摄像机,安装在后视镜左侧。1993年进行普通高速公路实验,试验车速为60km/h
德国	慕尼黑德国联邦国防大学(UBM)和奔驰公司	从20世纪80年代初期开始研究,先后研制开发出VaMoRs和VaMoRs-P两种试验车。其中VaMoRs是由一辆奔驰508D型5t面包车改装而成。该车视觉系统由4个小型彩色CCD摄像机构成两组双目视觉系统。1987年VaMoRs自主车曾在一段尚未通车的高速公路上创下自主驾驶96km/h的80年代最高速度。VaMoRs-P由一辆豪华型奔驰500(Mercedes 500SEL)改装而成。该系统1995年公布的最高车速达130km/h
法国	帕斯卡大学和标致雪铁龙集团	实验车为一辆标致牌小汽车。该系统已经在高速公路上进行了几百公里不同路况的行车实验,最高车速达130km/h
美国	Pennsylvania University	该研究得到Honda R&D North America Inc.及Honda R&D Company. Ltd,Japan资助,车辆由Honda Accord LX sedan改造而成,视觉系统为安装在后视镜附近的普通CCD,该系统曾于1999年在普通高速公路上以75km/h的车速进行过多次实验,效果良好
日本	Kumamoto University	该项研究由日本Kumamoto大学计算机科学系智能车辆课题组进行,实验车辆由普通前轮转向轿车改造而成。该车视觉系统为一1/2in彩色CCD。1998年该车在普通公路及高速公路上进行过试验,实验车速为72km/h
德国	大众公司和斯坦福大学	Passat Junior和Touareg Stanley是两台参加过2005及2007城市挑战赛的车辆,展示了斯坦福大学和大众汽车研究的高智能无人驾驶技术。在城市挑战赛中,车辆必须完成100km的无人驾驶,赛道模拟城市交通拥挤路况,60辆逆向行驶车辆以及应接不暇的交通标志增加了比赛难度。比赛车安装的ACC(自动车距控制系统)、自动驻车辅助系统、侧向辅助系统、防驾驶偏离系统等技术已经运用在包括帕萨特CC、途锐、辉腾等车型上
中国	国防科技大学	1992年,国防科技大学研制成功了我国第一辆真正意义上的无人驾驶汽车。由计算机及其配套的检测传感器和液压控制系统组成的汽车计算机自动驾驶系统,被安装在一辆国产的中型面包车上,使该车既保持了原有的人工驾驶性能,又能够用计算机控制进行自动驾驶行车。2000年6月,国防科技大学研制的第4代无人驾驶汽车试验成功,最高速度达76km/h,创下国内最高纪录。2003年7月,国防科技大学和中国一汽联合研发的红旗无人驾驶轿车高速公路试验成功,自主驾驶最高稳定速度130km/h,其总体技术性能和指标已经达到世界先进水平

当重型货车发生事故时,造成的损失经常是巨大的。因此,各种提高车辆安全性的产品在货车上有广泛的市场应用前景。据统计,在美国目前大约有50000套防碰撞系统应用在货车上。

行车道偏离报警系统产品最早出现在1999年,是基于计算机视觉的。Daimler-Chrysler公司在2000年销往欧洲和美国的货车产品就开始配有行车道偏离报警系统。

国外高速公路普及广、路线长,当暴风雪天气时经常导致能见度很低,因此在特种车辆方面,智能车辆技术在铲雪车上应用较多。目前美国交通部已经责成Minnesota州交通部测试应用数字电子地图与高精度GPS构成的道路边界检测系统。

在军事方面的应用,目前比较有代表性的是美国军方研究的DEMO Ⅲ智能车辆。

12.3 驾驶辅助系统

12.3.1 驾驶辅助系统定义及研究现状

驾驶辅助系统在驾驶员遇到紧急状况时,通过有针对性的技术干预,提供主动支持。但是驾驶辅助系统不应该也不能取代驾驶员,也不能因为有了辅助系统而免除驾驶员对安全行驶应负的责任。驾驶辅助系统只是车辆行驶的辅助手段——驾驶者应该始终清楚地认识到,辅助系统受到具体情况和条件的影响,功能是有限的。

国外发达国家从 1970 年左右就开始致力于驾驶辅助技术的研究,例如美国运输部主导的智能车辆先导计划 IVI(Intelligent Vehicle Initiative)、日本的 AHS(Automated Highway Systems)系统和 ASV(Advanced Safety Vehicle)汽车项目、欧盟的 e-Safety 项目。国际零部件供应商与整车企业紧密合作,已经完成了简单结构化道路条件下驾驶辅助系统的环境感知核心算法开发,部分驾驶辅助功能已经在中高端车型上应用,如奔驰汽车 1999 年就在 S 级轿车上配置了 77GHz 雷达的 ACC 自适应巡航控制系统,目前 LDW 车道偏离预警、FCW 前方防碰撞预警已成为发达国家中高端车型标配。

在国内,驾驶辅助系统的研究首先在高校与科研机构中进行,各高校与研究机构付出了大量的人力物力不断对智能车技术进行攻关,取得了很大的进展。在国家自然基金委"视听觉信息的认知计算"重大研究计划、"中国智能车未来挑战赛"、国家 863 计划"智能车载系统关键技术研究"等项目的推动下,吉林大学、东南大学、清华大学、国防科技大学等单位开展了基于机器视觉的车道线、前方车辆检测技术的研究,开发了具有代表性的 LDW、FCW 原型样机。

12.3.2 典型驾驶辅助系统介绍

作为智能网联汽车的重要组成部分——先进驾驶辅助系统(Advanced Driver Assistance System,简称 ADAS)是实现自动驾驶的基本技术。ADAS 系统能够辅助车辆驾驶员安全行驶,大幅度减少交通事故的发生,提高人们的出行效率。ADAS 系统大体可划分为预警系统与控制系统两大类。预警系统以前向碰撞预警系统(Forward Collision Warning System,简称 FCWS)和车道偏离预警系统(Lane Departure Warning System,简称 LDWS)等为主要代表。控制系统以自适应巡航控制系统(Adaptive Cruise Control System,简称 ACCS)、自动紧急制动系统(Automatic Emergency Braking System,简称 AEBS)、车道保持辅助系统(Lane Keeping Assistance System,简称 LKAS)和自动泊车辅助系统(Auto Parking Assistance System,简称 APAS)等为主要代表。而纵向驾驶辅助系统作为先进驾驶辅助系统在纵向上的应用也是近几年研究的热点,在车辆上的应用以 ACCS、FCWS、AEBS 为主要代表。

1) 车道偏离预警系统

车道偏离警示系统在驾驶员无意识偏离车道前,对其发出警告。研究数据表明,所有致命的交通事故中 34% 跟车道偏离有关,同时车道偏离也被看成车辆侧翻事故的主要原因之一。研究还发现,23% 的汽车驾驶员 6 个月内至少在转向盘上睡着一次;36% 的重型载货汽车驾驶员在驾驶过程中打瞌睡;20% 的轻型载货汽车驾驶员在 6 个月内有在转向盘上睡着的经历。每 4 个驾驶员中就有一个驾驶员经历过车道偏离引起的伤亡事故。驾驶员长时间单调地驾驶汽车,容易导致注意力降低。为此,研究者发明了车道偏离预警系统。图 12-2 所示为车道偏离预警效果图。

该系统由一个安装在汽车后视镜内的小型 CCD 摄像机、一些检测车辆状态和驾驶员操作行为的传感器(如转向信号)以及视觉和听觉警告装置组成。该系统利用由 CCD 摄像机获得的车辆前方车道标识线、其他传感器获得的车辆状态数据和驾驶员的操作行为等信息,判断车辆是否开始偏离其车道。一旦检测到汽车距离自身车道白线过近、有可能偏入邻近车道而且驾驶员没有打转向灯时,该系统就会发出警告信息,提醒驾驶员注意纠正这种无意识的车道偏离。当驾驶员感觉到手中的转向盘在振动时,表示车道偏离系统在报警。当检测到汽车偏离车道时,传感器会及时收集车辆数据和驾驶员的操作状态,之后由控制器发出警报信号,整个过程大约在 0.5s 内完成,为驾驶者提供更多的反应时间,从而尽可能减少车道偏离事故的发生。如果驾驶者打开转向灯,进行正常变线行驶,那么车道偏离预警系统不会做出任何提示。如有必要,系统

图 12-2 车道偏离预警效果图

将利用视觉警告信息、听觉警告信息以及振动转向盘来提醒驾驶员小心驾驶车辆,大大减少了因车道偏离引发的碰撞事故。此外,使用 LDWS 还能纠正驾驶员不打转向灯的习惯,该系统主要功能是提醒过度疲劳或解决长时间单调驾驶引发的注意力不集中等情况。

2) 自动紧急制动系统

自动紧急制动系统是防止汽车发生碰撞的一种智能装置,能够自动发现可能与汽车发生碰撞的车辆、行人或其他障碍物体,发出警报,同时采取制动或规避等措施,以避免碰撞的发生。当自动紧急制动系统探测到可能发生危险时,系统就会转入"自动操作"来避免危险的发生,例如当安装在车上的摄像头发现了将会有不可避免的撞车发生时,就会自动起动应急制动系统,从而保证将损失降到最低。系统还包含有与电脑相连的立体摄像机,可以分辨出汽车、骑车人以及行人,并且以此为依据配合当前各种参数迅速计算出事故可能的破坏程度,并做出相应的反应。另外,系统还有一个功能,可以自动探测路边的限速指示牌,并且根据探测到的数据用声音的方式提醒驾驶员要遵守速度限制,从而尽可能避免事故的发生。

图 12-3 所示为汽车防撞感应效果图。

自动紧急制动系统包含:

(1) 信号采集系统。采用雷达、激光、声呐

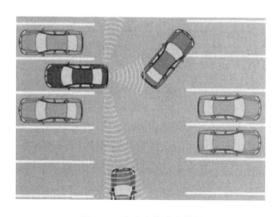

图 12-3 汽车防撞感应效果图

等技术自动测出本车速度、前车速度以及两车之间的距离。

(2)数据处理系统。主控芯片对两车距离以及两车的瞬时相对速度进行处理后,判断两车的安全距离。如果两车车距小于安全距离,数据处理系统就会发出指令。

(3)执行机构。负责实施数据处理系统发来的指令,发出警报,提醒驾驶员制动,如驾驶员没有执行指令,执行机构将采取措施,如自动制动等。

当汽车行驶前方出现障碍物并对本车行驶安全构成威胁时,自动紧急制动系统能实施自动报警、自动减速、自动制动,最终避免汽车与障碍物相撞。对后车追尾碰撞进行提前预警,在工作状态下后制动灯提前点亮,提醒后车驾驶员注意,便于后车留出一定的制动距离,避免两车发生追尾事故。

3)夜视辅助系统

夜视辅助系统可以帮助驾驶者夜间会车出现眩光时看清前方情况。在黑夜中既能顾及其他车辆乘员或路人的情况,又能改善行驶道路的照明情况。夜视辅助系统能使驾驶员辨别出距离210m左右路旁身着浅色衣服的试验假人,比氙气大灯提早41m左右。而在行人身着黑色衣服时,可提早92m左右。这意味着采用夜视辅助系统可以将夜间行车安全性提高125%以上。同时,由于对于潜在危险信息的充分掌握也能够使驾驶者在夜间驾驶过程中的心理压力大为缓解,进而使驾驶过程更加舒适放松。夜视辅助系统在夜间可以将车灯照射范围以外的潜在危险情况显示在挡风玻璃上,从而开阔驾车者的视野,避免交通事故的发生。由于采用了夜视辅助系统,可以提前看清近光灯照不到的黑暗中的交通标牌、弯道、行人、汽车、丢失的货物或者道路上其他可以造成危险的事物。这样,驾驶者可以及时采取制动或者避让措施。此外,这个系统能减轻驾驶者在夜间开车的紧张和劳累,保持精神饱满的状态,在紧要关头能迅速而正确地做出反应。图12-4所示为夜视系统效果图。

图12-4 夜视系统效果图

配备夜视辅助系统的车辆装有两个红外线前照灯,可以照到前方大约200m的距离。由于夜视辅助系统的前照灯在可见光波长范围之外进行工作,因此不会对人类的视线产生影响。当车速超过15km/h,驾驶者就可以起动夜视辅助系统。将前照灯打开,然后只需按下仪表板上的一个按钮,通常情况下显示速度的显示器就被切换为摄像机图像的状态。汽车前方的道路情况以一个清楚的灰度级图像出现在人们眼前。

12.3.3 驾驶辅助系统研究展望

汽车未来发展方向是持久安全的驾驶。对于自主品牌汽车研发来说,实现良好的驾驶视野,避免事故的发生,具有很高的战略地位。目前研发工作的一个重点是主动与被动安全系统的结合,以及对于更智能化驾驶辅助系统的研发,这些系统可以提前识别复杂的潜在事故环境,并及时向驾驶员发出警示,以尽量避免事故的发生。另外一个关注的重点则是对现有的系统进行持续再开发。

12.4 典型智能车辆与自动驾驶系统介绍

一个真正具有应用价值的智能车辆系统必须同时具备实时性、鲁棒性、实用性这3个技术特点。这也是智能车辆研究必须解决的3个重点课题。实时性要求系统的数据处理必须与车体的高速行驶同步进行。鲁棒性则要求智能车辆对不同的道路环境(如高速公路、市区标准公路、普通公路)、复杂的路面状况(路面及车道线的宽度、颜色、纹理、动态随机障碍与车流)以及变化的气候条件(日照及景物阴影、黄昏与夜晚、阴天与雨雪等)均具有良好的适应性,是智能车辆系统研究的难点所在。实用性要求智能车辆系统在体积与成本等方面能够为普通汽车用户所接受。上述技术要求构成了智能车辆系统研究所涉及的传感器信息处理、车体精密定位、行为规划与决策、自动驾驶与安全监控、综合集成等主要关键技术。值得注意的是,进入20世纪90年代特别是近十年来,西方发达国家在智能车辆研制与开发方面出现了一些引人注目的变化。

12.4.1 典型系统介绍

1)卡内基梅隆大学(CMU)的Navlab 5系统

卡内基梅隆大学(Carnegie Mellon University,简称CMU)的地面智能车研究并未因火星探测计划等其他项目的影响而搁置。继1986年改装Navlab 1,1990年改装Navlab 2之后,他们又于1995年建立了全新的智能车试验床Navlab 5。这是一辆1990年问世的Pontiac运动跑车(Pontiac Trans Sport),由美国著名的Delco Electronics公司捐资赞助。CMU与Assist Ware技术公司合作在Navlab 5上开发了便携式高级导航支撑(Portable Advanced Navigation Support,简称PANS)平台,以及快速自适应车体定位处理器RALPH视觉系统。

(1)计算机系统

PANS平台的计算机系统包括一台Sparc LX便携式工作站,其主要技术参数:50 MHz Micro Sparc CPU、32MB内存、970MB硬盘,以及一台分辨率为1024×768的液晶显示器。

(2)传感器系统

①视觉系统传感器为一台Sony DXC-151A彩色摄像机,配备Pelco TV8ES-1自动光圈手动聚焦镜头。该摄像机可供RGB以及NTSC视频输出。经Datacell视频数字转换仪,将图像传送到驾驶台仪表盘上的一台Sony FDL-X600彩色液晶监视器显示。摄像机的安装位置取决于所使用的软件系统,可根据需要在视镜支座及车体侧面玻璃两个不同的位置加以选择。

②差分GPS系统一套。选用Trimble SVee Six-CM2型6通道GPS接收机,在无SA影响时定位精度为25m,速度精度为0.1m/s。差分基准站使用Motorola Cellect调制解调器,通过蜂窝式移动电话数据链提供RTCM-104标准格式的差分校正。其定位精度可提高到2~5m。

③陀螺仪为Andrew公司生产的具有数字输出的光纤阻尼陀螺。旋转率的测量范围为0.02~100°/s。设备的漂移补偿可达18°/h(0.005s)。陀螺仪的输出以9600波特率、10Hz的频率送到便携机。

辅助定位传感器还包括装在转向轮处的光码盘。

综合上述定位传感器的输出可产生车体的局部(x、y方位)和全局(经度、纬度)的定位信息,以及车体速度、已行驶的距离和转弯半径等数据。

(3)车体控制与安全监控系统

底层车体控制与安全监控使用一台 HC11 微控制器。该控制器的主要功能是控制驾驶轮,并向上层的车体控制与位置估计(VCPE)模块提供转弯半径信息。该控制器配有一个积分解码板和一个数/模转换器,用于处理光码盘所测量的当前车轮位置数据。通过综合底层和上层模块提供的定位信息,采用 PID 控制算法计算出适宜的转向电机力矩。

HC11 微控制器中的一个功能是监控系统底层的安全。而系统上层的安全性检测则由 VCPE 模块完成。HC11 微控制器以串行方式发送或接收上层 VCPE 模块的信息。

(4)自主驾驶试验

室外自主驾驶试验分别在试验场和公路上进行。试验场环境的道路为一 S 形曲线,平均转弯半径约350m。Navlab 5 自主驾驶的平均速度为 88.5km/h。公路试验除短距离小范围行驶外,还首次进行了横穿美国大陆的长途自主驾驶试验(No Hands Across America)。这次"远征"东起华盛顿特区西至加州的圣迭戈(San Diego),距离长达 4586km。统计结果表明,自主驾驶的行程为 4496km,占总行程的 98.1%。尽管所行驶的道路绝大部分为高速公路,但仍有一部分路况复杂的市区公路以及路面条件较差的普通道路,同时还包括清晨、夜晚和暴雨等恶劣气候条件。因此,上面的统计结果是相当令人振奋的。

2)VaMoRs-P 系统

智能车辆自主导航的另一个具有代表性的研制工作由位于慕尼黑的德国联邦国防大学进行。其合作伙伴为德国奔驰汽车公司。他们从 20 世纪 80 年代初期开始此项研究,先后研制开发出 VaMoRs 和 VaMoRs-P(或 VaMP)两种实验车。VaMoRs 由一辆奔驰 508D 型 5t 面包车改装而成。1987 年 VaMoRs 自主车曾在一段尚未通车的高速公路上创下自主驾驶 96km/h 的 20 世纪 80 年代最高速度。VaMoRs-P 或 VaMP 为自主移动性和计算机视觉实验车——小客车。它由一辆豪华型奔驰 500(Mercedes 500 SEL)改装而成。

(1)计算机系统

计算机系统由基于 Transputer 的并行处理单元和两台 PC-486 组成基于 Transputer 的处理单元,由大约 60 个 Transputer 构成。其中,16 位的 T-222 用于图像特征抽取、信息通信和 I/O 操作;32 位的 T-805 用于图像处理和物体识别、基于对象的状态估计、数据库操作、行为决策、控制计算(25Hz)、方向控制(500Hz)和图形显示。一台 PC-486 和一台便携式 486 作为宿主机,主要用于软件开发和系统装入、人机交互及数据登录等。

(2)传感器系统

传感器系统由下列部分组成:

①4 个小型彩色 CCD 摄像机,构成两组主动式双目视觉系统。一组安装在车体前部后视镜附近的特制平台上,另一组固定在车体后部挡风板的上方。

②3 个惯性线性加速计和角度变化传感器。

③测速表及发动机状态测量仪。

除传感器系统外,底层执行器还包括由计算机控制的下列设备:用于驾驶控制的力矩电机、电子油门(符合 500SEL 标准)、液压制动器、用于观察控制的力矩电机。

(3)自主驾驶试验

VaMoRs-P 系统已在高速公路和普通标准公路上进行了大量试验。试验内容包括跟踪车道线、躲避障碍,以及自动超车等。并利用自适应控制进行纵向及横向自主方式一般行为试验。其中主要的自适应控制规律为:类似反射的状态反馈以适应对扰动的快速反应;前馈控制时间记录并根据规则集进行事件切换。该系统1995年公布的最高速度可达130km/h,1996年已提高到160km/h。

3) Peugeot 系统

法国帕斯卡大学自动化与电子材料科学实验室与法国 DRAS 雪铁龙(Citroen)技术中心合作,联合研制了另一个功能简单却颇具特色的智能车辆辅助导航系统。该项研究由标致(Peugeot)雪铁龙集团提供资助,试验车采用的是一辆标致牌小汽车。这里将其简称为 Peugeot 系统。全部计算系统仅为一块 DSP 卡。传感器系统包括摄像机和速度传感器。视觉系统使用单摄像机实时检测并跟踪道路白线,采用高斯滤波和平均值计算确定灰度标准方差,利用梯度计算确定车道线的右(或左)边缘。同时选择多项式函数建立轨迹模型,利用时空光滑方法降低噪声和提高鲁棒性。根据车体在道路中的位置推算出车体的行驶轨迹,并通过轨迹分析进行若干安全性判据检测,如道路安全判据(车体位置与轨迹特性)、人体生理判据等。当车体前方或驾驶参数出现非正常状况时,系统以语音信号的方式向驾驶员发出警告性提示,以避免或降低因驾驶员疏忽所引发的行车事故,提高车辆在道路行驶中的安全性。可见该系统完成的是相对简单的安全警告与辅助导航功能。

系统的警告决策模块规定了下述4个基本条件:

(1) 车体必须在限定的车道线范围内运动。

(2) 车体必须保持如下的安全距离 SD。SD≥车速×驾驶员反应时间。其中反应时间是指驾驶员接到系统发出的警告提示后修正轨迹所需的时间。

(3) 车体方位必须保持正确(该参数可由轨迹的一阶导数推出)。

(4) 车体的轨迹曲率(轨迹的二阶导数)必须保持正确。

该系统的一个突出特点是硬件配置轻型化。据介绍,整个系统的运算处理部分都已集成在一块基于 TMS320C50 的数字信号处理卡上。因而对试验车几乎无需作任何改装。系统已在高速公路上进行了几百公里不同路况的行车试验,最高车速达130km/h。当车流稀少、车道线清晰时,系统的误检率仅为0.1%。当车流较多时误检率增至2%。在路面有少量积雪的恶劣情形下,系统的误检率也仅为8%左右。可见系统具有较好的适应性。

12.4.2 系统特点分析

由于上述3个系统的应用背景均为高速公路或标准等级公路,故其视觉处理系统具有某些值得注意的共同特点:

(1) 以 CCD 摄像机(Camera)作为唯一的视觉传感器。Navlab 5 的 RALPH 视觉系统和法国的 Peugeot 系统仅使用单摄像机,德国的 VaMoRs-P 系统采用两组双摄像机方案。但均未使用激光测距仪等更为昂贵的传感器(由于车速等原因也未安装超声传感器)。因此可视为完全基于摄像机的视觉系统。

(2) 普遍采用视觉窗口技术,仅处理感兴趣区域的局部信息。RALPH 视觉系统选取一个随车速变化的梯形窗口,该梯形窗口中每一行所对应的实际水平宽度约7m左右,大约为典型车道宽度的两倍。然后对梯形窗口的内容进行几何变换,建立一个30×32像素的低分辨率图像。法国的 Peugeot 系统则抽取一帧图像中的大约10行,再从这10行中选取位于车道白线附近的一个局部区域进行处理。该区域的宽度仅为图像中车道总宽度的30%左右。显然这种视觉窗口技术显著提高了视觉处理的速度。

(3)均具备不同程度的快速自适应功能。如 RALPH 视觉系统对道路表面特征采用一种扫描线亮度轮廓表示法。系统能够根据车体前方的道路类型,十分容易地选择或修改32个元素的样本扫描线亮度轮廓向量,以4种方式对变化的情况进行快速自适应反应,以建立或确定适合当前道路类型的新的样本。这一过程仅需大约2s,并且不需任何人工干预。法国的 Peugeot 系统设计了一个判别车道白线是否漏检或丢失的检测过程,它以视觉算法的预测误差以及预测/检测点数之比率作为判据。

12.5 车联网

12.5.1 车联网定义

车联网概念引申自物联网(Internet of Things),根据行业背景不同,对车联网的定义也不尽相同。传统的车联网定义是装载在车辆上的电子标签通过无线射频等识别技术,实现在信息网络平台上对所有车辆的属性信息和静、动态信息进行提取和有效利用,并根据不同的功能需求对所有车辆的运行状态进行有效的监管和提供综合服务的系统。

随着车联网技术与产业的发展,上述定义已经不能涵盖车联网的全部内容。根据车联网产业技术创新战略联盟的定义,车联网是以车内网、车际网和车载移动互联网为基础,按照约定的通信协议和数据交互标准,在车—X(X 是指车、路、行人及互联网等)之间,进行无线通信和信息交换的大系统网络,是能够实现智能化交通管理、智能动态信息服务和车辆智能化控制的一体化网络,是物联网技术在交通系统领域的典型应用。

这将无线通信技术应用于车辆间通信的自组织网络,以车辆作为网络节点,通过综合使用多种无线通信技术接入互联网进而与各种车联网服务连接,能够在行驶的车辆之间以及在车辆和路边基础设施之间建立无线通信;利用多跳转发的方式,可以让两个在彼此通信范围之外的车辆进行信息交换,对于提升车辆的信息化、自动化程度,减少交通事故,保障行车安全和提高交通效率具有十分重要的意义。

12.5.2 车联网发展概况

"车—路"信息系统一直是智能运输系统发展的重点领域。欧盟 CVIS、美国的 IVHS、日本的 SmartWay 等系统通过车辆和道路之间建立有效的信息通信,实现智能交通的管理和信息服务。RFID 技术在物流与供应链管理领域以及交通运输领域智能化管理中得到了应用,如智能公交定位管理和信号优先、智能停车场管理、车辆类型及流量信息采集、路桥电子不停车收费、高速公路多义性路径识别及车辆速度计算分析等方面取得了一定的应用成效。

国内方面,同济大学宽带无线通信与多媒体研究室(Broadband Wireless Communication and Multimedia Laboratory,简称 BWM)自2002年以来专注研究车联网专用短距离无线通信(IEEE 802.11p/VANET)、宽带无线通信理论与测试(LTE/LTE-D2D)、视频图像处理及其在汽车和智能交通中的应用,是同济大学"985工程"教育部重点实验室建设内容之一。主要的车联网科研课题包括:科技部主题863项目"车联网应用技术研究"(2011)、"车路协同系统设计信息交互和集成验证研究"(2010)、"基于移动中继技术的车辆通信网络的研究"(2007)、亚太经济合作组织(APEC)项目"Cooperative Forum on Internet of Vehicles (IoV) and its Worldwide Application Implementation"(2013)、欧盟第7框架项目(FP7)"Quality-of-Experience Improvement for Mobile Multimedia across Heterogeneous Wireless Networks"(2013)、美国硅谷基金"Service Access on Highway VANETs"(2009)、科技部国际合作重点项目"下一代无线宽带互联网技术在城市交通网络中的应用"(美国、法国、芬兰)(2005)、国家自然科学基金"车—车通信环境下多车型合作驾驶跟驰建模及仿真研究"(2009)、"面向业务的车辆通信网络自适应多信道MAC机制研究"(2011)、"高速公路上自适应于交通流的紧急消息分发机制研究"(2012)等。

2009年长安汽车在对国内外智能交通和主动安全技术的发展现状、产业化前景以及国内基础等进行充分调研和论证的基础上,制定实施了重点发展基于智能交通的汽车主动完全技术的战略规划,并于2010年与清华大学开展了基于机器视觉的车道偏离和前方障碍物预警系统的研究,现已经完成样车开发。该样车具备车道偏离报警、自适应巡航、前撞预警功能,并在2013年的上海国际车展上进行了展示。

2010年11月12日至27日广州亚运会期间,80多台安装着G-BOS设备的苏州金龙智慧客车投入服务,这是亚运历史上首次出现"3G"客车,标志着车联网技术正式走向社会视野。G-BOS系统由杭州鸿泉数字设备有限公司与苏州金龙公司2010年1月战略合作研发,G-BOS系统从2010年7月正式发布,到2013年底装车量已达60000多部。2011年5月31日,交通部公示"交通运输行业第四批节能减排示范项目",其中"G-BOS智慧运营系统的应用"榜上有名。

2015年1月27日,百度宣布推出车联网解决方案CarLife,借此全面布局车联网领域。百度CarLife是一款跨平台车联网解决方案,在车机端,无论是Linux、QNX还是Android,CarLife都可以适配;在用户端,CarLife可以支持Android和iOS智能操作系统,能够覆盖到95%以上的智能手机用户。CarLife用户只需通过数据线或者wifi将手机连接到车载系统上,就可以在驾驶过程中使用各种应用。一汽奥迪、北京现代、上海通用汽车厂商与百度签订了车联网方面的战略合作协议,在旗下车型的车机端进行了CarLife适配。

12.5.3 车联网体系结构与关键技术

1)车联网体系结构

依据车联网需要提供的网络服务的内容,车联网体系结构可以分为感知层、网络层和应用层,如图12-5所示。

(1)车联网感知层

由多种传感器及传感器网关构成,包括车载传感器和路侧传感器。感知层是车联网的神经末梢,是信息的来源。通过这些传感器,可以提供车辆的行驶状态信息、运输物品的相关信息、交通状态信息、道路环境信息等。

(2)车联网网络层

由车载网络、互联网、无线通信网、网络管理系统等构成。网络层在车联网中充当神经中枢和大脑。它能够传递和处理从感知层获取的信息,目前已经制定了车载环境下无线接入(Wireless Access in Vehicular Environment,简称 WAVE)的相关协议。

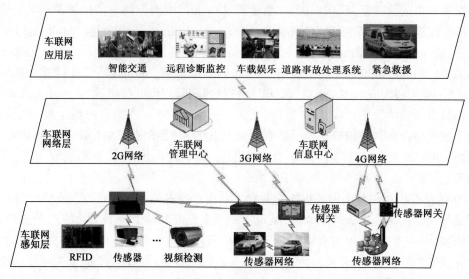

图 12-5　车联网体系结构

(3) 车联网应用层

主要是与其他子系统的接口,根据不同用户的需求提供不同的应用,如道路事故处理、紧急事故救援、动态交通诱导、停车诱导、危险品运输监控等。

根据系统架构,车联网系统可分为智能车载系统(车辆)与智能路侧系统(基础设施)。其中,智能车载系统包括车载信息获取、车载通信和安全预警及控制子系统等;智能路侧系统则包含路侧信息获取、路侧通信、交通信息发布、交通管理与控制等子系统。将二者连接起来的关键是通信技术。

图 12-6 所示是车联网技术框架图。

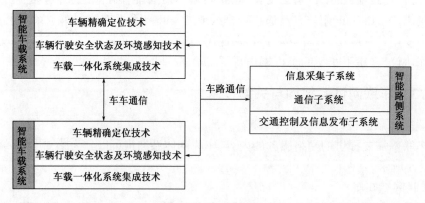

图 12-6　车联网技术框架

2) 车联网关键技术

(1) 车车/车路通信技术

车联网通信既可以在车辆与车辆之间进行,也可以在车辆与路边基础设施之间进行。节点的高移动性和频繁变化的拓扑结构给车联网通信网络设计带来了很高的挑战。

车联网的无线通信技术主要上分两种,一是无线局域网,二是蜂窝式移动网络。目前的车载通信市场主要采用 GPRS、CDMA 以及 3G 等移动通信技术,但成本较高且速度有限。随着无线城市的建设,越来越多的城市开始覆盖 WLAN。使用 WLAN 可以降低成本,提高带宽,能够满足交通信息实时交互的需求。WLAN 环境下,路边基础设施为无线网关 AP,车辆与车辆、车辆与路边基础设施之间通过 WLAN 进行通信。

目前国际上选用 IEEE 802.11p 协议作为车联网通信系统的协议,符合智能运输系统中相关应用的需求。IEEE 802.11p 协议是由 IEEE 802.11 标准扩充的无线局域网标准,是对 IEEE 802.11 协议的物理层和 MAC 层提供功能上的增强。IEEE 1609 系列标准是基于 IEEE 802.11p 通信协议的上层应用标准,是针对车联网环境下的无线信道访问所定义的通信系统架构及一系列标准化的服务和接口。车联网环境下无线接入协议栈如图 12-7 所示,其中 WSMP(WAVE Short Message Protocol)是指 WAVE 短信息通信协议,LLC(Logic Link Control)是指逻辑链路控制。

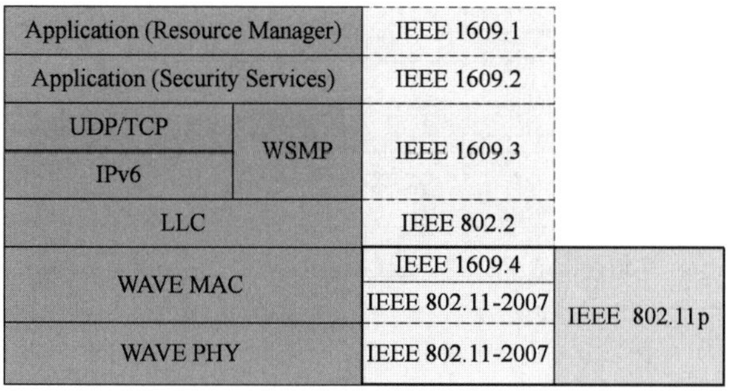

Application (Resource Manager)		IEEE 1609.1	
Application (Security Services)		IEEE 1609.2	
UDP/TCP	WSMP	IEEE 1609.3	
IPv6			
LLC		IEEE 802.2	
WAVE MAC		IEEE 1609.4	IEEE 802.11p
		IEEE 802.11-2007	
WAVE PHY		IEEE 802.11-2007	

图 12-7 车联网环境下无线接入协议栈

IEEE 802.11p 的最初设定中,传输距离为 300m,传输数据速率为 6Mbit。为了适应车联网环境,IEEE 802.11p 在热点切换、移动环境适应性、安全性等方面进行了加强。

(2)智能车载系统技术

在车联网环境下,智能车载系统主要是将各类传感器获得的车辆行驶状态信息、周围的环境信息以及车辆本身的信息等,经过车载单元的分析和处理,向驾驶员提供信息服务。智能车载系统还能通过与路侧系统之间的通信,接受控制中心发送的信息和指令。智能车载系统技术可划分为车辆精确定位技术、车辆行驶安全状态及环境感知技术和车载一体化系统集成技术。

①车辆精确定位技术。

在车联网系统中,车辆的位置信息是最重要的一环。只有知道车辆对象所处的位置,才能进一步实现车辆监控、辅助驾驶、在线调度和路径优化等相关功能。目前对车辆定位技术的研究较多,但是如何对车辆进行精确定位,尤其是在复杂的城市环境下进行定位仍是难点。

对车辆的定位可分为绝对定位和相对定位。绝对定位一般通过卫星定位系统集合地埋信息系统在获取车辆的经纬度信息后确定车辆在道路上的位置信息。车辆的位置信息不仅可用于动态诱导、安全预警等,还可为交通量统计、拥堵分析提供数据基础。目前常见的卫星定位系统有美国的 GPS、俄罗斯的 GLONASS、欧盟的伽利略和我国的北斗系统。其中,GPS 系统应用最广泛,随着北斗系统的进一步建设与完善,在我国使用北斗定位将是未来技术发展的趋势。

城市环境下,譬如在隧道、室内停车场以及密集建筑物下等环境下卫星定位系统效果不佳。现有基于 GPS/DR/MM 等的组合定位技术在定位精度、定位效率等方面还有所欠缺。而车联网环境下,可以基于车辆与基础设施的通信,车载单元的位置能够通过对路侧单元发射和接收的无线射频信号的范围测量进行相对定位获得。

车辆在运动过程中,常伴有跟随、换道等行为。车联网应用中重要的一项为辅助驾驶乃至自动驾驶。辅助驾驶需要获得车辆在车道内的位置、与前后车的相对距离、与邻近车道内同向行驶车辆的相对位置、与对向车辆的相对位置等,对位置信息的精度要求很高(图 12-8)。由于卫星定位信息精度不够,仅靠绝对定位不能满足辅助驾驶的需求,则需要采用车载传感器来进行相对定位。

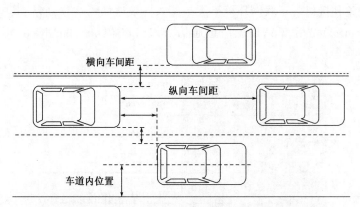

图 12-8　进行车辆相对定位所需要的一些重要参数

用来进行相对定位的传感器常见的有两种,一种是以激光雷达、声呐距离传感器为代表的距离传感器,另一种是视觉传感器。激光雷达和声呐传感器这类距离传感器的原理都依靠发射信息来进行测距,因此可以测量车与车之间的距离、车与障碍物之间的距离,但对于车辆在车道上的位置识别却无能为力。视距传感器可用来进行位置识别,主要分为单目视觉传感器和多目视觉传感器。单目视觉传感器的原理是投影变化(图 12-9),图像采集设备通过路面平面上的点和成像平面上的点之间的变换关系来确定位置关系。单目视觉传感器可通过对车道线进行识别,以获取定位信息。

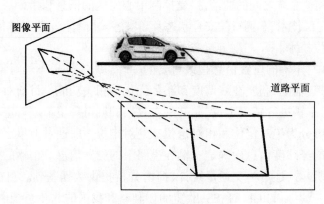

图 12-9　单目视觉传感器原理

单目视觉传感器只能获得平面信息,因此为了获得三维信息,需要使用多目视觉传感器。

目前对多目视觉传感器在交通环境下的运用仍处于起步阶段。

未来可通过应用车车通信和车路通信进一步提高绝对定位的精度,并进行相对位置的估算。现阶段提高车辆定位精确度的主要方法还是采用多源信息融合技术。

②车辆行驶安全状态及环境感知技术。

车辆行驶安全状态信息和环境信息感知技术是对车辆控制乃至交通控制的基础。车辆行驶安全信息包括车速、各种介质的温度、驱动系/转向系的运行状况等,通过安装在汽车上的车用传感器获得。环境信息包括交通状况、交通信号、路面状态、道路线形、行人和非机动车等信息。

交通状况和交通信号信息既可通过车路通信从控制中心获得,也可通过视频传感器等综合感知技术来判断。

路面状态信息变化包括路面的物理损坏和因为雨、雪等气候造成的路面附着系数改变,前者可采用激光、视频、红外等传感器来确定,后者可利用对水迹、雪迹、冰迹的识别进行间接计算。

道路线形信息可从大比例的地理信息系统中查询获得,但由于目前我国正处于城市建设加速阶段,地理信息系统的更新跟不上道路线形的改变,而且现有的电子地图也缺乏足够、全面的线形信息,因此需要通过车载设备来对道路线形进行识别。利用前述的视觉传感器可以对车道线和道路边缘的识别,完成对道路线形的识别和拟合。不过这种方法存在滞后性,解决办法之一是通过车车通信将前车检测到的数据传送至后车。

我国城市交通的一大特征就是人车混行、机非混行,因此对行人和非机动车的检测,对实现汽车的安全驾驶及无人自动驾驶非常重要;其可通过视频传感器、雷达、红外传感器等设备获取。

总体来看,通过单一设备很难获取全部所需的车辆行驶安全状态及环境信息,因此需要对多传感器获取的信息进行融合,以满足实际的应用需求。

③车载一体化系统集成技术。

其包括行车安全预警与控制、智能运输信息服务等相关技术。在车联网环境下,车辆将自身感知到的信息、车车之间通信交互得到的信息和车路通信得到的路侧设备采集到的信息进行处理,进而提供对危险状况预警、车辆运动状况进行辅助控制、动态交通诱导、停车诱导等相关服务。

对危险状况进行预警是最基础的安全保障方法,通过对各来源信息进行分析,对危险状况进行量化并分级,根据不同的级别提供不同的预警信息,并给出解决建议。

车辆状态辅助控制则是更高一级的安全保障措施。在对车辆运动状况进行辅助控制的过程中,既要考虑对车辆的运动状态进行调整以达到紧急避险的效果,还要保证在调整的过程中车辆状态的改变对驾驶员和乘客影响尽可能小。目前包括沃尔沃、宝马等汽车厂商已经在其汽车产品中提供了车道并线辅助系统、车道偏离警示系统、可自动制动的自适应续航控制系统、行人探测和全力自动制动系统等主动安全系统,不过这些系统基本还是以车辆自身探测到的信息作为信息来源,未来在车联网环境下通过对多源信息进行融合仍是研究重点。

动态交通诱导和停车诱导是智能运输系统中常见的信息服务。车联网能够提供更准确的信息。例如,控制中心可以获得车辆的位置信息、速度、道路交通状况、路径申请需求,以提供更准确交通诱导服务。而在停车诱导方面,通过 RFID 识别技术,系统可以准确获知停车场的空闲车位以及车辆的停车申请需求,经过系统处理并根据实际情况提供诱导信息,可以避免由于信息滞后和多车申请带来的停车冲突。

(3)智能路侧系统技术

智能路侧系统主要包含3个子系统。一是信息采集子系统,即通过设置的各类传感器进行信息采集;二是通信子系统,完成车辆与路侧设备、路侧设备与控制中心之间的信息交互;三是交通控制及信息发布子系统,负责处理路侧设备采集到的信息和车辆采集到的信息,进行实时的交通控制和信息发布。其中,通信子系统所采用的关键技术与车车/车路通信技术类似,因此下面主要介绍信息采集子系统和交通控制及信息发布子系统。

①信息采集子系统。

a.交通流状态检测技术。

交通流状态信息是车联网下进行交通控制、交通诱导等所需的重要参数。传统的交通流信息采集主要是靠布设的固定型检测器进行采集。随着车联网技术的发展,基于车路通信,路侧单元通过获取其通信范围内车辆的相关信息,也可实现对交通流状态信息的检测(图12-10)。此外还可将相关信息发送到其通信范围内的车辆。

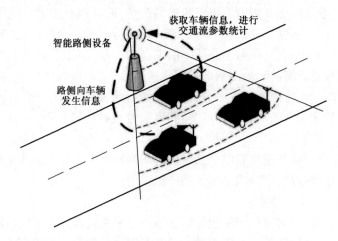

图12-10 车联网环境下的交通流采集

b.行人和非机动车检测技术。

我国城市交通的一大特征就是人车混行、机非混行,因此对行人和非机动车的检测非常重要。对于行人和非机动车检测可通过在路侧单元中安置的视频传感器、雷达、红外传感器等设备获取。同时还可将智能路侧系统检测到的信息与智能车载系统检测到的信息进行融合,以提高检测的范围和精度。

c.路面状态及环境检测技术。

对路面状态和环境的检测,可采用激光、视频、红外、气象雷达等传感器来确定。由于路侧单元受空间和重量的限制小,与车载单元相比可以使用精确度更高、更复杂的检测设备。但由于路侧单元固定,每个单元能够检测的范围有限,因此将大范围的路侧单元和车载单元进行融合,是路面状态及环境检测技术的发展趋势。

②交通控制及信息发布子系统。

为了引导交通流平稳、安全、高效和有序地运行,确定合理的交通管理控制手段非常重要。其中包括为车辆提供安全运行车速,以平稳安全交通流运行;动态协调道路使用权,提高路网的通行能力;及时控制交通违法行为,保障交通流有序运行;合理发布安全预警信息,以预防交通事故的发生。

a. 复杂路况下的交通流安全运行速度确定方法。

雾、雪、暴雨和沙尘等不利天气会降低空气能见度和路面抗滑性能,并对驾驶员心理的产生不良影响,导致车辆超速行驶,发生交通事故。因此为交通流提供安全的运行车速是非常必要的,特别是在道路交通事件下。通过分析各类因素对交通流运行的影响,并对其进行量化,以道路通行能力和安全系数最优化为目标,确定安全运行车速范围,以达到协调各车辆的速度值,降低车速的离散性,增强交通流运行的安全性,同时提高交通运行效率的目的。

b. 动态协同车道技术。

城市道路中常出现公交专用道闲置,以及由于道路交通事件等原因引起的道路一个方向交通顺畅而另外一个方向交通拥堵情况,因不能动态协调交通流,而使用空闲车道或逆向畅通车道,大大降低了城市道路通行能力与效率。而动态协同车道技术可对这一现象进行有针对性的交通控制与优化。

公交车专用车道使用权动态协调技术,主要根据公交车专用车道和相邻车道的交通状况,以及车辆身份和车辆运行状态等信息,来确定相邻车道的车辆进入和离开专用道的时机;

道路交通事件条件下逆向车道使用权的动态协调技术,根据道路交通事件信息、逆向车道的交通状况和、可变信息板(Variable Message Signs,简称VMS)的位置等信息,确定车辆安全进入和离开逆向车道的时机,以及VMS关闭车道的时机与方式。

利用上述技术即可实现车车/车路通信下道路使用权的动态协调,显著提高智能化交通服务水平。

c. 路段车辆违法行为识别与控制技术。

车辆在路段上的违法行为多种多样,严重影响了道路的通行效率和安全性,我国现有的违法行为识别技术与设备仅能对超速、违章占道等少数违法行为进行识别,还缺乏对大多数违法行为的识别研究与推广应用。在车路协同下,通过车车/车路信息交互,可以获得可靠、丰富的交通信息,系统将综合人、车、路段和环境等各方信息,重点对路段上车辆多种违法行为种类识别、车辆违法行为严重程度判别、违法行为综合控制等技术进行研究,为控制路段违法行为提供信息和技术支持,保障交通流安全有序运行。

d. 协同安全预警技术。

交通流安全预警信息的合理发布,对于提升交叉口和路段的通行能力和运行安全性非常重要。交通控制及信息发布子系统能够根据区域交通状态和交通事件影响范围,在对车路协同条件下驾驶员信息反映特性进行研究的基础上,确定预警信息的服务对象及紧急级别、发布频率和发布时机,确定表达方式及制定最优的发布策略。通过车车/车路交互技术,将限速值和交通事件等安全预警信息及时可靠、有区别地分别发布至可变信息板和相关参与车辆。

12.5.4 车联网未来发展

1) 发展前景

上述技术和应用应是车联网需要重点发展的技术和应用,而这些技术和应用细分下去是非常庞大的技术体系,因此需要许多厂商一起合作来共同打造这个网络生态系统。但是,并非先建成完整的技术体系才能开发车联网的应用与服务。和互联网一样,对用户有价值、能够让用户有良好体验的细分应用都将会获得成功。近两年来,无论是前装市场上通用引入 OnStar、丰田引入 G-BOOK 到中国,还是路畅科技率先推向后装市场的车联网服务 iBook,都证明了车联网已经在路上。就像 PC 走进互联网,手机走进移动互联网一样,汽车必将走进车联网,且会走得很快、很远。

2) 发展机遇

(1) 对物联网的重视以及政策支持是车联网发展的制度基础

2010 年物联网在十一届全国人大三次会议上第一次在政府工作报告中被提及。随后经过两年的酝酿和发展,物联网已初具规模。2012 年两会的政府工作报告中,物联网再次被提为战略新兴产业。工业和信息化部发布了《物联网"十二五"发展规划》,这是我国五年规划史上第一个物联网规划,规划中明确提出,物联网将在智能电网、智能交通、智能物流、金融与服务业等领域率先重点部署。

车联网作为物联网在汽车行业的重要应用,现已被列为国家"十二五"期间的重点项目。工业和信息化部正在从产业规划、技术标准等多方面着手,加大对车载信息服务的支持力度,以推进车联网产业的全面铺开。此外,我国对于新能源和智能化汽车也有强有力的鼓励政策。可以预见的是,车联网将迎来更多的扶持政策。

(2) 汽车电子以及信息传输网络的发展为车联网奠定了技术基础

车联网是继互联网、物联网之后未来智能城市的另一个标志。与传统移动通信服务相比,车联网的应用领域具有更广泛的业务种类、更长的价值链条、更专业化需求的特点。在技术层面,车联网需要首先通过各种传感器获取各种信息,如射频识别、红外感应器、全球定位系统、激光扫描器等信息传感设备,这些设备能为汽车间的信息交换提供基础,从而实现智能化的识别、定位、跟踪、监控和管理。近几年来,国内基于 RFID 电子标签技术的传感网发展迅猛,而车联网发展的重要基础——汽车电子也在快速发展。

汽车电子是车联网得以实现的基础,特别是汽车电子中的各种车用传感器和执行器等,它们是促进汽车电子化、自动化、智能化发展的关键技术之一,对某些汽车电子系统,如发动机电控、安全气囊系统,传感器成本约占系统总成本的 70%。世界各国对车用传感器的研究开发以及如何提高性价比都非常重视。汽车电子越发达,自动化程度越高,对传感器的依赖就越大。所以,国内外都将车用传感器技术列为重点发展的高新技术。除了传感器外,车载汽车电子装备也是车联网得以实现的重要载体,包括导航系统、车载娱乐系统等。

另外,信息传输网络也是车联网必不可少的技术环节之一。我国三大运营商都已经建成覆盖全国的基础通信网。特别是 3G 网络的建设,这为建设车联网提供了坚实的网络基础。

总体来看,车联网以车为节点和信息源,通过无线通信等技术手段将获取的信息连接到平台网络中加以分析和管理,其核心就是信息获取和反馈控制,从而实现车与路、车与车、车与城市网络的相互连接。它是伴随城市交通拥堵的日益加重以及智能交通解决方案技术的不断进步而出现的,我国拥有丰富的带宽资源和移动通信网络,并且汽车保有量大,这使得我国发展车联网具有很多优势。

(3) 构建健康、和谐的城市化体系是推动车联网发展的市场需求

随着我国经济的发展,国民经济的工业化,城市人口不断增加,城市化在全国范围内已经成为一种必然趋势。城市化带来的交通拥堵、车辆事故、环境污染等"城市病",已成为横亘在城市发展面前的一道难题,这对城市化健康发展与构建合理、和谐的城市体系提出了更高的

要求。

我国是全球汽车最大的生产国和消费国,车联网市场巨大,车辆已经成为城市的重要组成部分。从汽车这一新兴移动终端,到由汽车组成的车联网系统,牵动着我国又一条至关重要的经济脉络。尤其在2013年两会上,智能交通、校车安全等社会问题成为议题后,社会各界对交通堵塞、校车事故、车内污染等问题特别重视,都希望政府能制定强有力的解决措施。

(4) 车联网发展需建立协同生态系统

据物联网智库的专家分析,中国车联网至今仍然处在这样的阶段:主流车厂卖车的"卖点",智能交通"ETC"收费的手段,内容服务提供商(Telematics Service Provider,简称 TSP)和电信运营商争论收费高低的战场。这大约对应国外的情形。什么时候以创新为驱动,以安全为目标,以消费者为中心,什么时候才能有中国车联网的协同发展。

车联网发展头十年一直是汽车制造厂商指导的。10年以后,厂商们发现新车销售有了卖点,但物联网智库认为车联网本身并没有带来价值,过去10年所有TSP都是亏损的。车联网的普及率没到10%,用户都不愿意付费。这是因为车联网是完全被汽车厂商控制的封闭的业务系统,并没有对汽车产业产生影响,也没有对相关产业产生影响。那么其他领域呢?比如商业车队管理,这也做了10年,商业车队大部分也配备了设备,但商业车队大量运输并不真正需要物联网,而是需要重新构造自己的生产方式,商业车队的车联网还没有达到20%的渗透率,并没有给运输车队创造真正的价值。物联网智库认为,过去人们讨论车联网,关注点一直在网络和车内的装置及其功能。云计算风行时,许多人热衷于通用的PaaS(Platform as a Service,平台即服务)平台。直到今天讨论车联网创造价值时,例如提供基于驾驶行为数据的车险服务(Usage Based Insurance,简称 UBI)时,大数据才成为人们关心的焦点。思科公司在这方面研究表明,如果使用车联网,损失可以降低35%,而且每年可以降低58美元的费用,包括保险、撞车以后自己要付的费用,还有公安管理、摄像头和违章费用,这个费用非常高,所以车联网带来非常大的效益。

我国的车联网亟须跳出传统车联网的禁锢,建立协同车联网的新市场和新产业生态。物联网智库认为,新生态的最大特点是通过车联网对汽车、维保、金融、保险、交通、运输、安保各个传统领域和消费者的商业模式进行优化获得新的价值。各种车联网协会应该在这个方面做出努力,在众多产业中寻找快速普及和获得价值的切入点。

3) 政策扶持

车联网项目已被列为国家重大专项(第三专项)中的重要项目,首期资金投入达百亿元,实施国家科技重大专项是科技工作的重中之重,《国家"十二五"科学和技术发展规划》中的重大专项第三项要求:加快突破移动互联网、宽带集群系统、新一代无线局域网和物联网等核心技术,推动产业应用,促进运营服务创新和知识产权创造,增强产业核心竞争力。而车联网项目作为物联网领域的核心应用,第一期资金投入达百亿元级别,扶持资金将集中在汽车电子、信息通信及软件解决方案领域。

2012年7月31日至8月1日,由交通运输部公路科学研究院和北京市交通委员会主办的第三届智能运输大会(ITSCC)在北京召开,大会期间交通运输部科技司的相关负责人第一次公开解析了《2012—2020年中国智能交通发展战略》(简称《战略》)。《战略》提出,到2020年,中国智能交通发展的总体目标是:基本形成适应现代交通运输业发展要求的智能交通体系,实现跨区域、大规模的智能交通集成应用和协同运行,提供便利的出行服务和高效的物流服务,为21世纪中叶实现交通运输现代化打下坚实基础。具体目标为:全面提升城市交通管理和服务水平;有效提高公路交通安全和出行可靠性;着力增强水路运输效率和监管应急能力;显著促进多种运输方式有效衔接;显著提高技术创新能力;推动形成智能交通产业。为实现上述目标,将重点支持交通数据实时获取、交通信息交互、交通数据处理、智能化交通安全、智能化组织管控等技术的集成创新。还将加快智能交通基础性关键标准、应用服务标准的制定,推动标准贯彻执行和国际合作。

12.6 研究动向分析与问题探讨

除重点关键技术和研究热点的变化外,从智能车辆的演变,特别是对20世纪90年代后出现的几个新型平台系统稍加分析,不难发现如下的研究动向与发展趋势。

(1) 研究背景的民用化

20世纪80年代,美国由于主要来自军方的项目资助,故研究背景和车型以军用地面自主战车为主。进入20世纪90年代后,非军方的资助明显增加(如美国高速公路交通安全局、美国运输部等),应用背景也由军用逐步向民用转移。从Navlab 2到Navlab 5正是适应这种变化的产物。德国的VaMoRs-P取代VaMoRs也包含了类似的原因。

(2) 系统结构的轻型化

这里的轻型化包含多方面的内容。一方面固然由于计算机硬件系统的性价比的迅速提高,使得机器向体积小、重量轻的方向发展。但另一方面无论从车体还是系统结构,都更加注重以轻型化作为指导思想。智能车辆并非构建在特殊的车体结构上,而应完全基于现有的商品车型,且对原有车辆内部的改动与改装应尽量少。另外,如CMU的PANS平台系统正在进行软件移植,已用笔记本式PC机(Pentium100)取代Navlab 5原有的SUN工作站,同时将监控显示器更新为LCD液晶显示,使整个系统建立在一个便携性更好的硬件平台上。法国研制的辅助驾驶系统则始终强调整个系统的硬件处理部分要集成在一块DSP板上实现。

(3) 研究成果的实用化

如RALPH视觉系统提出的最终目标是要建立一个真正实用化的系统。其体积应足够小,甚至可以全部安装在汽车的后视镜附近,其价格应足够便宜,以便可作为普通汽车的一个可选件出售。法国的Peugeot系统已开始进行面向应用的市场调研。

(4) 产校双方的协作化

高校与产业部门联合研制、协作开发是本章重点介绍的3个系统所具有的一个共同特点。这样既可做到优势互补,又使研究与应用紧密结合,便于研究成果的商品化。

同样值得引起注意的是,上述系统仍存在一些未解决的问题及有待深入研究的工作。简单归纳如下:

(1) 上述系统的试验主要集中在高速公路上,普通公路或市区道路则相对较少。而目前的难点和问题则更多地出现在后一类环境中。

(2) 系统的试验成功率对道路与车道线的标志依赖较强,在非良好或恶劣条件下仍有一些误检与漏检的情形尚未解决。

(3) 目前智能车辆自主驾驶自主程度仍有某些局限性。如Navlab 5系统在横穿美国大陆的98.1%自主驾驶中,尽管转向盘由机器控制,但加速踏板和制动器却由人工操纵。自主驾驶与人工驾驶的界定和区分方法也值得探讨。

(4)现有系统的硬件平台尽管在轻型实用方面已有明显的进步,但无论在袖珍性、通用性,还是用户的可承受性方面,仍需要做进一步的改进。

12.7 本章小结

　　本章简单介绍了智能车辆和辅助系统的概念、研究目的、意义、应用状况,当前世界上智能车辆的研究方向、研究范围以及车联网技术的定义、发展现状、关键技术和未来展望。总的来看,限于我国的基础设施水平和经济实力,我国智能车辆的研究、车联网技术的应用与工业发达国家有相当的距离,在一定时间内大范围开发、实施智能车辆的应用、道路车辆全联网还不太现实。但无论是从学科发展、理论研究的角度,还是从发展汽车工业及相关产业,以及市场竞争的角度来看,超前研究都是必要的。所以,尽管在智能车辆领域与工业发达国家有着较大的差距,但这并不意味着我国在该领域将会永远无所作为。结合我国国情(经济条件、工业条件、科研条件等),在某一方面或某些方面,进行深入、细致的研究,将为我国县至世界在智能车辆和车联网技术研究上提供有力的理论和技术支持,为今后智能车辆的发展及实际应用打下坚实的基础,其意义影响深远。

【本章练习题】

1. 智能车辆的主要研究方向是什么?
2. 智能车辆的主要研究范围是什么?
3. 构想一下未来的智能汽车都有哪些功能。
4. 车联网的关键技术有哪些,如何理解这些技术?
5. 车联网系统的体系架构是什么,这个架构的包括哪些层面?

第 13 章
智能运输系统标准化

【学习目的与要求】

本章介绍了 ITS 标准化的概念、目的、作用,国内外标准化的发展现状、组织机构、相关技术的标准化进程以及标准规范的制定流程等内容。通过本章的学习,有助于系统理解 ITS 标准化的相关内容。

13.1 概 论

交通事业的发展需要高新技术的支撑,智能交通技术作为交通行业未来的发展方向,其有效性已经被政府、管理部门、企业界所认可。当前各地都在进行智能交通系统的发展规划。对这些需要巨大投资的综合性系统工程,为了避免产品的盲目引进,一定要首先制定标准和规范,有了统一的标准和规范,才能做到在项目建立的初期、以后的升级维护期及改建扩建期都能有效统一,才能够实现信息资源兼容和共享。标准化是对产品、工作或服务等普遍的活动规定统一的标准,并且对这个标准进行贯彻实施的整个过程。标准化的内容,实际上就是经过优选之后的共同规则。ITS 是先进技术的"集成",其复杂性不言而喻,因此要进行系统集成,就必须将标准化作为重要基础。

ITS 标准化是指一系列符合开放系统互联七层模型、交通领域的电子信息产品以及应用系统的开发与制造都必须遵循的国际、国家标准以及行业规范。所谓开放系统互联七层模型，是一个规定了通信协议所应具有的基本功能和服务的模型，由物理层、数据链路层、网络层、传输层、会话层、表示层和应用层七层组成。

ITS大范围应用的基础是标准化，反过来，标准化工作的开展又将大大促进ITS的实施。ITS标准化可保障全国范围内的相关标准兼容；有助于拓展ITS相关产品的提供渠道，创造更大的市场空间；有利于系统集成；有利于减轻风险，保护投资；标准化是市场保护的重要手段。

1）ITS技术标准化的目标

ITS技术标准化的目标是保障智能运输体系中不同信息通信系统的信息交换并实现信息化，主要开发信息通信系统和服务标准。

2）ITS标准化的作用

ITS是先进的信息技术、通信技术、电子技术和交通运输管理系统等现代技术相结合的复杂系统，它使人、车、路的相互关系更加协调，从而提高道路交通的效率、机动性和安全性。ITS的最基本特征就是集成性，而标准化是系统集成的重要基础，没有标准化，就不可能实现有效的智能运输系统。

标准化工作在ITS实施过程中的作用主要表现在以下几个方面。

(1) ITS标准化有利于系统集成

ITS是一项庞大的系统工程，其每项服务功能都不是单个设备所能完成的，接口设备的互联性对系统集成至关重要。标准化使ITS相关产品接口规范性好，互联性强，更易于系统集成，这对缩短工期、降低造价、提高系统的可靠性非常重要。

(2) ITS产品兼容的基本保障

结构框架中的物理实体之间存在许多技术接口，接口技术的标准化可保证物理实体的互联性，从而实现更大范围内的兼容性。例如，如果车辆与道路之间的短程通信接口实现了标准化，则配备了这种接口的终端将能在全国范围内接收到路边通信设施所发出的交通信息。

(3) 有利于ITS新产品开发推广和市场完善

ITS标准化有利于厂商组织科研和生产活动，有利于新产品开发和推广，丰富产品种类，也便于系统方案的多样化组织、系统升级和功能完善。标准化的产品更容易在更大的范围和领域扩展。因此，ITS标准化会吸引更多的厂商和科研机构加入ITS的研发团队，促进ITS的迅速发展和市场完善。

ITS标准化是ITS产品在全国和全球范围内兼容的基本保障，有利于在局部和更大范围内建立更加可靠、稳定的ITS系统。开放式的标准有利于促进ITS产品和服务功能的竞争，其结果是使最终消费者获益。ITS标准化有利于产品的规范化和市场推广，促进ITS产品市场的进一步完善。

13.2 美国、日本、欧盟智能运输系统标准化的进展

13.2.1 美国智能运输系统标准化

美国交通部在1996年启动ITS标准项目，以鼓励在国内交通领域广泛应用ITS技术。美

国没有一个统一的智能运输系统标准化组织,相关标准的制定散布在不同的相关标准化组织中,主要包括:美国国家公路和交通管理者协会(American Association of State Highway and Transportation Official,简称 AASHTO)、美国标准委员会(American National Standard Institute,简称 ANSI)、交通工程师协会(Institute of Traffic Engineers,简称 ITE)、电子电气工程师协会(Institute of Electrical and Electronics Engineers,简称 IEEE)、美国测试和材料协会(American Society for Testing and Materials,简称 ASTM)、汽车工程师协会(Society of Automotive Engineers,简称 SAE)。标准包括国家 ITS 体系框架下的技术标准、子系统之间的信息流标准和接口规范。由于这些标准都是开放的、无产权保护的,因此可以更容易实现在国家和联邦层面的开发及应用。到目前为止,已发布 86 项标准,部分标准已进入修订阶段。

13.2.2 日本智能运输系统标准化

日本建立了 TC204 国内对策委员会,该委员会设立在日本工业标准调查会下。委员会由多个分委会组成,负责汇总智能运输系统相关团体、企业、学会提出的标准化意见。委员会的全体会议在日本汽车学会内召开,在各专业团体内设置了与 TC204 各工作组对口的分委会秘书处。日本参与标准制定工作组的中坚力量主要是各大相关企业,这些企业为了通过国际标准迅速占领国际市场,很积极地参与国际标准制定。

13.2.3 欧盟智能运输系统标准化

欧洲标准化委员会(European Committee for Standards,简称 CEN)负责并积极推进欧洲智能交通系统的标准化工作。欧洲标准化委员会于 1990 年设立了 CEN/TC278 技术委员会,负责道路交通和运输的信息化(Road Traffic and Transport Telematics),进行 4 个大项目的研究,即技术规范及术语、具体应用领域、数据交换及参照定位,以及通信技术及接口。CEN/TC278 与 ISO 签订了 Vienna 协议,进行与 ISO/TC204 内容大致相同的标准制定工作。目前,CEN/TC278 分 16 个工作组,负责电子收费和访问控制,货运、物流和商用车辆运作,公共运输,交通和出行者信息,交通控制,ITS 空间数据,道路交通数据,专用短程通信,人机接口,自动车辆辨识和自动设备辨识,体系结构和专业术语,重获被盗车辆的盗后系统,电子安全,协作的 ITS 等领域的标准化。截至 2014 年 6 月,CEN/TC278 已发布标准 144 项,制定标准计划 46 项。

另外,2009 年 CEN 和欧盟电信标准协会 ETSI(European Telecommunications Standards Institute)接受欧委会委托,制订一套欧盟层面统一的标准、规格和指南来支持合作性 ITS 体系的实施和部署。2013 年,完成首版标准制定。

13.3 智能运输系统国际标准化组织

目前,与智能运输系统相关的国际性标准化组织主要有:国际标准化组织(International Standardization Organization,简称 ISO)、国际电信联盟(International Telecommunication Union,简称 ITU)、欧洲电信标准协会(European Telecommunications Standards Institute,简称 ETSI)等。

1992 年,国际标准化组织成立 TC204,名为"交通信息与控制系统委员会",负责智能运系统领域的标准化工作。2001年,TC204更名为"智能运输系统委员会"。目前,ISO/TC204已发布了100多项标准。ISO与ITS相关的其他技术委员会如下。

(1)道路车辆标准化技术委员会(ISO/TC22):主要分19个分技术委员会开展工作,其中电子和电气设备分技术委员会与智能运输关系密切。

(2)地理信息技术委员会(ISO/TC211):1994年成立,致力于数字地理信息领域的标准化工作,曾与ISO/TC204成立联合工作组。

(3)自动识别和数据采集技术委员会(ISO/IEC JTC1/SC31):国际标准化组织和国际电工协会共同组建的联合技术委员会的一个分委会,主要致力于自动识别和数据采集技术的标准化。

(4)ISO/TC204在组织形式上分18个工作组和成员国。其中成员国分为参加国(P成员国)和观察国(O成员国),中国是P成员国。工作组以成立的先后顺序编号。随着ITS标准化需求的不断发展变化,取消和合并了部分工作组。截至2013年,一直比较活跃的工作组如表13-1所示。

ISO/TC204的工作组情况 表13-1

编号	工作组名称	主席国	编号	工作组名称	主席国
WG1	体系结构	英国	WG10	出行者信息系统	英国
WG3	数据库技术	日本	WG14	车辆/路面报警与控制系统	日本
WG5	收费	荷兰	WG15	专用短程通信	德国
WG7	商业车辆管理	加拿大	WG16	广域通信/接口和协议	美国
WG8	公共交通/紧急事件处理	美国	WG17	移动便携设备应用	韩国
WG9	交通信息管理与控制	澳大利亚	WG18	合作系统	德国

13.4 智能运输系统核心技术的标准化

ITS系统包括通信、数据库(DB)与应用技术。其中,通信领域的DSRC和DB领域的GDF及LR(表13-2)在ITS应用比较活跃。GDF(Geographical Data File)是交通网络中描述空间的数据标准,用于描述和传递与公路网和道路相关的数据。各领域主要技术如下。

1)ITS通信

ITS通信是指车载设备、路旁设施和交通信息中心的通信。所以ITS通信架构包括由路旁信息网络(由信号灯、车载设备、普通无线通信网络组成)、路旁设施与交通信息组成的网络、交通信息中心与交通信息中心组成的网络。

图13-1为传递信息的ITS基本流程图。ITS系统通过多种通信方式,实时收集交通信息并传递到信息中心,经信息中心加工和处理,再传递给驾驶员和乘客。所以说如果要建立ITS,首先需要决定上述ITS通信架构的结构、组成和制定连接组成所需的标准(请参考ISO/TC204 SWG 16.0)。其次,ITS系统需要通过多种通信方式提供互联网服务,所以需要开发在数据链路层上应用互联网层的技术和制定相关标准(请参考ISO/TC204 SWG 16.1、16.2)。

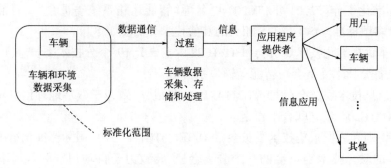

图 13-1 基于 CALM 的 ITS 应用

目前,ISO 已经完成 DSRC 的标准化。除此之外,为了推广应用无线通信技术 Cellula/GSM、4G wireless 的服务,ISO/TC204 WG16 正积极寻求 IEF 等标准化机构和专家的合作。为了通过中长距离无线通信系统提供 ITS 应用服务,需要决定必要的通信协议管理信息(请参考 ISO/TC204 SWG16.3)。

2)DB 技术

ITS 专用交通电子地图 DB 技术与标准化范围如图 13-2 所示。

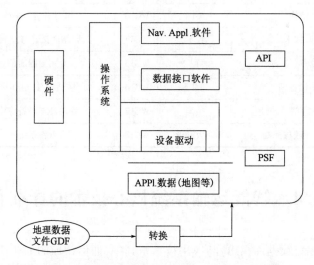

图 13-2 ITS 专用交通电子地图 DB 技术和标准化范围

数据库是 ITS 应用系统的核心,为了应用到多个应用系统,ISO 把 GDF 作为 ITS 数据库标准。规定了获取数据的方法和如何决定各类特征要素、数据属性和相互关系。GDF 用 ASCII 编码,以单个文件的形式存储,可用通常方式压缩。每个 GDF 都被分为多个分区,分区包括信息单元与载体单元。信息单元包含载体单元中具体数据的信息,载体单元由 Volume 和 Album 组成,Volume 是基本的数据组织单位,被合成在 Album。

GDF 对要素属性的确定非常全面,仅对道路(Road)的决定中就包括了长度单位、道路材质、道路方向、建筑情况、自然障碍物、(高架)路面高度、平均时速、最高限速、最大承重等 20 多项,同时还确定了各种要素间的关系。另外,GDF 还提供了评价电子地图数据质量和精度的标准与依据,使电子数据加工过程中的质量控制有据可循。任何公司都可加工 GDF 格式的数据,GDF 标准采用 ISO 2859 质检规范,以保证所有 GDF 数据的质量精度。

物理存储格式(Physical Storage Format,简称PSF)是组成车辆导航系统或ITS应用系统的核心要素,主要取决于易于排列和访问存储介质的逻辑数据模块,也取决于实现功能所需的要求事项和数据的存储方式。PSF与应用程序密切相关,没有采用PSF的应用程序不能应用PSF。而如果采用不同的PSF,系统之间缺乏互换性。为了保障系统之间互换并独立于介质存储数据,开发了数据格式标准ISO-PSF,并由ISO/TC204 SWG3.2的Task Group制定PSF的各项标准。

ISO-PSF标准以ISO/TC204 SWG3.1的ITS数据库标准GDF和日本的输入格式KIWI Format为基础,其标准化方案分为6个功能类别(Function Category):车辆位置(Vehicle Positioning)、地图显示(Map Display)、路径引导(Route Guidance)、路径规划(Route Planning)、地址位置(Address Location)、服务及兴趣(Service & POI's)。

ISO/TC204 SWG 3.3制定有关GDF的发布更新(Publishing Update)和LRS(Location Referencing System)标准,其目的主要是为了更新交通信息数据库。因为道路有可能随时发生变化,所以需要及时更新道路数据库。而目前数据库的更新采用完全替换的方法,所以效率较低。如果仅通过互联网选择性更新必要部分,就可以大幅减少更新数据库的费用及人力。Publishing Update以GDF为基础,决定更新形式和步骤,并正在制定对更新后的部分或整个地图的发行管理和运营方法标准。在日本,以车辆导航系统的商务化为背景,通过VICS实现LRS;在欧洲,则通过应用RDS-TMC开发统一的LPS。SWG3.3制定标准的重点是Location Referencing。

目前,通过ISO/TC204 WG3的SWG3.2制定PSF标准,但采用现有PSF的系统已经商务化,重新开发采用标准PSF的系统需要巨大的开发费用。为了解决这样的矛盾,提出了应用程序界面(Application Programming Interface,简称API),由API决定应用软件(Application Software)和数据访问软件(Data Access Software)的接口。有了API,即使没有详细的硬件信息,也可以编辑Application Software。由SWG3.4的Task Group决定与API相关的标准。API标准以PSF决定的6个Function Category的Requirement为基础,并通过OMG-IDL(Object Management Group-Interface Definition Language)决定API Function的Prototype。另外,SWG3.4制定API的DAL标准,DAL采用原有的处理格式,其目的是实现系统的互换。通过制定DAL标准,访问数据可以不再受存储媒介的数据存储处理格式的限制。

交通地图数据库一般采用多种处理格式,通过添加与处理格式相对应的Data Access Library,不但可以免去重建数据库的费用,而且可以实现系统的互换。

3) 应用技术

ITS应用技术主要包括ITS通信、DB技术,还包括组成ITS系统并运营所需的S/W Agent、XML、交通信息、应用程序接口技术等多种技术。

GIS的位置基础服务(Location Based Service,简称LBS)与ITS应用技术密切相关,所以两个领域将制定统一标准。GIS国际标准化机构ISO/TC211和ITS国际标准化机构ISO/TC204共同合作,积极寻求合作方案。通过紧密连接ITS信息通信应用技术和标准化的交通服务,为人们提供高质量的交通信息、地图及控制服务。

许多国家的技术都获得了ITS技术通信、DB和应用领域的IPR,并且尽量体现国际标准,但还没有真正成为ITS的标准。

表 13-2 为 ITS 核心技术标准化的内容。

ITS 核心技术标准化内容　　　　　　　　表 13-2

核心技术标准化	内　　容
S/W 架构	决定应用在车载设备、路旁设施、交通信息中心的 ITS 专用软件架构
控制设备 API	决定使应用程序独立于 ITS 控制设备平台的应用程序接口技术
Agent	综合有/无线的交通信息 Agent 系统的基本结构及方案
组件	为了建立高效的交通信息系统,制定组件软件的构成、设计与接口的标准
PSF	每个车辆导航系统的开发者持有自身固有的数据格式,实现互换标准格式
交通电子地图专用 API	决定 ITS 系统的存储数据和访问数据相关的模块及构成
LR	在不同的交通电子地图 DB 上,可识别同一个位置的技术
PU	ITS 地理信息数据库的更新步骤和方法
XGDF	包括 Temporal Requirement 的交通电子地图文件交换的格式
Protocol Profile	提高 ITS 服务效率的通信协议堆栈
CALM	与车载终端机与路旁设施、车辆与车辆、车辆与交通信息中心之间的无线通信方式无关,可以获得互联网服务的通信协议
核心技术相关产品	CNC 终端机和 S/W-ITS 专用控制设施和 S/W-CORBA Middleware 收集交通信息和提供服务相关的程序
其他	

13.5　中国智能运输系统标准化

只有标准化,才能保证 ITS 在全国乃至全球范围内的兼容性,从而加速 ITS 产业化。在新时期、新形势下,标准化工作任重而道远,国家和社会对 ITS 的要求会更高。因此必须尽快制定我国智能交通系统的有关标准,通过标准建设,实现信息的采集、处理、传输和共享等环节的标准化、规范化。

随着我国标准化工作与国际接轨的步伐全面加快,ITS 标准化工作也在不断深入。2003 年 9 月 16 日,国家标准化管理委员会批准正式成立了全国智能运输系统标准化技术委员会(简称 ITS 标委会),ITS 标委会国内编号为 ISO/TC268,对口国际标准化组织智能运输系统技术委员会(ISO/TC204)。

ITS 标委会的成立,标志着我国 ITS 标准化进入了新的阶段,向管理科学化、市场规范化迈出了坚实的一步。ITS 标委会具体从事全国性 ITS 标准化工作的技术组织工作,负责 ITS 领域的标准化技术归口工作。主要工作范围为:地面交通和运输领域的先进交通管理系统、先进交通信息服务系统、先进公共运输系统、电子收费与支付系统、货运车辆和车队管理系统、智能公路及先进的车辆控制系统、交通专用短程通信和信息交换,以及交通基础设施管理信息系统中的技术与设备标准化。在交通运输部、科技部等相关部委的支持下,ITS 标委会已经完成了智能运输系统标准体系的建设,并两到三年修订一次,现已发布了 90 项国家及行业标准。

与国外发达国家相比,我国ITS标准化具有起步较晚、技术研发相对落后、在国际标准制定过程中话语权较弱、标准制定落后于实际ITS建设及运营管理需求等弱点。但是,我国的ITS标准化也有发达国家不可比拟的优势,具体如下。

(1) 由于起步较晚,在标准研究制定过程中,可以充分吸收、借鉴发达国家的经验,避免走弯路,提高了标准制定的速度和质量。

(2) 制定具体标准之前,首先建立ITS标准体系,并分批、分阶段研究制定标准,保证了标准之间界限清晰、相互配套。

(3) 在标准制定过程中仔细考虑了中国的实际应用特点,不盲目引进国外标准,解决了很多国外标准在国内水土不服的问题,同时促进了具有自主知识产权的民族产业的发展。

(4) 中国ITS的巨大的应用市场,使得按照我国标准生产产品的企业有巨大的市场空间,有效保护了相关企业和市场。

我国积极参与国际标准的制定工作,承担了智能运输领域的第一个国际标准《智能运输系统(ITS)支持ITS服务的便携终端应用第1部分:通用信息与用例》(ISO/NP13111-1)。ITS标准化工作在交通运输部发布的《关于加强交通运输标准化工作的意见》指导下,进一步建立标准的计量、认证认可、检验检测、产品质量抽查,推动市场和企业采用标准,最终促进产业的发展。

13.6　智能运输系统标准规范的制定

大部分传统的交通运输标准是对现有应用技术的总结提炼。而ITS既有传统交通运输的特点,又带有明显的信息技术的特征。ITS发展时间不长,很多技术没有经过实践的验证,因此,在制定标准时,仔细分析研究相应的技术路线及其在我国的适应性是非常重要的。

中国作为一个发展中大国,国内各地区的地理、人文、经济及交通基础设施均存在巨大差异,势必造成中国ITS的发展与国外发达国家不同,主要体现在ITS的发展与基础设施建设同行、ITS技术发展中学习和创新并重等特点。国际上的先进标准大部分反映了较为先进的技术水平。采用国际标准或国外先进标准,某种意义上是一种经济、实用的技术引进方法。但是,应充分分析这些标准是否适应于我国国情、是否有助于我国自有知识产权的发展和应用。

我国ITS标准的研究及制定过程如下(图13-3)。

(1) 通过对国外发达国家及国际标准制定过程中既有方法的总结,去粗取精,吸取他们在标准需求分析、标准技术路线选择方面的方式、方法。

(2) 明确我国ITS标准应覆盖的范围,同时注意避免过度标准化。

(3) 明确我国ITS标准体系的结构,保证不同层次的标准在合适的位置,避免同一内容或相近内容的标准重复制定;形成标准体系表。

(4) 以标准体系表为基础,具体分析每个标准的地位和作用,提取出对实现ITS标准的通用性和保证标准的实施起着至关重要作用的方面,形成关键标准的明细。一般关键标准至少应符合以下条件之一:大范围应用且保证全国兼容的接口标准;基础性标准,即制定其他标准的前提和基础;ITS建设或运营管理中影响较大、急需制定的标准。

(5)在充分研究分析我国现实需求、领域技术发展趋势、现有技术水平的基础上,制定关键标准的规范内容。

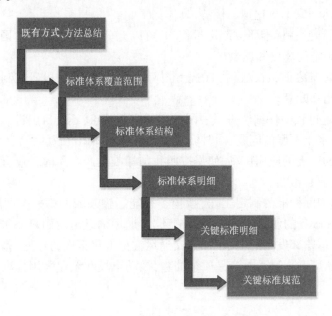

图 13-3 我国 ITS 标准研究及制定过程

13.7 智能运输系统标准检测技术

标准的贯彻和实施需要有一定的环境和手段。为此,我国选择涉及信息交换、接口、产品技术条件的标准,研究和开发自动化程度较高的检测技术和检测方法,建立必要的检测或试验平台,根据标准规定的内容进行实际检测试验,保障相关标准的可检测性和可执行性。

目前进行的检测技术研究涉及如下方面:
①专用短程通信物理层指标;
②微波交通流检测器;
③视频交通流检测器;
④交通专用短程通信设备可靠性;
⑤汽车自适应巡航控制系统性能。

目前已经完成 18 项相关检测标准的审查报批,5 项标准的征求意见工作。

13.8 本章小结

本章介绍了智能运输系统标准化的定义、概念以及意义,概括了国内外标准化的发展现状、组织机构及相关技术的标准化进程等,最后给出了标准规范的制定流程。

【**本章练习题**】

1. 国际上与 ITS 标准化密切相关的组织机构有哪些？各成员机构工作组名称及对应的主要工作内容有哪些？
2. 我国 ITS 标准化的基本类型有哪些？
3. 我国 ITS 标准体系框架及主要内容是什么？

第 14 章
智能运输系统在我国的应用实践

【学习目的与要求】

本章阐述了智能运输系统在我国的应用现状,以杭州市的城市智能交通系统、上海市的"智慧出行"、深圳市的"互联网+智慧交通"及2018年上合组织青岛峰会几个典型示范应用为例,使读者通过本章的学习了解我国智能运输系统的应用现状及发展前景,深度感受我国的智能交通建设。

14.1 概　　述

从应用领域来看,目前我国智慧交通主要应用在公路交通信息化、城市道路交通管理服务信息化以及城市公交信息化领域。

在公路交通信息化方面,浙江已开始建设全国首条"超级高速",该高速公路为驾驶员、乘客及道路管理方开发出一个协同和完全集成的智能交通系统,并建立有一个完整的道路监管网络监测和预警系统。在公路收费领域中,广东省全国首条高速公路主线ETC自由流建成开通,实现在高速公路上行驶的车辆提前缴费,拓宽了预交易的应用场景,大幅提高ETC过车速度和收费广场通行效率。2020年1月1日,全国高速公路联网新系统正式启用,实现了全国高速"一张网"运行。湖北、山东全省和湖南、浙江等省份的部分高速公路已开始应用移动支付和无感支付。深圳正在修建首条智慧公路,此次的智慧公路建设,将有效帮助道路向着服务品质化、管理科学化和运行高效化转型。

在城市道路交通服务信息化方面,南京市城市智能云交通诱导服务系统通过综合分析人、车、路等交通影响因素,利用各类信息发布手段,为道路使用者提供最优路径引导信息和各类实时交通帮助信息服务,为众多出行者优化路径。厦门市智能交通指挥控制中心则通过检测设备、视频巡逻、电话、微信、微博等多元化渠道采集道路交通信息,通过室外诱导屏、网站、手机等方式及时发布信息。杭州成立了杭州市自动驾驶测试专家委员会,引入第三方测试管理机构,对测试主体和车辆进行评估审核,发放测试号牌,开放部分路段用于自动驾驶测试,加快推动自动驾驶技术的发展和应用。上海市政府发放了智能网联汽车开放道路测试号牌,下一步将分级逐步开放更多的道路环境,用于智能网联汽车测试。

在城市交通管理方面,我国交通管理经历了从经验管理、科学管理到现代治理的发展阶段。目前,交通管理领域应用智能交通技术主要集中在以下方面:①以视频监控、图像识别、网络传输、大数据分析等技术手段为支撑,通过研发应用的缉查布控系统、集成指挥平台以及交通指挥中心等系统,在通管理方面形成了交通安全防控体系。②以流量检测、信息通信、集成可视、数据挖掘等技术手段为基础,通过实时采集车速、流量等城市道路交通运行数据,监测城市交通运行状态,研判道路交通运行态势,提供出行和停车信息服务,为科学优化交通信号灯配时提供基础,为制定交通管控方案、优化配置资源提供支撑,为应对城市突发公共事件提供保障,实现城市道路交通安全与畅通。

在城市轨道交通智能化应用方面,我国城市轨道交通在信号、供电、车辆、运营组织等方面都开展了智能化创新研究并应用实施。20 世纪 60 年代,由调度集中系统(Centralized Traffic Control,简称 CTC)、继电联锁和轨道电路实现信号控制系统,到 2015 年,以基于通信的列车自动控制系统(Communication Based Train Control System,简称 CBTC)为核心的全自动运行系统(Fully Automatic Operation,简称 FAO),我国信号系统应用实现了固定闭塞向移动闭塞的跨越,实现了行车指挥自动化和列车运行自动化。2017 年底,北京开通运营了第一条自主化全自动运行线路"燕房线",列车在上电、自检、段内行驶、正线区间行驶、车站停车及发车、端站折返、列车回段、休眠断电、洗车等全过程自动控制,实现了核心技术、关键设备、系统设计与集成、标准规范等全面突破。

在城市公交信息化方面,公交都市建设示范工程创建城市工作已完成验收,在提高公共交通系统的吸引力、调控城市交通需求总量和出行结构、提高城市交通运行效率等方面进行了积极探索并取得了一定成效。长沙市开放首条道路智慧公交线,使"智慧公交"项目从试验正式迈向应用实践。杭州市公交车全面推行一体化公交移动支付,通过不断改进技术水平、完善支付流程、挖掘利用行业相关资源,在国内公交行业的普遍推广和应用。

从行业规模来看,2013 年中国智能交通行业应用总体市场规模达到 577.8 亿元,比 2012 年 469.9 亿元增长了 22.96%,2014 年随着各地智慧城市建设的推进,在智能交通行业 IT 应用投资方面加大了力度,2014 年比 2013 年增长了 22.90%,规模达到了 710.1 亿元。2015 年受政府投资推动智慧城市建设的影响,智能交通行业应用投资增长至 810.5 亿元。2017 年我国智能交通行业市场规模约 1167.1 亿元,同比 2016 年的 1014.8 亿元增长了 15.01%。预计到 2020 年国内智能交通领域的投入将达到数千亿元,智能交通产业将进入新一轮的快速发展轨道。

从企业分布来看,目前国内从事智能交通行业的企业约有 2000 多家,主要集中在道路监控、高速公路收费、3S(即 GPS、GIS、RS[①])和系统集成环节。近年来的平安城市建设,为道路监控行业提供了巨大的市场机遇,目前国内约有 500 家企业在从事监控产品的生产和销售。高速公路收费系统是中国非常有特色的智能交通领域,国内约有 200 多家企业从事相关产品的生产,并且国内企业取得了具有自主知识产权的高速公路不停车收费双界面 CPU 卡技术。在 3S 领域,国内虽然有 200 多家企业,但能够实现系统功能的企业还比较少。我国智能交通行业企业利润水平呈现出两极分化的趋势。这主要因为随着智能交通管理需求的不断提高,行业内拥有核心技术和自主知识产权的企业,凭借领先技术的高质量产品和过硬的技术服务能力,市场开拓能力较强,该类企业只要保持良好的产品质量和服务,利润水平将呈上升趋势,拥有市场份额也将越来越大;而行业内从事低端产品开发和系统集成业务的大多数企业将无法持久保持目前的利润水平。

截至 2018 年,我国智能交通千万元项目市场规模前十省份(直辖市)分别为广东、山东、江苏、安徽、上海、浙江、天津、河北、湖北、河南,前十区域千万元项目中标市场规模总计约 126.96 亿元,而根据统计,2017 年城市智能交通市场(含部分智慧交通、公路管控项目)千万元项目全年市场总额为 190.75 亿元,前十区域占比达到了 66.56%,大多数市场处于我国东南沿海地区。

14.2　杭州市:智能交通系统示范城市

杭州市在 2002 年就被国家科技部确定为"十五"智能交通系统示范城市,也是国内信息化水平发展水平较高、移动通信普及率较高的城市之一。杭州市率先建设全国首张有线宽带城域网,2008 年在全国首个实施"无线数字城市"试运行。2011 年《杭州市"十二五"信息发展规划》提出"智慧杭州"的建设目标,并于 2012 年成为"中国智慧城市"试点城市之一。其核心是构建智慧城市所运行的生态系统和城市产业生态系统。智慧交通成为杭州智慧城市建设的最关键领域,城市的发展每次进入一个快速时代,区域的开发、城市化的进程、商业的发展、居住环境的改变等都必将对交通运输产生新的需求,交通系统作为杭州市高效运转的动脉,是连接城市的人、货及提供服务的群体的核心系统,直接影响杭州的经济活动能力和城市运转效率。

经过十余年的发展,杭州市 ITS 建设取得了很大成就,尤其在交通控制系统、智能化交通管理系统和先进的公共交通系统等方面。在智能交通基础设施建设方面,交通信号控制设施、交通诱导设施、公交电子站牌、视频监视设备等的数量和质量都处于国内领先水平。在智能交通技术应用方面,多种先进的智能交通技术均已成功应用到交通运输行业中。如交通运输局的 GPS 车辆定位技术、公共交通总公司的公交电子收费技术、交警杭州市的视频监控技术、浮动车检测技术以及区域协调控制技术等都已经在实际应用中取得了积极效果。在 ITS 建设方面,目前发展特点表现为多部门各自研发和建设。其中,最重要的几个主体有杭州市公安局交警支队、杭州市交通运输局、杭州市公共交通集团有限公司等,其他一些单位如杭州市城乡建设委员会、城管办、规划和自然资源局等部门,也在 ITS 建设中发挥了巨大作用。

[①] RS 英文全称为 Remote Sensing,即遥感。

14.2.1 杭州市智能交通系统投入情况

杭州城市人均道路仅为 $8.24m^2$，远远低于同类城市，成为杭州城市化进程的一个"瓶颈"。尤其随着 2003 年杭宁、杭金高速公路建成，现有的沪杭、杭甬高速公路和私家车的快速增加，市区现有道路越来越拥堵，杭州"33929"建设工程（33 条路、9 座桥、2 个隧道和 9 个入城路口的建设）随即开工。最近几年，杭州智能交通系统发展形势迅猛。2011 年投资额约 6800 万元用于交通信息化建设，2012 年投资额约 1.4 亿元用于建成 41 个智能交通项目。未来几年，杭州市将利用物联网、云计算等信息技术发展交通信息化，重点实施"11333"工程。

14.2.2 杭州市智能交通系统构成

截至 2018 年底，杭州市智能交通系统发展成熟，逐渐可以成为中国智能城市建设的标杆。杭州市智能交通系统主要包括表 14-1 中的内容。

杭州市智能交通系统内容　　　　　　表 14-1

系统架构	系统组成	子系统
杭州市智能交通系统	交通信号控制系统	交通信号控制系统
	交通信号控制系统	交通信号控制系统
	交通诱导系统	交通流视频检测系统
		停车诱导系统
		行程时间检测系统（OD 系统）
	ITS 综合信息系统	
	交通监视系统	交通监视系统
	指挥系统信息平台	
	交警综合业务系统	
	非现场执法管理系统	非现场执法系统管理平台
		交通违法监测系统
	公共交通系统	GPS 定位系统等

具体来说，杭州市道路智能交通系统由以下子系统构成。

(1) 交通信号控制系统

交通信号控制系统是城市道路交通管理系统中对交叉路口、行人过街路口，以及环路出入口等采用交通信号控制的子系统，是运用了交通工程学、心理学、应用数学、自动控制与信息网络技术以及系统工程学等多门学科理论的应用系统。

杭州市信号控制系统分为两类，第一类是区域控制的自适应信号控制系统，为引进自澳大利亚的自适应交通信号控制系统 SCATS，主要设置在快速路、主干道及市区中心道路；第二类为单点远程控制信号系统，主要设置在次干道、支小路及边缘地区道路。

自适应交通信号控制系统 SCATS 包括路口装置、传输装置和中心系统 3 大部分，主要完成 7 大功能，分别是：

①系统能够控制和协调区域范围的交通。

②系统具有采集、处理、存储、提供控制区域内的车流量、占有率等交通信息的功能，以供交通信号配时优化软件使用，同时供交通疏导和交通组织与规划使用。

③对系统设备(包括信号机的故障及信号灯的故障)和软件的工作状态与故障情况进行全面监视和检测。系统的故障检测包含软件和硬件的故障监视和报警,能够监视通信设备、车辆检测器、信号控制器、信号灯、控制台以及其他用于检测、报告设备故障的设备,对故障的严重性进行分类并以不同的形式报警。

④系统对检测器、信号灯、控制器、行人按钮损坏,控制器冲突、故障和错误记录、通信失败或错误、操作员数据错误、黄闪和灯熄等都有明确的实时故障报告,该报告可在系统端显示,也可在路口端显示。

⑤对路口机运行中所产生的所有故障都有报警显示和记录,维护人员可以通过笔记本电脑或其他录入设备提取、清除和重新启动路口机,同时通过通信线路上传给中央管理控制计算机,使之在系统内报警并得以记录。

⑥系统采用实时运行模式,根据交通流量的变化调整信号配时,使系统运行在最佳状态。

⑦系统设有防雷装置。

单点远程交通信号控制系统是以单点方式对路口交通信号进行多相位、多时段控制、感应控制、黄闪、全红、关灯、手控等,并与中心平台联网实行远程控制。单点控制交通信号系统包括路口设备、传输设备和中心系统3大部分。

系统主要具有3大功能,分别是:

①单点远程控制。IntelliMas 中心控制软件是单点远程交通信号控制系统的图形化用户界面,是基于客户机/服务器模式的控制软件。TCMS 中心控制软件在借鉴和吸收国外同类软件优点的同时,针对国内交通管理人员的控制习惯设计和开发,基于 Windows 平台,简单易用。

IntelliMas 中心控制软件对外提供标准化的 ITS 应用接口、符合业界标准的数据交互接口。同时,IntelliMas 中心控制软件还可和交警支队的交通综合信息平台软件(TIMS)无缝集成,向综合信息平台软件提供综合交通量及交通控制、管理、诱导信息。

②路口协调优化。杭州市路口协调优化软件的主要功能分为3个方面:交通控制功能、交通监视功能和交通统计与分析功能。

③交通统计与分析。作为中心级管理功能的一部分,交通数据的统计与分析可以分为在线统计与分析和离线统计与分析两部分。

在线统计与分析将每个装有检测器的路口按东、南、西、北四个方向,每个方向按左、直、右进行统计,统计的信息有车流量、占有率、平均延误时间、平均排队长度、平均停驶率和拥挤程度。在给出以上在线式的统计数据的同时,还可以给出每个检测器的车辆经过的图样,并可根据这些图样给出车间距、速度等信息。

离线统计与分析主要进行历史数据的管理与存储。系统按每15min为单位,将实时采集到的交通数据存储到数据库中,同时存储每天最大流量的状况和一天的总流量等信息,并将这些信息转储到备份介质等。

(2)交通监视系统

交通监视系统是指利用闭路电视观察道路交通状况的系统,它主要由安装在道路上的摄像装置、信号传输设备和监控中心控制设备等组成。

监视系统主要由前端装置、传输装置、中心系统3个部分组成。

主要完成9大功能,分别是:

①系统采用模数相结合的方式,与原系统无缝结合。

②系统监视功能:系统应在白天、晚上或各类恶劣天气等环境条件下,均能在监控中心、各分控中心及监控数字平台上清晰观察到前端现场的实时图像。

③监视图像的控制切换:系统应能在监控中心、各分控中心以及监控数字平台,在授权范围内或经授权后,通过数字或模拟方式对任意一路的实时监视图像进行切换和控制。

④监视图像的存储及查询:系统应能将所监视的视频进行数字化图像记录,在监控数字平台上根据权限和级别查询历史图像信息,需要时配置光盘刻录机对需长期保存的图像进行刻录备份,也可配置彩色视频打印机,打印现场的画面。

⑤电子地图功能:系统应实现电子地图功能,实现在地图上直观调用监控图像。

⑥系统的扩充和升级:系统应为扩展或与其他系统连接留有相应接口。系统软件应具备升级能力,以满足监控系统发展需求。

⑦系统管理:系统应具有合理的系统管理功能,对模拟、数字监控系统进行统一管理,负责系统的用户登录管理、权限管理、网络管理。

⑧系统联网:系统应与上下级单位的相关系统联网,提供多路可切换的模拟图像监控接口,或采用统一通信协议或数字接口的系统间互联方式。

⑨系统设有防雷装置。

(3)交通违法监测系统

采用光学、数码、视频等成像方法自动监测驾驶员交通违法行为的系统称为交通违法监测系统,俗称"电子警察"。

交通违法监测系统主要分为两部分,即交通信号违法监测系统和超速违法行为监测系统。交通信号违法监测系统是由车辆信息采集系统、红绿灯状态分析系统、违法记录系统、网络传输系统、前置采集系统等构成,每个违法信息由一条违法记录(信息完整的三张连续照片)和一段违法录像(配套完整的 10s 录像)组成。超速违法监测系统主要针对"超速行驶"等违章行为进行检测,并能根据控制中心指令随时调整违章检测设置,充分发挥视频检测器的作用,而且能根据各地对违章图像的实际要求,来调节车辆违章图像采集时间的长短。

(4)交通信息屏发布系统

交通信息屏发布系统是指通过安装在道路上的 LED 屏发布与交通有关信息的系统,发布的信息包括交通状况信息、道路信息、交通管理信息、道路施工信息、气象信息等。

系统主要由信息发布装置、数据传输装置和信息处理终端装置三部分组成。系统的主要功能是将采集到的城市道路交通实时信息进行加工、处理、融合,形成适合于发布的交通信息。主要通过电子可变情报板,实现面向交通管理者和社会大众的、针对道路交通状况的信息发布。

(5)交通流视频检测系统

交通流视频检测系统是在获取交通视频图像的基础上,对图像序列利用计算机技术和数学算法进行分析处理,从而提取车流量、流速、排队长度、异常交通事件等交通参数的系统。其检测性能见表 14-2。

(6)行程时间检测系统(OD 系统)

记录车辆在某一路段的行驶信息,通过起点至终点的分析系统计算行程时间,同时也可为查控特定车辆提供原始数据。

检 测 性 能 表　　　　　　　　　　　表 14-2

测量项目	误差率	
	距摄像机距离 60m 内	距摄像机距离 200m 内
	距摄像机距离	
排队长度	<5%	<10%
无车检测	<5%	<5%
速度	<10%	<10%
车队		<5%
流量	<10%	
车头间距	<10%	

OD 监测系统模式为"视频采集+经过抓拍"。该设备的信息记录为每一辆经过车辆一张高清晰图像,经过传输至中心系统进行自动识别。

路口单元安装在各主要路口的各方向。系统在无人值守环境下全自动、全天候工作,完成通过路口的每一辆车拍摄图像、记录车辆牌号及特征、传输工作。安装在路口每个监控方向上的视频摄像机完成往来车辆的不间断视频信号的采集。各车道地感线圈和车辆检测器,检测车辆通过信息。各路口的视频采集、抓取单元,主要完成视频图像信号的采集、抓帧、图片储存、图片上传等功能。

前置采集识别系统是一个放置在指挥中心的自动采集识别和储存设备,前置采集识别系统是杭州市公安交警支队重点车辆查控系统的重要组成部分,同时通过网络传输系统与路口记录系统连接。

(7)停车诱导系统

停车诱导系统是采集停车场的停车信息后,通过安装在特定位置的停车信息诱导屏予以实时发布的系统。该系统可以告知驾驶员有关的停车场地理位置、空余泊位的信息,减少寻找停车泊位的时间。

整个停车诱导系统包括停车场信息采集系统、停车场信息管理系统和停车信息发布系统3大部分。数据采集、传输设备可分为自动探测采集传输设备或人工输入采集传输设备两种基本类型。自动探测采集传输设备由主机、LED 汉字显示屏、车辆进出探测传感器等基本部件组成;人工输入采集传输设备由主机、LED 汉字显示屏、数据输入设备或装置等基本部件组成。停车诱导系统可以实现车辆进出情况采集、各停车场车位及车辆类型信息的归类/分析/储存、车位状况查询/预订等功能。根据杭州市停车场区域特点,停车诱导系统分为三级诱导。区域级提供停车场位置、动态车位、行车方向及道路通行状况提示等详细信息;道路级提示停车场的动态空车位及方位的信息;入口级设置动态"空"或"满"状态的停车信息。

(8)智能卡口系统

将过往该卡口所有车辆全部进行拍照,获得清晰的图像和车牌号,并进行全天录像和车牌自动识别。该系统为查控特定车辆提供原始数据,应用在交通肇事逃逸追查、治安堵截等。

智能卡口系统的标准模式为"视频采集+经过抓拍"。该设备的信息记录为经过每一辆车拍摄两张高清晰图片(主道和辅道各一张,并进行自动识别)。系统在无人值守环境下全自动、全天候工作,完成对通过路口的每一辆车拍摄图像、记录车辆牌号及特征、传输工作。

上述8个子系统构成了杭州市智能交通系统,充分发挥了ITS在城市发展中的作用,对于杭州市交通的拥堵治理,事故的降低都有所帮助。

14.2.3 杭州市部分智能交通系统应用

1)城市数据大脑V1.0

在智慧交通领域,杭州市率先使用了城市数据大脑V1.0,可在线智能分析路况,调整红绿灯引导交通,经过手机终端等多种途径,把交通信息反馈给相关市民,从而最大限度地改善拥堵问题。2017年7月上线的城市数据大脑V1.0,现在接入了路口、路段、高架匝道等点位136路,监控视频249路,覆盖了市区9%的工作处理量。在与交通数据相连的128个信号灯路口,试点区域通行时间减少15.3%。在主城区,城市大脑日均事件报警500次以上,准确率达92%,大大提高执法指向性。自该项目上线以来,在已接入的249路的监控视频数据分析中,发现规律性的交通乱点8个,经过各部门综合治理,优化交通组织、调整内部循环,交通状况得到了明显的改善。

2)杭州公交——互联网快线

在城市不断向外围拓展、中心城区拥堵程度急剧增加的情况下,杭州公交集团充分利用"互联网+"技术的应用,着力加人供给侧结构性改革,着力将公交车辆资源利用最大化。自2016年10月31日起,逐步试运行6条"互联网快线"(简称"快线")。"快线"旨在为城市周边大型居住区的上班族提供更为快捷的通勤方式。它以互联网的大数据为技术支撑,通过对出行人群和前往方向的密集程度、出行时间等信息维度进行分析,根据现有公交线路大体方向,采用中间"跨越"或大站停靠等形式,来达到快速、准确将城市外围居住区的大量市民运送到城市核心区域。首批试运营的"快线"为37路互联网快线、B支1路互联网快线、121互联网快线、86路互联网快线、193路互联网快线和280路互联网快线,这些试运营的互联网快线结合了三墩、祥符、西溪、小和山等近年来快速发展的居住区的客流状况,具备站距大、运距长、速度快的特点,可直达黄龙、武林商圈或连接大型换乘站和城市东西两端。在快线线路的走向上,尽量选择了紫金港隧道、余杭塘路、时代中河上塘高架、彩虹快速路、留石快速路提升工程等快速路网、公交专用道等设施,以保证运行速度。

14.2.4 杭州市智能交通系统效益

ITS的主要目标是要充分有效利用现有的交通资源,使其利用效率最大化。杭州市智能交通系统的效益主要体现在几个方面:

(1)减少交通拥挤和行车延误。随着杭州市人口的增加和经济水平的提高,道路交通量不断增加,交通日益拥挤,交通使用者的时间被大量耗费在路上和车上。ITS的应用将大大缓解交通拥挤和节约交通时间,正为杭州市产生无形的经济效益。ITS通过提供信息服务,使出行者的路径选择向网络均衡的系统最优方向接近,达到路网负荷的均匀化,再加上能够将交通事故迅速通报的实时监控系统、能够根据当前情况调整的高速公路入口匝道和交通信号系统、能够减少收费站外车队长度的不停车收费系统等一系列ITS子系统,可大大减少行车延误,实现道路资源的高效率使用。

(2)降低交通事故的发生率、死亡率。我国交通事故发生率和死亡率常年高居不下。据可查询到的数据,2004年起杭州交通事故的发生率和死亡率逐年降低,这离不开ITS的应用。

智能交通系统的使用将会提前预知危险并加快反应速度,从而大大增加交通的安全性,将事故损失降到最低。据有关资料,在交通事故中,20%是立即死亡,59%是现代医学无法医救的伤害,另外21%是因为抢救不及时而死亡。据美国研究表明,如果驾驶员早0.5s预知危险,就可以减少追尾和交叉路口交通事故50%、减少正面撞击30%;如果早1s预知危险,就可以避免90%的交通事故。

(3)产业发展与就业机会增加。杭州作为旅游城市和电子商务的黄金地段,ITS涉及道路建设、交通管制、通信、计算机、汽车、自动控制、信息服务、网络技术等众多领域,是具有巨大经济效益的新兴产业群,也是未来多媒体技术应用可能性最大的行业。这为杭州提供大量的就业机会和就业岗位,从而促进杭州经济健康、高效转型。

(4)能源消耗量减少、污染程度降低。杭州为摆脱传统市区规模和交通布局的制约,虽已通过大量兴建辅助城区和依靠交通基础设施建设解决交通问题,仍难以完全满足交通需求,而且还占用和消耗大量的土地、燃油等资源,并直接造成汽车尾气排放量剧增,给环境带来恶劣的影响。这样的发展模式显然与"低碳经济"和"智慧杭州"背道而驰,但在最近几年,ITS的大规模、大范围应用已明显改善这一状况,大大降低交通运输系统能源的消耗和对环境的污染。

2016年杭州市根据国家"十三五"规划制定了未来的发展方向,即加快智能化交通体系建设。具体内容是整合优化完善智慧交通管理平台,以城市"数据大脑"项目为试点,搭建涵盖公安、交通、公交、地铁、住建等各部门和企业,涵盖电子警察、公交车调度、出租车管理、车辆管理、车位管理、大数据分析等功能模块的智慧交通管理系统。初步建立道路交通物联网、轨道交通物联网、公交车联网、出租车联网、货运车联网、市政车联网、小型车联网和车位网,实现交通流量、平均车速、交通违章、信号灯、高速收费、车辆位置、载客量、停车位等多个层面数据的实时获取,缓解城市交通拥堵问题,实现对城市交通的智能化管理。

14.3 上海市:智慧交通成就智慧出行

上海是我国智能交通首批应用示范城市之一。自20世纪80年代中期,从澳大利亚引进自适应交通信号控制系统(SCATS)以来,上海智能交通系统已走过30余年的发展历程。建成了以上海交通综合信息平台为代表的一批交通信息系统,交通信息服务水平不断提升,实现了城市主要道路路网路况信息、交通拥堵指数、道路实况快照、公交车到站时刻、轨道客流状况及交通事件等信息的实时发布和查询。交通信息基础设施建设不断完善,基本实现全市公交车辆、出租汽车、省际客运、道路危险品运输车辆等重点车辆车载智能终端的全覆盖,初步完成了覆盖全市干线公路、快速路、地面道路的交通信息采集和发布的基础设施建设。行业综合管理能力不断提高,建成公交、水陆危险货物运输、省际客运、汽车维修等重点行业实时动态监管系统;建成公交、出租、危险品车辆电子营运证试点工程。智能交通技术全面支撑交通管理和服务,交通运输企业的运营效率大幅度提高,交通行业监管能力显著增强,公众出行服务品质明显改善。智能交通技术全面支撑交通管理和服务,交通运输企业的运营效率大幅度提高,交通行业监管能力显著增强,公众出行服务品质明显改善。

14.3.1 上海市智慧交通发展历程

上海市于20世纪80年代启动智能交通系统建设,主要经历了以下阶段。

1985—2003年,是起步突破的第一阶段。上海城市面临"交通难",上海交通管理部门以道路交通信息化智能化为主线,引进了澳大利亚交通信号自适应控制系统(SCATS),完成了上海城市快速路交通诱导系统的建设示范,开始建设高速公路收费、监控和通信三大系统。公共汽电车行业推出公共交通卡,逐步代替人工售票。

2003—2010年,是全面推进的第二阶段。上海智能交通在城市道路、高速公路、轨道交通、公共汽电车等方面都取得了长足的发展。该阶段上海市建成了道路交通流量多方式实时自动采集系统,基于区域控制、广域诱导的城市快速路监控系统,并相继建成了高速公路联网收费系统和ETC不停车电子收费系统、公共交通智能管理和电子站牌系统,以及区域停车诱导系统等。上海世界博览会(简称"上海世博会")期间,交通保障大规模应用了智能交通技术,实现了道路交通、公共交通和对外交通信息的汇集、融合和诱导服务全覆盖,基本建成交通综合信息平台。

2011年至今,是全面发展的第三阶段。以综合交通智能化为主线,实现了道路交通、公共交通、对外交通综合交通信息数据在一个平台上的汇聚整合、综合处理、提供发布、共享交换等功能;道路交通信息采集、发布和监控管理已经覆盖全市干线公路、快速路、地面道路三张路网,智能交通技术在轨道交通、公共汽电车、公共停车、对外交通枢纽等交通行业广泛应用;形成了面向政府管理决策、公众出行的多层次交通信息服务。

2020年以后将进入以"自动驾驶,移动互联"为主要特征的第四阶段。标志性事件为自动驾驶车辆由试点示范进入推广应用阶段,车路协同技术和智能驾驶技术由试点示范、局部应用进入全面推广和普及阶段,道路交通流更均衡协调,交通安全水平显著提升。

14.3.2 智慧交通系统框架

上海智慧交通系统框架由智慧城市基础设施、三张网络、一个智慧交通云平台、八项应用、四个保障体系组成,如图14-1所示。

1)智慧城市基础设施

智慧城市基础设施是指为智慧交通建设和运行维护提供基础性、公共性的信息化基础设施,包括城市宽带光纤通信网络、无线移动宽带网络、城市基础地理信息共享平台、城市公共计算机和存储服务设施、政府政务公开信息资源、信息通信测试和实验平台、科技创新研发公共服务平台等。

2)三张网络

三张网络是指交通运输信息网、车联网、位置服务信息网。交通运输信息网由交通运输管理部门主导建设,实现载运工具、场站设施、企业运营调度中心、交通运输指挥中心等信息互联互通的交通运输信息网路。车联网是以车辆为对象,实现车辆内部信息联网、车辆与中心、车辆与车辆、车辆与道路设施等信息联网,车联网是在物联网基础上,是面向车辆驾驶安全、辅助驾驶和自动驾驶等应用的智能汽车系统,车联网的主导和推进主体主要为汽车制造商、大型汽车零部件供应商和互联网企业。位置服务网是指为移动对象提供定位、授时、通信等服务,基于位置服务的导航定位服务网络,包括卫星导航通信定位、移动位置服务、高精度定位服务等,位置服务网由导航定位供应商主导建设。

这三大网络是智慧交通的网络和传输层,是智慧交通应用的基础,三大网络在应用上相互交叉,系统上互为渗透,产业链上逐步融合。

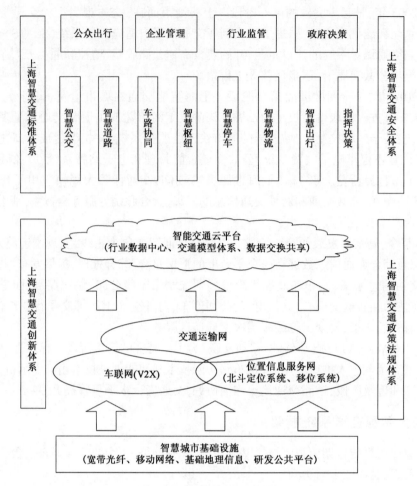

图 14-1 上海智慧交通系统框架

3) 一个智慧交通云平台

智慧交通云平台是以云计算和大数据技术为核心构建的,实现交通领域全行业信息资源汇聚、交换、共享、一致性处理和规范化应用的大型计算机集成系统,由交通相关部门和第三方企业共建共享共用,是智慧交通建设和发展的城市交通基础设施。

4) 八项应用

智能化公共交通(简称智慧公交)、道路交通管控和服务(简称智慧道路)、车路协同、综合客运枢纽智能化管理和服务(简称智慧枢纽)、公共停车智能化管理和服务(简称智慧停车)、物流管理信息化(简称智慧物流)、交通出行综合信息服务(简称智慧出行)、交通运行研判与决策支持(简称智慧决策)。

5) 四个保障体系

智慧交通标准体系、创新体系、安全体系、政策保障体系。

14.3.3 智能交通建设成果与应用实践

上海市智能交通系统发展的重要目标包括:基本建成智能公交系统;全面实现地面道路交通、快速路和高速公路的信息采集和诱导服务;基本建成交通综合信息平台,实现道路交通、公共交通和对外交通等信息汇集、交换、共享,对政府交通决策和公众交通综合信息服务起到一定的支撑作用;地面交通信号协调控制系统覆盖中心城区、放射型主干路和部分郊区新城城区;建成国内最大规模的公共交通卡系统,实现长三角部分城市一卡通;高速公路联网收费已经建成,不停车收费 ETC 在大力推进中,"十二五"期末,上海高速公路网 ETC 车道数将达到 300 条以上,力争 ETC 用户达到 50 万;建成国内最大规模的区域停车诱导系统。

1) 基本建成智能公交系统

上海市智能公交系统已基本投入运行,取得令人满意的预期效果。目前浦西的公交线路基本做到了全覆盖。约 8700 辆车(涉及 645 条公交线路)安装了智能车载终端,途径 4800 多个站点。车队调度人员坐在终点站调度室内通过计算机客户端就可以查看线路下每辆车的行驶情况以及准确位置,遇紧急情况可人工干预,实施应急预案。在面向公众的信息发布服务方面,已在市区 800 多个站点建设了候车亭信息发布屏,显示停靠该站线路的下一班车到站时间,同时播出最新的资讯类电视节目、各种便民信息,提升了乘客的候车体验。除此之外,信息发布系统又增加了手机 App 预报,大部分公交线路实现了移动终端发布的试运行,市民可以通过手机等移动终端实时获取各条线路各个站点的车辆到站预报信息,大大方便了市民出行。

物联网、移动互联网、大数据是智能公交实现的技术基础。在物联网中,物与物之间可以相互通信、交换信息,"物"可以自主感知环境、启动服务行为改变环境。支撑物联网发展的关键技术包括标识技术、通信技术、网络技术、网络定位和发现技术、软件和算法技术等。物联网的体系结构可分为感知层(数据采集)、传输层(异构网络互联和传输)、应用层(包括业务中间件和应用),以及包括信息安全、网络管理、数据库等公共技术。智能公交系统物联网模型与系统构成分别如图 14-2、图 14-3 所示。

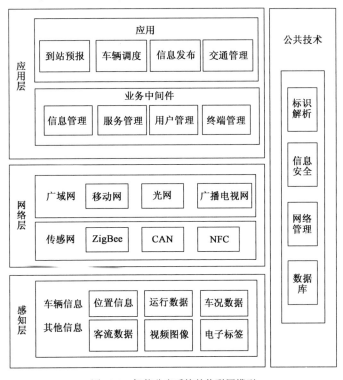

图 14-2　智能公交系统的物联网模型

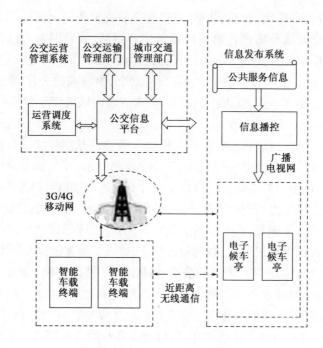

图 14-3　智能公交系统构成

2）基本建成道路交通信息采集、发布、管控系统

上海基本形成了针对不同路网交通特征,应用线圈、出租车 GPS 信息、手机信令、SCATS、牌照识别、微波等多种技术手段,分别采集快速路、地面道路和干线公路等道路交通实时信息,通过对这些动态数据进行处理,实现交通实时运行状态的发布。

建设了 800 余块图形和文字可变信息标志设施,发布以红、黄、绿颜色标示的道路交通实时运行状态图形以及车辆行程时间等文字信息,提供了实时的道路路况信息和相关交通信息。

基本建成了 3900 多个路口、覆盖中心城区范围的自适应信号控制系统(SCATS),实现了快速路全覆盖和地面主要道路车辆通行状况实时视频监控。建成并运行高速公路 ETC 不停车收费系统,提高了高速公路收费口收费效率和通行能力,方便了出行者跨省高速公路收费结算。

3）构建"智慧交通安全管理系统"

根据上海 2018 年建设"卓越全球城市"的发展定位,结合上海"智慧城市"总体发展需求,在上海"智慧公安"发展战略指引下,以基于数据驱动 + 人工智能为核心的云计算技术,构建大数据时代的"上海交警智能交通安全管理系统(简称 SITS)"。通过"感知—研判—智慧—处置"过程实现道路交通管理的智能应用,推动道路交通管理流程的现代化再造,最终有效提高城市道路整体通行效率和服务水平,全面提升道路交通管理人性化、精细化、智能化水平,为全球超大城市道路交通管控提供上海方案。该项目包括智能信号灯、行人过街预告警示、行人、非机动车违法抓拍、交警大数据应用、智能车驾管、智能勤务研判等 6 大子项目。

(1)"智能信号灯"子项目。"智能信号灯"系统是一个人工智能推动的不断迭代优化的系统。上海目前有超过 4800 个路口应用了自适应系统系统,对于其中 1000 多个城市战略路口,在尽快实现结合视频图像及结构化数据采集的基础上,利用大数据驱动的人工智能在弹性扩展的云计算平台上,通过对结构化非结构化数据的高效处理和融合,具备更完整、更立体的交通感知能力,加强对交通历史规律及变化趋势的准确把握,促进信号控制的精细化智慧化管理。

(2)"行人过街预告警示"子项目。应用行人过街预告预警系统,应用热成像技术,监测行人过街状态,提示机动车停车让行,现已在斜土路试点。

(3)"行人、非机动车违法抓拍"子项目。建设行人、非机动车违法抓拍分析系统,利用人脸识别比对技术,核实违法嫌疑人的身份信息,设置智能显示屏,对行人违法行为进行语音播报。现已试点安装10套电子警察人脸识别设备,辅助执法103起。

(4)"交警大数据应用"子项目。充分应用交警大数据建设综合应用系统,提升社会化服务能力。建立智能交通流量控制系统、交通异常自动感应系统,建立货运车辆违禁警示系统,自动识别货运车超载、超限和上高架等一系列违法行为。

(5)"智能车驾管"子项目。应用车驾业务智能语音,实现智能语音导办,丰富车管业务指引手段。结合人像识别技术应用车驾办证一体机,强化身份验证,提升窗口办证智能化水平。

(6)"智能勤务研判"子项目。建设道路交通监测研判中心,其包括智能勤务研判管理系统,实现勤务管理的自动化和智能化。

4)初步建成对外交通信息采集汇聚、枢纽交通信息服务等系统

建成虹桥枢纽、浦东国际机场、新客站、南站、吴淞客运码头、国际航运中心等大型对外综合交通枢纽的地理位置、动态班次、客运量信息的采集与信息化管理系统,形成对外交通信息发布与服务的能力。

建成全市主要长途汽车站客运联网售票系统,方便旅客就近购票。建成市域主要出入道口的流量采集、视频监控、稽查布控等信息化管理系统,实现了对主要道口对外交通流、客流的动态分析。

上海电子口岸平台初步建成应用,为上海海关、检验检疫、海事局等核心监管机构的监管应用提供数据交换服务。

建成上海市港口安全日常监管与应急指挥系统,实现应急指挥中心对上海港30个重点码头、洋山港等的视频数据接入与监控、码头生产业务监管、船舶定位监控、指挥港航公共突发事件应急处置等功能。

5)基本建成上海市交通综合信息整合共享与发布服务平台

所建成的上海市交通综合信息平台,可全面、实时整合、处理全市道路交通、公共交通、对外交通车流、客流、交通设施等多源异构基础信息数据资源,实现跨行业交通信息资源整合、共享和交换的信息集成系统。

平台共整合了市政、交警、城市公共交通、机场、铁路、码头等不同交通管理行业,包括道路交通、公共交通、对外交通领域在内的各类交通信息数据共200多项。

建成交通信息服务应用平台,通过网站、电台电视台、手机、车载导航、查询终端等多种方式,向公众提供三张路网实时交通状态信息、热点区域交通状态信息、事故事件信息、公交线路与换乘信息等交通信息服务,初步形成了面向社会公众的交通信息服务能力。

上海市交通综合信息平台建成以来,已经为政府交通管理部门进行日常交通组织管理和重大交通决策、为社会公众日常出行提供了信息服务支撑,产生了良好的社会、经济效应。特别是在2010年上海世博会期间,通过建设以上海交通综合信息平台为核心的上海世博会交通信息服务保障系统,为上海世博会交通管理部门提供了决策参考依据,也为上海世博会游客提

供了出行引导信息,从而为保障全市日常交通和上海世博会交通的平稳、有序、安全运行做出了重大贡献。在智慧上海建设中,本系统作为智慧交通的核心系统,为老百姓的智慧生活、政府的智慧管理服务,为智慧上海的建设作出重大贡献。

14.3.4 交通综合信息平台

1) 平台总体框架

上海交通综合信息平台系统是一个分级、跨行业汇聚、处理、共享和交换交通综合信息的集成系统。一级平台,即上海市交通综合信息平台,是全市交通综合信息集成、共享、交换和发布的核心主体。二级平台是行业交通信息汇聚、交换的信息系统,并承担着连接一级平台和三级应用系统的重任。三级应用系统是上海交通综合信息平台数据采集基础层和平台综合信息的具体应用层。其总体构架如图14-4所示。

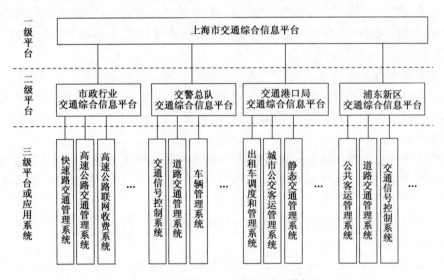

图14-4 上海市交通综合信息平台总体构架

2) 平台功能和特色

(1) 实现交通行业信息汇聚整合和交换共享

上海交通综合信息平台目前汇聚了市政行业、交警总队、城市公共交通管理部门、机场、铁路、码头等交通管理行业的道路交通、公共交通、对外交通各类交通信息数据共237项,其中道路交通数据173项,公共交通数据30项,对外交通数据34项。这些数据来自2.2万组感应线圈、2.5万辆GPS浮动车、334组车牌识别断面、1800余个SCATS信号控制路口控制器等动态交通数据采集装置,以及对1042条公交线路、11条轨道交通线路、732个社会停车场库、2个国际机场、3座铁路客运站的线路分布、实时泊位、航班等动静态数据的采集,数据覆盖的范围、种类、规模目前在全国处于领先地位。

通过上海市交通综合信息平台,实现了各交通管理行业平台和业务系统之间的信息交换和共享,上海市交通综合信息平台成为交通信息交换共享的枢纽,提高了交通信息资源的利用率和业务管理效率,加强了交通管理的协同性,成为现代交通管理的重要手段之一。

(2) 实现道路交通状态等实时展示

通过对上海市交通综合信息平台汇聚整合数据的综合处理,基于GIS城市地理信息技术,上海市交通综合信息平台以"一机三屏"形式,展示道路交通状态等实时信息和交通视频,为交通管理部门提供直观、实时的信息支撑。主要展示信息如下。

①道路交通实时状态信息:上海市交通综合信息平台可展示全市干线公路、快速路、地面道路三张路网的交通实时状态信息(图14-5)。这些信息分别应用线圈、出租车GPS、手机等不同技术、方式采集,并经上海交通综合信息平台综合处理,以红、黄、绿三种颜色展示三张路网堵塞、拥挤、畅通等运行状态,使交通管理部门与社会公众能实时掌握全市道路交通运行状态信息。

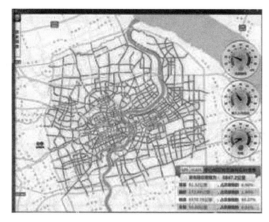 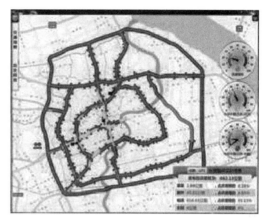

图14-5　道路交通实时状态信息

②道路交通视频信息:上海市交通综合信息平台可以展示干线公路、快速路和地面道路等的视频图像信息,使交通管理部门直观了解道路交通运行状态,有效进行交通指挥管理。

③道路交通可变信息标志信息:上海市交通综合信息平台可展示设置在干线公路、快速路、地面道路的路边可变信息标志实时信息,帮助交通管理部门及时掌握外场道路可变信息标志发布的状态信息和工作状态。

④道路交通事件实时信息:上海市交通综合信息平台实时展示全市道路交通事件信息,包括事件发生地点、事件性质、事件在不同时间段内的累计数量等信息,使交通管理部门能及时掌握交通事件地点、性质等信息并及时进行处理,对交通事件发生规律等进行统计分析(图14-6)。

图14-6　快速路交通事件分布、现场图

⑤道路交通掘路养护信息:上海市交通综合信息平台展示道路计划掘路地点、施工工作量、施工周期等信息,以及快速路养护计划信息。

⑥牌照识别和 SCATS 路口机信息：上海市交通综合信息平台展示设置在道路断面牌照识别系统实时信息、布设于地面道路 SCATS 路口相位状态信息，使交通管理部门能实时分析非户籍牌照机动车与上海牌照机动车数量百分比、时空分布等信息，协助交通控制管理。

⑦公共交通信息：上海市交通综合信息平台可以展示轨道交通、地面公交线路分布及走向、站点设置、实时运行状态等信息，部分公共停车场库泊位动态信息，实时掌握公共交通运行状况。

⑧对外交通信息：上海市交通综合信息平台可以展示机场、铁路、码头、长途客运等对外交通枢纽地理位置、动态班次、客流量、票务发售等信息，以及通过进入市域道口的入沪客流量等信息，帮助交通管理部门及时掌握对外交通运行和客流情况。

3）实现面向综合交通管理的应用分析

上海市交通综合信息平台目前还具备了初步的综合交通应用分析功能，具体为：以道路路段平均车速为主要参数，开发建立交通指数模型，以量化的交通指数数值，宏观、准确地反映快速路、地面道路整体路网以及区域道路交通拥堵程度，为量化评价道路交通运行状态、为交通管理部门提供精确的量化管理依据等发挥重要作用（图14-7）。

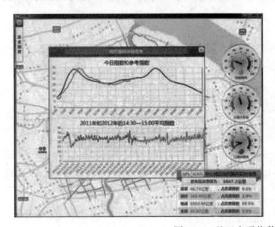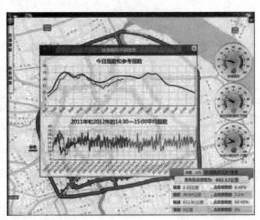

图 14-7 基于交通指数的道路交通运行分析

另外，通过对地面公交线路运载客流量统计，与实际调度发车数的理论载客流量进行比对，绘制包络曲线分析图，直观显示公交车辆的运载效能，为公交管理部门科学合理调度计划、提高公交车运载效能和服务水平提供有力的技术支撑。

14.4 深圳市：互联网+智慧交通的应用现状及创新实践

深圳市作为全国经济中心城市，从数字城市到智能城市，再到智慧城市，得益于优质的地理位置和政策扶持。深圳市成为全国首批智慧城市试点城市之一，在互联网普及、数字经济等领域迅速确立了领先优势。根据最新《超级智慧城市报告》，深圳市位居中国超级智能城市第一梯队首位。

深圳市围绕智慧城市建设的战略目标，不断调整规划城市发展结构，突出信息化智能化引领，坚持"以信息化智能化引领深圳市交通运输现代化国际化一体化"理念，建成了涵盖智能公交、智能设施、智能物流和智能政务四个方面的三十多项应用系统，在推动交通运输现代化、国际化、一体化方面积累了丰富的实践探索经验。

14.4.1 ITS 建设体系框架

在交通物联网时代,深圳市智能交通系统体系结构设计引入交通物联网感知、网络、平台、应用四个层次内容,实现智能交通系统在交通物联网时代的"智慧交通"创新设计。

整体智能交通系统按照信息流动和传输形式分为 3 个层次:交通信息基础环境、智能交通信息平台、应用服务与决策支持。其保障措施也是体系结构中不可缺少部分:技术支撑、人才资源、体制与机制、资金投入方面;体系结构可看作是"4+1"体系:交通信息设施是基础;智能交通信息平台是核心;交通决策支持是手段;面向应用服务是导向;保障体系形成是前提。深圳市智能交通系统体系结构总体逻辑图如图 14-8 所示。

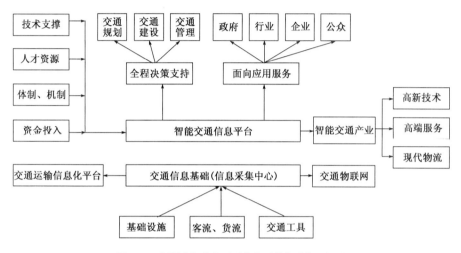

图 14-8 深圳市智能交通系统体系结构总体逻辑图

(1)用户服务

用户服务是 ITS 体系框架的基础,它决定了 ITS 体系框架是否完整以及是否符合用户要求,用户服务的确定主要包括用户主体、服务主体的确定以及具体服务内容的定义。用户服务主要包括:交通信息采集、智能交通信息平台、政府决策支持、交通信息服务、公共交通管理、道路交通运行管理、枢纽客流物流信息、交通安全与车辆安全、数据管理与分析。

(2)逻辑结构

深圳市 ITS 逻辑结构定义了为满足各项服务要求而必须具备的功能和遵守的规范,以及功能间交换的数据流,深圳市 ITS 逻辑结构的组成包括一级平台、二级平台、应用系统等层次及其间数据流。ITS 逻辑结构是构建 ITS 体系的重要环节,它描述了 ITS 满足用户需求功能以及这些功能如何与外部世界联系,特别是与深圳市 ITS 使用者之间的联系。深圳市 ITS 逻辑结构框图如图 14-9 所示。

(3)物理结构

深圳市 ITS 物理结构明确了逻辑结构中定义的功能是如何被集成系统实现的,这些系统是指由逻辑概念转变成软件、硬件组合而成的系统。物理结构是建立在逻辑结构基础上的更高层次的框架,它定义了组成深圳市 ITS 实体,以及各实体间的框架流。物理结构把逻辑结构中给出的过程分配到各子系统中,把数据流集成转化为框架流,框架流以及实体间通信要求形成了各子系统的界面。深圳市 ITS 物理结构组成部分包括:区域与城市结合的智能交通一体化平台、深圳市智能交通信息平台。深圳市智能交通三大中心,即交通运行指挥中心、交通监控指挥中心、交通服务信息中心。深圳市智能交通六大建设体系,即智能交通核心技术支撑体系,交通规划、建设、管理决策支持体系,交通运输管理体系,交通宏观调控体系,道路交通影响评价体系,交通信息服务体系。深圳市 ITS 物理结构框图如图 14-10 所示。

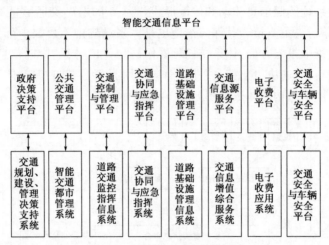

图 14-9　深圳市 ITS 逻辑结构框图

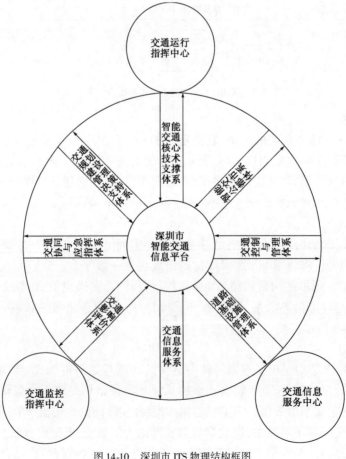

图 14-10　深圳市 ITS 物理结构框图

14.4.2 智能交通建设的体制机制

(1) 部门职责

为进一步加强深圳市智能交通建设和智慧城市建设,深圳市设立了专门的智能交通部门——智能交通处,构建了"智能交通处—总中心(综合交通运行指挥中心)—分中心(职能单位和辖区局运行指挥智能分中心)"的智能交通管理架构,实现了"智能技术""业务需求""应用对象"的有效衔接。逐步建立了智能交通"统一规划、统一标准、统筹资金、分工负责、分步推进、分块实施"的协同推进机制,各部门之间责权清晰,分工明确,保障智能交通、智慧城市建设工作有序、高效完成。

(2) 顶层架构与体系

深圳市根据智能交通行业应用需求,搭建了"1+4"(1个综合交通数据中心和智能公交、智能设施、智能物流、智能政务4大平台)智能交通应用体系框架;针对智能交通技术的发展趋势,构建了"5层次"(感知层、传输层、数据层、支撑层、应用层)的智能交通技术体系框架,完成深圳市整个智能交通建设发展的顶层架构。

(3) 管理模式

为实现对城市交通的精细化管理,深圳市以综合交通运行指挥中心为载体,以交通基层管理单元(交管所、站)为处置中心,构建总中心(综合交通运行指挥中心)—分中心(职能单位和辖区局运行指挥智能分中心)—基层管理单元(以街道办为单元的基层交通管理机构)的智慧交通三级管理架构,形成各定其位、协调联动、运转高效的运行载体。为确保管理架构的高效运作,深圳市以手机为载体建立手机App,实现综合执法管理、设施建设与养护、运输行业管理、应急抢险保障和交通运行信息服务的信息采集、现场处理功能,同时后台建立面向深圳市交通运输委员会、全行业信息案件处置的智慧交通管理系统。

"交运通"带来的管理模式变革如图14-11所示。深圳市"交运通"移动终端界面如图14-12所示。

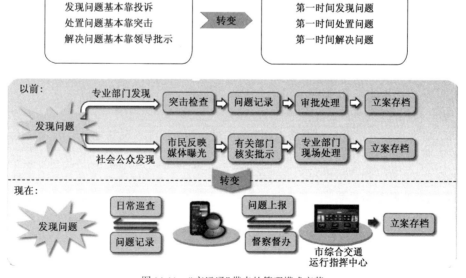

图14-11 "交运通"带来的管理模式变革

图14-12 深圳市"交运通"移动终端界面

（4）产业培育

在产业培育方面，深圳市交通运输委员会成立了智能交通协会，以横向拓展行业业务，通过智慧交通产业促进会纵向促进产业一体化；加速交通科技成果转化推广应用，优化升级交通产业结构，促进交通产业规模发展。专门成立了深圳市智能交通标准化技术委员会，着力构建深圳市智能交通标准化体系框架，加强对深圳市智能交通发展的规范管理。

14.4.3 智能交通建设成果与经验

1）以大众出行为核心服务对象的互联网+交通的公众服务

（1）公交智能化

公交出行作为城市公共出行使用频率最多的一种出行方式，在城市交通智能化建设过程中处于十分重要的地位，公交智能化建设势必先行。

深圳市构建了市公交行业基础设施管理平台及公交仿真模型体系。基本实现公交基础设施全方位协同化管理。同时成功搭建了公交线网规划决策支持系统，专业评估公交运行的整体效率，为公交线网规划、运营组织决策提供支撑。

建立了公交系统 GPS 监控平台、公交车安装车载终端，实现对公交系统的数据管理、实时监控、安全监管、服务监测、信息发布、成本测算和应急指挥；依托手机 App 实时发布公交车辆动态运行信息，打造公众出行信息服务平台，更好满足公众出行需求。

（2）出租车智能化

出租车作为城市的名片，在城市公共交通中有着而不可替代的作用，出租车智能化也势在必行。内部运行监测方面，深圳市构建了出租车数字化监管指标体系，通过运营态势指标、安全监管指标、服务质量信誉考核指标、驾驶员动态指标等，实现对出租车车辆、人员的全方位、实时监管考核；在行业外部应用方面，对出租车 GPS 数据的融合挖掘分析，实时掌握城市路网的动态运行状况，为动态交通引导提供支撑，通过出租车客流分析，为出租车运力投放提供决策依据；在服务应用方面，深圳市打造了出租汽车统一电召平台，可以提供电话、网页、手机 App 应用等多渠道电召方式，实现出租车全天候"应召"。

（3）地铁智能化

深圳市建设成立了轨道交通网络运营控制中心（NOCC），实现对地铁运营的综合监视、多线路运营协调、应急指挥、信息共享；汇聚轨道交通应急指挥中心（TCC）的信息，实现对地铁运营的监督管理、运营上报、统计分析、应急处置。

（4）长途客运智能化

在长途客运智能化建设方面，深圳市同样建立了长途客运智能化联网监控平台，可以实时接入全市长途客车、旅游包车 GPS 数据。通过对客车车辆运行状态（包括车辆超速、GPS 掉线、车内饰品、疲劳驾驶等）的实时监控，实现安全监管由事后处罚向事前预防转变、企业由被动接受管理向主动参与管理转变。

(5)路边停车智能化

2015年,深圳市成为全国首个实现路边停车收费全电子化的城市。驾驶员可以使用手机App或拨打服务电话进行停车缴费、续时、补缴,全程时限电子自助交易,无须管理人员干预。泊位违章停车由执法人员通过手持执法终端,实时掌握停车泊位占用与缴费情况,及时对违规占用停车泊位进行处罚。

(6)交通运行指数

道路交通运行指数和公交运行指数也是深圳智慧交通建设的创新之一。道路交通运行指数主要是通过对浮动车的运行轨迹、速度、行程时间等数据进行分析处理,量化评估道路网的运行状态,用红色代表拥堵、黄色代表缓行、绿色代表畅通,实现道路交通运行指数的实时监测,为交通改善提供数据支撑。而公交运行指数现已覆盖轨道交通、常规公交、出租车3种出行方式和步行、候车、乘车、换乘4大环节的30项、64小项考核指标,通过云数据汇聚评价全市公交服务质量,促使公交企业提升服务品质。

深圳市道路交通运行指数现状如图14-13所示。

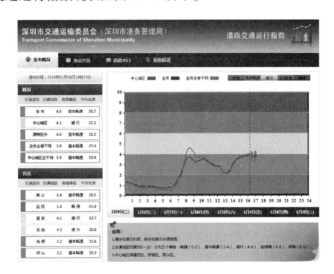

图14-13 深圳市道路交通运行指数现状

2)以交通枢纽为核心的智能化建设

公交车、出租车等出行方式的智能化建设是"线形"的,公交车站、地铁站、包括机场、高铁站的智能化建设属于"点状"的、相对静态,只有把点和线连接起来,才算是初步完成了整个交通运输系统智能化建设。

机场和高铁车站作为一个城市与外省市地区人口流通最频繁的区域,人口流动量巨大。深圳市在机场枢纽智能化建设及高铁枢纽智能化建设过程中,采用的方式类似,即:

围绕交通的两个时刻表(高铁时刻表、公交时刻表;机场时刻表、公交时刻表),利用智能化手段,通过对交通枢纽的综合管理、指挥调度、信息服务,实现不同交通出行方式的动态衔接、高效组织,满足不同运输方式协同运转、应急联动和综合信息服务的要求,建立完善先进的智能交通系统,满足乘客出行信息获取的便捷性,提升换乘便利性,提高出行选择方便性,减少不必要的换乘距离等。主要手段有:

在运行监管方面,建立完善的视频监控系统,利用视频识别、地磁监测等技术,实现对整个交通枢纽的运行监测、安全监管、运力调配等。

在指挥调度方面,依托两个时刻表,围绕应急识别、预警、运力调配、信息发布等,全面提升交通枢纽的智能化管理和信息化服务水平。

在信息服务方面,通过布设可变情报板、信息诱导屏、触摸屏、站内广播、手机二维码应用等信息发布设施设备,提供枢纽内客流预报、预警与疏解、人流引导与车辆诱导等综合信息服务。

3) 自动驾驶方面的智能化建设

2016 年,国家发改委和交通运输部印发《推进"互联网+"便捷交通促进智能交通发展的实施方案》,工信部提出《车联网发展创新行动计划(2015—2020)》,以及 2017 年工信部、国家标准化管理委员会发布的《国家车联网产业体系建设指南(智能网联汽车)》,无一不是为了加快车联网的发展步伐,足见国家对车联网行业的重视程度。为响应国家发展战略,加快智慧城市建设,深圳市积极布局车联网与自动驾驶的创新技术和应用,推进汽车的智能化和网联化发展。

2017 年全球第一批智能公交,也是我国首辆智能驾驶公交车——阿尔法巴智能驾驶公交首发试运行,支持"乘车码"的扫码乘车服务。其中,移动扫码支付方式具有 0.2s 极速验证、先乘车后付费、手机闸机双离线技术、安全保障机制四重优势;目前阿尔法巴智能驾驶公交已实现自动驾驶下的行人、车辆检测、减速避让、紧急停车、障碍物绕行、变道、自动按站停靠等功能。

2018 年深圳公布了《深圳市智能网联汽车道路测试开放道路技术要求(试行)》,并公布了首批智能驾驶的开放路测道路,覆盖全市 9 个行政区,总长约 124km,已成为国内智能网联汽车道路测试开放道路最长、范围最广、涉及场景最多的城市。

2019 年预计将生产 200 台配备车辆顶盒的无人车,开发打车 App,提供自动驾驶的网约车服务。

深圳将启动自动驾驶管理政策和道路基础设施建设的标准研究,为未来自动驾驶在深圳的商业化落地做储备。还将制定智能网联汽车道路测试申请评审、道路测试管理等相关文件,启动深圳智能网联汽车测试道路适驾性环境提升改善等研究,对智能网联测试车辆进行日常监管与测试数据分析,实现对深圳市自动驾驶标准化、量化管理。

未来,在智慧城市框架下,深圳交通将进一步融合云计算、物联网、大数据、人工智能、无人驾驶等新一代信息技术和城市治理理念,深化供给侧结构性改革,促进城市交通可持续发展。

14.5 2018 年上海合作组织青岛峰会应用实践

2018 年上海合作组织(简称上合组织)成员国元首理事会会议在青岛举行,这是继 2012 年北京峰会后上合组织再次回到它的诞生地中国,也是在上合组织实现首次扩员、进入发展关键期背景下举行的,意义十分重大。

为保障峰会期间道路交通安全、有序、畅通,2018 年 6 月 6 日至 6 月 12 日期间,山东省和青岛市通过智能交通管理服务系统与警卫交通保障专用系统对山东省内和青岛市内交通进行管理,采取部分道路限行、高速公路口封闭等临时措施。

14.5.1 峰会期间智能交通系统组成

(1)智能交通管理服务系统

峰会举办地选址在人流、车流密集的市区,为完成峰会期间的交通管理与控制工作,青岛市通过智能交通管理服务系统,实现对几百个路口信号联网控制、对几十条线路进行并发控制、对近400多辆车进行高精度定位。在青岛城区900个红绿灯路口都有不同的信号设置方案,包括全天信号设置方案、早晚高峰信号设置方案等。每个方案都是根据每个路口车流量、拥堵特点进行的"量身定制",全部储存在智能交通管理服务系统中,适时切换。

智能交通管理服务系统以交通大数据云计算数据中心为枢纽,运用行业领先的大数据、云计算和深度学习、模式识别等先进技术,以"智能管控、信息服务、综合应用、集成指挥、交通安保"五大平台为核心,以"指挥中心、信号控制、视频监控、交通执法、信息采集、交通诱导、信息发布、勤务管理、安全监控、运行维护"10个子系统为支撑,覆盖六区85条主干道、190条次干道、115条关键支路,以及11条高速公路、38条国省道,实现了拥堵点的实时自主发现、自动弹窗提醒。

(2)警卫交通保障专用系统

在智能交通管理服务系统的基础上,为完成峰会期间的交通安保任务,青岛市基于GIS技术的深度应用开发了"警卫交通保障专用系统",5min内快速生成任务方案,并利用三维仿真推演,提前识别行车路线中车队冲突、跟随风险等问题,防止出现路线冲突,使用4G回传等先进技术,首次实现监控自动随动、多维全程可视和进度实时掌控,实现多批次道路交通警卫任务"零隐患、零失误、零差错",同时最大限度地确保群众的正常出行。在整个活动保障期间,警卫交通保障专用系统能够24h无故障稳定运行,任务线路多视频点位无缝衔接、自动跟随,路口信号控制精准无误,可支撑50条以上线路的并发控制、车辆高精度定位,顺利保障了多条线路高级别任务的指挥调度工作,满足了峰会期间指挥调度的高标准需求。

(3)交通信息发布

为了保障公众正常出行、遵守峰会期间制定的临时性行政管理措施,青岛市利用智能交通管理服务系统,通过覆盖市区和高速公路的230处交通诱导屏、"青岛交警"官方微信和手机App等每5min实时对外发布动态路况,将临时交通管理措施及高速公路绕行路线提供给高德地图、百度地图、e高速(山东高速)、齐鲁通等手机导航App服务部门,全方位、多渠道提供实时交通路况、事故、违法、高速公路路况等交通信息服务。

14.5.2 基于数据驱动的交通管理措施

峰会期间,对青岛市区部分区域采取了临时性行政管理措施,主要的方法包括禁行、限行、绕行。

(1)禁行

①核发号牌载货汽车、专项作业车、摩托车未经批准禁止通行。

②危险化学品运输车辆等禁行。

(2) 限行

①核发号牌小型客车实施单双号限行。

②除持有重大外事活动专用通行证件的机动车、行政主管部门确定专项作业车辆、执行任务的军车、警车、消防车、悬挂使领馆号牌以及经批准临时进入我国境内参与重大外事活动的车辆外的车辆限行。

③重点区域实行限制通行管理，必要时实行封闭管理。

(3) 绕行

青岛市地处山东半岛东南部沿海，胶东半岛东部，东北与烟台毗邻，西与潍坊相连，西南与日照接壤，是处于山东省东南部的重要交通枢纽。为保证上合组织工作车辆正常出行，制定了一系列绕行方案。绕行方案制定依据对青岛整体车辆、过境青岛车辆、异地往返车辆、违法嫌疑等车辆以及卡口、收费站、流量检测等数据所进行的路网运行监测大数据分析。绕行方案具体如下。

①山东省内途经高速过境交通绕行方案。

通过对途经高速公路过青岛通行情况、途经高速公路进出青岛车型通行情况分析，制定相应的绕行方案。绕行方案针对以青岛市周边城市——烟台、潍坊、日照、威海、莱芜和临沂作为起讫点的出行路径情况，以"省内协调、市区保护"为原则，提出合理的出行绕行方案，尽可能引导出行者选择青岛市区外不相邻高速公路、国道或省道作为出行路线，绕行达到出行目的地，从而实现峰会期间合理缓解青岛市周边公路所承担的交通流负载。

②山东省外城市过境交通绕行方案。

通过对途经高速公路过青岛通行情况、途经高速公路进出青岛车型通行情况分析，识别省外通过青岛的过境交通，针对过境交通特点，制定相应的绕行方案。

③青岛市内过境交通绕行方案。

通过对青岛内部车辆通行情况进行分析，以青岛市内各区作为出行起讫点，识别出行路径主要交通流，针对主要交通流提出绕行管制措施。

14.6 本章小结

本章主要阐述了我国 ITS 的应用现状，重点介绍了杭州市、上海市、深圳市和 2018 年上合组织青岛峰会的 ITS 应用案例。

【本章练习题】

1. 在企业分布上，我国智能交通主要集中在哪些行业？简述你对未来行业发展的看法。
2. 请你说出自己实际生活中智能运输系统的相关应用，简述此应用对生活有什么影响。

第15章 智能运输系统评价

【学习目的与要求】

通过本章的学习,明确智能运输系统评价的目的和意义,掌握智能运输系统经济评价的目的、原则、经济评价对象、内容和方法以及技术评价的基本前提条件、原则、评价对象及其技术评价体系,并了解智能运输系统综合技术评价方法。

15.1 概　　述

15.1.1 智能运输系统评价的目的与意义

1)评价目的

智能运输系统的评价是智能运输系统研究的一项重要内容,其目的是对智能运输系统项目的经济合理性、技术合理性、社会效益、环境影响和风险做出评价,为实际的 ITS 项目提供一个综合、全面的评价结果,为项目的可行性研究、实施、效果以及方案的优化、决策提供科学依据,对已有的系统运作优化提供依据,帮助投资者为将来的投资做决定。

评价是用来衡量项目的目标或目的达到的程度。而且,项目评价对项目本身的实施又可以产生一个有益的反馈作用,即项目评价结果可以对项目适当提出一些建议及修改方案,以此来最终达到甚至超过原来的目标。特别是,智能运输系统项目投资巨大,随之而来的将是广泛而深入的影响,因此评价对于智能运输系统至关重要。我们认为一个好的评价方法是定性和定量分析相结合的方法,能够定量的尽量给予量化,以便给决策者提供充分的依据。然而有些影响是难以量化的,只有当评价的主体和目标明确时,才能取得最有效的评价。

评价是构成项目开发整体不可分割的一部分,而且在每个阶段都应实施初步规划、详细规划、系统规划、系统实施、数据收集、数据分析、结果报告等。项目评价应该由不参加该项目的投资和建设的独立机构来完成,然而项目评价的独立机构并非根本不介入该项目。

ITS评价,是指对ITS项目进行的评价,项目既可以是规划中的,又可以是实施中的,抑或是完成后的。本书中不限定评价使用的阶段,既可以是项目前评价,也可以是项目后评价,或是项目实施中的评价。ITS评价与建设ITS项目要达到的目的有重要关系,在评价中首先要明确建设ITS项目的目的。下面介绍ITS项目要达到的6点目的。

(1)提高全国交通系统的安全性,减少伤亡的数量及其严重程度,降低撞车的严重程度。

(2)提高路面交通系统的运行效率及其容量,减少由于交通事故所引起的局部交通系统不能正常运作,改善服务水平及便捷程度,提高道路通行能力。

(3)减少由于交通拥挤造成的能源和环境消耗,降低单位出行造成的有害物质排放,降低单位出行造成的能源消耗。

(4)提高目前的和将来的生产能力,降低快速行驶的成本,减少出行时间,改进交通系统规划和管理方法。

(5)提高个体流动性和路面交通系统的便捷性与舒适度,为出行前和出行中的信息获取提供途径,提高出行安全度,减轻出行者压力。

(6)为ITS的繁荣发展和实施创造环境,支持ITS产业(硬件、软件和服务)的建立。

2)评价意义

ITS评价的意义主要体现在以下4个方面。

(1)理解ITS产生的影响

评价ITS是为了能够更好地了解项目本身和与其相关的交通条件的改善之间的关系,其对交通系统及其使用者产生的影响,以及ITS所带来的社会、经济和环境影响(以上综合起来构成了ITS评价的内容),并且,对ITS产生的影响有一个更好的认识以利于其他ITS项目的良好实施。

(2)对ITS带来的效益进行量化

投资者决定投资一个项目,就必须先对该项目所能带来的回报做到心中有数。无论是政府部门还是私人机构都希望能够量化自己投资的效益(在这里即量化ITS的效益),从而决定采用ITS还是不采用ITS。但是如果ITS评价仅仅局限于评价项目的经济效益,就有可能只对决定政策的人和其他一些非技术性的参与者有益,因此ITS评价要全面考虑所涉及的各领域。

(3)有利于投资者的投资决策

ITS评价所提供的信息(关于具体实施的理想条件和可能产生的影响因素等等)可以帮助政府部门优化投资,同时也可以对未来项目的投资和实施作出决定。ITS评价所提供的信息也有助于私人机构在商业运作中作出明确的决定,而政府和私人机构之间的密切而有效的合作分工恰恰是中国ITS顺利发展的必要条件。

(4)优化已有 ITS 系统

ITS 评价可以帮助已有的交通设施和交通系统识别指明需要改进的方向,从而使管理者和设计者能够更好地管理、调整、改进和优化系统运作和系统设计。

集中评价 ITS 带来的效益对于说服政策制定者和对其他非技术问题做决定的人显然是必要的,它证明了 ITS 的技术和应用是成熟的,并且已经能够被使用。但仅仅集中评价 ITS 带来的效益还不够,我们还要在评价 ITS 时,集中回答"为什么"和"怎么办"的问题,全面理解 ITS 所产生的影响以有助于对未来投资做出决策,优化系统运作。

评价复杂交通系统常用的方法包括确定达到预定交通目标过程中的各种影响因素以及各因素在此过程中的作用,而这些因素又通过选择各种评价方法来加以量化。

15.1.2 智能运输系统评价的框架

1)若干基本概念

目前,我国在 ITS 评价方面刚刚起步。一方面缺少做 ITS 评价所需的经验,另一方面也缺少 ITS 评价所需的数据库。在此我们提供一套评价的框架仅供参考。

首先,对评价框架中涉及的一些概念作出界定,这些概念包括 ITS 评价的特征年、ITS 评价区域、受影响的群体、ITS 评价阶段等。

(1)ITS 评价的特征年

ITS 所产生的效益一般包括国民经济效益、社会效益、环境效益和企业财务效益,但这些效益并不是随着 ITS 的实施就能够立即产生的,它们的出现通常需要一定的时间,而且不同效益的显现需要的时间往往也各不相同。因此,在进行 ITS 项目评价时,必须考虑各种效益的时间效应,以避免在具体的项目评价过程中过低估计 ITS 对企业盈利能力、国民经济发展和布局、社会进步及自然资源的合理利用与环境保护等的促进作用。

一般来说,ITS 实施后所带来的效益可以通过它的具体影响来体现,这些影响有些在短期内就能够较明显地显现出来,比如由于 ITS 项目的实施带来的道路通行能力的增加,出行舒适度的提高,货物运营成本的降低,旅客在路途时间的节约,交通事故的减少,环境污染的降低,等等;但是有些影响会需要较长时间才能显现出来,比如 ITS 的实施对国家信息产业发展的促进,对国家产业结构合理布局的调整,对国民经济的拉动,对社会收入的合理分配以及对社会就业人口的增加等。为了科学客观评价 ITS 效益,必须考虑到效益的时间效应。因此确定开展评价的 3 个特征年,即从基年起第 5 年、第 10 年、第 20 年,并将这三种效应称为短期效应、中期效应和长期效应。

短期效应——在实施后 5 年之后就会发生的效益/影响。

中期效应——在实施后 5~10 年之间发生的效益/影响。

长期效应——在实施后 10~20 年之间发生的效益/影响。

(2)ITS 评价区域

根据项目实施的区域,可以初步将实施评价的区域分为三类:城市内、城市间和乡村地区。

在做城市内的评价时,凡涉及分析有关智能运输系统的设备和服务的运行成本及其所带来的效益时,必须将现有的设备和服务考虑在内,结合我国国情,充分利用已有的资源。在作城市间的评价时,需要考虑如何使正在运行的或是即将实施的智能运输系统的各组成部分在现有条件下得到最优的配置和运作。由于我国乡村地区的交通事业与其他发达国家相比还很落后,在近期内实施 ITS 的可能性几乎不存在,所以建议在作此智能运输系统评价的框架时,暂不把乡村地区作为重点考虑,而是侧重于城市内和城市间这两个区域。

(3) 受影响的群体

许多传统的 ITS 项目效益分析多集中于交通使用者效益,例如,总延迟、出行时间和速度、出行次数和撞车的严重程度。实际上,除此之外还有许多由于 ITS 的实施而受影响的其他群体或子群体。在 ITS 项目评价中,也应该考虑这些群体的效益或对这些群体造成的影响,它们包括以下几个方面。

不同的使用群体(如:城镇的、郊外的、老年的和乘车上下班的人,等等);

非使用者群体(如:居民、资产和商业占有者,等等);

政府机构执行人员(如:警察、消防员,等等);

私人机构执行人员(如:货车运输、硬件/软件制造商,等等)。

(4) ITS 评价阶段

对 ITS 项目的评价应该贯穿于项目实施的各周期,但对不同阶段的评价和不同项目的具体应用是有差异的。

① 立项建议书阶段的评价。

建议书阶段的评价是在对项目初步调查的基础上进行简单的技术经济分析,并配合初步的社会评价、环境评价和风险分析,达到对诸因素进行初步的全面分析,供决策单位作为审批项目立项的依据。

② 可行性研究阶段的评价。

这一阶段的评价在整个项目周期中具有非常重要的地位与作用,它是项目决策的主要依据之一。与立项建议书阶段的评价相比,该阶段的评价要求更全面、更详细、更具体、更深刻。通过详细的调查、研究、预测、计算与论证,运用定量分析与定性分析、动态分析与静态分析(以动态分析为主)、宏观效益分析与微观效益分析相结合的方法,对项目的经济、技术、社会影响等进行全面而深入的分析,并对其进行综合评判,比选推荐最佳方案。

③ 实施阶段的评价。

ITS 项目的实施是一个复杂的过程,带有明显的过程性,往往不能完全按事先的设计方案展开。由于涉及不同利益群体的相互协商、制约的作用,以及一些不确定因素的介入,项目的实施常常是一个动态、变化的过程。因此,项目管理人员需要不断及时了解项目的进展情况及所遇到的问题,以便及时采取措施,保证项目尽量按计划实施。这就需要建立一个较完善的评价机构,进行建设项目实施阶段的评价。

④ 运营阶段的评价。

该阶段的评价是在项目投入运营一段时间后,根据项目的实测资料与项目生命周期内其余年份的预测资料进行的评价。这个阶段将预测结果与实测结果对比分析,分析产生背离的原因,反馈评价结果,以提高将来的决策水平。它是对预测评价进行的内在分析评价,是项目管理的反馈环节。目的是总结经验教训,为将来建设同类项目提供经验。

2) 评价框架

对智能运输系统项目进行综合评价是一项涉及面很广的系统工程,需要科学的方法和严谨的工作程序。智能运输系统各具体子系统的评价工作程序可能会因项目自身特点而有所不同,因此可以针对不同的评价内容,对评价步骤有所增删。

(1)项目辨识

项目辨识的目的在于明确和把握问题,它不仅为项目评价本身服务,而且对于有效的项目计划、项目管理和项目组织也具有十分重要的意义。有效的 ITS 项目评价的先决条件是对所研究 ITS 项目的主要特点进行清晰和准确地辨识。

项目辨识的内容包括以下几个方面:

①项目的名称和类型;
②所应用并将被评价的关键技术或者评价内容;
③项目所提供的功能、服务和设施;
④项目实施的地方、时间以及计划完成的时间;
⑤项目实施的保障体系。

(2)用户需求分析

用户需求分析是 ITS 项目评价的一个重要前提。用户需求分析主要包括两个方面:在对现有交通现状加以充分的调研的基础之上进行的需求分析;基于需求分析的预测分析。应确保 ITS 用户目前对 ITS 项目有需求,甚至在将来有更大的需求。

(3)确定评价目标

ITS 项目的评价目标是确定 ITS 项目评价框架的基本前提,评价指标的选择以评价目的和目标为前提。

(4)制订评价计划

在确定目标子集和优先程序排序后,应给出细化的评价计划。这主要是指给出项目的预期成果。所采用的方法基本上是依靠相关专业洞察力和积累的经验提出一些假设,对相应目标给出一些定性或定量的预期评价结果,依此确定仿真或试验的规模和次数,从而为下一步的仿真或试验奠定基础。

除了一些可量化指标的预期,该步骤同时应确定评价所需进行的定性研究内容,这些内容不仅包括技术和经济因素,同时包括政策因素和组织(非技术)因素。这里的政策因素主要是指国家和地方政策以及交通发展战略、项目所参照的标准和规范等;组织因素主要是与项目管理相关的问题。这些因素对项目的进展将起到相当重要的作用。

另外需要强调的就是,制订评价计划的过程中一定要实事求是,根据现状加以制订。

(5)收集数据进行仿真或试验

ITS 项目评价的手段主要分为两类:一类是试验;另一类是仿真。

此处的试验是广义的,主要包括现场试验、现场观测以及调查。现场试验一般是指在很小受控范围的真实世界里考察 ITS 的影响。但在真实世界中考察 ITS 的影响几乎是不可能实现的,受控只能是相对的。影响现场试验的另一个因素是成本,成本约束其不能成为应用广泛的评价手段。因此,目前大部分 ITS 项目没有条件进行现场试验。现场观测是传统交通工程常用的数据采集方式之一,也可以用于 ITS 项目。ITS 项目的现场观测不仅指传统的手工作业方式,因为 ITS 项目有时可以运用现代的信息采集手段。调查也是 ITS 项目评价的重要试验手段之一,尤其是一些主观指标(如用户可接受性)的度量。调查是目前唯一有效的手段。

相对于试验手段,仿真在 ITS 项目评价中越来越受到重视。无论在经济性还是灵活性上,仿真手段均优于试验。支持 ITS 项目评价的仿真软件开发也越来越受到重视。仿真的一个突出优点是比试验成本低廉,这使得仿真成为 ITS 项目评价的重要手段之一。

虽然仿真与试验相比有许多优点,使用范围越来越广,但目前来讲,仿真并不可以完全替代试验。试验和仿真在 ITS 项目评价中均是不可或缺的手段。

(6)数据分析

对上一步骤所采集到的数据进行分析。

需要说明的是,数据分析完成后,如果得到的结果不能满足需要,则需返回项目分析阶段重新进行评价或做补充评价,甚至修订项目计划。

(7)得出评价结论

评价的最后一步是得出评价结论,并将评价战略、计划、结果、结论以及建议编写成最终报告。

上述综合评价分析步骤可用图 15-1 表示。

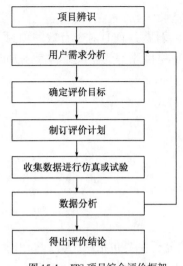

图 15-1　ITS 项目综合评价框架

15.2　智能运输系统评价内容

项目的技术经济分析和投资决策是一项细致而复杂的工作,应全面考虑影响项目的开发和实施的各种因素以及项目对社会环境的总体影响,最终确定评价的内容和范围。对于 ITS 项目这种投资规模大、对社会经济影响显著的大型交通运输项目来说,应该进行经济、技术、社会、环境影响、风险等不同方面的评价。下面介绍 ITS 的技术、经济、社会与环境评价。

15.2.1　智能运输系统技术评价

关于 ITS 的技术评价,是从技术的角度出发,试图通过对项目各技术指标的分析和计算,从系统的功能和技术层面对智能运输运输系统的科学性、合理性、可发展性以及适用性和可实现性等方面进行综合的评价。作为评价的方法可采用上下结合(系统与单项的结合)、定量与定性结合的方法。上下结合评价法,即:关于 ITS 整个系统的综合评价和各子系统的评价,前者是关于整个系统的把握和综合评估,而后者是前者的基础,更多地影响系统的实现,因此,两者是互为相关的。

另外,关于评价对象所含内容广泛,这里,更多侧重于 ITS 关键子系统的技术评价。

1)技术评价的基本前提条件和原则

(1)基本前提条件

ITS 技术评价是由其评价的目的和对象所确定的,因此,其基本前提条件是 ITS 系统和子系统基本框架(逻辑框架、物理框架)的建立、系统和技术的存在性等。

(2)基本原则

为了达到评价的目的,ITS 技术评价应遵循以下基本原则。

①科学性。ITS 应建立在科学的原理和技术之上,因此,科学性是系统技术评价的首要原则。

②实用性。ITS建设应有明确的目的和功能需求,直接或间接地解决(或缓解)交通问题的实用性是其基本的要求。同时,系统的实用性还表现在系统适用性方面,如 ITS 及其子系统能否适应于中国(或特定城市)的实际情况(实际的交通情况和建设系统的条件)等。

③可测性。系统的评价将通过若干具体的指标体现,为了能清晰地对系统作出评价,所选取的评价指标,必须能够通过某些直接或是间接的方法得到定量的值。

④独立性。智能运输系统是一个复杂的、多层次、多因素的系统。其内部各层次、各因素之间相互独立、相互影响、相互联系。为了能准确地评价系统特定的功能和技术,应避免评价指标的相互关联和重叠。

⑤可比性。可比性原则反映了系统及其评价指标的敏感性程度。所选用的评价指标应具有较高的敏感性,能客观地反映出不同方案下所取得的效果的差异,从而为提高系统的技术水平提供决策支持。

⑥整合性。此原则反映了系统及其子系统和技术间的匹配与协同程度,相关指标的取用应能反映这一原则。

⑦扩展性。由于 ITS 广泛地集成了先进的高新技术,且系统庞大,因此,系统的兼容性和扩展性原则对于确保系统的可发展性具有极其重要的意义。

⑧完备性。该原则体现了评价指标所反映的系统技术性能的全面性。评价指标体系中各个评价指标所评价的内容应尽可能涵盖智能运输系统的各种属性,如便捷、有效、经济、安全,等等。

2)评价对象及其技术评价体系

(1)评价对象

ITS 的评价对象可按技术领域加以划分。根据国家 ITS 框架研究大纲,智能运输系统的技术领域划分为以下几个部分:

①通用技术平台。主要内容:通用地理信息平台(桌面、车载)及与定位结合技术、环境和尾气排放管理。

②通信信息。主要内容:出行前信息、行驶中驾驶员信息、行驶中公共交通信息、个性化信息服务、路线诱导及导航。

物理框架中,考虑信息服务商与交通管理中心、紧急事件管理中心的接口,帮助整体组完成广域有线通信、广域无线通信的工作。

③车辆。主要内容:视野的扩展、自动车辆驾驶、纵向防撞、横向防撞、安全状况(检测)、碰撞前的保护措施和智能公路。与通信信息组协调考虑信息终端等车载设备的交叉问题。

④运输管理。主要内容:商用车辆的管理、路边自动安全检测、商用车辆的车载安全监测、商用车辆的车队管理、公共交通管理、公共交通需求、共乘管理;也可分为货物运输和旅客运输两个组成部分开展工作。

⑤交通管理和规划。主要内容:交通控制、紧急事件管理、需求管理、交通法规的监督和执行、交通运输规划支持、基础设施的维护管理。

物理框架中,考虑交通管理中心与其他中心的接口,考虑道路、铁路、水运、航空管理中心接口。

⑥电子收费。主要内容:电子交通交易等。

⑦紧急事件和安全。主要内容：紧急情况的确认及个人安全、紧急车辆管理、危险品及事故的通告、出行安全、对易受袭击道路使用者的安全措施和智能枢纽。物理框架中，考虑紧急事件管理中心换型和对外接口。

⑧综合运输（枢纽）。主要内容：综合枢纽、多式联运管理。

⑨智能公路。主要内容：先进的车路信息与运行系统等。

(2) ITS技术评价体系

ITS的技术评价主要可从两方面进行：基于体系结构各部分特征的系统性能评价，即定性分析为主的评价；基于ITS各部分系统设计的运行性能评价，即定性与定量结合的评价。因此ITS技术评价体系如图15-2所示。下面对指标层的每一项加以解释。

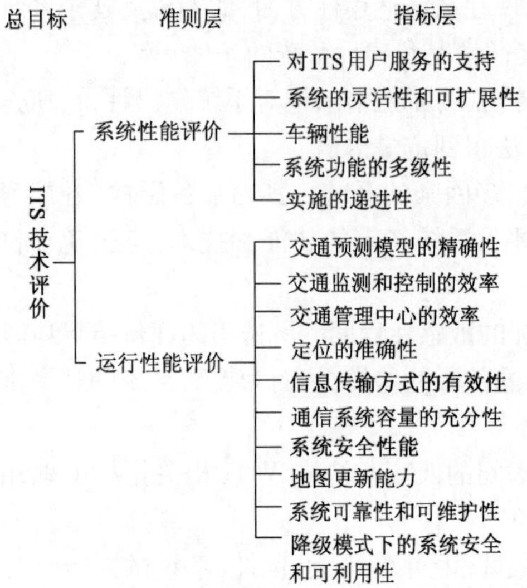

图15-2 ITS技术评价体系

①系统性能评价。

a. 对ITS用户服务的支持。

该指标是为了评价ITS体系结构的系统功能是否满足不同用户的需求。在中国的大部分城市，应充分考虑到自行车交通用户及公共交通用户的需求。

b. 系统的灵活性和可扩展性。

该指标主要指体系结构在技术上是否具有灵活性和可扩展性。灵活性是指体系结构对不同类型技术的兼容和限制程度，系统的灵活性和可扩展性评价指标及其描述如表15-1所示。

系统的灵活性和可扩展性评价指标及其描述　　　　　表15-1

指　　标	描　　述
通信载体	体系结构与蜂窝宽域通信方式的兼容性和影响； 是否利用现有技术； 是否开发车辆—路边设施的通信标准
传感技术	体系结构与所有传感器技术的兼容性
用户界面	是否有特定的用户界面标准或技术
管理中心协调水平	是否有各个管理中心之间的内部连接； 协调和共享是否有法律上的保障
新增服务和功能	体系结构中新增服务和功能的可能性； 体系结构对不同通信方式的兼容性
集中或分散的数据库运用	
管理中心信息提供系统	任何管理子系统和出行信息提供子系统一体化提高效率
算法改进	在体系结构内部对软件的改进是否有约束条件

c. 车辆性能。

不同装备车辆的性能评价如表15-2所示。

不同装备车辆的性能评价　　　　　　　　　　　　　　　表 15-2

市场包	评价指标			
	用户出行时间减少	用户安全性提高	无用户出行时间减少	无用户安全性提高
广播旅客信息				
交互旅客信息				
自动路线导航				
动态路线导航				
基于 ISP 的路线导航				
综合运输管理/路线导航				
黄页和其他社会资源				
动态换乘				
车辆识别				
车辆安全监视				
驾驶安全监视				
纵向安全警告				
侧面安全警告				
交叉口安全警告				
撞前约束部署				
驾驶员能见度提高				
先进的车辆纵向控制				
交叉口防撞				
自动公路系统				

注：可分三种情况表示，即高收益、中等或低收益、极少或无收益。

d. 系统功能的多级性。

该指标指体系结构对每一市场包内和市场包间不同功能的支持能力。

为达到系统功能的多级性的目的，体系结构首先必须模式化，便于把不同的功能分配到体系结构中不同的领域。在评价系统功能的多级性时，可以从下列两个子指标进行评价。

（a）技术水平的兼容性：在体系结构的每一市场包内和市场包之间，结构功能能够兼容从低级到高级、差异变化大的各类技术；

（b）界面的标准化：为了鼓励 ITS 产品和服务的多级化，必须使得 ITS 的产品具有可互换性和兼容性，因而界面的标准化显得至关重要。

e. 实施的递进性。

该指标主要包含以下两方面：

（a）ITS 体系结构与现有设施的包容性和可协调性；

（b）随着 ITS 相关技术的进步，ITS 体系结构的可发展性。

② 运行性能评价。

a. 交通预测模型的精确性。

ITS 的目标之一是：更好地理解交通模式，以便预测交通流量和拥挤条件。为了达到这一

目的,通常需要解决以下三个问题:

(a)哪些数据可以用来预测交通模式;

(b)如何实时处理交通数据,提供即将到来的交通条件的重要信息;

(c)交通预测能力对运输系统效益的影响。

针对以上三类需求,给出该指标的三个子指标:

(a)数据采集技术;

(b)交通预测中交通数据的处理和算法;

(c)对运输系统效益的影响。

b. 交通监测和控制的效率。

该指标体系结构中,交通管理子系统实时收集、处理和发布大量的出行方式和系统运行信息,其包括以下两个子指标:

(a)数据的收集和实时传输的能力;

(b)数据实时处理能力。

c. 交通管理中心的效率。

该指标指交通管理中心(TMC)之间的协调水平,以及交通管理中心(TMC)和其他相关的管理中心之间(如信息提供者、公共交通管理中心、紧急事故管理中心等)的协调和协作水平。

d. 定位的准确性。

定位的准确性见表 15-3。

期望的定位要求 表 15-3

市 场 包	推荐精确度	市 场 包	推荐精确度
与驾驶员和旅行者信息交互式的 ATIS		纵向安全警报	
救难信号支持		横向安全警报	
网络监控		交叉口安全警报	
探测监控		防撞设施	
有效 TMC 和灵敏探测		驾驶员视距改善	
排放与环境超标传感		先进的车辆纵向控制	
公交系统维护		先进的车辆横向控制	
公共交通安全		交叉口防撞	
车辆调度和线路安排		自动公路系统	
事故追踪和响应		紧急响应	

e. 信息传输方式的有效性。

信息传输方式一般可以分为两种:有线通信和无线通信。

由于有线通信相对于无线通信不存在传输容量的限制,也很少会发生传输障碍(除非线路被截断),所以评价的重点是无线通信方式。

对于无线通信可以用以下主要指标进行评价:

(a)总流量;

(b)线路平均流量;

(c)线路延误统计。

f. 通信系统容量的充分性(相对于预测需求)。

g. 系统安全性能。

该指标主要包含两方面,即通信安全和数据库信息安全,具体指标如表15-4所示。

通信安全和数据库信息安全指标 表15-4

指 标		描 述
通信安全	身份识别及非拒绝系统	为了防止ITS系统中的欺诈行为的措施之一,即识别用户的需求,以及防止用户否认做过的需求申请
	匿名系统	为了防止非法者从ITS中追踪到车辆和个人的行径,ITS中的许多服务(如电子付费)需匿名进行,即在计算机系统中不应存储个人身份和车辆型号
数据库/信息安全		除了通信安全之外,对一些数据库,ITS体系结构还需有防止安全泄漏的安全承诺

对不同系统的安全级别划分了4个等级:D、C、B、A,安全级别依次升高。更高一级的安全等级除了包含低等级的条款之外,还包括额外的条款。表15-5简述了不同数据库的安全级别。表15-6从保护用户的隐私角度出发,给出了一些数据库所需的安全等级。

安全分级特征简述 表15-5

安全分级	功能和特征
D	提供最低限度的保护
C	"慎重"级别的保护和校核能力
C1	用户识别和授权
C2	通过用户登录可进行支付行为
B	指令保护
B1	清除控制和敏感性标签
B2	设备的安全标签和描述性政策模型
B3	给指定的目标分配用户名
A	正式的最高级说明书和证明

ITS数据库中安全水平示例 表15-6

数 据 库	安全等级	理 由
信息控制数据库	B3	该控制信息必须加以保护,防止从系统外进入,而且只授权给监视人员管理
交通信息文档	B3	交通报告的有效性和流通需加以保护,对进入该数据的请求进行控制。可能的安全威胁:跟踪车辆和个人行踪;影响交通模式
事故文档	B3	防止滥用和随意修改事故文档。可能的安全威胁:公共安全
车载安全数据	C2	当出现危险物质时,对信息进行保护。可能的安全威胁:公共安全
紧急响应规划	B3	防止非授权进入数据系统。可能的安全威胁:影响交通;损害隐私权利
车辆和驾驶员安全数据	C2	可能的安全威胁:跟踪车辆和个人行踪;损害公民权和宪法赋予的权利
收费运行数据	C2	可能的安全威胁:窃取服务;影响交通模式
需求文档	C2	可能的安全威胁:窃取服务;影响交通模式

续上表

数 据 库	安全等级	理　由
交通控制文档	B3	可能的安全威胁；影响交通模式
路边条件文档	C2	可能的安全威胁；影响交通模式
地图数据库	C2	可能的安全威胁；影响交通模式
换乘数据	B3	为了保护隐私，必须对个人信息进行保护。可能的安全威胁：跟踪车辆和个人行踪；损害公民权和宪法赋予的权利

h. 地图更新能力。

在 ITS 体系结构中，用户通过一些方式定期进行地图更新的便利性和快捷性。

i. 系统可靠性和可维护性。

系统的可靠性及可维护性指标评价在体系结构内是否会出现一些风险，导致服务和系统性能的不稳定。在系统结构中，许多地方是很可能产生风险的，但在实际中可以通过好的设计来降低风险。

j. 降级模式下的系统安全和可利用性。

该指标评价 ITS 体系结构中，在系统实施的过程中降级服务的能力。

在降级服务模式中，不仅有服务的降级，还有到达最终用户时错误信息的升级。当系统在降级模式中有毫无意义和错误信息通过时，其运行的可靠性会有较大变化。这将影响服务损失的风险，或者会影响服务设备的可靠性。

(3) 评价指标体系

单项评价指标用于评价系统技术的可行性。综合技术评价用于不同方案的比选。

① 综合技术评价指标。

根据以上 ITS 技术评价的原则，以及相关技术所应当提供的服务种类，可以按照系统技术要求来选择评价指标。

② 综合技术评价指标体系的结构。

针对综合评价的对象以及智能运输系统的模块划分，可以将智能运输系统划分为若干个子系统进行分析，综合技术评价指标体系的结构如图 15-3 所示。

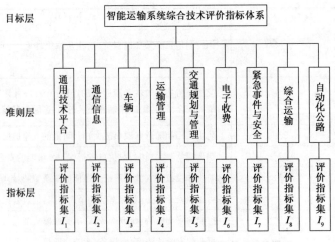

图 15-3　智能运输系统综合技术评价指标体系结构框图

以上结构的结构体系将有利于用层次分析法对系统进行分析与评价。

③评价指标集。

按照图 15-3 所示的评价体系结构,在每一个子系统下面可选取适当的评价指标集,对该子系统的技术水平进行评价。关于指标集可基于技术评价的系统性能评价和运行性能评价的基本考虑来加以确定。其中定性评价内容可通过描述加以表现。

15.2.2　智能运输系统的经济评价

ITS 经济评价就是从经济角度分析计算 ITS 项目所需投入的费用和获得的效益,以及 ITS 系统的发展对国民经济将产生的影响。

经济评价包括国民经济评价和财务评价。国民经济评价是从国家整体的角度研究 ITS 项目对国民经济的净贡献,以判断 ITS 项目的合理性。财务评价是从 ITS 项目的财务角度,分析测算 ITS 项目的财务盈利能力和清偿能力,对 ITS 项目的财务可行性进行评价。对 ITS 系统的经济评价应以国民经济评价为主。

1) 智能运输系统的经济评价原则

智能运输系统的经济评价应遵循以下 5 个原则:

(1) 整体性原则

ITS 系统是一个复杂的大系统,它的经济效果是在系统各个组成部分的共同作用下产生的,因此,对 ITS 系统的经济性评价应从总体出发,进行系统总体评价。

(2) 层次性原则

对 ITS 系统的经济评价要从不同的层次上进行,这主要是从不同的角度来对 ITS 的不同投资主体的经济效果分别进行评价,即国民经济评价、项目财务评价和用户投资效果评价。

(3) 实用性原则

对 ITS 系统的经济评价必须具有可操作性。

(4) 一致性原则

对 ITS 系统的经济评价,主要是分析、比较系统的投入与产出之间的关系,因而,对于收益与费用的汇集应保持范围一致。

(5) 定性与定量相结合原则

ITS 系统的效益是全方位的有些可以定量评价,而有些只能定性说明,因此定量评价的同时还必须作定性评价。

2) 智能运输系统的经济评价对象和内容

ITS 系统的经济评价可以从国家投资、企业投资、个人投资三个层次上进行。个人投资效果的评价与企业投资评价类似。

(1) 国民经济评价的内容

国民经济评价是按照资源合理配置的原则,从国家整体角度考虑项目的效益和费用,用货物影子价格、影子工资、影子汇率和社会折现率等经济参数分析、计算项目对国民经济的净贡献,评价项目的经济合理性。对于国民经济评价来说,重要的是评价 ITS 项目的投资将对国民经济产生多大影响。因而,其应包括以下几方面内容。

①波及效果分析。

所谓波及效果分析就是分析 ITS 的投资将对相关产业产生多大的带动作用。在投资 ITS

之前,了解其对国民经济各部门产生的影响,即由此而引起的各产业部门的增产需要达到什么程度,无疑是非常必要的。

②投资乘数分析。

投资乘数分析主要是分析项目投资的增长将对国民收入、税比、工资等指标产生的倍增作用。对 ITS 进行投资乘数分析是要确定 ITS 的投资对国民收入等的提高的影响。

③综合就业分析。

分析、计算随着 ITS 产业投资的增长而最终需要投入的就业人数,其中包括直接需要和间接需要。

(2) 财务评价的内容

财务评价是根据国家现行财税制度和价格体系,分析、计算投资者或项目直接发生的财务效益和费用,编制财务报表,计算评价指标,考察项目的盈利能力、清偿能力及外汇平衡等财务状况,据此判别项目的财务与商业上的可行性。

对于企业投资者和个人投资者来说,投资的目的主要是获得利润,因此,项目财务评价的服务对象主要是具体的 ITS 项目的企业投资者,而对于国家投资来说,更注重整体效益。项目财务评价的内容主要包括以下几个方面内容。

①经济效益分析。

a. 静态指标:投资回收期、投资利润率、投资利税率、资本金利润率等。

b. 动态指标:财务内部收益率、财务净现值等。

②清偿能力分析。

包括:借款偿还期、资产负债率、流动比率、速动比率等指标。

3) 智能运输系统的经济评价方法

(1) 国民经济评价方法

ITS 的国民经济评价主要用来分析 ITS 的发展将对国民经济产生的总体影响。可以采用投入产出分析法,它是利用投入产出表及相关系数表进行产业关联及产业间相互影响分析的一种常用方法。

ITS 作为一种高新技术产业,它的发展势必对其他相关产业造成一定的正面影响,带动其他产业的发展,从而拉动整个国民经济的发展。那么,各产业间的相互变动关系如何定量衡量,就为投入产出分析法提供了发挥作用的机会。

投入产出分析在使用手法上大致可以分为两类:一类可叫作结构分析;另一类可称为因果分析。所谓因果分析就是把握产业之间的相互影响,因此,又叫作波及效果分析。具体到分析 ITS 产业与其相关产业的相互影响,我们可以进行如下几个方面的分析。

①投资乘数分析。

乘数是说明某一经济变量对另一经济变量的倍增作用的一个参数指标值。乘数分析的概念和方法引入到投入产出分析中,主要包括:

a. 净产品乘数效应分析。净产品乘数可解释为:在现在产业结构条件下,某部门每增加 1 个单位最终产品,对整个国民经济带来的国民收入。

b. 最终产品乘数分析。最终产品乘数是指每一个部门单位最终产品需求所要求调入产品的数量。它表明了不同产品部门最终产品需求量变化时,整个国民经济系统对调入产品在总量和结构方面的依赖程度。

②波及效果分析。

对波及效果进行分析和计算,需要使用3个基本的工具:投入产出表、投入系数表、逆阵系数表。

在兴办大规模建设工程项目时,事前了解它们本身对国民经济各部门产生的影响,是非常必要的。这种影响包括直接和间接发生的影响,可以用波及效果分析模型来计算,即 $X = (I-A)^{-1}$。

③就业效果分析。

利用逆阵系数表可以计算随着各部门生产的增长而最终需要投入的就业人数,即综合就业系数。

$$综合就业系数 = 就业系数 \times 逆阵系数$$

综合就业系数的意义是,某产业为进行1个单位的生产,在本产业部门和他产业部门也就是直接和间接地总共需要有多少人就业。ITS项目的宏观经济评价能够从以上几个方面进行是非常有实际意义的。

(2)财务评价方法

财务评价是确定项目盈利能力的依据,是项目资金筹措的依据,是国民经济评价的基础。财务评价主要为企业投资者和个人投资者服务,财务评价的方法主要是费用效益分析法。

对于具体的ITS项目来说,企业投资者更关心投资的规模、投资的获利能力等问题,因此,财务评价与国民经济评价的出发点是不同的,进而它们的费用以及效益的汇集范围也是不同的。

(3)费用与效益的估算

项目的经济评价,无论是国民经济评价还是财务评价,都需要进行费用与效益的汇集。

①费用的估算。

对于费用来说,国民经济评价与财务评价基本相同,即用于项目的所有投资。

费用估算的主要依据是各子系统的物理要素的详细定义,据此汇总出一次性投资和营运费用。费用汇集表格形式参考表15-7。费用构成结构如图15-4所示。

费用汇集表示例(政府一次性投资:城市地区) 表15-7

子系统名称	1~5年	6~10年	11~20年
商用车管理			
商用车检查			
紧急事件管理			
环境与排放管理			
急救车辆			
停车管理			
计划			
路边管理			
偏远出行者			
收费管理			
收费			

续上表

子系统名称	1~5年	6~10年	11~20年
交通管理			
运输管理			
运输车辆			

表15-7中的子系统划分仅供参考,还可以做出一些类似表,包括企投资和个人投资的相应部分。只有在估计出以上各类投资数额的基础上,才能估算出总投资或总费用。

②效益的估算。

效益的估算采用有无对比法。在国民经济评价及财务评价中的效益估计范围有所不同,国民经济评价是从总体上考虑问题,因此,它的效益既包括直接效益也包括间接效益,而财务评价只考虑项目投资的直接收益情况。效益的汇总可以参考表15-8的格式。

表15-8仅供参考,它反映的是先进的交通信息系统(ATIS)中的几个项目对ITS所获得的效益的影响程度。详细分析各子系统中的项目对ITS效益的影响,对汇总总效益是必要的。

子系统对效益指标的影响分析表示例　　　　表15-8

子系统名称	项目名称	提高运输效率	提高机动性	降低燃料消耗和环境成本	提高安全性	提高劳动率	创造ITS环境
ATIS	广播出行者信息	*	* *	*			* * *
	交互式出行者信息	* *	* * *	*			* * *
	自动线路导航	* *	* *				* * *
	动力线路导航	* *	* * *	*	*		* *
	ISP线路导航						
	集成交通线路导航	* * *	* * *	* *	*		* *
	车内显示		*		*		

注:*表示影响程度低;* *表示影响程度适中;* * *表示影响程度高。

总收益构成如图15-5所示。

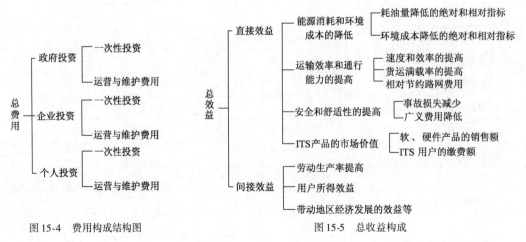

图15-4 费用构成结构图　　　　图15-5 总收益构成

费用与效益分析是国民经济评价和财务评价的主要依据,因此,对费用和效益的估计应尽可能全面、准确。

15.2.3 智能运输系统的社会与环境评价

1)智能运输系统的社会与环境评价内容

社会和环境评价就是从宏观的角度,分析项目对社会生活和环境所产生的影响以及带来各种直接的、间接的效益。

评价包括以下6方面的内容:

(1)智能运输系统项目的社会和环境影响评价

包括对社会政治、安全、人口、文化教育等方面的影响。例如:就业效益、公平分配效益等。

(2)智能运输系统项目的社会经济方面影响的评价

主要是从宏观角度分析项目对国家、地区经济的影响。例如:①ITS项目的技术进步效益;②ITS项目节约时间的效益;③ITS项目促进地区经济的发展;④ITS项目促进部门经济的发展;⑤ITS项目促进国民经济的发展(改善国民经济结构、布局等)。

(3)智能运输系统项目的社会适应性分析

考虑ITS项目与国家、地方发展协调的问题,如ITS项目是否适应国家、地方发展的重点,ITS项目在技术上的可接受性,对弱势人群的考虑。

(4)智能运输系统项目的公平性分析

公平原则在发展研究中已经被视为社会发展的一项主要目标,同时在国际社会中也被视为建设项目评价的一个重要指标。在ITS项目的规划和实施中,我们认为应该根据ITS的发展情况和我国的国情,在宏观和微观两个层面上考虑公平原则。在宏观层面上,公平原则可作为项目立项阶段社会评价的一项重要指标。在微观层面上,将在以下两个角度上考虑到公平问题,首先,项目实施使某些人得到利益时将不损害其他任何人的利益,如果对他人的利益造成损害,必须对其进行补偿;其次,项目的实施不会加剧项目的区现有的人们之间的各种不平等现象,包括经济、政治、社会、自然的不平等。为了实现公平,评价专家还应分析实现公平的手段,提出一定的建设性意见。

(5)智能运输系统项目的参与问题

在ITS项目的立项、准备及实施阶段,各利益集团包括国家、项目所在地政府、投资方、用户、其他相关人群的积极参与,可以改进项目的实施,获得各界的合作和支持,加强人们对项目的了解和所有感,帮助处于不利条件下的群体等。影响参与的因素有很多,大致可以分为社会文化因素、政治因素、人的因素等。

(6)智能运输系统项目的可持续发展

成立于1983年的世界环境与发展委员在1987年发表的报告《我们共同的未来》认为可持续发展是既能满足当前的需要,又不危及下一代满足其需要的能力。这份报告系统地阐述了可持续发展的战略,并作为一个完整的概念被国际社会和各国政府所接受和传播。1992年,在巴西通过的《关于环境与发展的里约热内卢宣言》中,对可持续发展确定的原则是:应以与自然相和谐的方式,在根除贫穷的条件下,使人人享有健康而富有的生活权利,把环境保护工作作为发展进程的整体的组成部分,满足今世与后代在发展与环境方面的需要。同时通过的纲领性文件《二十一世纪议程》将可持续发展作为各国发展战略的基本规范。对于ITS项目,可持续性也应作为社会评价的一项内容,分析项目效果的可持续性。

2) 智能运输系统社会与环境评价指标体系

ITS 项目对社会环境的影响基本上可以分为直接社会环境效益和间接社会环境效益两类。

直接社会环境效益是指通过 ITS 项目给交通运输系统和城市环境带来的实际成果和利益,主要是从交通环境改善后交通参与者个体的角度来衡量的经济效益和直接的环境的改善。其具体表现为:

(1) 降低行车成本

行车成本主要包括两大部分:与行车距离有关的燃料消耗、发动机润滑油消耗、轮胎消耗、维修费用、按距离提取的折旧费;与时间有关的、以时间为基础的折旧及其他费用。在行车成本构成中,燃料消耗是最主要的构成因素。而影响燃料消耗主要因素为车辆的行车速度与车速的变化频率。例如不停车收费系统的建设避免了车辆在收费处的停车和起步,车辆的速度变化频率将会减少。因此,建设 ITS 项目会降低行车成本。

(2) 减少出行时间

建设 ITS 项目,可以显著改善道路交通环境,减少交通参与者的出行时间。特别在城市道路交通系统中,客运车辆和旅客出行占有主导地位,效果会更加明显。

(3) 提高车辆利用效率

道路交通系统改善以后,由于车辆的运行速度提高,使得完成同样车公里数所耗用的车小时数减少。所节约的车小时数可视为一种储备,用于满足未来的运输需求。这样就可以节约相当数量的车辆购置费及运营费,也就是节约与时间有关的车辆运营成本,提高了车辆利用效率。

(4) 延长车辆使用寿命

统计资料表明,车辆在低速行驶,频繁的起步、停车和速度变化阶段对车辆的磨损最为严重。因此,在 ITS 项目实施后,当交通环境改善后,可以减少行驶车辆的停车次数,提高车辆的行驶速度,同时会减缓车辆磨损程度,从而延长了车辆的使用寿命。

(5) 提高路网通行能力

在实施 ITS 项目后,可以有效提高车辆在收费处的行车速度,减少车辆行车延误,提高受控区域的道路服务水平,进而提高现有路网的通行能力。

(6) 减少交通事故造成的车辆和人身的损失和伤害

在实施 ITS 项目后,车辆的行驶更加安全,同时对交通参与者的交通行为的监管力度将得到加强,可以减少交通参与者的违章行为,进而有效降低交通事故发生率。同时,ITS 也会提高对交通事故处理和援助能力,减少因事故造成的直接损失和间接损失。

(7) 减少交通对能源的需求

由于 ITS 能够避免车辆在收费处的频繁停车和起步,使单车的能源消耗减少,也使交通出行整体对能源的需求减少,为社会节约能源资源。

(8) 减少尾气污染,提高空气质量

道路交通对大气的污染主要是由汽车尾气排放造成的,这些尾气污染物主要有一氧化碳 CO、氮氧化合物 NO_x、碳氢化合物 HC、空气悬浮物 TSP 等。汽车尾气的排放与车况密切相关,在车况近似的前提下,与行车速度和行驶时间相关。实施 ITS 后,由于行车速度提高,行驶时间减少,会减低因汽车造成的空气污染,进而减少对污染治理所需要的费用。

(9) 降低车辆行驶的噪声污染

据环境检测部门调查,汽车起动、制动时产生的噪声比平时正常行驶时高出 7 倍,由汽车所产生的交通噪声占城市环境噪声的 70%,交通噪声已成为城市噪声的主要来源。实施 ITS 后,可以明显减少车辆的速度变化频率和停车次数,进而降低因汽车造成的噪声污染。

(10) 节省土地资源

智能运输系统使现有道路的实际通行能力得到充分发挥,路网的利用率提高,相对减少路网规划中新建、扩建的道路的数量,从而节省修建道路所占用的土地资源。

(11) 减少危险品运输的危害

通过对运输危险品的特殊车辆进行管理和各种自动、安全驾驶技术的应用,可以减少危险品运输车辆交通事故的发生,控制违反危险品运输规定的行为,减少运输途中发生爆炸、燃烧、污染等事故的可能性,减低了由此所造成的对道路及周边地区空气、土壤、水资源的恶性污染,使危险品的运输更加安全可靠。

间接社会环境效益是指从社会经济系统的角度,考察通过 ITS 项目改善交通环境,对促进城市建设和发展,促进经济繁荣等方面所产生的效益。它一方面包括一些间接的经济效益,如有力地带动相关信息产业的发展,从而间接地促进了城市的经济发展。

另一方面,社会、环境效益更重要的是包括了许多间接效益。所谓间接效益是指由于道路交通环境而给社会带来的无法用经济尺度来计量,或者虽可计量,但所得结果常常误差相当大的效益。这些指标大多是一些定性指标,如增强科技管理意识,改善出行结构、提高城市功能,提高交通参与者的守法意识等。

(1) 满足交通参与者的出行需求,提高生活质量

ITS 项目实施,改善了道路交通环境,缓解了交通运输的拥挤程度,人们出行更加方面,更加容易满足了人们出行的要求。ITS 项目满足交通参与者的出行需求主要从以下几方面考虑:ITS 可以提高交通参与者出行的舒适性,ITS 的实施必然会使交通环境得到改善,行车速度提高、停车延误减少、车辆及道路的硬件水平和交通服务质量不断提高,使得出行更加舒适;ITS 不仅可以提高交通参与者出行的安全性,还可以从心理上提高人们对交通出行的安全性和可靠性的认识。

(2) 提高国民素质

智能运输系统成功与否,能否获得预期的效益,一方面取决于所采用的各项技术的先进性和可靠性,另一方面还从事该领域研究的科技人员以及交通的参与者、组织者和管理者的整体素质和水平。因此,人才的培养成为智能运输系统实施的基础。同时,智能运输系统又会对国民综合素质的提高起到积极的推动作用。具体表现为:ITS 促进各学科高水平人才的培养;ITS 促进交通参与者守法意识的提高;提高人们对高新技术认知水平等。

(3) 提高交通管理服务水平

智能运输系统涉及交通组织和管理的各方面,它的建立会对交通管理产生深远的影响,具体表现为:促进交通管理体制的改革和交通管理的法制建设;改善、加强交通管理的服务意识;提高管理人员素质等。

(4) 推动相关产业经济的发展

ITS 作为一个新兴的产业,以通信、信息技术、计算机等相关产业为依托,ITS 的发展也离不开相关产业的参与,可以为这些行业或企业带来直接的经济效益。同时,ITS 的建立一定带

来周边地区交通环境的整体改善,对该地区经济的全面发展起到一定的推动和促进作用。

(5) 促进科学技术进步

ITS 是现代高新技术在交通领域的集成和应用,不仅使交通领域的现代化水平不断提高,同时也要求相关产业为 ITS 提供更先进的技术、产品和更高水平的服务,从而促进相关产业技术、服务的提高,密切了各产业之间的联系,进而改善产业结构,推动全社会的科技进步。

(6) 影响社会的就业水平

ITS 的建立会造成劳动力在不同行业之间的重新分配,影响社会的就业水平。一方面,可能会增加相关领域中从事与相关 ITS 的产品的生产,提供技术、信息服务的行业和企业的就业机会;另一方面,可能会减少对直接参与交通运营和管理的人员需求,减少就业机会。

综合以上直接和间接效益两方面的评价指标,可形成 ITS 项目的社会和环境评价指标体系,如图 15-6 所示。由于这些评价指标具有模糊性,很难进行量化,这种情况可以采用基于层次分析法(AHP)的模糊综合评价来进行评价。

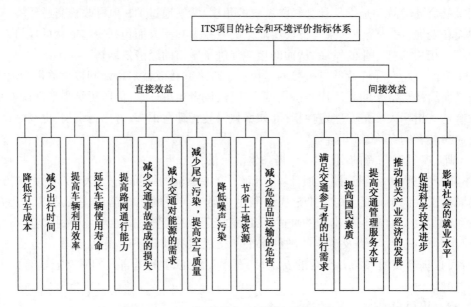

图 15-6　ITS 项目的社会和环境的评价指标体系

15.3　智能运输系统的综合技术评价方法

15.3.1　方法简介

综合技术评价方法拟采用多目标决策方法。目前常用的方法包括 AHP 层次分析法、ELECTRE 方法、模糊评价方法。具体评价方法可根据系统的特性而定。在本节的研究中采用层次分析法。

在综合评价过程中,应根据项目的实施目的将指标分为多个层次,赋予不同的优先级,按照目标的优先级来确定不同评价指标的重要程度。从而避免不同指标在评价过程中产生相互抵消、效果不明显的结果。

综合评价与单项指标评价相比,存在一个整体与局部的关系。单项指标评价只反映了整个系统技术性能的一个方面,而且单项指标的评价结果还具有一定的模糊性。有时甚至某些单项指标的定性分析及定量计算结果相互矛盾、彼此抵消。为此以价值分析法建立智能运输系统综合技术评价的结构模型,即根据各单项因素的权重及单因素评价的系统价值,通过加权综合而获得评价结果,其数学模型如下所示:

$$U_i = \sum (W_{ij} \times f_{ij}) = \sum W_{ij} \times f(X_{ij}) \tag{15-1}$$

式中:U_i——智能运输系统综合技术评价值;

f_{ij}——表示第 i 个子系统第 j 个指标的评分;

W_{ij}——对应 h 的权重。

这里,采用模糊数学中的综合评判来进行智能运输系统综合技术评价计算,设指标集合为 $X = \{x_1, x_2, \cdots, x_m\}$,评语集合为 $V = \{v_1, v_2, \cdots, v_n\}$。假设第 i 个指标的单因素评价值为 $F_i = \{f_{i1}, f_{i2}, \cdots, f_{in}\}$,它可以看作是 V 上的子集,f_{ij} 表示第 i 个指标的评价对于第 j 个等级的隶属度。于是指标论域和评语论域之间的模糊关系可用评价矩阵来表示,即:

$$F = \begin{vmatrix} f_{11} & f_{12} & \cdots & f_{1n} \\ f_{21} & f_{22} & \cdots & f_{2n} \\ \cdots & \cdots & \cdots & \cdots \\ f_{m1} & f_{m2} & \cdots & f_{mn} \end{vmatrix}$$

$$f_{ij} = \mu_R(X_i V_j) \quad (0 \leq f_{ij} \leq 1) \tag{15-2}$$

各项指标的权重分配记为:$W = (\omega_1, \omega_2, \cdots, \omega_m)$。

其中:$\omega_i \geq 0$ 且 $\sum_{i=1}^{m} \omega_i = 1$。

则模糊综合评价 U 是 V 上的模糊子集 $U = W \cdot F$,

或 $U = (u_1, u_2, \cdots, u_n) = (\omega_1, \omega_2, \cdots, \omega_m) \begin{vmatrix} f_{11} & f_{12} & \cdots & f_{1n} \\ f_{21} & f_{22} & \cdots & f_{2n} \\ \cdots & \cdots & \cdots & \cdots \\ f_{m1} & f_{m2} & \cdots & f_{mn} \end{vmatrix}$。

取模糊矩阵的合成运算为普通矩阵的运算规则,根据最大隶属度原则,若有:

$$u_k = \max(u_1, u_2, \cdots, u_n) \tag{15-3}$$

则综合评价的结果为 K 级。

15.3.2 评价指标权重的确定

为了对智能运输系统的技术水平进行综合评价,需要按各个指标的重要程度来确定各项指标的权重。评价指标权重的确定方法有很多,经常采用的方法有直接比较法、专家咨询法、德尔菲法以及层次分析法(AHP)等。

至此,可以根据各系统技术评价指标体系及上述评价方法对 ITS 作出系统评价。

15.4 本章小结

本章在阐述智能运输系统效果评价目的、意义的基础上,提出了 ITS 项目评价的框架,重点介绍了 ITS 经济评价的目的、原则、经济评价对象、内容和方法,技术评价的基本前提条件和原则、评价对象及其技术评价体系,然后介绍了智能运输系统综合技术评价及其评价指标的确定。

【本章练习题】

1. ITS 评价的目的和意义分别是什么?
2. ITS 技术评价的基本前提条件、原则和评价对象分别是什么?
3. ITS 经济评价、社会与环境的评价方法有哪些?

参 考 文 献

[1] 饭田恭敬.交通工程学[M].邵春福,等,译.北京:人民交通出版社,1994.
[2] 段里仁.城市交通概论[M].北京:北京出版社,1986.
[3] 陈志良,明德.高科技与现代交通[M].上海:科学普及出版社,1999.
[4] 杨兆升.运输系统规划与模型[M].北京:人民交通出版社,1996.
[5] Zhaosheng Yang. Transportation Technology Transfer Between China and the United States[M]. U. S. Department of Transportation Federal Highway Administration,1995.
[6] Texas Transportation Institute. Urban Roadway Congestion[M]. TX:Texas Transportation Institute,1995.
[7] 王笑京.智能交通系统演进与我国未来发展趋势分析[J].交通运输部管理干部学院学报,2013,6(2):3-6.
[8] 吴忠泽.中国智能交通行业发展现状与未来发展趋势[J].电气时代,2013,6(6):24-26.
[9] 金茂菁.我国智能交通系统技术发展现状及展望[J].交通信息与安全,2012,2(2):1-5.
[10] 高玉荣,谢振东.智能交通产业化发展中产业链知识整合的作用[J].科技管理研究,2010,12:163.
[11] 赵亦林.车辆定位与导航系统[M].谭国真,译.北京:电子工业出版社,1999.
[12] 社团法人,交通工学研究会.智能交通系统[M].董国良,等,译.北京:人民交通出版社,2000.
[13] 智能运输系统发展战略研究课题组.智能运输系统发展战略研究[M].北京:中央广播电视大学出版社,1998.
[14] 肖叶,等.高科技十万个为什么——现代交通[M].北京:昆仑出版社,2000.
[15] Rosen D A, Mammano F J, Favout R. An electronic route guidance system for highway vehicles[J]. IEEE Trans. Vehicular Technology,1970,19:143-152.
[16] 杨兆升.城市交通流诱导系统理论与模型[M].北京:人民交通出版社,2000.
[17] 杨兆升.城市交通流诱导系统[M].北京:中国铁道出版社,2004.
[18] 杨兆升.城市道路交通系统智能协同理论与实施方法[M].北京:中国铁道出版社,2009.
[19] 王笑京. ITS 在中国的发展[J].中国汽车保修设备,2004(2):7-10.
[20] 陆化普.智能交通系统[M].北京:人民交通出版社,2000.
[21] 黄卫,陈里得.智能运输系统(ITS)概论[M].北京:人民交通出版社,1999.
[22] 高羽祯雄.自動車の情報化とその未来像[M].自動車技術会シンポジゥム,1991.
[23] 交通部公路科学研究所.中国智能运输系统体系框架研究总报告[R].2001.
[24] 边新宇.现代通信新技术[M].北京:人民邮电出版社,2001.
[25] 魏学业.传感器与检测技术[M].北京:人民邮电出版社,2012.
[26] 杨兆升.基础交通信息融合技术及其应用[M].北京:中国铁道出版社,2005.
[27] 洪大永. GPS 全球定位技术及其运用[M].厦门:厦门大学出版社,2001.

[28] 杨佩昆,吴兵.交通管理与控制[M].北京:人民交通出版社,2002.

[29] 蔡自兴.智能控制——基础及应用[M].北京:国防工业出版社,1998.

[30] 蔡自兴,徐光佑.人工智能及其应用[M].北京:清华大学出版社,1996.

[31] 杨兆升.交通运输系统规划——有关理论与方法[M].北京:人民交通出版社,1997.

[32] Xiaoguang Yang, Song Zeng, Peikun Yang. Traffic incident control and management system for urban expressway[C]. The 5th World Congress on Intelligent Transport Systems Soul, 1998.

[33] 杨晓光.基于高新技术的智能交通系统与社会系统[C].上海市青年科技论坛,1998.

[34] Kan Chen, John C Miles. ITS handbook 2000[M]. PIARC Committee on Intelligent Transport, 1999.

[35] Dianhai Wang, Zhaosheng Yang, He Zhang. Application of the main-composition analysis in traffic flow information proceedings of on-detector intersections[C]. Traffic and Transportation Studies, Proceedings of ICTTS, 2000.

[36] Eberthart R, Simpson P, Donbbins R. Computational intelligence PC tools[M]. Academics Press, Inc. USA, 1996.

[37] Damach B B, Zhaosheng Yang. An Assessment of the present intermodal transportation system (Rail-Sea) in China[C]. Traffic and Transportation Studies, Proceedings of ICTTS, 2000.

[38] Willian D, Jennifer C. Intermodal freight transportation[M]. Transportation Research Board, 2000.

[39] Zhong Zhu, Zhaosheng Yang. A real-time isoparametric traffic volume prediction model based on the kalman filtering theory[C]. Proceedings of the IEEE International Vehicle Conference, IVEC99, 1999.

[40] Paolo Ferrari. A model of urban transport management[J]. Transportation Research Part B: Methodological, 33(1):43-46.

[41] Guiyan Jiang, Zhaosheng Yang. An application of genetic algorithm for solving dynamic traffic assignment[C]. Proceedings of ICTTS98, Traffic and Transportation Studies, American Society of Civil Engineers(ASCE), 1998.

[42] Zhong Zhu, Zhaosheng Yang. Dynamic Prediction of Traffic Flow by Using Backpropagation Neural Network[C]. Proceedings of ICTTS98, Traffic and Transportation Studies, American Society of Civil Engineers(ASCE), 1998.

[43] 于德新.非常态下道路交通异常状态信息获取技术[M].北京:中国铁道出版社,2013.

[44] 陆化普.城市现代交通管理[M].北京:人民交通出版社,1999.

[45] 杨兆升,姜桂艳.基于高阶神经网络的城市交通诱导理论模型[J].公路交通科技,1998(2):16-19.

[46] 杨兆升,初连禹.先进的出行者信息系统(ATIS)的研究[J].ITS通讯,2000.

[47] 蒋金勇,杨晓光.美国国家智能交通系统体系结构描述[J].公路交通科技,1999(3):16-20.

[48] 杨兆升,姜桂艳.城市交通流诱导系统结构框架研究[J].公路交通科技,1997(3):8-12.

[49] 王笑京.中国ETC收费标准制定的决策与思考[C].北京:第四届亚太ITS大会,2000.

[50] 杨晓光,彭国雄,王一如.高速公路交通事故预防与紧急救援系统[J].公路交通科技,

1998(2):46-51.

[51] 徐光辉.随机服务系统[M].2版.北京:科学出版社,1988.

[52] Allsop R E. Delay at a fixed time traffic signal Ⅰ:theoretical analysis[J]. Transportation Science,1972,6(3):260-285.

[53] 方开泰.实用回归分析[M].2版.北京:科学出版社,1988.

[54] 孟晓林,等.公路地理信息系统中坐标与里程的转换[J].同济大学学报,1999,27(5):603-607.

[55] 杨兆升,朱中.智能运输系统的 GIS 设计的研究[J].中国公路学报,1998,11(2):84-88.

[56] 杨帆.基于 GIS 的 GPS 车辆导航系统[D].北京:清华大学,1997.

[57] 詹舒波.导航电子地图技术及应用研究[D].北京:北京航空航天大学,1997.

[58] 司同军.交通通信与电视监控[M].北京:警官教育出版社,1993.

[59] 房建成,等.GPS 组合导航系统在车辆导航中的应用[J].东南大学学报,1996,26(3):96-102.

[60] 交通行业岗位培训教材委员会.汽车运输车队管理[M].北京:人民交通出版社,1992.

[61] 罗旗帜.城市公共交通配车量综合预测法[J].佛山科学技术学院学报,1998,16(4):8-13.

[62] 杨兆升.城市智能化公共交通系统理论与方法[M].北京:中国铁道出版社,2004.

[63] 李维斌,徐诚.城市公共交通服务工程学概论[M].长春:吉林科学技术出版社,1994.

[64] 胡婷,于雷,赵娜乐.动态交通分配理论研究综述[J].交通标准化,2010,5:6-7.

[65] 李硕,李文锋,陈维克.无线传感器网络在智能交通系统中的应用研究.[J].机械与电子,2010.6(4):48-54.

[66] 刘小洋,伍民友.车联网:物联网在城市交通网络中的应用[J].计算机应用,2012,32(4):900-904.

[67] 周伟,赵胜川,刘锴.移动探测车交通信息采集系统建设分析——以广州市移动探测车系统为例[J].科技管理研究,2010,30(20):188-191.

[68] 覃明贵.城市道路交通挖掘研究与应用[D].上海:复旦大学,2010.

[69] 曲大义,张晓靖,杨建,等.面向出行者的综合信息服务系统设计[J].交通标准化,2010(218).

[70] U. S. Department of Transportation Research and Special Programs, Administration Volpe National Transportation Systems Center. Advanced Public Transportation Systems:The State of the Art[M]. Washington DC:U. S. Department of Transportation,1998.

[71] 朱顺应,杨涛.城市交通需求管理理论研究初探[J].重庆交通学院学报,1997,16(1):107-113.

[72] 王蒲生.轿车交通批判[M].北京:清华大学出版社,2001.

[73] 全永燊.城市交通控制系统[M].北京:人民交通出版社,1999.

[74] 日本交通工学研究会.智能交通系统[M].北京:人民交通出版社,1997.

[75] 史忠植.高级人工智能[M].北京:科学出版社,1997.

[76] 刘伟铭.高速公路系统控制方法[M].北京:人民交通出版社,1998.

[77] 刘同明,夏祖勋,解洪成.数据融合技术及其应用[M].北京:人民交通出版社,1998.

[78] 刘勇.计算机互联技术[M].北京:人民邮电出版社,1997.

[79] Sumner R. Freeway Management Handbook[M]. U. S:Federal Highway Administration,1983.

[80] 美国运输部联邦公路管理局.高速公路管理[M].潘文敏,等,译.西安:西北工业大学出版社.1990.

[81] Booz Allen, Hamilton. Intelligent transportation systems field operational test cross-cutting study-incident management[M]. U. S. Department of Transportation Federal Highway Administration Highway & Vehicle Technology Group,1998.

[82] Lindley J. Urban freeway congestion problems and solutions:an update[J]. ITE Journal. 1989 (1):4-9.

[83] Intelligent Transportation Systems Joint Program Office. Developing freeway and incident management systems using the national ITS architecture[M]. Department of Transportation,1998.

[84] U. S. Department of Transportation. Building the ITI:putting the national ITS architecture into action[M]. 1997Federal Highway Administration,1997.

[85] Roberts,Donald L. Dwight E. Shank assessment of ITS benefits-early results[M]. The MITRE Corporation,1995.

[86] ISO/TR14813-5. International organization for standardization[S]. 1999.

[87] 朱淼良,杨建刚,吴春明.自主智能系统[M].杭州:浙江大学出版社.

[88] 中华人民共和国科学技术部."智能交通系统关键技术开发和示范工程"项目部分课题公开招标公告[R].科学技术部高新技术发展及产业化司,2001.

[89] Lytton R L. Concepts of pavement performance prediction and modeling[C]. Proceedings of 2nd North American Conference on Managing Pavements,Toronto,2000.

[90] Farradyne. Traffic Incident Management Handbook[M]. Federal Highway Administration Office of Travel Management,2000.

[91] Wong S C. Group-based optimization of signal timings using parallel computing[J]. Transportation Research,1997,31C(2):123-139.

[92] Roper D. H. Freeway Incident Management,NCHRP Synthesis of Highway Practice 156[M]. Washington DC:National Research Council,1990.

[93] 袁信,俞济祥,陈哲.导航系统[M].北京:北京航空工业出版社,1992.

[94] 杨兆升.基于动态信息的智能导航与位置服务系统关键技术及其应用[M].北京:中国铁道出版社,2012.

[95] 赵亦林.车辆定位与导航系统[M].北京:电子工业出版社,1998.

[96] Zhaosheng Yang, Huimin Wen, Jianming Hu. A case study of route guidance systems in china: Traffic Flow Guidance Systems[C]. Proceedings of 7th World Congress on Intelligent Transportation Systems,2000.

[97] 国家统计局.中国统计年鉴 1991—2012[G].北京:中国统计出版社,2013.

[98] 杨兆升.关于智能运输系统的关键理论——综合路段行程时间预测的研究[J].交通运输工程学报,2001,1(1):13-16.

[99] 张若旗.数据融合技术在动态交通信息研究中的应用[D].长春:吉林大学,2002.

[100] Meyer,M. A toolbox for alleviating congestion and enhancing mobility[M]. Washington:In-

stitute of Transportation Engineers,1989.

[101] 中华人民共和国公共安全行业标准.公安交通指挥系统建设技术规范:GA/T 445—2010[S].北京:中国标准出版社,2010.

[102] 龚建雅.地理信息系统基础[M].北京:科学出版社,2001.

[103] 胡运权.运筹学教程[M].北京:清华大学出版社,1998.

[104] 赵焕成,徐树伯,何金生.层次分析方法[M].北京:科学技术出版社,1996.

[105] 郑祖武.城市道路交通[M].北京:人民交通出版社,1984.

[106] 周八益,李琰,周溪召.动态交通控制——交通分配组合模型的求解算法研究[J].交通运输系统工程与信息,2003,3(1):55-61.

[107] 殷亚峰,陆华普.动态用户均衡分配的变分不等式模型[C].北京智能交通系统发展趋势国际学术研讨会,1997.

[108] 杨兆升.新一代智能化交通控制系统关键技术及其应用[M].北京:中国铁道出版社,2008.

[109] 周户星.车联网环境下交通信息采集与处理方法研究[D].长春:吉林大学,2013.

[110] 黄永清.基于车联网技术的智能停车信息服务系统[J].信息与电脑,2011,12(12):95-97.

[111] Huimin Wen,Zhaosheng Yang. Design and implementation of the public transportation information service systems[C]. Traffic and Transportation Studies,Proceedings of ICTTS,2000.

[112] 焦李成.神经网络计算机[M].西安:西安电子科技大学出版社,1993.

[113] 智能运输系统发展战略研究课题组.智能运输系统发展战略研究[M].北京:中央广播电视大学出版社,1994.

[114] 黄海军.城市交通网络平衡分析理论与实践[M].北京:人民交通出版社,1994.

[115] 熊烈强,陈明昭,严新平.关于智能运输系统(ITS)的 ISO/TR14813-1 技术报告介绍[J].交通与计算机,2001,1(19):43-46.

[116] 杨兆升.重大灾害条件下交通组织保障技术[M].北京:中国铁道出版社,2013.

[117] 高海龙,张北海.高速公路紧急事件管理系统的开发[J].ITS 通讯,2001(1):43-47.

[118] 徐建闽,李林,林培群,等.高速公路交通管制策略仿真评价[J].公路,2011(2):83-87.

[119] 何志明.智能高速公路综合管理平台设计[D].广州:华南理工大学,2011.

[120] 吴旭.不停车收费系统(ETC)综述[J].信息与电脑,2010(5):73.

[121] 胡宾,李全发,高文宝.ETC 系统的邻道干扰问题分析及射频指标控制[J].公路交通科技,2011,28(z):61-64.

[122] 邹金松.ETC 系统结构及其特点[J].中国科技博览,2010(30):204.

[123] 许占文,高振太,朱天翔.载重汽车自动驾驶电脑控制系统的研制[J].沈阳工业大学学报,1997,19(4):19-22.

[124] 周永余,陈永冰,江汉红,等.综合导航系统自动驾驶功能的研究[J].海军工程学院学报,1995(4).

[125] 吴超仲,严新平.自动公路系统横向控制研究[J].交通与计算机,2001,19(3):23-25.

[126] 宋维堂,张鸽.基于智能车辆的多传感器数据融合算法研究与分析综述[J].现代交通技术,2012,9(3):83-85.

［127］ 吴磊.基于多源信息融合的驾驶人疲劳监测控制系统研究[J].中国农机化学报,2013, 34(1):193-195.

［128］ 彭登,徐建闽,林培群.城市车路协同系统的通信及定位技术研究[J].计算机工程与设计,2011,32(3):859-862.

［129］ 陈超,吕植勇,付姗姗,等.国内外车路协同系统发展现状综述[J].交通信息与安全, 2011,1(29):102-105.

［130］ 王宏,何克忠,张钹.智能车辆的自主驾驶与辅助导航[J].机器人,1997,2(19): 155-160.

［131］ U.S. DOT ITS Joint Program Office. Developing Traveler Information Systems Using the National ITS Architecture[M],U.S. Department of Transportation,1998.

［132］ 荆便顺.道路交通控制工程[M].北京:人民交通出版社,1995.

［133］ 杨冰,等,智能运输系统[M].北京:中国铁道出版社,2000.

［134］ 隽志才.智能运输系统项目社会经济影响评价方法[M].北京:清华大学出版社,2008.

［135］ 全国智能运输系统专家委员会.中国智能运输系统体系框架讨论稿[R].2000.

［136］ 史其信,胡明伟,郑为中.智能交通系统评价技术与方法[M].北京:中国铁道出版社,2005.

［137］ 陆化普,李瑞敏,朱茵.智能交通系统概论[M].北京:中国铁道出版社,2004.